C000142849

1,000,000 Books

are available to read at

---◆---

www.ForgottenBooks.com

---◆---

Read online
Download PDF
Purchase in print

ISBN 978-0-428-00286-2
PIBN 10385916

This book is a reproduction of an important historical work. Forgotten Books uses
state-of-the-art technology to digitally reconstruct the work, preserving the original format
whilst repairing imperfections present in the aged copy. In rare cases, an imperfection in
the original, such as a blemish or missing page, may be replicated in our edition. We do,
however, repair the vast majority of imperfections successfully; any imperfections that
remain are intentionally left to preserve the state of such historical works.

Forgotten Books is a registered trademark of FB &c Ltd.
Copyright © 2018 FB &c Ltd.
FB &c Ltd, Dalton House, 60 Windsor Avenue, London, SW19 2RR.
Company number 08720141. Registered in England and Wales.

For support please visit www.forgottenbooks.com

1 MONTH OF
FREE
READING

at

www.ForgottenBooks.com

By purchasing this book you are eligible for one month membership to ForgottenBooks.com, giving you unlimited access to our entire collection of over 1,000,000 titles via our web site and mobile apps.

To claim your free month visit:

www.forgottenbooks.com/free385916

* Offer is valid for 45 days from date of purchase. Terms and conditions apply.

English
Français
Deutsche
Italiano
Español
Português

www.forgottenbooks.com

Mythology Photography **Fiction**
Fishing Christianity **Art** Cooking
Essays Buddhism Freemasonry
Medicine **Biology** Music **Ancient**
Egypt Evolution Carpentry Physics
Dance Geology **Mathematics** Fitness
Shakespeare **Folklore** Yoga Marketing
Confidence Immortality Biographies
Poetry **Psychology** Witchcraft
Electronics Chemistry History **Law**
Accounting **Philosophy** Anthropology
Alchemy Drama Quantum Mechanics
Atheism Sexual Health **Ancient History**
Entrepreneurship Languages Sport
Paleontology Needlework Islam
Metaphysics Investment Archaeology
Parenting Statistics Criminology
Motivational

1937

SOCIÉTÉ DÉPARTEMENTALE
D'ARCHÉOLOGIE ET DE STATISTIQUE
DE LA DROME

TOME TRENTE-CINQUIÈME

VALENCE. — IMPRIMERIE JULES CÉAS ET FILS

BULLETIN

DE LA

SOCIÉTÉ DÉPARTEMENTALE

D'ARCHÉOLOGIE

ET

DE STATISTIQUE

DE LA DROME

Colligite ne pereant.

TOME TRENTE-CINQUIÈME

— 1901 —

VALENCE

AU SECRÉTARIAT DE LA SOCIÉTÉ, RUE FARNERIE, 31

—

M.DCCCCI.

ORIGINE ET TRADUCTION

DE

L'INSCRIPTION CELTO-GRECQUE (?)

DE Malaucène (Vaucluse)

Les archéologues, les celtisants et les épigraphistes ont classé dans la famille des inscriptions celtiques la dédicace épigraphique gravée sur un cippe et connue sous les termes « d'Autel au dieu-fontaine Graselus ».

Ce cippe est décrit ainsi : « cippe avec couronnement, mais « sans base, profondément enfoncé par le pied dans une « pierre carrée qui sert de plinthe ; actuellement et, depuis « 1810, employé comme piédestal pour soutenir une croix « devant la porte de la chapelle de Notre-Dame-du-Grosel, « près de Malaucène ; précédemment dans cette chapelle et « servant de support à un autel. » (ALLMER).

Le moulage de l'inscription, possédé par le musée Calvet d'Avignon, a été lu et traduit par un commentateur autorisé ; lecture et traduction sont exprimées ainsi :

...λουσ...	ναλίαχοσ	(Γ)ρασελου
...lus...	naliacus	Graselu
6ρατουδε	χαντενα	
dedicavit	laetus :	

texte traduit par :

« ...lus, fils de..., a dédié avec contentement (cet autel) à « Graselus.

Le commentateur continue : « nous n'avons rien à ajouter
« à ce que nous venons de dire sur l'interprétation probable
« des deux mots βρατουδε καντενα.

« Le nom du dédicant était sans doute contenu dans la
« première ligne de l'inscription ; quant aux lettres... ναλιαχοσ,
« elles appartiennent, croyons-nous, non pas à un ethnique,
« mais à l'expression, sous une forme adjective, de ce dédi-
« cant.

« Ce qui rend ce petit texte tout particulièrement intéres-
« sant, c'est le mot Γρασελου, dans lequel Rochetin a reconnu,
« le premier, le nom du *Groseau.* »

« Que cette magnifique fontaine, une des merveilles de la
« contrée, ait été autrefois divinisée comme une infinité d'au-
« tres, qui, certes, le méritaient moins, cela est conforme,
« *dit M. Allmer,* à ce que l'on sait du culte des fontaines
« chez les Gaulois, aussi bien que chez la plupart des an-
« ciens peuples, et ne peut faire de doute. »

Ce dieu-fontainier avait aussi paraît-il un temple « qui ne
« pouvait être que près de la source. »

Enfin « M. Mowat a essayé d'établir un lien de parenté
« entre le dieu *Graselus* et les nymphes *Griselicæ* des sour-
« ces minérales de Gréoulx (Basses-Alpes). » (*Mémoires de
l'Académie de Vaucluse,* tome XVIII, année 1899 ; 2° et 3°
livraisons, pages 86 et 87).

Ainsi, tous ces érudits ont entretenu commerce d'amitié
avec ce dieu-fontainier *Graselus,* né au pied du cippe de
Malaucène ; ils lui ont même retrouvé des collatéraux dans
la gracieuse personne des nymphes *Griselicæ,* qui, elles,
avaient émigré à Gréoulx, en Basses-Alpes.

Parenté bien douteuse, car nous lisons (*in fine,* de la
page 87 des Mémoires précités) « il y a au moins une pa-
« renté incontestable, en ce sens qu'une même *obscurité*
« enveloppe la signification de leurs noms. »

II

M. Lenthéric, dans son ouvrage « *Le Rhône, histoire d'un* « *fleuve,* tome II, page 111,» séduit par les charmes du dieu-fontainier, sacrifie sur l'autel élevé au dieu *Graselus,* qu'il transforme en *Graselos.*

« Comme tant de fontaines de la vieille celtique, dit-il, « page 111, *suprà* citée, celle du Groseau, considérée comme « sacrée, était l'objet d'une dévotion spéciale.

« Le dieu topique s'appelait *Graselos,* tout à fait analogue « à son voisin le dieu *Nemaus* ou *Nemausus* de la célèbre « fontaine de Nîmes. Un temple et un autel lui avaient été « élevés à côté de la source même, et le cippe de l'autel « portait *une inscription celtique* en lettres grecques, une « des plus curieuses trouvailles de nos modernes épigra-« phistes. »

« On ignore, *on ignorera* peut-être toujours ce que signi-« fiait ce mot de *Graselos* dans l'idiome de nos pères. »

Graselus devient ici *Graselos,* mais sans nous arrêter à cette altération de l'état civil d'une divinité, même des eaux, nous devons remercier M. Lenthéric de nous avoir transmis le texte exact de l'inscription épigraphique, texte reproduit à la même page 111 déjà citée.

Mais quel besoin de mutiler, de torturer, de déformer par des additions de lettres grecques greffées sur les mots de l'inscription, un texte si clair dans sa timidité épigraphique.

Autour de cette fontaine sacrée, objet d'une dévotion spé-ciale, que de séduisantes légendes ont été créées ; des dieux, des déesses, des nymphes y ont vu le jour, mais aujourd'hui la banale réalité les invite à quitter cette nymphée où, du-rant tant de siècles, ils s'offrirent à l'adoration des dévots :

VOS PATRIÆ FINES, ET DULCES LINQUITE FONTES.

Car, en vérité, cette inscription celto-grecque n'est ni grecque, ni celtique ; dans son texte, il n'existe pas un mot grec, pas un souvenir ni un mot celtique.

Ce dieu « *Graselus* ou *Graselos* » est issu du domaine du rêve, sans parenté avec les dieux de l'Olympe gaulois.

L'inscription gravée sur le cippe de Malaucène est tout bonnement et simplement latine, écrite en latin vulgaire ; son texte, aisé à lire et à traduire, nous livre clairement le secret de la source Groseau et surtout son caractère d'utilité publique.

III

M. Lenthéric a retracé la gravure et le texte corrects de l'inscription dont voici la reproduction dépouillée du greffage de lettres inutilement ajoutées :

ΑCΥC
ΝΑΛΙΑΚ
ΡΑCΕΛΟΥ
ΡΑΤΟΥΔΕ
ΚΑΝΤΕΝΑ

qui se lit :

Acucanaliacracelouratoudecantena

Il est à remarquer que cette inscription, comme celle trouvée, en 1742, à Nîmes, près du temple de Diane, est gravée en caractères grecs ; que les mots sont écrits à la suite les uns des autres, *sans intervalles* ni signes séparatifs, *(Dictionnaire archéologique de la Gaule. Inscriptions Celtiques*, nº I), mais si nous l'écrivons en caractères romains, l'aspect se rapproche de la vérité et du texte.

Texte en caractères romains :

ACVC
ANALIAK
RACELOV
RATOVDE
KANTENA

Et si, guidé par la lecture de l'inscription, nous plaçons

les intervalles et les signes séparatifs, réclamés par la compréhension du texte, nous arrachons à l'inscription son secret :

Texte à lire :

A C U C A N A L I

A C R A

C E L O V (e)

R A T O V (e) D E

C A (e) N T E N A

soit : *acucanali acra celove ratove de centena.*

Dès lors, si nous possédons le texte certain de l'inscription épigraphique, il nous reste à pénétrer le sens mystérieux qui la recouvre encore.

Pour notre tâche de traducteur, les commentateurs déjà cités nous serviront d'auxiliaires dans la recherche de la vérité. Nous lisons d'abord à la page 110 du volume second : « *Le Rhône, histoire d'un fleuve* » : Il est certain que les « eaux du Grosel ou du Groseau ont été conduites par un « aqueduc souterrain à Vaison et à Orange. M. le docteur « Isnard, de Malaucène, a constaté à 500 mètres de Vaison, « un massif de constructions romaines, à moitié enfouies, « qui paraît avoir été un réservoir à partir duquel les eaux « se divisèrent en un double conduit. »

• « La source du *Groseau*, du *Grosel* ou du *Groselos* mérite « d'être mise en parallèle avec la célèbre fontaine de Vau« cluse, ... on aboutit à chacune des deux sources par un « défilé rocheux, avec cette différence que les abords de la « fontaine de Vaucluse sont d'une nature aride et sauvage, « tandis que la fontaine du Grosel, bordée de chaque côté « par de grandes collines, à sommets pittoresquement décou« pés, arrose dès son point de départ, jusqu'à l'étranglement « de la vallée, une série de déclivités *couvertes de prairies.* »

Guinier n'est pas moins affirmatif (*Histoire de la ville de Malaucène*, t. Iᵉʳ, pages 69 et suiv.) « une autre preuve de « l'existence de cet aqueduc, c'est un morceau de vieille

« bâtisse, qui faisait partie du conduit souterrain dont j'ai
« entendu parler dans mon jeune âge... On voit des traces
« réelles de cet aqueduc sur le chemin de Malaucène à
« Vaison, et que j'ai moi-même considérées plusieurs fois
« et que j'ai reconnues être bâties en briques dont se ser-
« vaient très souvent les Romains. »

... « Les sources les plus considérables qu'ils employèrent
« à cet effet sont celles du *Groseau* et de la Bridouire, qui
« prennent l'une et l'autre leur naissance dans le terroir de
« Malaucène. »

« ... Ce canal avait deux pieds de haut sur un pied de
« large. »

Arrêtons-nous là de ces citations, car un point reste définitivement acquis, c'est celui-ci :

Après avoir franchi un assez long parcours, dont une partie
à travers des prairies, les eaux de la source avaient été
captées, canalisées ; la conduite des eaux était souterraine
et aboutissait à un réservoir de distribution. Quatre des
mots de l'inscription épigraphique affirment et résument
l'authenticité de cette description ; le texte dit, en effet :

de acû — de la pointe (du point où jaillit la source)

canali — jusqu'au canal (où les eaux sont captées)

celove — ou même jusqu'au point où elles s'étendent à *découvert*.

Cherchons maintenant à définir la signification des autres
mots qui complètent le texte ; ces mots sont : *acra, ratove,
centena*.

Deux historiens lyonnais, Beaulieu (*Histoire de Lyon
sous les Gaulois*, édition de 1837), et l'érudit Ménétrier, vont
nous fixer sur l'interprétation à donner à ces trois mots.

Laissons la parole à Beaulieu :

« *Des Colonies Romaines. — Divisions des champs. —*
« *Mesures usitées pour ces divisions.*

« Cette division et cette assignation des champs aux Lé-
« gions se nommaient « *pertica* », et voici comment et pour-
« quoi elles se faisaient.

« Les anciens auteurs nous apprennent que les Romains
« avaient introduit ces usages pour récompenser les soldats.

« Ces divisions se faisaient par centuries, en assignant
« deux arpents « acrum » à chaque soldat ; des perches ser-
« vaient à mesurer les espaces que l'on donnait à toute une
« Centurie et à chaque soldat en particulier. »

« Le nom de « dix perches » était commun à toutes les
« portions de terres et on ne les distinguait que par la diver-
« sité des aspects, comme l'on fait à présent dans les contrats
« de vente et achats de terrains, dont on marque les côtés
« de vent, de bise, de matin, de soir, de nord et de midi. »

Et nous rencontrons là, le commentaire des mots ci-
dessous :

ratove — il a été relevé même à la mesure

centena — cent

acra — arpents de terrain.

L'inscription détermine la surface du parcours des eaux,
avant leur canalisation, et son texte épigraphique se dévoile
à nous dans son entier.

« de acû, canali celove »

« ratove acra centena »

et le texte nous apprend que, « du point où la source jaillit
« jusqu'à sa canalisation, ou même jusqu'à la partie où elle
« s'étend à découvert, la distance parcourue mesure une
« superficie de cent arpents. »

Nous voici un peu éloigné de l'interprétation acceptée
jusqu'ici, et citée au début de cette étude en ces termes :
« lus, fils de... a dédié avec contentement (cet autel) à Gra-
« selus. »

Mais, tout n'est pas fini là. Pourquoi ce texte, quelles
raisons ont dicté cette inscription, ce document gravé sur
un cippe surveillant la naissance d'une source ? Ménétrier,
l'ancien bibliothécaire de la ville de Lyon, va nous en instruire : « Les Romains avaient l'habitude, dit-il, de faire
« graver cette division des champs sur le cuivre, sur l'airain
« ou sur la pierre, et de les garder soigneusement pour y

« avoir recours, dans les contestations qui pouvaient naître
« entre les possesseurs, les vendeurs et acquéreurs.

« Ces précautions, les acquéreurs ne les négligèrent pas,
« quand ils virent l'Empire s'agiter dans des troubles conti-
« nuels, et n'avoir souvent point de magistrats bien stables. »

Donc l'inscription du cippe, placé à la naissance de la
source du Groseau, constituait un véritable titre de propriété ; elle assurait au propriétaire de la source, ville ou
particulier, la légitime possession de ses eaux et des terrains
qu'elle parcourait, jusqu'au point où elle était canalisée, où
elle s'épandait en surfaces d'inondation ; elle en garantissait
aux possesseurs tous les bénéfices et tous les privilèges.

Mais après avoir ramené le *dieu Graselos* à son Olympe,
auquel il n'aurait jamais dû être ravi, nous ne terminerons
pas sans manifester quelque surprise à l'égard des diverses
appellations par lesquelles on désigne la source du Groseau ;
Grosel nous a toute l'apparence d'être la traduction française de « *Grossaou* » que l'on a déformé en « *Grossau* »
par la suppression de l'*o*, d'où le mot actuel « *Groseau* » ;
mais nous sortirions du cadre assigné à notre étude en enta-
mant cette question.

De la mésaventure, échue à cette inscription, réputée,
considérée, classée comme celto-grecque et qui n'est pas
plus grecque que celtique, il ne faut pas conclure qu'elle soit
unique.

Dans un Mémoire achevé et destiné à être soumis à l'examen de l'Académie des Inscriptions et Belles-Lettres, nous
avons été conduit à démontrer par une traduction, que l'on
peut tenir comme définitive, que trois parmi les inscriptions
épigraphiques réputées celto-grecques ou simplement celtiques — et notre étude a porté sur les trois plus célèbres —
n'étaient ni grecques ni celtiques.

A. BÉRETTA,
Inspecteur de l'Assistance publique de la Drôme.

MÉMOIRES

POUR SERVIR A L'HISTOIRE

DES

COMTÉS DE VALENTINOIS ET DE DIOIS

(SUITE. — Voir les 122ᵉ à 135ᵉ livraisons.)

Le clergé se plaignait des violences du dauphin, de ses empiètements. La haute noblesse ne se sentait pas moins blessée de ses procédés hautains, autoritaires et parfois injustes. Louis gardait rancune à Charles de Poitiers, seigneur de Saint-Vallier, de ne lui avoir point cédé de bon cœur la terre d'Etoile, lorsqu'il la lui avait fait demander. Non content de s'être emparé de ce fief, il lui chercha bientôt une mauvaise querelle au sujet de l'hommage des terres de Saint-Vallier et de quelques autres fiefs mouvants des comtés de Valentinois, hommage qui n'aurait pas été rendu dans les délais prescrits par le droit féodal. L'affaire fut portée devant le conseil delphinal. Dès lors, on pouvait prévoir ce qui allait arriver. Le procureur général déduit les titres de la mouvance, énonce la négligence du vassal, demande que les fiefs soient déclarés ouverts et commis. Le vassal avoue le seigneur, offre l'hommage, excuse sa demeure sur les ambassades qu'il avait eues à Gênes, en Aragon, et vers le pape Nicolas pour le dauphin, allègue quelques autres défenses. Par arrêt du 3 juillet 1452, les terres de Saint-Vallier, de Miribel, de Piégros, de Chastel-Arnaud, la maison forte du

Mouchet et la parerie de Saint-Médard sont déclarées commises (1). La sentence fut exécutée. Dépouillé d'une partie de ses biens, après s'être acquitté avec honneur de nombreuses missions et après avoir fidèlement servi son prince, Charles de Poitiers ne put supporter de se voir plus longtemps victime de l'injustice et de l'ingratitude, en butte aux tracasseries des officiers delphinaux ; il quitta le Dauphiné et se retira sur les terres du roi de France, au château d'Arlende (2).

Par une coïncidence remarquable, le jour même où l'arrêt du conseil déclarait commises les terres du seigneur de Saint-Vallier, des lettres royales, données à Esterre en Béarn, enlevaient au dauphin ses pensions et les quatre châtellenies du Rouergue, confisquées en 1446 sur le comte d'Armagnac (3). Louis avait vainement essayé de prévenir les effets de la colère du roi. Il apprit bientôt que son père, avec une partie de l'armée de Gascogne, traversait l'Auvergne et s'avançait vers l'Est. L'expédition était dirigée contre le duc de Savoie. Charles VII avait grandement à se plaindre de ce prince, qui faisait cause commune avec les ennemis de la France en Italie, qui favorisait l'insubordination du dauphin et qui venait de condamner à l'exil un certain nombre de seigneurs de ses Etats, après avoir confisqué leurs biens. Les exilés étaient venus auprès du roi réclamer sa protection (4). Le bruit courait aussi que le monarque allait châtier son fils et lui enlever le gouvernement du Dauphiné. Louis s'émut à cette nouvelle et s'empressa d'envoyer à son père un de ses principaux conseillers, Gabriel de Bernes, qui joignit Charles VII à la Palice, où il s'était arrêté un moment (10-17 septembre). Une série de négociations s'engagèrent, dans les-

---

(1) SALVAING DE BOISSIEU. *Traité des fiefs*, Première partie, p. 91-2.

(2) Archives de la Drôme, E, 2486, f° 174.

(3) LEGEAY, *Hist. de Louis XI*, t. I, p. 182. — DUCLOS, t. I, p. 80.

(4) DE BEAUCOURT, t. IV, p. 74.

quelles le roi déclarait que son intention n'était pas d'en venir encore aux mesures extrêmes et qu'il était disposé à rendre au dauphin ses faveurs, si celui-ci voulait corriger « l'esclandre qui est partout de son gouvernement » et éloigner de sa personne ceux qui lui donnaient de mauvais conseils (1). Louis ne désirait que gagner du temps, bien résolu à ne pas retourner chez son père et à garder ses fidèles serviteurs. Pendant que ses ambassadeurs faisaient entendre au roi un langage plein de respect et de soumission, ses actes leur donnaient un démenti.

Voyant s'approcher l'orage, il se met en mesure de s'opposer à la marche de l'armée royale, si elle tente de pénétrer en Dauphiné. Le 7 septembre, il convoque la noblesse dauphinoise pour le servir en armes, ordonnant aux magistrats de sévir par les peines de droit contre ceux qui refuseraient de se rendre à son appel (2). Le rendez-vous était fixé à Saint-Marcellin et les troupes devaient, sous la conduite du bâtard d'Armagnac, s'acheminer de là sur Vienne. Cette ville qui est la clé de la province et par laquelle on soupçonnait que le roi devrait passer pour gagner la Savoie, eut son système de fortifications complété par l'établissement d'une citadelle sur le mont Salomon (3).

Cependant, le duc de Savoie se montrait moins disposé à

---

(1) De Beaucourt, t. IV, p. 76.

(2) Chorier, t. II, p. 455. « Les troupes rassemblées à Vienne par le dauphin et à la tête desquelles se trouvait Jean, bâtard d'Armagnac, maréchal du Dauphiné, ne durent comprendre que 500 lances environ, réparties entre les cinq compagnies des ordonnances du dauphin, commandées par Guillaume, bâtard de Poitiers, Antoine Alleman dit de Mévouillon, Hugues de Bournazel, Jean de Heraultmont, et Robert de Malortie, auxquelles il convient d'ajouter l'artillerie, sous les ordres de Mathieu de Condé, et la garde spéciale du dauphin, composée d'une compagnie de gens d'armes, commandée par Jean de Villaines, et de quelques archers et arbalestriers, sous les ordres de François de Tiercent et de Giraud, bâtard de Montfaucon. » Pilot, n° 870.

(3) Chorier, t. II, p. 454.

recevoir le choc de l'armée royale. Le cardinal d'Estouteville, légat du pape Nicolas V, s'employa à rétablir la paix entre les deux souverains (1). Il y réussit, et le 27 octobre un traité fut signé à Cleppé. Le roi concluait avec le duc une alliance perpétuelle, avec promesse de le défendre lui et ses successeurs, envers et contre tous, sauf le pape, l'empereur, les rois de Castille et d'Ecosse. De son côté, le duc de Savoie déclarait renoncer à toutes alliances et promesses qu'il pourrait avoir conclues au préjudice du roi, de la seigneurie et de ses alliés, s'engageant en outre à servir le roi, avec quatre cents lances, envers et contre tous, sauf le pape et l'empereur. Il promettait enfin, dans un délai de trois mois, de rendre leurs biens aux seigneurs bannis de ses Etats et d'annuler la sentence de condamnation (2).

Sur ces entrefaites, le dauphin écrivit à son père pour le prévenir « qu'il estoit descendu une grosse armée d'Anglois dans le Bordelois » et pour lui offrir de le servir, corps et biens, contre ses ennemis. La lettre est datée de Vienne le 25 octobre (3). Le roi se borna, pour toute réponse, à dire au seigneur de Barry, porteur de la lettre, que Louis ne se comportait pas « comme un fils doit à son père (4). » Dans une circulaire du 8 novembre, il expose la conduite de son fils et fait voir combien il était impossible de se fier à sa parole. Ce document renferme de curieux détails sur les armements du dauphin et les travaux de fortification qui se faisaient alors à Vienne (5). Le roi était de plus en plus irrité et peu s'en

---

(1) PASTOR, *Hist. des papes depuis la fin du moyen âge*, t. II, p. 7.

(2) DE BEAUCOURT, t. V, p. 180. — GUICHENON, t. II, p. 90.

(3) DE BEAUCOURT, t. V, p. 181.

(4) DE BEAUCOURT, t. V, p. 182.

(5) DE BEAUCOURT, t. V, p. 456-61. « Mais après ce qu'il ot oy les bonnes paroles que avions dites aud. Gabriel, il s'en vint à Vyenne et là manda tous les gens d'armes d'où il put recouvrer et des communes du pays, lesquels il avoit constrains ceulx mettre en habillement et en la manière comment l'en a acoustumé de faire fortifier et réparer

fallut qu'il ne dirigeât contre son fils les forces dont il disposait. Mais la descente des Anglais le contraignit d'user de ménagements. Le cardinal d'Estouteville vint à Vienne pour offrir ses bons offices, en vue d'une réconciliation entre le père et le fils (1). Louis consentait à faire « des excusations et justifications » et déclarait s'en rapporter au cardinal. Mais tout était vague, et quand quelques jours plus tard, des délégués du monarque vinrent à Pierrelatte présenter au dauphin les articles arrêtés en conseil et auxquels il était invité à souscrire, il demanda à réfléchir; il leur donna rendez-vous à Valence, où se tint une conférence, et finalement réclama de telles garanties, exprima de tels doutes sur la bonne foi de son père, que ses exigences équivalaient à une rupture (2).

La querelle s'envenimait. D'autre part, la situation devenait mauvaise pour le duc de Savoie, qui, par son traité avec Charles VII, avait paru se tourner contre son gendre et l'abandonner. Aussi ce dernier ne cherchait-il qu'une occasion pour l'attaquer à main armée. En attendant, il faisait

---

une ville quand elle attend le siège, en cette mesme manière il faisoit continuellement besougner a faire bolvers et autres défenses comme s'il attendoit le siège et très souvent avec estendards déployés se faisoient les ouvrages dessus dites... »

(1) DE BEAUCOURT, t. V, p. 182. — CHARAVAY, t. I, p. 240.

(2) DE BEAUCOURT, t. V, p. 183. Le cardinal, en se rendant à Vienne, avait encore pour but d'arranger le différend du dauphin avec les habitants du Comtat et d'Avignon. Les affaires de ce côté étaient toujours fort troublées. Louis avait fait don, le 29 juin 1452, de la seigneurie de Pierrelate à Gabriel de Bernes, pensant bien que celui-ci saurait la mettre à l'abri d'un coup de main des sujets du pape. En habile diplomate, d'Estouteville réussit dans cette seconde partie de sa mission, et le 22 novembre, il pouvait écrire au roi : « Et vous plaise savoir que... j'avoye pris certain appointement avec monseigneur vostre fils touchant les differences qui estoient entre les officiers de nostre dit saint père en Avignon et les officiers de mon dit seigneur en Dauphiné... » Le fameux Troyhon rendit les sommes qu'il avait extorquées à ses prisonniers détenus au château d'Ezahut. Les héritiers Boucicaut reçurent une compensation. — REY, op. cit., p. 308-9. — CHARAVAY, t. I, p. 241.

des préparatifs de guerre, achetait des armes, fortifiait ses
places et envoyait des émissaires de tous côtés. Il était trop
intelligent pour avoir des illusions sur les sentiments de la
noblesse à son égard ; mais les événements durent le convaincre de plus en plus qu'il en était peu aimé. Ses lettres
de convocation du ban et de l'arrière-ban avaient reçu un
accueil assez froid, et beaucoup de nobles, craignant de dé-
sobéir au roi, s'étaient abstenus de paraître à l'armée de
Vienne (1). Louis prit dès lors une série de mesures qui témoignent un vif désir d'avoir, pour seconder sa politique et la
défendre, une armée nombreuse, mieux disciplinée et surtout
dévouée à ses intérêts. Le 1ᵉʳ octobre 1452 paraît une ordonnance qui « accorde à tous les nobles du Dauphiné et des
« comtés de Valentinois et Diois, qui l'avaient servi, comme
« hommes d'armes, en son armée rassemblée à Vienne, re-
« mise de tous les droits de lods et ventes qu'ils pourraient
« devoir à raison des ventes ou rachats qu'ils avaient faits ou
« feraient pour s'armer ; leur accorde un délai d'une année
« pour fournir le dénombrement de leurs biens, ainsi qu'une
« durée de trois ans pour racheter tous les biens qu'ils au-
« raient pu vendre pour s'armer, alors même que ces ventes
« auraient été faites sans clause de rachat ; leur fait remise
« de toutes les amendes qu'ils auraient encourues jusqu'à ce
« jour à raison de tous procès civils ou criminels... (2). »
Le 5, nouvelle ordonnance, plus importante que la précédente. « Le prince statue que tous les nobles ou anoblis, vi-
« vant noblement, seraient tenus de s'armer et de venir le
« servir à toutes réquisitions, et, qu'en compensation, ils
« jouiraient de tous les privilèges, libertés et prééminences
« de la noblesse ; que ceux des nobles qui ne serviraient
« point en personne, qui ne se seraient point fait remplacer
« par des hommes d'armes, suffisamment équipés et armés,

(1) CHORIER, t. II, p. 455.
(2) PILOT, nᵒ 977. Archives de l'Isère, B, 2904, fᵒ 85.

« ou qui n'auraient point d'excuses raisonnables, seraient
« poursuivis et condamnés à telles peines et amendes que la
« jnstice trouverait équitable. Quant aux roturiers qui dé-
« tiennent des fiefs ou des arrière-fiefs nobles, il est ordonné
« qu'ils payeront les tailles, aides et autres charges ou sub-
« sides auxquels sont astreints les autres roturiers et sujets,
« moyennant quoi ils seront exempts et déchargés de tout
« service militaire à l'égard de leurs fiefs (1). »

Tous ceux qui sont à l'armée, nobles et roturiers, eux et
leurs parents, reçoivent du prince quelques faveurs, s'ils le
désirent. Le 26 octobre, Louis déclare que tous ceux qui
l'ont servi à l'armée de Vienne ou qui le servent encore
comme hommes d'armes, et comptent pour une lance dans
les compagnies de son ordonnance, ou ceux qui, ayant été
brigandiniers, veulent se faire hommes d'armes, jouissent de
toutes les exemptions accordées naguère aux nobles par l'ordonnance du 1er octobre (2). Il exempte de tout impôt et veut
qu'on raye de la liste des taillables Jean Gautier, de Cham-
pagne, qui s'était rendu à l'armée et servait pour une lance ;
Claude Gruel, de Serre, co-seigneur du Désert, qui avait
envoyé son fils Henri à l'armée ; Jean Gaude, de Moirans,
qui sert à l'armée (26 octobre), etc., etc. (3). Il fait venir
d'Angers un certain Huguet de Montagu et lui offre de
grands avantages pour qu'il exerce à Vienne son art d'armurier (13 janvier 1453) (4).

L'occasion que cherchait le dauphin de tirer vengeance du
duc de Savoie, se présenta au mois de juillet de l'année 1453.
L'Italie se débattait alors dans une sorte d'anarchie, et au
lieu d'unir leurs forces pour s'opposer à une attaque probable
des Turcs qui venaient de se rendre maîtres de Constanti-

---

(1) PILOT, n° 978. Archives de l'Isère, B, 2904, f° 115.

(2) PILOT, n° 982. Archives de l'Isère, B, 2904, f° 85.

(3) PILOT, n°ˢ 983, 984.

(4) PILOT, n° 1044

nople, les princes et les républiques de ce malheureux pays se faisaient entre eux une guerre acharnée. Le roi René, hanté toujours du désir de conquérir sur les Aragonais son trône de Naples, voulut profiter de ces dissensions intestines, et répondant aux avances des Florentins qui l'appelaient à leur aide et lui promettaient en retour de favoriser ses projets de conquête, il réunit en Provence une petite armée. Mais il rencontra de sérieux obstacles : Gênes ne se souciait pas de voir arriver les Français et le duc de Savoie refusait obstinément de livrer passages aux troupes à travers les défilés des Alpes. René ne savait donc comment pénétrer en Italie. Il pria Charles VII d'intercéder pour lui auprès du duc ; celui-ci se montra inflexible. Il s'adressa alors au dauphin, lui faisant entrevoir l'espérance d'obtenir Gênes. Les démarches du dauphin n'aboutirent qu'à une fin de non recevoir. Louis écrivit alors à son beau-père pour lui dire qu'il marcherait en personne contre lui et qu'il réussirait à faire passer qui il voudrait. Il fit appel à toutes les villes du Dauphiné et du Valentinois qui envoyèrent leurs contingents de soldats (1), réunit son artillerie et régla la question de son transport au-delà des monts (2), emprunta de l'argent pour couvrir les frais de la guerre (3), et bientôt tout fut prêt pour l'expédition. Le sire de Précigny et Ferry de Lorraine étant venus le re-

(1) Malherbe, panetier du dauphin, envoie de Valence, par Die, à Embrun 25 arbalétriers « munis de jaques, de malhe, de brigandines, de salades et d'autres armes », et 25 pionniers. Ils étaient destinés à l'armée qui devait combattre le duc de Savoie. Juillet 1453. — DE COSTON, t. II, p. 67.

(2) Ce fut un certain Jean Lévêque, de Moirans, qui se chargea de transporter de Valence en Piémont et de ramener, sur un charriot attelé de six chevaux, l'artillerie du dauphin. Les services qu'il rendit lui valurent un privilège d'exemption de toutes impositions et de tous droits de péage pendant un an. — PILOT, n° 1044. Archives de l'Isère, B, 2720, f° 331 v°.

(3) Louis, seigneur de Crussol, prêta diverses sommes au dauphin pour cette guerre, comme nous le constaterons plus loin.

joindre avec des troupes du roi René, il partit de Grenoble au commencement d'août pour forcer les passages que gardait l'armée de Savoie.

Le duc, qui devait cependant connaître le caractère de son gendre, ne s'était point attendu à une aussi brusque attaque. Il se comporta alors à la façon des gens faibles et sans courage ; il s'humilia et accorda même plus qu'on ne lui avait tout d'abord demandé. Le dauphin franchit le pas de Suze et entra en Italie : le 24 août, il était à Quério ; le 29, à Montcalieri près de Turin. Mais, comme dans toutes ses entreprises, il songeait d'abord à ses intérêts, il manifesta l'intention de marcher sur Gênes et de commencer à soumettre cette place à sa domination. Le roi René, avec qui les Génois venaient de se mettre d'accord, fut bouleversé à cette nouvelle et comprit que si son neveu exécutait ce projet, ce serait la ruine de sa propre cause et la fin de la campagne de Naples. Il s'employa donc de toutes manières à faire échouer les plans du dauphin, et celui-ci, furieux maintenant contre son oncle, repassa les Alpes et rentra dans ses Etats (1). Cette expédition l'avait donc brouillé avec le duc de Savoie et avec le roi de Naples.

Tout en continuant à donner tous ses soins aux affaires de la province, renouvelant le traité de pariage de Vienne avec Antoine de Poissieu, que le Pape avait accepté pour archevêque (2), faisant payer à l'évêque de Valence les sommes qui

---

(1) DE BEAUCOURT, t. V, pp. 297-302.

(2) PILOT, nᵒˢ 1072 et 1073. L'acte est du 28 mars 1454. Il avait été convenu qu'Antoine de Poissieu donnerait à Jean du Chastel, qui consentait à renoncer à ses prétentions au siège de Vienne, une compensation en argent pour lui aider à payer les bulles par lesquelles il était nommé à Nîmes. Le 15 juillet 1455, le dauphin fit don à Antoine de 1,000 écus à prendre sur les villes de Vienne, Valence, Grenoble et Romans, à raison de 250 écus sur chacune d'elles, pour lui permettre de s'acquitter de ses engagements envers son prédécesseur. — Archives de la Drôme, E, 3609.

lui étaient dues (1), publiant des règlements pour le cours des monnaies (2), il entretenait d'actives relations avec le duc de Bourgogne, le duc d'Alençon, le comte d'Armagnac, le duc de Milan ; il maintenait auprès de lui une garde de cinquante gentilhommes payés à raison de vingt écus par mois, sans compter les archers et les arbalétriers (3) ; il complétait ses préparatifs de guerre. Cette fois l'orage allait fondre sur la Savoie, le duc ayant surtout le tort à ses yeux de ne point vouloir s'associer à ses rancunes et de préférer contenter le roi de France. Le prétexte de la guerre qu'il déclara à son beau-père au mois de juin 1454, fut que le duc ne s'était pas mis en peine de fournir dans les six mois qui suivirent le traité de Cleppé ses preuves en revendications de l'hommage du marquisat de Saluces, ainsi qu'il s'y était engagé : ce délai expiré l'arrêt du parlement adjugeant l'hommage au dauphin devait recevoir son exécution (4). Louis entra aussitôt en campagne ; il envahit la Bresse, occupant Montluel, Ambronais, Lanieu, Saint-Genis ; il porta le ravage dans la contrée,

---

(1) Nicolas Erland, trésorier général, reçoit l'ordre de payer à l'évêque de Valence 1,650 livres tournois pour 1,200 écus, en déduction de 14,000 écus d'or que le dauphin lui devait, d'après le traité de pariage (16 février 1454, n. s.). — PILOT, n° 1069.

(2) Le 19 novembre 1453, le dauphin déclare que « les monnaies d'or et d'argent du pape, du roi de France, des rois de Sicile, comte de Provence, et des ducs de Bourgogne et de Bretagne, les ducats et florins du Rhin et ceux du chat reprendront leur valeur accoutumée ; quant aux pièces de Milan et de Gênes qu'on dit se rapprocher sensiblement des monnaies delphinales, elles seront également rétablies dans leur cours habituel jusqu'à ce qu'il en ait été autrement ordonné. Les nouveaux écus d'or de Savoie seront reçus pour un écu de France ou de Dauphiné moins un gros, mais les quarts et demi-gros dudit comté iront au billon ; cependant, jusqu'à la Sainte-Hilaire prochaine, le quart passera pour un sixième de gros, soit 2 d. et 1 m. t. et le demi-gros pour 5 d. t. — MORIN, *Numismatique féodale du Dauphiné*. Paris, 1854, in-4°, p. 373.

(3) DE BEAUCOURT, t. VI, p. 65.

(4) DE BEAUCOURT, t. V, p. 180.

détruisant trente villes ou villages. A en juger par les documents, les désastres durent être considérables. L'élément le plus essentiel dans la pratique de la guerre était alors le feu. Comme les Savoisiens menaçaient à leur tour le Dauphiné, on se hâta de mettre en état de défense les principales villes, Grenoble, Romans, Valence. Cette guerre dura environ trois mois (1). Le duc écrivit au roi pour le prier de le protéger contre le dauphin et fit à cette occasion toutes les soumissions qu'on avait vainement attendues de lui jusqu'à présent (2). Mais ce fut par l'entremise du duc de Bourgogne et des Bernois que l'accord fut rétabli entre le beau-père et le gendre, par un traité signé le 14 septembre (3).

Trois mois plus tard, un autre traité fut conclu entre le dauphin et le seigneur de Saint-Vallier. On sait que ce dernier, pour échapper aux poursuites, aux vexations de tout genre dont il était l'objet, avait cherché un refuge dans le royaume, au château d'Arlende. Il y tomba malade (4) et, sentant la vie l'abandonner, il voulut règler ses différends avec le dauphin et assurer à sa famille la terre de Saint-Vallier, dont il avait été violemment dépossédé. Le 28 novembre 1454, il nomma pour ses fondés de pouvoirs Guillaume de Poitiers,

---

(1) Guichenon, t. II, p. 91. — Guy Pape, *Decisiones*. Lugduni, 1610, in-f⁰, quœst. 78 : « De anno currente Domini 1454, quo anno fuit orta guerra per prefatum d. n. delphinum contra d. ducem Sabaudiæ, in qua guerra fuerunt in Sabaudia destructæ et depopulatæ duæ villæ, Montissupelli et Sancti Genesii Augustæ, quæ guerra duravit circa per tres menses... » Guy Pape ajoute que l'évêque de Grenoble fit réparer à ses frais la partie des remparts de Grenoble qui touchaient à sa cathédrale. — Sur les fortifications faites à Valence, il en est question dans une délibération municipale du 17 août. — Archives de Valence, BB, 1, f⁰ 174.

(2) De Beaucourt, t. VI, p. 68.

(3) Guichenon, t. II, p. 91. — Cf. *Inventaire des archives de l'Isère*, t. III, p. 340.

(4) Sa maladie dura environ six mois.

seigneur de Barry, Jean de Châteauneuf et Laurent de la
Tour. Ceux-ci s'abouchèrent à Valence, le 7 décembre, avec
Jean Barton, chevalier, chancelier du Dauphiné, muni de la
procuration du prince, et l'on arrêta les articles suivants. Le
dauphin restitue au seigneur de Saint-Vallier les châteaux et
les dépendances d'Etoile, de Saint-Vallier et toutes les autres
terres sur lesquelles il y avait main mise ; et aussitôt le seigneur de Saint-Vallier, par ses procureurs, cède au dauphin
qui « avoit plaisir et affection d'avoir le lieu d'Estoile, » le
château et la seigneurie de ce nom, aussi bien que le péage
de Parpaillon. A son tour, le dauphin donne en échange à
Charles de Poitiers, Chalançon, Durfort, Saint-Fortunat et
toutes leurs dépendances et droits de rachat, « sous la réserve
de l'hommage et de la souveraineté appartenant au dauphin ;
se réserve encore « exprès mon dit seigneur les hommages
« de Brion, de Crussol, et celuy que le comte de la Marche
« est tenu de faire, à cause des terres et seigneuries qu'il
« peut tenir en ladite baronnie de Chalençon, laquelle baron-
« nie mon dit seigneur tient à présent et icelle par certains
« moyens a recouvré du seigneur duc de Savoie... et en oultre
« luy baille... la somme de 400 florins des rentes ou revenus
« des péages de Crest, Auriple, Vaulnaveys, avec les droits
« de juridiction et justice d'iceulx..., et les confiscations et
« amendes qui s'en pourront ensuivre seront et demeureront
« à mon dit seigneur et audit seigneur de Saint-Vallier par
« égales portions. » Le dauphin céde ensuite à Charles de
Poitiers et à ses descendants la baronnie de Clérieu et tous
les fiefs qui en relèvent, sous réserve de l'hommage. Les parties s'engagent à se restituer tous les titres, tous les actes qui
seraient de quelque utilité à établir leurs droits sur les terres
objet du présent traité (1). Le seigneur de Saint-Vallier fit
prendre possession le 30 décembre des terres de Chalençon,

---

(1) Archives de la Drôme, E, 2486, f°° 174-8, et Archives de l'Isère,
B, 2989 et 3588.

de Durfort et de Saint-Fortunat (1). Il survécut peu à cet accord, car il fit son testament le 11 février 1455 (n. s.) et mourut quelques jours après, laissant d'Anne de Montlaur, sa femme, deux fils, Aymar de Poitiers, qui fut seigneur de Saint-Vallier, et Guillaume de Poitiers qui eut pour sa part la baronnie de Clérieu (2).

Le dauphin ne conserva pas la seigneurie d'Etoile. Le 23 février 1455 (n. s.) étant à Valence, il la céda à Louis de Crussol (3), en garantie d'une somme de 16,360 écus d'or, que celui-ci lui avait prêtée en diverses fois, et dont le prince s'était reconnu débiteur par une lettre datée de la Tour-du-Pin, le 8 septembre 1454, qu'il ne sera peut-être pas sans intérêt de reproduire : « Scavoir faisons que comme ainsi soit « que pour le voyage et armée qu'avons fait naguières en « Piemont pour le passaige et conduite des gens d'armes de « nostre tres chier et tres amé oncle le roy de Cécyle au pas-« saige dernierement par lui faict par dela les monts auquel « avons faict grand meslés, frais et despens, dont pour four-

---

(1) A la suite de ce traité, il parut peu convenable que le siège du bailliage, pour la portion du comté de Valentinois sise au royaume, fût maintenu à Chalençon, bourg aliéné à un seigneur particulier. Aussi, par arrêt du 1ᵉʳ août 1457, le parlement de Grenoble transféra ce siège à Baix-sur-Rhône, et ce « pour la commodité et honneur du dauphin, et de ses sujets et vassaux, pour s'y pourvoir par les sujets delphinaux du côté du royaume. »

(2) ANSELME, t. II, p. 203. Charles de Poitiers laissa encore une fille, qui épousa Jacques de Clément, seigneur de Vausserre en Dauphiné.

(3) Il était fils de Géraud IV Bastet, seigneur de Crussol, et d'Alix de Lastic. Par acte du 29 mai 1441, passé aux Granges, peu de jours après la mort de son père, il fut placé sous la tutelle de n. Dragonnet de Lastic, son oncle (Archives de la Drôme, E, 2482, fᵒ 14). Il épousa, par contrat du 21 juillet 1452, Jeanne de Lévis, fille de feu Philippe de Lévis et d'Isabeau de Poitiers, sœur de Louis de Poitiers, évêque de Valence et de Die (Ibid., fᵉ 62). Il fut, comme nous le dirons, gouverneur du Dauphiné et mourut au mois d'août 1473, comme il se disposait à passer en Catalogne.

« nir à ladite despense avons faict plusieurs emprunts et espé-
« cialement de nostre amé et féal conseiller et chambellan
« Loys, seigneur de Crussol, lequel desjà entre deux fois
« nous a presté onze mil et deux cents escus d'or ou la valeur,
« cest à scavoir 7,000 d'emprunt à nous loyalement nombré
« de l'an 1453 et le 27 du moys de juillet, et autre fois 4,000
« et 200 escus l'an dessus dit et le 19 du mois d'aoust... et en
« oultre pour... payement de notre ditte armée... au voyage...
« en Savoie et en Bresse, ledit de Crussol de rechief nous a
« presté... 5,000 et 60 escus... et ainsi font une somme de
« 16,300 et 60 escus... (1) »

Les premiers mois de l'année 1455 furent assez tranquilles.
Le dauphin ne s'éloigna guère de Valence et de Romans.
Ses nombreuses lettres datées de février, mars et avril, nous
le montrent tout occupé des affaires administratives, comme
si aucun danger ne le menaçait (2). Il est pourtant bien certain que les émissaires qu'il entretenait dans les états voisins
et surtout à la cour de France, durent le prévenir que son
père, irrité de ses menées, de son insubordination, fatigué
des plaintes qui s'élevaient de toutes parts, des rangs du clergé
dont il méconnaissait les droits, de la noblesse qu'il blessait
par ses procédés hautains, et du peuple qu'il accablait d'impôts, était résolu d'agir enfin avec rigueur et de le contraindre
à obéir. Le roi voulait d'abord s'assurer que Louis ne trouverait pas d'appui. Il écrivit au duc du Savoie, au duc de
Milan pour leur recommander de ne faire aucune alliance
avec son fils révolté (3).

---

(1) Archives de la Drôme, E, 2487, fᵒˢ 52-62, et Archives de l'Isère,
B, 3048, fᵒ 155.

(2) C'est ainsi qu'en février 1455, il autorisait les habitants de Montélimar à percevoir un impôt d'un denier de monnaie courante (24 deniers valant un gros) sur chaque livre de viande vendue à la boucherie.
Le 2 avril suivant, par lettres datées de Chalaire près de Romans, il
donnait la charge de capitaine châtelain de Montélimar à Jean d'Es-
tuer, seigneur de la Barde. — PILOT, nᵒ 1144.

(3) DE BEAUCOURT, t. VI, p. 70.

Nicolas V mourut le 25 mars 1455 et eut pour successeur Calixte III. Désireux de se mettre en bons rapports avec le nouveau pape, dont le secours pourrait lui être nécessaire au milieu de ses difficultés, le dauphin se montra toujours très empressé à lui être agréable. Il voulut tout d'abord s'acquitter envers lui de ses devoirs de vassal ; il envoya donc auprès du légat d'Avignon, Charles de Grolée, seigneur de Château-villain, l'accréditant pour son procureur, à l'effet de prêter hommage à l'Eglise romaine pour le château de Montélimar, qu'il tenait en fief. Cette formalité fut accomplie dans le palais apostolique le 5 juin (1). A quelque temps de là, Calixte III très alarmé des progrès des Turcs, des menaces d'une invasion en Italie, multipliait ses efforts en vue d'unir les princes chrétiens pour la croisade ; il envoyait des légats dans les diverses régions pour ranimer le zèle des peuples, recueillir de l'argent et préparer la sainte entreprise. Le cardinal Alain vint dans nos contrées et fit part au dauphin des projets du souverain pontife. Louis ne prit pas la croix, on le pense bien, et, ce qui ne sera pas pour nous étonner, il fit les plus belles promesses, parut vouloir seconder le pape, à tel point que la nouvelle de l'aimable accueil fait au légat par la petite cour delphinale étant allée jusqu'à Rome, Ænéas Sylvius Picolomini, le futur Pie II, pouvait dans une lettre du 27 novembre exprimer un très vif espoir de la participation de la France à la croisade (2) Hélas ! il se faisait illusion. Dans la manifestation de ce beau zèle, Louis n'avait qu'une pensée, gagner les bonnes grâces du pape, l'intéresser à sa cause. Quant à Charles VII, loin de favoriser la croisade, il interdisait dans son royaume toute collecte, mettait en avant la

---

(1) Chevalier, *Cartulaire de Montélimar*, p. 295. Les lettres qui donnaient procuration à Charles de Grolée pour prêter cet hommage sont datées de Valence le 2 juin 1455.

(2) Pastor, *Hist. des papes*, t. II, p. 351. — Raynaldi, *Annales*, ad an. 1456, n° 5.

crainte de voir se renouveler la guerre avec les Anglais, et s'apprêtait à venir en Dauphiné châtier son fils.

En effet, le roi avait quitté le Berry dans les premiers jours d'octobre et s'était rendu en Bourbonnais pour surveiller de plus près les affaires de Savoie et du Dauphiné. Louis le comprit et il écrivait alors au duc d'Alençon : « Mon parrain, mon parrain, ne me faillez pas au besoin et ne faites pas comme le cheval au pied blanc (1). » Quand il vit le roi s'installer en Bourbonnais, il témoigna une certaine inquiétude, mais sans « perdre la tête », comme on l'a dit, il songea aux préparatifs de défense, pour le cas où il viendrait à être attaqué. Au mois de novembre, on travaillait avec activité à compléter les fortifications de Romans. Des lettres patentes furent adressées de la part du dauphin à toutes les communautés voisines pour leur enjoindre, sous peine d'une amende de mille marcs d'argent, d'avoir à envoyer sans le moindre retard à Romans un homme par feu pour être employé à cette œuvre (2). Osias Jony, seigneur de Pennes, châtelain de la ville, réquisitionnait encore au mois de janvier 1456 des gens de Clérieu, Chantemerle, Peyrins et autres endroits pour venir « fornis « de pelles et de pics et aultres abilhements nécessaires à « foussaler en la ville de Romans ès foussée d'icelle (3). »

Louis sentit le besoin de rattacher plus étroitement à ses intérêts l'évêque de Valence qui depuis la mort du seigneur de Saint-Vallier était devenu en quelque sorte le chef de cette

---

(1) De Beaucourt, t. VI, pp. 74-5.

(2) Archives municipales de Valence, BB, 1, f° 181. Délibération du 17 novembre 1455 : « Super mandamento facto quod mitterentur pro quolibet foco apud Romanis pro fortificatione ville Romanis... Vigore litterarum patentium precipitur ex delphinali parte, sub pena mille marcarum argenti, ut mitterent incontinenti apud Romanis pro fortificatione ejusdem unum hominem pro foco et inde audito tractatu facto per nonnullos ex quo dicitur quod dominus noster erit contentus quod solvatur sibi pro quolibet foco II franchi et sic erunt quictii cives a dicto... »

(3) Archives de la Drôme, E, 3666.

maison de Poitiers, la plus illustre et la plus puissante du Dauphiné, envers laquelle il avait à se reprocher des torts nombreux. L'évêque trouvait que le traité de pariage, en lui enlevant une partie de ses droits de justice, avait grandement affaibli son autorité et surtout diminué ses ressources financières. On lui avait bien accordé, à titre d'indemnité une somme d'argent, ainsi que la possession du château de Pisançon évalué à raison de 600 florins de revenu ; mais ces avantages étaient loin de compenser la perte qu'il avait subie. Ajouté à cela que les juges delphinaux, gens tracassiers par nature, ne se prononçaient pas toujours avec impartialité dans les procès commencés devant ses juges et qui venaient ensuite à leur barre : c'était, du moins, ce que disaient ses sujets.

Louis résolut de donner pleine satisfaction aux plaintes du prélat. Le 6 février 1456, intervint un nouveau traité qui annula celui de 1450. Le dauphin confirme le don de la terre de Pisançon à l'évêque, l'investit de nouveau, en se servant des formules jadis usitées par la chancellerie impériale, de tous les domaines de ses Eglises, ne gardant que la suzeraineté et l'hommage ; il lui rend le libre exercice de la juridiction civile et criminelle, avec la faculté d'avoir un juge des appels dont les sentences ne seront réformables que par le parlement de Grenoble. L'évêque est autorisé à percevoir les droits de péage à Livron, à Valence et dans les autres lieux accoutumés. De plus, quand il sera appelé auprès de la personne du prince, seul ou avec un contigent de soldats ; quand il voudra dresser une armée pour les besoins de son Eglise ou du Dauphiné, ses sujets devront, selon la gravité des circonstances et leurs propres ressources, contribuer à la dépense. Louis de Poitiers fit ensuite, le même jour, hommage au dauphin pour le temporel de ses Eglises et spécialement pour la terre de Pisançon. Ces différents actes se passèrent à Grenoble au palais de la Trésorerie, devant le dauphin et en présence de Louis de Laval, seigneur de Châ·

tillon, gouverneur du Dauphiné, de Jean, seigneur de Montauban, de Jean, bâtard d'Armagnac, maréchal du Dauphiné, d'Antoine Bolomier, général des finances et de Raymond de Montaynard, lieutenant du gouverneur (1).

Les faits que nous venons de relater montrent quelles étaient les préoccupations du dauphin dans les premiers mois de l'année 1456. Sentant ses torts et voulant prévenir les effets de la colère paternelle, il envoya au roi diverses ambassades, protestant de sa soumission et de son dévouement, s'engageant à le servir envers et contre tous, à ne conclure aucune alliance sans son congé, à ne point passer le Rhône sans son consentement, etc. Le roi réclamait une soumision plus complète, le retour du dauphin auprès de lui, le renvoi de ses conseillers, toutes choses que le prince était résolu à ne point accorder. Louis cherchait à gagner du temps (2). Il écrivait le 18 mai au duc d'Orléans pour se plaindre des rigueurs de son père, pour le supplier d'obtenir qu'on réunît un conseil devant lequel il lui fût permis d'exposer les raisons qui dictaient sa conduite (3). Il cherchait des appuis de tous côtés ; mais une démarche qui doit trouver place dans l'histoire du Valentinois et qui pour nos pays aura de grandes conséquences, est celle qu'il fit alors auprès du pape pour implorer sa protection.

Vers la fin de mai, il envoya à Rome un ambassadeur, Romée de Morimont, avec des instructions qui nous révèlent toutes les inquiétudes que lui causait la froideur menaçante de son père. Romée ne devait rien négliger de ce qui était de nature à disposer favorablement le souverain pontife et le sacré collège envers le dauphin ; il devait parler de son entier dévouement à la cause de l'Eglise, ce qu'on ne manquerait pas d'opposer à l'indifférence scandaleuse que le roi

---

(1) Voir, pour plus de détails, notre *Essai hist. sur Die*, t. II, p. 393-7.
(2) DE BEAUCOURT, t. VI, pp. 76-80.
(3) CHARAVAY, t. I, p. 73.

témoignait alors pour l'affaire de la croisade ; il devait parler
de ses sentiments profondément religieux, de sa délicatesse
de conscience, et il allait en donner une preuve qui bien certainement ferait impression sur la cour romaine et la décide-
rait à soutenir le prince. Qu'avait donc trouvé le dauphin
dans sa politique astucieuse ? Il feignait d'être troublé par
une découverte qu'il venait de faire et désirait, au plus vite,
mettre sa conscience au repos. Non seulement il était vassal
de l'Eglise romaine pour le fief de Montélimar dont il avait
déjà fait hommage, mais encore, faisait-il dire au pape, il était
vassal de cette même Eglise pour les terres du Valentinois et
du Diois, terres hommagées à l'Eglise en 1374 (1) et dont la
maison de France avait hérité des Poitiers. Jusqu'à ce jour
il avait ignoré dans quelle condition de dépendance il tenait
ces terres, mais maintenant, pleinement informé des droits
de la papauté, il voulait s'acquitter des devoirs d'un fidèle
vassal et faire hommage ; il ne sollicitait qu'une grâce, con-
donation de la redevance en argent que lui et ses prédécesseurs auraient dû payer chaque année à la cour romaine
pendant la période de temps écoulé depuis le dernier hommage rendu. Tout cela, comme le pense le lecteur, n'était
que comédie de la part du dauphin : ce qu'il souhaitait, c'était
l'intervention du pape dans ses démêlés avec son père. L'ambassadeur vint à Rome, remplir sa mission, et, cela va sans
dire, Calixte III reçut l'hommage du Valentinois et du Diois
dans une assemblée solennelle de cardinaux et d'évêques,
faisant le plus pompeux éloge d'un prince qui se recomman-
dait à lui par tant de piété et de si nobles sentiments. Il
voulut consigner le souvenir d'un événement si heureux dans
une bulle, datée de Sainte-Marie-Majeure le 5 août 1456.
Nous reproduisons ici cet important document, qui nous a
fourni ces curieux détails et qui renferme la nomenclature
des fiefs hommagés par le dauphin à l'Eglise romaine.

(1) Voir le premier volume de cet ouvrage, p. 368-75.

Calixtus, episcopus, servus servorum Dei, ad futuram rei memoriam. Quum solita apostolice sedis benignitas omnibus Christi fidelibus, ad eam cum reverentia fidelitatis et obedientia venientibus, non immerito gratiosam et liberalem se exhibere consueverit, nos, qui ad apicem summi apostolatus, licet immeriti, divina providentia assumpti, injuncto nobis summi pontificatus officio, etsi omnes Christi fideles in fidelitate et obedientia sancte romane ecclesie et nostra conservare atque continuis studiis aducere teneamur, illos tamen qui, celesti munere illustrati, ad sedem apostolicam et nos, pro recognitione superioritatis et veri dominii, tam personne quam bonorum temporalium, romane ecclesie, ad sedem ipsum et nos confugiunt, ad gremium sancte ecclesie clementi oculo suscipimus eique, quantum cum Deo possumus, gratias liberales, cum a nobis postulant, libenter impartimur. Cum itaque nuper dilectus filius nobilis vir Ludovicus, carissimi in Xpo filii nostri Caroli Francorum regis illustris primogenitus, Dalphinus Viennensis, nonnulla castra, terras, villas, et opida ac bona alia, ad Romanam ecclesiam directo jure dominii pertinentia, pluribus annis tanquam dicti juris dominii ignorans, cum illis personnis in dictas terras successerit qui talem recognitionem jam prius a nonnullis annis minime faciebant, nec tempore, quo ad manus ejusdem venerint, juris ecclesie, cum in possessione illius non essent, sciens erat, absque concessione apostolica tenuerit, bona ut creditur fide, sicuti etiam tenet de presenti, in non modicum Romane ecclesie ac camere apostolice prejudicium, zelo devotionis et fidei ad sedem apostolicam et nos motus, nobis et apostolice sedi fedelitatem et obedientiam per dilectum filium Romeum de Morimont, scutiferum et familiarem suum, certum et indubitatum nuncium et procuratorem, cum plena et libera facultate, cujus tenorem hic haberi volumus pro sufficienter expresso, assistentibus etiam nonnullis fratribus nostris sancte Romane ecclesie cardinalibus, prelatis et aliis honorabilibus personis, in camera nostra, cum omni devotione et reverentia debitis, prestitit et juravit, nosque et sedem apostolicam terrarum, castrorum et locorum predictorum pro directo domino, quemadmodum predecessores sui, qui ab olim de premissis eidem sedi debitam recognitionem fecerunt, et non aliter nec alio modo, recognovit, terrasque et loca predicta, in quantum ad nos et sedem apostolicam, ob non solutione canonis seu alias quovis modo, ad sedem apostolicam pleno jure devoluta, in feudum nobile, sub annuo censu consueto, sibi, pro se, filiis et heredibus ac successoribus suis quibuscunque, concedi et in pristinum jus et statum in quo predecessores sui, feudum ipsum a S. R. E. et romanis pontificibus recognoscentes esse consueverant, reponi, quibuscunque debitis cen-

humiliter postulaverit, oblato hommagii et fidelitatis debite in forma consueta juramento : Nos igitur attendentes ipsius precipue singularem devotionis affectum grandiaque et memorabilia impensa Ecclesie Romane ac sedi apostolice obsequia per progenitores suos regni Francie reges illustres, qui pro defensione auctoritatis sedis apostolice et unione S. R. E. omni tempore gravissima stipendia subire et facultates omnes, etiam usque ad sanguinis effusionem, exponere pro ipsarum constanti fide et obedientia non timuerunt in futurumque ampliora obsequia, tam per ipsum quam per progenitores suos, nobis et apostolice sedi impendi minime dubitemus, hujusmodi supplicationibus inclinati, terras omnes, castra, loca et territoria videlicet Ruppis Fortis in Valentinesio, Charpeyi, (castri) Dupli, Montis Mayrani, Vpiani, Vachie, Vallinevigii, Criste, Gigorcii, Baini in montibus, Aygluduni, Quinti, Pontesii, Grane, Caprillani, Marsane, Sauzeti, Auripli, Saonis, Sancti Medardi, Audiffredi, Rupis Sancti Secreti, locorum castra, et fortalicium Castri novi Dalmaceni cum medietate ville seu burgi dicti loci, medietatem castri Savatie, quartam partem vel quasi castri de Comps, necnon tertiam et quartam partem castri Belli Regardi in Valentinesio, castrum Barberie cum territorio Finzearum, de Marchiis, de Barcelzona, Balme Cornilhane, Orchiani, Ruppete Cornialis, Chaylarum prope Aygluduni, de Barre in Dyesio, de Veteri Cheyneto, Espenelli, Arnaudi, Albenasceti, Alti Campi, Ruppis prope Granam. Podii Grossi, Ancone, Laupie, Montis Boscher, Ruppis Fortis in Valdenia, Podii Gironis, Tuchie, Ruppis Baudini, Manassie, Sorgie, Pogeti Vallis, Deifecit, Felinas, Pontis Barre, de Charruolis, Roanancii, Pogeti Celarum, Mornancii, Aleysani, Blacozii, Monteysonis in Valentinesio, Condorrezio, etiam locorum castra et territorium Vacheriarum, territorium ac tenementum Sancti Albani, territorium et mandamentum Bastide Braini in Dyesio, territorium et mandamentum de Moteta, territorium de Boneyseto, territorium de Serviis, tres partes vel circa castri de Comps, medietatem castri Opigii, territorium et mandamentum Aque Bone, necnon Secussiarum novarum et antiquarum, Sancti Gervasii in Valdaynia, Clari in Andream, Podii sancti Martini, Bastide Rolandi, Espeluchie, de Ponte, similiter locorum castra et quartam partem vel circa castri Opigii in territoriis Valen. et Dyen. ac alibi consistentia, etiamsi, ad nos et sedem apostolicam pleno jure devoluta existant, cum omnibus ac terminationibus, pertinentiis, fructibus et emolumentis, jurisdictionibus quibuscunque, etiam mero et mixto imperio, eidem Ludovico, pro se ac heredibus et successoribus suis, in nobili feudo, sub annuo censu consueto, per Romeum,

sibus preteritis de speciali dono et gratia liberali remissis, procuratorem et nuncium prefati Ludovici, in persona sua, genibus flexis, coram nobis humiliter supplicantem et recipientem, remisso quocumque canone per antea debito non soluto, de nostra mera liberalitate et gracia, concedimus de novo et investimus, reponentes Ludovicum prefatum et Romeum, nomine suo, in eodem statu, conditione et jure, in quibus predecessores sui et ipse dominus sedem apostolicam et solutionem debiti census recognoverant, existebant, admissis etiam et acceptatis per nos fidelitatis debito et hommagii per procuratorem prefatum, ad hoc sufficienti facultate et mandato suffultum, in manibus nostris prestitis juramentis, juribus tamem nostris in aliis et alienis quibuscunque in premissis et quolibet premissorum semper salvis, sicuti per publicum instrumentum ad futuram rei memoriam, ad instanciam nostri procuratoris fiscalis in forma solita confectum, plenius constat, mandantes propterea venerabilibus fratribus nostris archiepiscopo Lugdunensi et Vivariensi et Avinionensi episcopis quatinus, ipsi vel duo aut unus ipsorum, per se vel alium seu alios, quociens requisiti fuerint, ad exequutionem premissarum, amotis contradictoribus quibuscunque viris, remediis seu censuris ecclesiaticis, invocato etiam ad hoc, si opus fuerit, auxilio brachii secularis, procedant in contrarium facientes, non obstantibus quibuscunque. Nulli ergo omnino hominum liceat hanc paginam nostre concessionis, investiture, restitutionis et mandati infringere vel etiam, ausu temerario, contraire. Si quis autem hec attemptare presumperit, indignationem omnipotentis Dei ac beatorum Petri et Pauli apostolorum ejus se noverit incursurum. Datum Rome, apud Sanctam Mariam Majorem, anno Incarnationis Dominice millesimo quadringentesimo quinquagesimo sexto, non. Augusti, pontificatus nostri anno secundo (1).

---

(1) Archives de l'Isère, B, 3508.

(A suivre)   JULES CHEVALIER

GLOSSAIRE D'AMEUBLEMENT

XIVᵉ SIÈCLE

Aligner sur les pages blanches d'un album des séries de timbres-poste, aussi variés que les feuilles d'arbre emportées par le souffle de l'automne, c'est faire presque un jeu d'enfants. Mais, n'en disons point de mal ; car ces petits papiers, pour si éphémères qu'ils soient, sont les témoins de l'instabilité des trônes et des pouvoirs d'un jour, et à ce titre ils valent une leçon de philosophie.

Bien plus sérieuses, et bien plus utiles, sont les collections de médailles, de tableaux, de meubles, de marbres et de tant d'autres restes du passé, réunis dans nos musées par la patience des chercheurs. La science applaudit à toutes leurs trouvailles, parce que l'histoire en retire de précieuses contributions à la connaissance de l'antiquité.

Et le philologue n'accomplit-il pas une œuvre aussi méritoire ? Voyez-le à la tâche, courbé sur les livres et les vieux manuscrits ; il en extrait un à un les mots d'une langue. Il les analyse, il les compare pour les classer ensuite. Son labeur ressemble à celui du numismate ; car les vieux mots sont comme des médailles : ils portent l'empreinte de leur origine ; ils ont subi les injures du temps et ne sont arrivés jusqu'à nous qu'après bien des oblitérations.

Découvrir le mot primitif caché sous une défroque moderne, reconstituer les vocables, établir leur généalogie avec la signification de chaque métamorphose, tel est le but que se propose le linguiste.

C'est un travail de ce genre, mais plus modeste, que nous offrons aux lecteurs de cette bienveillante Revue, sous la forme d'un Glossaire de mots bas latins dauphinois du XIVᵉ siècle.

Sous ce titre « *Le mobilier du Sud-Est de la France au Moyen-Age* » M. le chanoine Fillet a publié dans le *Bulletin Archéologique* du comité des travaux historiques du Ministère de 1896, une série de 24 inventaires, rédigés en bas latin par des tabellions de Grignan, aux XIVᵉ et XVᵉ siècles.

Ces diverses nomenclatures accompagnent des actes de mariage, des ventes, des testaments et des comptes de tutelle. Elles nous font connaître l'intérieur des maisons du bas Dauphiné, dans une période qui va de 1310 à 1468. Nous y voyons figurer la batterie de cuisine, l'ameublement, le linge, le matériel de la ferme, les provisions de grains, les objets de luxe aussi bien que les simples instruments de travail, en fer, en bois et en pierre.

Chose étrange : une seule fois il est question d'un lit complet, avec ses courtinages et ses couvertures. De simples tréteaux (*bancalia*) supportaient le matelas sans paillasse, ni ciel de lit. Ce qui paraît plus extraordinaire encore, c'est qu'il n'est pas dit un mot du berceau de l'enfant. Et pourtant les bébés de cette époque, sans être traînés en calèche comme ceux d'à présent, ne dormaient pas nuit et jour dans les bras de leurs nourrices. Ce silence permet-il de supposer que les nouveau-nés couchaient à côté de leur mère malgré le danger de suffocation, malgré aussi les défenses sévères de l'Eglise ! C'est un point intéressant à élucider.

Par contre on y voit mentionnés à profusion, des coffres, des huches, des cuves et des récipients de toute espèce, surtout des vases vinaires. Certains meubles ont une destination touchante : c'est l'*archibanc*, ce vieux coffre sur lequel va s'asseoir l'aïeul ou l'aïeule, au coin du foyer ; c'est le grand chenet, le *landier* surmonté d'une couronne en fer ouvré, qui supporte l'assiette ou mange le grand père, c'est enfin la *mastra*, la vieille maie en bois de cerisier, avec son dressoir, où s'étale la riche vaisselle d'étain luisant, et de faïence fleurie.

Il faut remarquer aussi le canon de fusil, *fisclarus beroerii* ; mot à mot : « tubulaire du routier » qui, percé des deux bouts, sert à souffler le feu, concurrement avec les tiges de roseau. Le soufflet en cuir l'a remplacé de nos jours.

Sous le rapport de la langue, le texte de ces inventaires est rempli d'hésitations et de négligences, alors que le fond des actes correspondants est rédigé en bon latin de l'époque. Trois espèces de mots en constituent l'économie.

1° Les mots de forme et d'origine tout à fait latine, comme *scamnum*, tabouret ; *cacabum*, bouilloire ; *culcitra*, couverture de lit, etc.

2° Les mots de basse latinité, tirés de la langue vulgaire et dotés d'une terminaison latine, tels que : *taulerium*, de taulier, établi ; *matelassium*, de « matelas » ; *platellus*, de « platel » etc.

3° Enfin les mots empruntés au parler vulgaire, et transcrits tels qu'ils se prononçaient alors. Ces derniers sont les plus intéressants parce qu'ils servaient à expliquer, sous la plume des tabellions, les mots obscurs des deux catégories précédentes. En voici des exemples pris au hasard : *crucibolum*, sive « calelh » la lampe ; *coquipendium*, sive « cumascle » la crémaillère ; *veru*, sive « astil » c'est la broche à rôtir. Ces expressions bilingues, et autres semblables prouvent que tous les articles de ces inventaires devaient être parfaitement bien compris des intéressés.

A quatre cents ans de distance, c'est une chose curieuse de retrouver intactes des quantités de termes encore familiers au langage bas dauphinois de notre temps.

Grâce à l'étude des dialectes de notre pays delphinal, il nous a été possible d'aborder la rédaction du présent glossaire.

ABRÉVIATIONS

EMPLOYÉES DANS LE GLOSSAIRE D'AMEUBLEMENT

adj.	adjectif,	it.	italien.
sm.	substantif mascu.	vfr.	vieux français.
sf.	substantif féminin	lat.	latin.
dph.	dauphinois.	blat.	bas latin.
vdph.	vieux dauphinois.	Du C.	Du Cange.
prov. pr.	provençal.	var.	variante.
vpr.	vieux provençal.	m. s.	même sens.
fr.	français.		

Les chiffres indiquent les numéros des inventaires dans la publication de M. le chanoine Fillet.

A

ALBARIONATUS, a, un, adj., 14, blanchi ; bancinctum, — bassin ou casque blanchi, dir, du lat. *albarius*, crépi.

ALBERNIN, sm. 16, haubert, vfr. *halberc* ; sens probable, parce que le mot suivant désigne aussi une armure.

ALMATRASSIUM, sm. 11, 12, 13, 14, matelas ; vpr. *almatras* ; arabe *al-ma'tra'h* (Du C. Kœrting).

ANATOLIA, sf. 17, mot douteux ; lentille, cf. dph. *nentilho*, m. s.

ANDE, sf. 18. Pièce de bois, bûche ; lat. *amitem*, traverse (Kœrting 514) vfr. *hante*. Cf. lyon. *antiron*, grosse branche, Romania XV. 435 ; *andier*, l'*andier*, chenêt ; ce qui soutient les bûches.

ANDECA, sf. 8. Boîte coffret ; lat. *endica* ; *entheca* ; gr. ἰνθήκη m. s.

ANDRONA, sf. 17. Ruelle, dph. *androuno*, ital. *androne* ; gr. ἀνδρών passage étroit.

ANOALE, sm. 12. Annuaire funèbre, bout de l'an ; aumône qui l'accompagne.

ANNONA, sf. 17 et passim. Légumes secs, *annona*, provision d'un an.

Anoye, sm. 6. Agneau d'un an ; dph. *anouge*, esp. *añojo*; lat. *anniculus.*

Archia, sf. 6, 7, 8, 11, 18, var. *arqua*, coffre, lat. *arca.*

Archibanc, sm. 14. Coffre servant de banc ; siège au coin du feu, réservé aux vieux parents.

Archonus, sm. 8. Petit coffre ; dph. *archoun*, dim. d'*archo*, coffre.

Assenserium, 22. Encensoir ; dph. *ensencié.*

Astil, sm. 18. Broche, rôtissoire : dph. *àsti*, b. lat. *astile, hastile* ; du lat. *hasta*, lance.

Ayssaonus, 8, sm. Petite houe, serfouette ; prov. *ayssadoun* ; dph. *ayssoun*, dim. d'*ayssado*, pioche.

Ayssata, 15, 17, sf. Houe, pioche ; b. lat. *asciata*, dér. du lat. *ascia*, hâche.

Aysseta, sf. 13, 17, 18. Herminette, piochette ; fr. *essette* ; dph. *eisseto*, autre dér. d'*ascia.*

Ayssola, sf. 11, 13. Hachette, dim. d'*ascia*, hâche.

Aygadiera, sf. 17. Aiguière ; dph. *aygayero*, dérivé d'*aygo*, eau, lat. *aqua.*

B

Bachacia, sf. 2. var. *bachassia, bachacium* ; dph. *bachas*, auge, abreuvoir ; dér. du lat. (Isidore) *bacca* « vas aquarium. »

Bachasseta, sf. 17. Baquet. dim. du précédent.

Bachassinus, sm. 11. Bassinet, auget, dim. de *Bachassium.*

Balastonus, sm. 17. Cuveau, benon, var. *banastonus*, 22. C'est le dph. *balastoun*, latinisé, dim. de *balasto*, benne portoire.

Balista, sf. Fronde ; lat. *ballista*, cf. prov. *blesto*, gaule.

Banchale, 18. Grand banc ; tréteau, du prov. *bancal, bancau*, b. lat. *banchale*, siège, tréteau.

Bancina, sf. 17. Bassine.

Bancinetum, sn. 17. Cuvette ; casque, dim. de *bancinum*, 6, 11, prov. *banci*, 19 ; it. *bacino* ; esp. *bacin*. Voyez *bachacia.*

Barale, sn. 15. Baril ; dph. *baral, barau,* mesure pour les liquides.

Barbos, sm. 11. Bout de barre de fer ?

Barellinum, sn. 15. Barillet, barrique.

Barletum, sn. 8, 13, 18. Petit baril ; du dph. *barlet,*

. **Basteria**, sf. 17. Bât ; dph. *basteiro.*

Belsonus, sm. 19. Blason, écusson ; vpr. *bleso,* vfr. *blezon.*

Belspa, sf. 6. Mot douteux. Peut-être « gantelis, » du composé *pellis palma* « peau de la main. »

Blalis, adj. 6. 14. « *Blales oves,* » brebis à toison soyeuse ; vpr. *blial,* dér. du moyen haut allemand *blialt,* brocart, (Kœrting 1253).

Bodium, sn. Fond (de tonneau) ; dph. *buey,* du radical *boti, bod,* bout, extrémité.

Bomberdella, sf. 24. Petite bombarde.

Borassus, adj. 17. Rouge-brun, fauve, du vpr. *boras,* burre. laine grossière.

Bota, sf. 17. Boutoir de maréchal.

Boteta, sf. 8. Tonnelet, dim. du vpr. *bota,* dph. *bouto,* tonneau. Radical *bot,* chose ronde.

Boyssa, sf. 13. Génisse ; dph. *bióusso,* du lat. *bos,* bœuf.

Breula, sf, 6. Variante, *briola,* 16, brisoir, maque à écraser le chanvre, prov. *bregoulo,* de *brego,* machoire.

Breuleta, sf. 7. Petite maque, dim, du précédent.

Brigandina, sf. Espèce d'arme d'après Du Cange.

Brochellus, sm. 7. 19, Petit broc.

Brocherius, sm. 15. Perçoir, mêche, vdph. *brochier,* outil ou s'adapte la broche, foret.

Broquetus, sm. 8. Petit broc.

Bruscus, sm. 11. Ruche d'abeilles ; dph. *bru, brusc,* dér. *rusco, brusco,* écorce.

Brustia, sf. 18. Mot douteux. Peut-être brosse, cf. all. *burste.*

Bucaderia, sf. Lessiveuse, cuve à lessiver ; dph. *buyeiro,* prov. *bugadiero,* dérivé de *bugado,* lessive, buée.

Buiarius, a, um, adj. 19. Qui sert à la lessive ; *lapis*, lessiveuse en pierre.

C

Calcadoira, adj. fém. 16. Tine, cuve à fouler le raisin ; du blat. *calcatorius*, dér. de *calcare*, fouler.

Calcaria, sf. Fosse à tanneur.

Calcarium, sn. 19, var. *qualquarium*, fouloire ; dér, aussi du lat. *calcare*, dph. *chanchier*, terrain inculte autour d'une grange.

Calcerius, adj. 17. *Librum*, livre chaussé, c'est-à-dire relié, du lat. *calceus*, chaussure.

Caletus, sm. 15. Lampe à crochet ; dph. *chulet*, *calé*, prov. calèu, vpr. *calelh*, du lat. *caliculum*, dim. de *calix*, vase.

Calquerium, sn. 11. var. *calcherium*, 12, fosse à tanner le cuir ; dph. *chauchier*, prov. *cauquier*, du lat. *calx*, chaux.

Camelinum, sn. 4. Cambrai ; vfr. *camelin*, espèce d'étoffe.

Canapucium, sn. 14. Plant de chanvre ; du blat. *canapis* pour *canabis*.

Canapis, sf. 17. var. *canapum*, 17, *canapis*, 19, *canpe*, *canbe*, 11, chanvre, dph. *chanebe*, *chanbe*, pr. *canbe*, lat. *canabis* et *canabum*.

Canna, sf. 3. Mesure de longueur ; dph. *cano*, fr. *canne*.

Cantare, sn. 12. Service funèbre chanté ; lat. *cantare*, chanter.

Cantarium, sn. 17. Pot-à-eau, broc ; lat. *cantharus*.

Careria, sf. Rue : dph. *charreiro*, du lat. gaul. *carrus*, char.

Carellus, sm. 18. Carreau, coussin carré. Du C.

Cassa, sf. 2. Grande cuiller pour puiser l'eau dans le *ferrat*, sceau en métal, var. *cassia*, 11, dph. *casso*, du lat. *capsa*.

Caysseta, sf. 11. Petite caisse, diminutif du suivant.

Caxia, sf. Caisse, cercueil ; dph. *caisso*, lat. *capsa*.

CERVALERIA, sf. 16. Casque ; var. *servaleria*, en vfr. cervellière, blat. *cervellerium* (Du C).

CHABELHERIA, sf. 22. Chevillère ; dph. *chabilheiro*, du pr. *cabelh.* cheveu, lat. *capillus.*

CHABRUNS, sm. 6. Chevron ; cf. lat. *capriobus*, (Vitruve), poutre. Du C.

CHALFA-FUEC, sm. 17. Réchaud, trépied de cuisine ; littér. chauffe-feu.

CHANENA, sf. 11, 12, var. chanana, 6, 8, 16, chenêt, du lat. *caninus a um*, qui ressemble au chien. Ce mot est douteux, parce qu'on a déjà *andena*, chenet.

CHAP, sm. 21. Tête, mot dph. blat. *capum*, de caput, m. s.

CHAPAYS, sm. 17. Filet ; blat. *capax*, grand vase.

CHAPUIS, sm. Menuisier (*chaquis* est une erreur du copiste ou une faute d'impression).

CHAUCHANOYRA, adj. fém., qui sert à fouler la vendange,

CHAVILHARIUS, sm. 17. Pièce de bois, peut-être « chevalet. »

CHINA, sf. 16. Tine, cuve pour le vin, pro vino. Le phonême *chi=ti* est isolé.

CINI, pour saïni, sm. 7. Graisse de chandelle, sain ; dph. saï, lat, *sagina.*

CISSORIUM, sn. 8, 19, cisailles ; vfr. cisoires, du lat. *cisorium*, formé sur *cœsus*, part. de *cœdere*, tailler.

CLOCHO, sm. Sonnette, clochette ; dim. de cloche.

CLOQUEAR, sm. 8, pour *cochlear*, cuiller.

COBLE, sm, 17. Couple, chaîne pour accoupler les chiens ; *coble alharum*, double tresse d'aulx, du lat. *copulum*, paire. La traduction de *cable*, par *cuble* « crible » est fautive.

COCOBUM, sn. 17. Pot ; lat. *cacabus.*

CONCHIA, sf, 13. Baquet, cuvette ; dph. *conche*, lat. *concha*, *conchea*, coquille.

CONGIENH, sm. 19. Coin ; vfr. coing, du lat *cuneus*, angle.

COPERT, sm. 16. Couvert, couvercle ; du lat. *coopertus*, couvert.

Copercella, sf. 19. var. *copercellum* ; couvercle, dph. *cubercello.*

Coquipendium, sn. 13. var. *quoquipendium*, 15 ; *cucupendium*, 19. Crémaillère ; c'est le mot blat. qui traduit le dph. *cumascle.*

Cort, adj. 6, Hongre ; lat. *curtus*, écourté.

Cossa, sf. 11, 18. Mesure à grains ; boîte, dph. *cosso, couasso*, fém., *couas*, masc., voy. *concha.*

Cosseta, sf. 11. Petite « *cossa*, » petite mesure.

Cout, sm. 19. Cuir, peau ; mot dph., lat. *cutis.*

Coutrile, sn. 8. Courte-pointe ; vdph. vfr. *coultre*, lat. *culcitra*, couverture de lit.

Crucibulum, sn. 20. var. *crucibolum*, 8, *crucibalum*, 18. Lampe à crochet. C'est le mot b. lat. d'où est tiré le dph. *crusieu.* On trouve *cruciolum* dans Pline (Kœrting 2285).

Crumalh, 13, 18. Crémaillère ; dph. *crima, cumascle*, b. lat. cremasculum.

Cuspis, sf. 22. Dentelle, lat. *cuspis*, pointe.

D

Destral, sf. hâche, 8, 11, 18 ; dph. prov. *destrau, adestrau*, vpr. *destral*, du lat. *dextra*, main droite.

Doladoyra, sf. 13. *Doloire ;* lat. *dolatorium*, de *dolare*, polir.

Doyamentum, sn. 11. Ensemble des douves d'un tonneau ; du dph. *douyo*, sarde *doa*, lat. *doga*, douve.

Doyre, sm. 19. Outre, urne ; dph. *doueire*, vpr. *oire*, lat. *uter*, avec un d prosthétique.

Drayetus, sm. 8, 17. Petit crible ; dph. *drayet*, dim. de *dray*, crible. Orig. germ. *drag*, radical qui signifie passer à travers.

Drayonum, sm. 17, var. du précédent ; dph. *drayoun.*

Duelha. 17. Douille ; dph. *duello.*

E

ESCHANDIL, sm. 17. Jauge, sonde, échandeau, éclisse ; du blat. *scandalium*. Le dph. « eichandilhou[n] » est un diminutif.

EMINA, sf. hémine, demi-boisseau.

EMINALE, sn. 15. Mesure qui contient une hémine.

ENGHAINA, sf. 17. Cercle de bois ou boucle pour la cuve.

ENCHILE, pour *ensile*, 14. Gaine qui soutient l'épée, lat. *ensis*.

ESCALA, sf. 18. Echelle, lat. *scala*.

ESCHALETA, sf. 17. Petite échelle ; dph. *eichaleto*.

ESCHALFAYRE, sm. Bassinoire, chauffe-lit.

ESCHALPRE, sm. 8, 18, Plane, outil de boisselier ; dph. *eichaupre*, vfr. *eschalpre*, lat. *scalprum*, tranchoir.

ESCHAGNA, sf. 19. var. *eschania*, 17. Dévidoir ; dph. *eichagno, echagne*, prov. *escagno*. Le vpr. n'a que le masc. *escanh*, du lat. *scammum*, banc.

ESCODIA, sf. 17. Marteau de maçon ; dph. *escoucido, escoudo*, vpr. *escoda*.

ESCOSSOU, sm. Fléau à battre le blé ; dph. *escoussou[r]*, lat. *excussorius*, d'*excutere*, secouer.

ESCRINERUM, 17. Placard, coffre à tiroir ; du lat. *scrinium*, coffre.

ESPLIEU, sm. 31. var. *esplyeu*, 13, *espiou*, 17, fr. épieu, lat. *spiculum*, pique.

ESLORDIER, sm. 17. Carré d'étoffe, mot douteux.

ESPARAYRE, 11. Outil à apprêter le cuir, rabot.

ESSA, 16. Hâche, var. *eysa* ; lat. *ascia*.

ESTARE, sm. 16. Etau, mot douteux.

ESTOCCUM, sn. 22. Etui ; dph. *estuei*.

EYBORDERIUM, sm. 18, 19. Gros tamis ; dph. *rebourdeiro*, tiré de *bordo*, fêtu.

(A continuer)   L. MOUTIER.

LES IMPRIMEURS ET LES JOURNAUX

A VALENCE

(SUITE. — Voir les 133ᵉ à 135ᵉ livraisons)

JACQUES CUISIN DE MONTAL

Le 10 mars 1806 paraît un prospectus de Jacques-Charles-Cuisin de Montal, gendre de Viret et son successeur ; il y est dit que M. de Montal, Jacques-Charles-Cuisin, est imprimeur de l'évêché, de la Cour criminelle, de la direction des contributions, du cadastre ; il imprime le catéchisme catholique, les mémoires pour les avocats, etc., etc.

Jacques-Charles-Cuisin de Montal était né à Paris, le 20 mars 1773. Sa famille était originaire de Châlons-sur-Marne. Il quitta Paris et la France pendant la Révolution ; fut secrétaire de M. Descorches, ambassadeur de France près du Sultan ; employé au ministère de la marine à son retour en France. En 1801, il vint à Valence et fut chef de bureau principal à la préfecture, à la fin de 1804 et épousa une des filles de Jean-Jacques Viret, chez lequel il fit son apprentissage comme imprimeur.

M. de Montal ne succéda effectivement à Viret qu'en 1810, comme imprimeur en titre (1), (imprimeur du roi

_____

(1) Archives de la Drôme. Dossier du personnel des imprimeurs.

en 1814). Il cessa d'exercer cette profession en 1827. Il eut pour successeur M. Borel. En 1843 il fut nommé conseiller de préfecture, puis secrétaire général. Il en exerça les fonctions jusqu'au 2 avril 1848. Il mourut à Valence, le 1er novembre 1848 ; il était chevalier de la Légion d'honneur. M. Ferlay prononça un discours à ses obsèques (2).

Bibliographie :

Constitution médicale observée à Valence, département de la Drôme, pendant les ans XII et XIII, les cent premiers jours de l'an XIV et l'an 1806, par Dupré-La-Tour. In-8°, 143 pp. 1807 (imp. Montal).

31 mars 1810, Catéchisme de toutes les églises catholiques de l'empire français, avec cet épigraphe : « unus Deus, una fides, unum baptisma », imprimé par ordre de Mgr l'évêque de Valence, à l'usage de son diocèse. Un volume, 212 pp., in-16.

Catéchisme pour les enfants, avec prières et précédé d'un abécédaire. 48 pp., in-16.

Cantiques pour les missions données dans le diocèse de Valence. 102 pp., in-12.

Sermons choisis de Jacques Saurin, précédés de l'éloge historique de ce pasteur célèbre. En souscription pour paraître en 1811. 2 volumes, in-8° de 400 pp.

Travaux commandés par l'enregistrement, les hospices, la préfecture, les percepteurs, les chemins vicinaux, etc.

1810. Circulaire du préfet, relative aux legs et donations aux hospices.

1811. Ordo divini officii recitandi et missæ celebrandæ

---

(2) *Courrier de la Drôme*, 3 novembre 1848, à la bibliothèque de la ville de Valence.

ordinatus et editus, Franciscus Bécherel, episcopus Valentinensis. 14 avril paschâ occurrente. 1 volume 42 p.

1812. Mémoires sur la ville de Romans, par M. Dochier, ancien maire, membre correspondant de la Société des Sciences et des Arts de Grenoble, à la suite desquels sera réimprimé, avec de très légères suppressions, un autre ouvrage du même auteur intitulé : Éloge historique du chevalier Bayard, gentilhomme du Dauphiné, surnommé le chevalier sans peur et sans reproches, ouvrage présenté au concours et dont il a été fait mention honorable dans la séance publique de la société littéraire de Grenoble, du 5 février 1789.

1813. Dissertation sur l'origine et la population de Romans, par M. Dochier, ancien maire de cette ville.

1814. Recueil de cantiques (par l'abbé Enfantin) (1), in-12.

1814. Circulaire du préfet Descorches, sur les approvisionnements militaires ; 25 avril, du même, sur les logements militaires.

1815. Nouveau catéchisme du diocèse de Valence.

1815. Précis d'un mémoire de la ville de Nyons, chef-lieu d'un des arrondissements de sous-préfecture, et du tribunal de première instance, par Nicolas Delacroix, in-4°, 14 pp. (2).

1817. Essai sur la statistique, l'histoire et les antiquités du département de la Drôme, par M. Delacroix, ancien chef de bureau à la préfecture, in-8°, avec cette épigraphe : « Si mon œuvre n'est pas un assez bon modèle, j'ai du moins ouvert le chemin, d'autres pourront y mettre une deuxième main.

1817. Géographie, abrégé de la sphère, par Gallix.

1818. Mémoire sur les avantages et les inconvénients du mûrier blanc greffé.

---

(1) *Anonymes dauphinois*, par E. MAIGNIEN.
(2) *Anonymes dauphinois*, p. 262.

Ordo divini officii recitandi et missæ celebrandæ, édité par les vicaires généraux, le siège étant vacant.

Cantiques des missions. Nouvelle édition.

Divers livres de piété.

1819. Missions données à Valence par les missionnaires de France.

Ordo divini officii, etc.

Notice sur M. Michel Rigaud de l'Isle, agriculteur, adressée à la Société royale d'agriculture de Paris ; l'auteur a obtenu une médaille d'or. Par M. Devaure, membre de diverses Sociétés savantes, in-8°.

Cantiques à l'usage des missions ; autorisation des vicaires généraux.

1819. Ordo divini officii recitandi de mandato Mariæ Josephi-Antonii Laurentii Larivoire de la Tourette, episcopi Valentinensis, anno 1820.

1820, mai. Oraison funèbre de Son Altesse Royale Mgr Charles-Ferdinand d'Artois, fils de France, duc de Berry, improvisée par l'abbé Enfantin, dans l'église St-Roch à Paris, in-8°.

Essai sur la vie, les opinions et les ouvrages de Barthélemy Fanjas de St-Fond, administrateur du jardin du roi, professeur de géologie au Museum d'histoire naturelle, membre de diverses Sociétés savantes, par de Freycinet, propriétaire, avec cet épigraphe : « Le rendez-vous d'honneur est dans un autre monde. »

1820. Ordo divini officii, etc., de mandato Mariæ Josephi-Antoni Laurentii de Rivoire de la Tourrette.

Missions de Romans.

Catéchisme.

Règles de St Augustin et Constitutions pour les sœurs de la Nativité et filles du Sacré-Cœur.

Missions de Tournon.

Ordo pour 1821.

1821. Catéchisme du diocèse de Valence.

Cantiques.

Ouvrages de piété.

Mission donnée à Romans en 1820.

Annonces judiciaires pour la ville de Tournon. Dourille de Crest, éditeur.

Lettres aux riches qui négligent le culte religieux, nés dans l'église évangélique de D..., par M. Astier, in-12.

Dévotion à la Sainte Vierge, par l'abbé Enfantin.

Notions rapides sur l'Université de France, l'enseignement, la haute instruction, les corporations enseignantes, principalement celle des Jésuites, par l'abbé Aude, curé de Tournon, in-8°, chez Jacques de Montal, imprimeur du roi à Valence.

Les Muses du midi, par Dourille de Crest, chants et poésies, dédiées aux dames, par les sociétés des troubadours, publié par Dourille, in-16.

Ordo divini officii, etc., imprimé par ordre de Mgr de la Tourette, avec cet épigraphe : « Non tantum ad sonum attendite cum laudatis sed Deum toti laudate ; cantet vox, cantet vita, cantent facta ».

20 décembre. Supplément du bréviaire de Valence.

1822. Mémoire au Conseil général du département de la Drôme, projet d'un canal latéral au Rhône, de Valence à Beaucaire, in-8°. Signé : le marquis de Sieyes.

Supplément du bréviaire de Valence.

Catalogue du cabinet littéraire de Dourille.

Sur la vertu spécifique de la vaccine, par Ch. Irénée-Jacquin, médecin du roi, imprimé en suite d'une délibération du Conseil général.

Règles pour les sœurs *Trinitaires et hospitalières* de Valence.

Notice biographique sur M. Béranger, avocat, ancien député à l'Assemblée nationale, par M. Duvaure.

1823. Mémoire pour M. le comte de Mac-Carthy.

Réimpression du règlement de 1704, pour les Congrégations établies à Grignan et dans quelques paroisses voisines.

Fête agricole à la ferme de Précomtal, commune de Montélimar, par M. Duvaure.

Livres scolaires.

Cantiques à l'usage des missions.

Notice sur la maison de refuge, dirigée par les religieuses de Notre-Dame, in-8°. On propose une souscription pour soutenir cet établissement.

Ordo, etc.

1824. Relations d'une fête au 2° régiment d'artillerie à pied, par la ville de Valence, à son retour d'Espagne, 14 et 18 janvier.

Mémoire sur l'aliénation des actions dotales par Legentil, ancien jurisconsulte au parlement de Grenoble.

Essai sur l'origine de la Société civile et sur la souveraineté, par M. Cassin, licencié en droit, professeur de philosophie, avec cet épigraphe : « il faut placer le « souverain législateur à la tête de la législation et se « bien pénétrer de cette vérité philosophique, et la plus « philosophique des vérités, que la Révolution a com-« mencé par la déclaration des droits de l'homme, et « qu'elle ne finira que par la déclaration des droits de « Dieu. » De Bonald. Disc. prél., législ. prim.

Relation des souffrances des religieuses de la Visitation de Romans, pendant la Révolution ; datée de Mantoue, 15 mai 1794, in-8°.

Catalogue pour Borel, place aux Clercs, à Valence.

1825. Catalogue de livres de piété.

Vie et mort édifiante d'une jeune personne.

Stances à M. Seguin, lors de l'inauguration du pont dont il est l'auteur, par M. Henri Monier, in-8°.

Discours de M. Degros de Conflans, maire de Romans, le jour de son installation (31 août).

Discours de M. de Cotton, Préfet de la Drôme, de M. Dochier et de M. Degros de Conflans à l'occasion de la St-Charles.

Mémoire pour le comte de Mac-Carthy, contre les consorts Romieux et Terrasse.

Le génie consolé par la Religion, par Antonin de Sigoyer, avec cet épigraphe : « La vie est un combat dont « la palme est au ciel. »

Le Paria, in-8°.

1826. Tremblement de terre à Naples.

Assassinat de Pierre Delmas à Mauriac, relation du procès.

Eléments de philosophie, par Négrier, professeur.

Invitation aux personnes pieuses. (Sans nom d'auteur)

Mémoire pour les communes de Marignac, contre Jean-Baptiste Vignon, ancien notaire à St-Marcellin, les communes de Vassieux et de Die et l'administration des domaines.

Mémoire pour le comte de Mac-Carthy, contre Victor Méran, fils, fermier du grand Chatelet.

Eléments de philosophie de Négrier, chez Brunet-Labbé, libraire de l'Université de Paris et chez Mongin-Rusand à Lyon.

1827. Rétablissement du Calvaire de la paroisse d'Alixan.

Le comte de Mac-Carthy contre les cohéritiers Terrasse.

Arrêt de la cour d'assises du Rhône, qui condamne à mort le nommé Ruel.

Relation de l'assassinat du sr Delmas, à Mauriac.

Le comte de Mac-Carthy, intimé, contre les cohéritiers Terrasse, en présence des srs Rochas et Romieux.

Louis BOREL

Le successeur de Jacques de Montal fut L. Borel (1). Il était originaire d'Aouste, village de la Drôme, entre Crest et Saillans ; fils d'Antoine et de Victoire Serret. Il vint se fixer à Valence vers 1822 ou 1823. Il était libraire, sur la place des Clercs, dans une maison où se trouvait la pharmacie Mazade, aujourd'hui pharmacie Millet, à l'angle de la rue de l'Université et de la place des Clercs. Le 29 mai 1823 il adressa au ministre de l'intérieur une demande tendant à obtenir un brevet d'imprimeur. L'accusé de réception est du 16 mars 1828, le brevet est à la date du 22 avril 1824, mais il ne fut expédié qu'en 1828. Avant d'être libraire Borel avait été commis aux écritures chez son compatriote Achard, alors receveur général de la Drôme Je dois ajouter qu'il épousa une demoiselle Chirouze, qui tenait un cabinet de lecture (2).

Bibliographie :

1830. Voyage à la grande Chartreuse, par F. M. Dupré de Loire.

Charles Martel, poème en douze chants du même auteur...

Discours à M. de Talleyrand, Préfet de la Drôme, par M. Delacroix.

1831. Essais historiques sur la ville de Valence, avec notes et pièces justificatives, 1 volume in-8° de xvi et 340 pp. par Jules Ollivier.

Annuaire du département.

---

(1) M. Borel était né à Aouste, le 19 messidor, an IV (7 juillet 1796). Extrait des actes de l'état civil de cette commune.

(2) Archives de la Drôme, dossier du personnel des imprimeurs. Note de M. Brun-Durand.

1833. Notice sur un monument funéraire connu sous le nom de Pendentif de Valence, in-8°, 13 pp., du même auteur.

1835. De la fondation de la ville de Valence, s. l. n. d., 11 pp., tiré à trente exemplaires,

Essai sur l'origine et la formation des dialectes vulgaires du Dauphiné, in-8° de 38 pp.

1835. Cérémonie funèbre à Livron, le 27 septembre 1835, pour Madame la comtesse de Sinard (née Adèle Cartier de la Sablière) rédigée par M. Jean-Jacques Chevalier de Sinard, in-4°, 12 pp. (1).

De la fondation de la ville de Valence, in-8°, 11 pp.

Inscription du monument érigé à Mme la comtesse de Sinard dans le cimetière de Livron, par le chevalier de Sinard.

1835. Statistique du département de la Drôme, par M. Delacroix.

1836. Mémoires pour les anciens peuples qui habitaient le territoire du département de la Drôme pendant l'occupation des Gaules par les Romains, par Jules Ollivier, in-8° de 36 pp.

1837 à 1839. Revue du Dauphiné, publiée sous la direction de M. Jules Ollivier en 6 volumes, in-8°.

1837. Souvenirs des dernières expéditions russes contre les Circassiens précédés d'une rapide esquisse des mœurs de ce peuple. Sans nom d'auteur.

Annuaire du département, 8° année.

Premier mémoire sur les eaux médicinales de Clelles, par J. A. Barrier, docteur en médecine, in-8° de xvi et 383 pp.

Le château de Grignan en 1837, par Ernest de Payan Dumoulin, avocat. In-8° de 21 pp. tiré à un petit nombre d'exemplaires.

---

(1) Anonymes dauphinois, p. 161, par E. Maignien.

1837. Lettre à M. Jules Ollivier sur l'occupation de Grenoble et de Graisivaudan par une nation payenne, désignée sous le nom de Sarrazins, par J.-J.-A. Pilot, tiré à 50 exemplaires.

Une Sœur, comédie en un acte, en vers, par Jean-Paul-Ange-Henri Monier de la Sizeranne, tirage à part de 110 exemplaires ; pièce non représentée, publiée dans le tome 1ᵉʳ de la Revue du Dauphiné.

Recherches historiques sur le passage de quelques rois de France à Valence, in-4° de XLVIII pages, par Jules Ollivier.

Colomb de Batines et Jules Ollivier, mélanges biographiques relatifs à l'histoire littéraire du Dauphiné. 1 volume in-8° de XX et de 467 pp.

1839. Notice historique sur le Cartulaire de Saint Hugues, évêque de Grenoble, manuscrits inédits de la fin du XIᵉ siècle, par M. Delacroix.

Discours de M. Barjon, principal du collège de Valence, à la distribution des prix, 19 pp.

Correspondance de Valbonnais, premier président de la Chambre des Comptes du Dauphiné, membre correspondant honoraire de l'Académie des inscriptions et belles lettres, publiée d'après les manuscrits de la bibliothèque du roi, avec une notice sur Valbonnays, in-8° de CLI pages, par M. Delacroix.

1841. Notice historique sur la cathédrale de Valence, par Chevillet.

1844. Commune de Bourg-lès-Valence : arrêté concernant la police du port.

La profession d'imprimeur ne suffisait plus à l'activité de Borel ; il devint banquier, puis Directeur de l'usine à gaz. Il mourut le 2 septembre 1863 à Valence. Son acte de décès porte qu'il était âgé de 67 ans.

CHENEVIER

En 1845, M. Chenevier succéda à Louis Borel. Il avait fait d'excellentes études au collège de Valence. Il fut placé comme apprenti chez Joland. L'imprimerie se trouvait alors dans la rue Sainte-Marie, n° 1. Elle fut transférée dans la rue Cartelet. En 1870, le 27 février, M. Antonin Chenevier succéda à son père avec M. Chavet et actuellement M. Peyssieux, comme associé.

Bibliographie :

Lettres historiques sur le Royans, 1861, 1 vol. in-12.

Voyage en Belgique et sur les bords du Rhin, par A. Chenevier, 1863, 1 vol. in-12.

Histoire du Dauphiné, de Nicolas Chorier, 2 gros volumes in-4°.

Nobiliaire du Dauphiné, de Nicolas Chorier, petit in-8° de 410 pp.

Nobiliaire, de Guy-Allard.

Relation fidèle des dernières affaires du Dauphiné, au sujet de la religion, petit in-8°.

Les Bacchanales ou lois de Bacchus, suivies de l'éloge du tabac, petit in-8°.

Le Carcovelado, poème burlesque en patois du Dauphiné.

Les voix du cœur, poésies, par M. Bonnardon.

Un électeur aux électeurs de l'arrondissement de Valence en faveur de Monicault.

H. de P. (Henri de Pisançon) (1), l'Allodialité dans la Drôme, de 1.000 à 1400 cartes et planches.

---

(1) *Anonymes dauphinois*, pp. 109 et 146.

E. F. Paul (Eynard), Almanach des personnes pieuses.

Voyage de piété au calvaire de St-Martin de Coussaud.

Constitution et Directoire spirituel des sœurs de Ste-Marthe, (abbé Michel, vicaire général) (1).

Meulerie et meunerie, par A. Picot (réellement J. Bodru) (2).

Ample discours du siège et prinse de la ville et citadelle de la Meure en Dauphiné. Lyon, J. Patras, 1580, publié par M. A. Lacroix, archiviste à Valence.

Notice historique sur Saint-Paul-lès-Romans, par A. Lacroix, archiviste.

Etude sur les Bouillane et les Lacoste, 21 pp., du même auteur.

Essais historiques sur Valence, de Jules Ollivier, nouvelle édition avec additions et notes, par M. Lacroix.

Inventaire sommaire des archives départementales antérieures à 1790, par M. Lacroix, archiviste, 6 vol

Le talent chrétien et le mariage, par Lasserre, pasteur.

Revue de la Société d'Archéologie de la Drôme, de 1866 à 1881.

Imprimeur de la Préfecture.

---

(1) Id. p. 287.
(2) Id. p. 331.

LÉON EMBLARD.

(A continuer.)

UN TORRENT
LA DROME

(Suite. — Voir les 127ᵉ à 135ᵉ livr.)

VIII

De Saillans a Crest. — Piégros-La-Clastre, Mibabel et Blacons. — La vallée de la Gervanne, les gorges d'Omblèze et Plan-de-Baix. — Beaufort. — Aouste.

Saillans ouvre une porte rustique sur un jardin qui n'en finit plus. A mesure que l'on avance vers Aouste et vers Crest, on sent que la montagne vous délaisse, qu'elle abandonne la partie. En même temps, il semble que l'on infuse dans un ciel plus léger. Adieu les gorges. L'œil, à la rigueur, peut s'effarer encore des derniers heurts de la tempête figée du Diois, mais ce qui l'attire surtout, c'est la pente douce de la vallée, ce joli fleuve de cultures courant là-bas jusqu'à ce que des voiles l'effacent, ces voiles ténus et pourtant infrangibles que tendent toujours entre les collines lointaines de malicieuses vapeurs bleues. Au *milan*, la rivière qui se cherchait jusque-là, se révèle adulte, croit s'être trouvée. Mais la destinée l'a marquée pour souffrir. Après la nature, l'homme. Le bourreau n'a fait que changer de nom. Finies, n'est-ce pas, les transes de l'étranglement dans le noir des défilés, mais c'est la

saignée qui commence. Tout à l'heure, la torture à huis-
clos, maintenant le supplice sous le soleil, dans la plaine
élargie, et pour ainsi dire parmi la clémence ironique des
choses ! Coule-t-elle prudente, au milieu de son lit ? La
traîtrise d'un barrage l'amène auprès des terres. Glisse-
t-elle bénévolement contre une berge ? On lui ouvre de
même le flanc. Et le sang frais, le sang clair gicle à droite,
gicle à gauche, gorgeant les guerets. On ne sait pas ce
qu'endurent les pauvres rivières pour les vallée coquettes,
pomponnées, fleuries...

Saint-Sauveur, Aubenasson, villages de rien, l'un malgré son ancien prieuré de l'ordre de St-Antoine, l'autre
malgré son château d'*Aubenas* — entendez par château,
une ferme des plus candides. Mais Rochecourbe n'est-il
pas grand de reste ? D'ailleurs, Piegros-la-Clastre et
Mirabel et Blacons ne sont pas très loin et de leurs tertres
mornes on pourrait faire lever d'assez drus souvenirs.

A Piégros (1), abbaye, puis prieuré, le paysage de
silence et de mort, garde quelque chose de monastique.
Parfois, dans la lande montueuse, le pied bronche contre
des pierres qui furent imprégnées d'oraisons lentes, le
long des siècles, et il en demeure, éparse, comme une
mélancolie. Ce passé agenouillé, on dirait qu'il rumine
encore, là-haut, à mille mètres d'altitude, dans une pauvre
chapelle où l'on monte invoquer S. Médard ; là-bas, dans
l'appellation austère du village chef-lieu, La Clastre (*claus-
trum*, cloître), où les moines descendirent au xive siècle
et où il s'érigèrent en commanderie.

---

(1) Podium grossum au moyen-âge, et Puy-Gros (gros pic).

Mirabel a conservé, au contraire, la maison commune. Fauve est ce village, jadis place forte des évêques de Die, qui y déléguèrent longtemps le pouvoir à la maison de Blacons. Dépositaires infidèles, ces Blacons se firent protestants et avec eux tout le pays, qui eut dès lors beaucoup à souffrir. C'est là, à la suite d'un combat mémorable que Montbrun, pâle et sanglant, dut rendre son épée à deux gentilshommes catholiques, lieutenants de de Gordes. L'un était d'Ourches, l'autre François Dupuy-Rochefort, l'un de ses proches ! De pareils tête à tête n'étaient pas rares dans les guerres de religion. Montbrun, conduit d'abord à Crest en litière, fut ensuite transporté à Grenoble où le Parlement entendu d'avance avec le roi, devait le condamner à la peine capitale. Motif : le crime de lèse-Majesté. Moqué, battu et..... mécontent, Henri III n'était pas homme à oublier ; surtout il ne digérait pas la prise de son bagage à Pont-de-Beauvoisin, l'année précédente, et le fameux propos égalitaire tenu par Montbrun lors de ce fol exploit, à savoir « qu'en temps de guerre, qu'on a le bras armé et le cul en selle, tout le monde est compaignon. » De là son rire jubilant et ses frottements de mains à la nouvelle de l'affaire de Blacons, de là le mot rapporté par Brantôme : « A ceste heure, il verra s'il est mon compaignon ! »

Pour en revenir aux seigneurs du lieu, disons seulement qu'un certain Pierre d'Armand de Forest indifféremment appelé Blacons et Mirabel par les contemporains, fut un des plus intrépides partisans réformés du XVIe siècle. Après avoir été gouverneur de Lyon, puis de la principauté d'Orange, il serait mort en 1574 au siège de Livron. Les biographes citent encore les noms de son fils *Hector*, qui servit sous des Adrets avec vaillance et cruauté aussi sans doute, et d'un de ses descendants probables, le mar-

quis Henri-François-Lucretius, l'un des premiers députés
de la noblesse aux Etats-Généraux, qui spontanément
renoncèrent à leurs privilèges.

Mais trève à ces souvenirs de sang ! A la place où
Montbrun tombait, la cuisse fracassée, bourdonne aujour-
d'hui au sein d'un vallon égayé par les arbres et les eaux
vives, une grande ruche industrielle. Interrogez quiconque
sur la grand'route : Blacons ? — Oui, vous savez-bien,
... le papier. Et combien de gens ainsi synthétisent en
France, découvrent par des expressions concrètes leurs
âmes positives ! Le papier, il faut le dire, sert beaucoup
mieux que son histoire, l'actuelle renommée de Blacons.
Même, j'y songe, non sans quelque attendrissement, c'est
sur ces feuilles, à la fois robustes et luxueuses, portant le
nom de Blacons, imprimé dans la pâte blanche et faisant
de la musique quand *on marginait* — parfois au dam des
oreilles trop sensibles d'un pion impulsif — c'est sur ces
belles feuilles que nous faisions nos compositions, que
nous mettions nos devoirs au propre, au collège. Oh ! leur
bonne nature supportait tout, ne voyait aucun mal à
l'absence de la raison ou de la rime, et s'il leur arrivait
de soupirer en rendant un léger bruit mat, c'était d'avoir
reçu des boulets noirs sur leur robe immaculée. Et depuis
cette époque que d'outrages n'ont-t-elles pas subi sous
mes yeux ! Adresses, requêtes, suppliques, ce par quoi,
tous les jours, notre impétrante et peu fière humanité fait
voir ses tares, ses trous.

Laissez-moi plaindre en passant ce pauvre papier ministre... laissez-moi jeter sur son berceau un regard ému.

Blacons à peine dépassé, on traverse la Gervanne.
Pour être juste, je devrais au moins un chapitre à cette

sémillante rivière. Mais il est dit que je serai fils ingrat pour la Gervanne, comme je l'ai été pour le Bez, pour Glandas, pour le Vercors. La Gervanne, il faudrait raconter sa vie, ses vertus, ses folies. Il faudrait la prendre depuis sa première fontaine sous ce fameux mur entre deux précipices qu'on appelle je ne sais trop pourquoi, le col de la Bataille, et ne la quitter qu'à son embouchure. Dans les gorges d'Omblèze, on rêve des crispations effroyables de la matière quand l'Alpe se débrouilla, et la catastrophe, quand parfois le vent sournois de la montagne s'en mêle, ne semble qu'en suspens. Des blocs prodigieux çà et là me-nacent, et il semble qu'il ne faut plus qu'un coup de pouce pour les faire choir, pour abolir ce qui est. Mais quelle gaîté à côté de cet effroi ! C'est la grande avec la petite *Pissoire*, avec d'autres *Pissou*. — C'est-à-dire l'eau qui jase à vous doucher sur le chemin même, sinon à vous rendre sourd. Puis c'est le cirque d'Ansage, et puis ..... l'épouvante. Un peu ce que vous éprouveriez à la vue d'un enfant précipité dans le vide. Il n'y a qu'un instant, la Gervanne gamine avec un moulin pour jouet, *le moulin de la Pipe* — savourez ce nom — glissait de toute son innocence sous les saules. Tout à coup le sol lui manque. Elle tombe de plus de quarante mètres. Un saut et un trou si impressionnants cette Druise (1) que des fillettes, conduites à ce spectacle et au préalable averties, se mirent à fondre en larmes. Des truites de race, reconnaissables à leurs disques roses, remontent l'effroyable chute au dire des pêcheurs. La rivière est lente à se ramasser. Elle ne sait plus comment sortir du gour ténébreux. Elle se sauve enfin, mais l'abîme continue. Le pays en demeure fêlé tout

---

(1) C'est le nom de la cascade.

au long. Les hameaux de Plan-de-Baix et surtout cet
intrépide château de Montrond assis sur le bord de l'hor-
rible lèvre, font frissonner. Une entaille à gauche, c'est le
Sépie qui presse deux petits troupeaux de granges (1)
visiblement tombés du ciel. Une entaille à droite, c'est la
Blache qui isole le Velan de la Raye et possède un *Trou
de l'Enfer*. Toute contrée qui se respecte a des *Ponts du
Diable* ou des *Trous de l'Enfer*.

Beaufort, vieille aire féodale, est au centre de la vallée
de la Gervanne, ce qui lui donne pour les foires, le commerce, le passage, le pas sur Montclar, Gigors et Suze,
agglomérations voisines. Il a un belvédère charmant sur
le torrent frais émoulu des gorges et une source magnifique, les *Fontainieux*. Un grand et probe artiste, le graveur
Adrien Didier, élève d'Henriquel Dupont et de Flandrin,
et qui a été chargé d'exécuter le diplôme de l'Exposition
Universelle de 1900, vient tous les ans à Beaufort passer
la saison chaude. Il s'y délasse de son art en taquinant la
muse, la muse fruste des bords de la Gervanne qui parle
gavot, porte le cotillon de toile et le bonnet chiffonné.
Enfin, Beaufort compte une illustration protestante : Pierre
Lombard ou plutôt Lombard-Lachaud qui fut député du
Loiret à la Convention et mourut pasteur à Crest.

Comme nous l'avons vu, le torrent tombe à Blacons
dans la Drôme par deux cents vingt-deux mètres d'altitude, après avoir réfléchi un instant les ombrages du
château de *Vachères* (2) et trimardé sans vergogne pour
les gens de *Bertalais*, un hameau industrieux que Mirabel
regarde de toute sa hauteur moyennâgeuse.

---

(1) Eygluy et le Cheylard, deux communes de l'arrondissement de Die.
(2) Commune de Montclar.

Aouste. C'est un nom glorieux que peu de cités portent ainsi sans alliage. Une en Italie dont le roman est venu grossir la renommée, et je crois deux ou trois autres en France seulement.

Sans conteste, notre bourg devait l'avoir mérité, car Auguste n'effeuillait pas uniquement pour le bon plaisir cette fleur sacrosainte du vocable. Aouste — par tradition les habitants prononcent Oste — était donc, à l'aube chrétienne, l'un des noyaux du Vocontium, une de ces colonies prospères qui, placées aux débouchés des monts, permettaient aux vainqueurs d'avoir l'œil sur d'immenses territoires. L'*Itinéraire d'Antonin*, la *Table de Peutinger* et l'*Anonyme de Ravenne* mentionnent l'Augusta Vocontiorum qu'ils placent sur la grande route du mont Genèvre, entre Valence et Die. Malheureusement, Aouste n'est guère qu'un nom, car, à part un autel romain dont l'inscription a été reproduite dans divers ouvrages, on n'y a découvert que d'assez insignifiants vestiges. La ville, anéantie par les Barbares, aurait, dit-on, grâce à ses puissantes racines, rejeté à une demi-lieue de là. Ce rameau, bientôt vigoureux, expliquerait ainsi l'origine de la ville de Crest. A son tour, fils pieux, Crest serait venu relever Aouste des ses ruines. Quoiqu'il en soit, le bourg, dont il n'est plus question pendant plusieurs siècle, s'était repris à l'existence dans la seconde partie du Moyen-âge. Nous y voyons une enceinte percée de quatre portes suivant les quatre points cardinaux : *Tourelle*, *St-Christophe*, *Surville* et *Sie* ou *Sye* et nous y retrouvons une vieille connaissance, ce bon St-Géraud d'Aurillac, curieuse âme auvergnate — idéal et affaires — qui sème à tout vent de sa filiation pieuse et rêve de mettre partout dans ses meubles l'ordre de St-Benoît. Le prieuré de *St-Pierre*, fondé de la sorte, et placé sous l'obédience de celui de Saillans, finit par lui être rattaché en 1535. Aouste, qualifié de *villette* au XVIIᵉ siècle, jouissait d'un état prospère s'il faut en croire le vieil Aymar du Rivail, l'enquêteur informé d'alors, qui vante la fertilité de son sol, et recommande l'usage de ses bourneaux de terre qui font l'objet d'une exportation considérable. Pris et repris pendant les guerres religieuses, comme il se doit, et ruiné en partie, le bourg fut décapité de sa citadelle par Louis XIII.

Aouste, pour se rajeunir, a jeté bas tout ce qui *datait* à sa vue : remparts, ruelles, maisons, église et son vieux pont dont une pile, fleurie par la pitié des pariétaires, persiste singulièrement au milieu de la Drôme. Le badigeon, ce fard des villes qui se *croient* (il en est des villes comme des femmes), lui a fait perdre, vous entendez bien, à peu près toute originalité. On jurerait un faubourg de Crest, reprenant après quelques hectomètres de campagne.

— Voyez, on ne vient jamais coucher ici, me lance mon hôte, ami si affectueusement paradoxal qu'il m'a fait séjourner à Aouste et m'a obligé à prendre une chambre. J'ai dû admirer avec lui le fin clocher de la nouvelle église, les fabriques de papier-corde, et la Sie ou *Sye*, affluenticule de vif argent, qui bondit dans la bourgade juste pour se voir mettre en cage et servir à l'éclairage électrique. Tout cela compensé d'ailleurs par une bonhomie charmante, par des anecdotes sur les Gresse et cette famille Fabre des Essart qui donna un évêque à l'Eglise et aux lettres deux poètes de talent. N'ai-je pas été voir aussi l'endroit où est né Martial-Moulin, le romancier ? Je dis l'endroit, car la maison n'est plus sienne, et j'en ai eu de la peine pour lui.....

Félix GRÉGOIRE.

(*A continuer*).

LES NOTAIRES PIÉMONT

ET LA

FAMILLE DE NULLI DE FRIZE

DE SAINT-ANTOINE

(SUITE. — Voir les 133ᵉ à 135ᵉ livr.)

VIII. — LE MOULIN DE BAYEF OU DE FRIZE.

L'ancienne abbaye de St-Antoine avait un personnel nombreux de religieux et de serviteurs. — Ses aumônes, les unes ordinaires et quotidiennes, les autres extraordinaires et fixées à certains jours de l'année, étaient étonnantes. Encore au xviiᵉ siècle, on distribuait tous les jours, à la porte de la maison abbatiale, un quartal de blé « en pain cuit et bien apprêté. » Les saints jours de dimanche et de fêtes, ces charités étaient plus considérables encore, « tant aux pauvres habitants de St-Antoine et autres paroisses des environs... qu'aux pauvres mendiants aussi étrangers et aux pauvres pèlerins de Rome et de Saint-Jacques... » Ces aumônes étaient même si abondantes que les Antonins durent en régler la distribution, parce qu'elles étaient devenues « un objet de fomenter une insigne poltronnerie et oisiveté damnable en ceste ville » de St-Antoine, où beaucoup trouvaient plus commode de manger gratuitement le pain des moines que de travailler (1).

---

(1) Cf. V. ADVIELLE, *Hist. de l'ordre hospitalier de St-Antoine de Viennois*, p. 221-8.

Aussi bien, pour suffire aux nécessités des religieux et à la distribution journalière de ces aumônes, l'abbaye percevait-elle une grande partie de ses revenus en nature, principalement en grains, froment et seigle ; néanmoins l'on ne voit jamais que l'agent de l'abbé ou le procureur du chapitre aient vendu du blé. Tout ce qui n'était point consommé dans l'abbaye, était « réduit » en pain et distribué en aumônes.

Dans l'enceinte du monastère se trouvaient « les fours du chapitre », dont la cense principale due par le rentier était la fabrication gratuite du pain nécessaire « au mesnage de l'abbaye » (1).

L'abbaye possédait, établis sur la rivière du Furan, plusieurs moulins qu'elle donnait en arrentement, moyennant la redevance des certaines quantités de blé.

L'un de ces moulins, « le moulin de la Roche », appelé aussi « le moulin de Bourchenu », était situé en aval de la ville, en face de l'église de St-Martin (2) ; un autre « le moulin neuf », appelé auparavant « moulin du chapitre » ou « moulin du couvent », près la porte de Romans, fut construit à nouveau en 1674. Les minutes des notaires de St-Antoine renferment de nombreux arrentements du « moulin du couvent » et du « pré Grégoire joignant led. moulin » (3).

---

(1) Chaque setier de froment devait rendre 40 miches ou « pains de cloistre », du poids de 2 livres 3/4 chacune, « bon pain blanc, beau, bien appresté et de recepte. » Ann. PIÉMONT, vol. 1623-T, fol. 120 ; etc.

(2) Le chapitre l'acheta, le 14 mai 1664, pour la somme de 9,000 livres de noble André Dyzerand, de Lemps, sgr du Mouchet et de Montagne. Celui-ci l'avait acquis, le 6 mars 1640, de noble Pierre Moret de Bourchenu, conseiller du roi au parlement du Dauphiné. Gabr. FOURNET, vol. de 1664-5, fol. 291.

(3) On peut en voir spécialement la description topographique dans les notaires FOURNET, vol. de 1634-36, fol. 84-5 ; 1671, fol. 189 et 220 ; etc.

Outre ces deux moulins, l'abbaye en possédait un autre, que nous devons mieux faire connaître ; car ce moulin a son histoire liée à celle de la famille de Frize qui le tint en albergement pendant le xviᵉ siècle, et les Antonins durent, à diverses reprises, pendant les deux siècles suivants, la maintenir éloignée de ce domaine où elle désirait rentrer. Nous ne donnons toutefois ici que les faits essentiels nécessaires pour prouver le droit constant de l'abbaye aux différentes époques, renvoyant à un prochain article plusieurs détails qui seront mieux placés dans l'histoire des membres de cette famille.

« Le moulin originairement nommé de Bayef (1) et depuis de Frize » était « un ancien bien de la seigneurie de St-Antoine ». Divers documents nous disent qu'il était situé sur le Furan, « non loin » et « au-dessus de l'abbaye » ; il était adossé au coteau longeant « le grand chemin de Montrigaud », dont le séparait, du côté de bise, une « vigne située sur la hauteur ». Plusieurs « balmes » étaient dans son voisinage et dans sa dépendance (2).

---

(1) Le quartier de St-Antoine dit « en Bayef » s'étend, en remontant la vallée où coule le Furan, de la ville jusqu'au « col de la Madeleine ». En cet endroit, au sud-est de la jonction des quatre routes de Saint-Antoine, Montrigaud, Romans et Roybon, se trouvait l'anciennne « chapelle de la Magdeleine de Bayef », dont le nom revient souvent dans l'histoire de l'Abbaye. Ruinée pendant les guerres de religion, elle fut restaurée au commencement du xviiᵉ siècle. Elle est maintenant enclavée dans l'habitation de M. Maurice Durand. L'abside pentagonale s'aperçoit encore à quelques mètres de la route.

Aujourd'hui on dit « en Bayet », par suite d'un défaut de prononciation locale, qui laisse tomber la dernière consonne.

(2) G. FOURNET, vol. de 1686-88, fol. 255. Le moulin de Bayef n'était point, comme le « moulin du couvent », établi immédiatement sur le Furan, mais à une faible distance de cette rivière, dont l'eau, retenue par des « enclozes » ou écluses « à la teste du pré du mollin, » lui arrivait au moyen d'un canal. Ces écluses construites en bois nécessi-

Aujourd'hui le grand chemin accidenté de St-Antoine à la Madeleine sépare les divers bâtiments dépendants de ce moulin.

La plus ancienne preuve de possession que les Antonins du XVIII⁰ siècle rapportaient au cours de leurs procès, était une « expédition informe d'albergement » de ce moulin, faite en l'année 1377 ; mais nous savons par l'*Inventaire des titres de l'Abbaye* (1), que « l'acquisition du moulin de Bayef » avait été faite onze ans plus tôt, le dernier décembre 1366, par frère Jacques Fière pour la fondation de la chapelle de St-Michel ». Un siècle après, en 1476 et 1479, l'ouvrier de l'abbaye, frère Jean Vacharel, achetait dix sesterées de pré, une sesterée de bois et trois sesterées de terre « en Frison sur la rivière de Furand ».

---

taient de fréquentes réparations et de grandes dépenses. Eust. Piémont parle d'une « encloze en chesne » qui avait cousté 50 écus au sgr abbé, et qui fut emportée l'année suivante, le 29 mai 1601. Gr. vol. de 1600, fol. 145 ; *Mémoires*, p. 495 et 513.

Ces dégats étaient dus à « un petit torrent nommé *Furent,* qui coule près des terres de l'abbaïe, et sur lequel sont ses moulins... trois moulins à farine. Il a le nom de « Furent », parce qu'il est réellement *furieux* lorsqu'il s'enfle et que coulant dans des fonds très scabreux il se précipite avec une impétuosité surprenante. Pour en faire couler l'eau soit dans les moulins, soit dans les prés de l'abbaïe, et en même temps pour mettre les uns et les autres à l'abri de sa furie, il faut l'élever et l'arrêter par des digues ou écluses quelquefois de 20 à 25 pieds de haut. Il y en a environ *quatre-vingt*, dont quelques-unes ont jusqu'à 40 pieds de long. La dépense et l'embarras de ces digues et de ces écluses sont excessifs ; il faut y employer une quantité surprenante d'arbres tout verts et garnis même de leurs feuilles pour mieux cimenter le tout ; sans quoi la première inondation entraînerait l'ouvrage. Pour qu'il soit solide, il faut communément plus de douze cents pièces de bois. » *Mémoires* ms. (de 1742) *pour l'Abbaye de St-Antoine,* demandant le maintien de son ancien privilège d'user de ses bois « en bon père de famille », aux *Arch. du Rhône,* fonds de St-Ant., c. 219.

(1) Page 308, art. 263.

Le moulin de Bayef, auquel ces propriétés furent réunies, fut donné successivement en emphytéose à différents particuliers (1).

Le 26 janvier 1508, l'abbé de St-Antoine, renouvelant le précédent albergement du 9 septembre 1500, arrentait le moulin de Bayef à *Claude* Bastard, dit le Loup, sous le cens de vingt setiers de froment, avec la mouture franche de six cents setiers.

Le 21 août 1534, François de Nulli, dit Frize, marchand de St-Antoine, « possesseur (tenancier) dudit moulin comme l'ayant acquis de *Pierre* Bastard, dit le Loup », en « passe reconnaissance et cens au profit de Messieurs de St-Antoine avec la même mouture de six cents setiers (2).»

Son fils, Pierre de Frize, tint le moulin de Bayef aux mêmes conditions. Mais ses fonctions d'avocat au bailliage de St-Marcellin n'étaient guère compatibles avec la profession de meunier ; aussi donnait-il le moulin en sous-arrentement à d'autres gens du métier.

Le petit-fils de François de Frize, nommé lui-même François, succéda à son père dans la charge d'avocat. Les mêmes motifs, et d'autres encore, le tinrent éloigné du moulin, dont il continua à percevoir les revenus. Le 16 juin 1594, il reconnaissait de nouveau le droit de l'abbaye. Mais, partisan fanatique de la religion réformée et ennemi juré des religieux de St-Antoine, ainsi que nous le verrons, il n'avait cure de payer aux moines les rentes qu'il leur devait.   •

---

(1) Les détails qui suivent sont empruntés en grande partie aux *Arch. du Rhône,* fonds de St-Ant., c. 233. Nous y renvoyons le lecteur une fois pour toutes.

(2) Il faut lire « Bastard », et non « Balthasard », comme dit l'*Armorial de Dauphiné,* p. 246. — Claude Bastard, dit le Loup, vivait encore le 26 déc. 1568. *Arch. de l'Abbaye de St-Antoine,* parch.

L'abbaye était depuis vingt ans frustrée des revenus de ce domaine : le nouvel abbé, Antoine Tolosain, résolut de mettre ordre à cette situation. Ne pouvant rien espérer du sieur de Frize, dont la mauvaise volonté était manifeste, l'abbé usa de son droit : il liquida à la somme de 350 écus les arrérages qui lui étaient dus, et chercha un autre rentier. C'était le 17 avril 1600. Bientôt après (7 mai), le mistral de l'abbaye arrentait pour un an le moulin de Frize à Guigon Burlon.

A cette époque le nom de « moulin de Frize » a prévalu; mais un demi-siècle plus tard, l'ancien nom de « moulin de Bayef » reparaît fréquemment à côté de l'appellation nouvelle. Le lecteur connaît maintenant la cause de ces deux dénominations.

Dès lors, les Antonins rentrés en jouissance du moulin de Bayef, le conservèrent paisiblement et sans conteste. Ils en firent jouir divers rentiers jusqu'au milieu du XVIII⁰ siècle, où, comme nous l'avons vu, l'avocat Piémont osa émettre des prétentions qu'il ne put justifier.

IX. — JEAN DE NULLI DIT « FRIZE », ET SES ENFANTS.

Pendant soixante-six ans, de 1534 à 1600, la famille de Frize avait ainsi joui, sous la mouvance de l'abbaye, du moulin de Bayef, qui prit son nom et devint « le moulin de Frize ». En effet, lorsque François de Nulli en passa reconnaissance à la première de ces dates, le surnom de « Frize » était déjà dans sa famille depuis un siècle (1).

---

(1) D'où vient le nom de Frise ou Frize ? Il ne fut évidemment pas, à l'origine, sans désigner quelque rapport avec le Frison : le ruisseau de ce nom, après avoir coulé sur le territoire de St-Jean-le-Fromental et traversé la route de Chatte à St-Antoine à l'endroit dit « à la chapelle », vient se jeter dans le Furan, non loin de St-Bonnet de Chavagne. Anciennement divers lieux étaient aussi dits « en frison ».

Essayons maintenant de tracer son histoire.

L'*Armorial de Dauphiné* ne rapporte l'origine de la famille de Frize que d'une façon assez peu assurée. D'après M. de Rivoire de la Bâtie, en 1619 « François de Frize prétendait tirer sa noblesse de l'estoc d'un certain Jean Nully (*alias* Frize), barbier du roi Louis XI, et anobli par ce prince l'an 1482 (1). »

Avant d'examiner ce que cette prétention contenait de vérité, et pour mieux suivre l'ordre des temps, nous allons rapporter l'acte le plus ancien qui soit aujourd'hui connu concernant la famille de Nulli : il date de 1446. Le 6 juin de cette année, à St-Antoine, dans l'église de Notre-Dame, se célébrait le mariage de François Chapuis et de Marguerite, fille de Jean de Nulli, dit Frise, barbier, tous deux de St-Antoine (2).

Voilà tout ce que nous savons de cette fille de Jean de Nulli.

Quant à son père, il fit son testament le 8 octobre 1470 : il établit pour ses héritiers Jean et Guillaume de Nulli, frères, ses enfants « naturels et légitimes » ; il lègue à l'abbaye de St-Antoine la rente de deux setiers de froment

---

(1) Page 246.

(2) Cum tractaretur de matrimonio contrahendo in facie sancte matris Ecclesie inter Franciscum, filium honesti viri Stephani Chapusii... ex una, et honestam filiam *Marguaritam, filiam Johannis de Nulli, alias Frisa, barbitonsoris*, dicti loci Sti Anthonii habitatoris... ex altera, hinc est...» *Minutes* d'Eust. Piémont, parch. couverture du gr. vol. de 1606. Présents à ce mariage : « Rev. in Xristo patre et dno dno Humberto de Brione, miser. div. abbate mon. S. Anthonii... ; vener. et religiosis viris fratribus Johanne de Montecanuto, cellerario dicti mon.; Anthonio de Circis, sacrista dicte ecclesie beate Marie ; Johanne de Gibertesio, priore dicti mon. ; Arnoldo le Vassault, preceptore domus Sti Anthonii Trecensis : ... magistro Johanne Probi, secretario dicti dni abbatis... »

et la pension d'un florin pour son anniversaire (1). Cette pension fut rachetée par son fils en 1589 pour le prix de 31 florins, monnaie courante (2). Dans cette déclaration de ses dernières volontés, le testateur se nomme de nouveau lui-même « Jean de Nulli dict Frize ». Il ne reste donc aucun doute : c'est bien ce Jean de Nulli — et non pas son fils, nommé aussi Jean, — qui le premier — du moins que nous sachions, — porta le surnom de « Frize ».

En quelle année, ou à quelle époque se fit cette addition au nom patronymique ? Impossible de répondre d'une manière précise. Il nous suffit d'avoir prouvé que ce fut longtemps avant l'année 1482, et plus longtemps encore avant l'occupation du moulin de Bayef par la famille de Nulli.

Jean de Nulli laissa trois enfants, Marguerite, Jean et Guillaume. Nous connaissons le nom de Guillaume par le testament de son père et par un autre acte de 1471, que nous citerons bientôt. Son frère Jean nous est mieux connu.

Le 22 mars 1464, noble François de Bressieux, sgr de Beaucressant, vend neuf quartaux de froment de cense directe, à la mesure de Montrigaud, en la paroisse de Saint-Bonnet de Valclérieux, « *discreto viro Johanni de Nulli, alias Frisa, filio Johannis de Nulli, serurgico, de Sancto Anthonio.* » Le lendemain 23 mars, Jean Duc, fils d'Antoine, de St-Bonnet, reconnaît *acquisitionem honesti viri Johannis de Nuly, alias Frisa, barbitonsoris, de Sancto Anthonio.* » Le notaire a inscrit au dos du parche-

---

(1) *Invent. des titres de l'Abbaye*, ms, p. 348, art. 407. — *Arch. du Rhône*, fonds de St-Antoine, carton 78, Testaments, n° 1.

(2) *Invent. des titres*, loc. cit.

min le sommaire de l'acte : « Acquisition... par Jean de Nully de Frize, de St-Antoine, *chirurgien*; » et : « Reconnaissance... au profit d'honnête homme, Jean de Nuly, alias Friza, *barbier*, de St-Antoine... » (1).

Le lecteur aura sans doute remarqué que Jean de Nulli le fils, est qualifié « chirurgien » et « barbier » à un jour d'intervalle. Nous allons montrer que ces deux termes, qui paraissent si différents, ne désignent qu'une seule et même profession, ou, si l'on préfère, que ces deux professions étaient exercées par la même personne.

De nombreux actes font mention du « barbier du monastère » ; d'autres parlent du « chirurgien de l'hôpital de St-Antoine ». C'était le même personnage, laïque, à la solde de l'abbaye, qui remplissait à la fois cette double fonction (2). A l'appui de nos dires nous citerons la « Ré-

---

(1) Deux parch. aux *Arch. de l'Abbaye de St-Antoine*.

(2) Quelquefois les noms de chirurgien et de barbier sont manifestement attribués à deux personnes distinctes (p ex. *Mémoires d'Eust. Piémond*, p. 433); mais dans ce cas le contexte suffit à montrer que ces deux personnes exerçaient l'une et l'autre ces deux professions. Lorsqu'un malade était présenté pour être reçu « au grand hôpital », deux religieux cloitriers « commis du chapitre » le faisaient « visiter » par les chirurgiens, qui devaient déclarer par serment s'ils reconnaissaient la maladie pour être « la gangraine » ou feu St-Antoine. Après cette constatation, le malade était déclaré reçu au grand hôpital ; cette réception se faisait en présence de deux ou trois malades (démembrés). Les *Mémoires* de Piémont *(loc. cit.)* racontent la réception d'un soldat pris subitement du « feu » après avoir commis un vol dans le sanctuaire de l'église de l'abbaye. Cette réception eut lieu, y lisons-nous, « en présence de M. du Pillon et la maistresse de l'hospital ». C'est une erreur de lecture. Il faudrait écrire : « en présence du maistre du pillon...» La charge de maître du pillon, *magister pillonii*, et « de maître du léguier » étaient les principaux offices de l'hôpital ; ils étaient exercés par deux démembrés. La « maistresse de l'hospital », prise elle-même parmi les malades, avait une certaine inspection sur les personnes du sexe résidant en cette maison.

ception de Mᵉ Claude Codur, comme chirurgien ordinaire du monastère de St-Antoine. » Le 27 janvier 1633, l'abbé Antoine de Gramont et les religieux reçoivent « Mᵉ Claude Codur, fils de feu Osias, maistre chirurgien, natif de la ville de Folquaquier, en Provence... pour leur chirurgien ordinaire dans le present monastere, soubz l'effectuation des promesses que led. Mᵉ Codur leur faict de les bien et fidellement servir en toutes les opérations manuelles requises aud. art de chirurgien, ainsy qu'elles sont déclarées cy après : 1° de *faire le poil et la barbe* aud. sgr Rme abbé, à messieurs les religieux dud. monastère, tant profex que novices et postulantz introduitz au noviciat, comme aussy aux serviteurs et domestiques tant dud. sgr Rme abbé que de lad. communauté et congrégation réformée, quand sera requis. Plus de faire toutes les saignées, donner ventouzes, apposer cautères, et iceux traicter jusques à leur profession et que l'escarre soit tombée. Et au surplus, penser, traiter et medicamenter lesd. sieurs religieux en tout ce que sera besoing pour le travail de sa main et art gratis... Et outre ce, *coupera et amputera les membres* de ceux qui seront presentez et receus par le chapitre... à l'hospital des demembrez dud. monastère, les pensant de sa main gratis, sans prétendre aucun payement ny salaire de lad. communauté pour lad. opération et amputation... Et moyenant desd. promesses et services, led. sgr Rme abbé et ... religieux ... promettent de payer annuellement aud. Mᵉ Codur, la somme de cent vingt livres tournois pour ses gaiges, peyne et salaires, ... en deux termes égaulx... (1). »

_____

(1) Ann. Piémont, vol. T-1633, fol. 1. — Le 3 déc. 1625, l'abbé Ant. de Gramont avait conféré à Pierre Duplessis, fils de Pierre, « la survivance de la charge et office de barbier et chirurgien ordinaire » du

Cet acte suffit pour montrer que les termes de barbier et de chirurgien sont pris l'un pour l'autre : c'est le *chirurgien* qui « fait le poil et la barbe », et le *barbier* « coupe et ampute les membres ».

Revenons à Jean de Nulli, et tirons dès maintenant quelques conclusions.

De tout ce qui précède il ressort :

1° Que Jean de Nulli habitait St-Antoine dès 1446, y exerçant la profession de *barbier*, et qu'il portait dès lors le surnom de « Frize » ;

2° Que son fils Jean, dit Frize, habitant aussi St-Antoine, était, comme son père, chirurgien ou barbier du lieu en 1464. Il exerçait encore cette profession le 23 août 1471, jour où, de concert avec *Guillaume son frère*, il acheta d'Antoine Oderat, une maison sise en cette ville (1). Le 26 juin 1483, Mᵉ Jean de Nulli, « serurgicus », achète un pré situé « en Bayef » sur la rivière du Furan (2). Il vivait encore le 2 juin 1496 (3).

---

monastère, avec pouvoir de « l'exercer après le décès dud. Pierre Duplessis son père, moderne possesseur d'icelluy » dès le 9 sept. 1617, « aux mesmes honneurs, proffictz, gages, emoluments, prerogatives et autres droictz..., acoustumez estre attribuez *de toute ancienneté* à lad. charge et office de barbier et chirurgien » du monastère. Le chambrier est chargé de le mettre en possession. IDEM, vol. T-1625, fol. 205.

(1) Parch. aux *Arch. de l'Abbaye de St-Antoine*.
(2) Autre parch. *ibid.*
(3) Parch. couverture du gros vol. de 1574, d'Eust. Piémont.

Dᴏᴍ Gᴇʀᴍᴀɪɴ MAILLET-GUY,

Chan. rég. de l'Imm.-Conc.

(A continuer.)

ESSAI

DE

BIBLIOGRAPHIE ROMANAISE

(SUITE. — Voir les 102ᵉ à 134ᵉ livraisons).

IX. — Procès Chaléat

Ce procès, l'un des plus importants auxquels le Chapitre de St-Barnard ait été mêlé, a été aussi l'un de ceux qui ont le plus soulevé de colères et fait couler d'encre. L'affaire qui en fut l'occasion intéressait directement la ville, et le Chapitre n'y intervint que subsidiairement ; il ne l'avait prise en main qu'après l'initiative de deux particuliers, Etienne et Pierre Aymon, frères, personnages considérables, qui occupaient chacun un emploi important à la cour ou dans la capitale, sans cesser d'être citoyens de Romans, où ils possédaient de grands biens.

Les origines et les premières phases du procès sont exposées dans l'un des Mémoires que nous analyserons ci-après (n° 332). Charles Chaléat avait été nommé second consul de Romans, le 25 mars 1655. « Son principal objet, à son avènement, dit le Mémoire que nous citons (p. 6), fut de devenir riche aux dépens du public. Pour y parvenir, il persuada à ceux qui composoient le Conseil de la ville, dont la plupart avoient aussi bon appétit que luy, ainsi que les suppliants le justifieront par acte, qu'il seroit plus avantageux d'établir un parfournisseur qui seroit chargé de faire toute la fourniture de l'étape.

« Ce préalable rempli, il s'associa avec les sieurs Lavis et Vivet, son beau-frère, par acte sous sein privé du 5 mai de l'année 1655, pour faire cette fourniture ; ensuite, en qualité de consul, en fit la délivrance au nommé Budillon, et en conséquence lui en passa le bail le 12 juillet suivant ; de manière qu'il fût le bailleur et le preneur. Voilà, sans contredit, l'honneur, la droiture et la probité du sieur Chaléat prouvez par acte qui est produit au procez.

« La chambre de justice aïant été établie par édits du mois de novembre 1661 et 25 septembre 1664, les subdéléguez de cette chambre instruisirent le procez à ces gens de bien, et par leur jugement du 25 septembre 1664, déclarèrent le sieur Charles Chaléat atteint et convaincu du crime de prévarication, pour s'être frauduleusement rendu participe et intéressé à la fourniture de l'étape et quartier d'hyver en l'année de son Consulat, fait fonction de Consul ès baux et délivrance desdits parfournissemens ; déclare le bail passé à Budillon nul, vicieux et frauduleux, comme tel le casse et révoque ; ordonne que, sans avoir égard au compte-rendu sous le nom de Budillon, le sieur Chaléat comptera de nouveau, et le condamne en deux mille livres d'amende, et d'être privé et déchu pendant cinq ans de toutes fonctions et charges municipales pour réparation de son crime.

« Le sieur Chaléat et ses corrées interjetèrent appel de ce jugement à la Chambre de justice scéante à Paris ; mais à cause de ses grandes occupations, elle ne put vaquer au jugement desdites appellations ; en sorte que, par arrest du Conseil du 10 juillet 1666, elles furent évoquées de ladite Chambre et renvoïées au Parlement de Dijon pour y être instruites et jugées suivant les derniers erremens.

« Les instructions et procédures furent portées aud. parlement le 7 août suivant...

« Le 16 septembre 1666, le sieur Chaléat et ses complices surprirent un arrest du Conseil au moyen duquel ils prétendirent être déchargez de toutes recherches, restitutions, condamnations portées contre eux, etc.

« Mais les sieurs consuls de la ville, dans la requête qu'ils présentèrent au Conseil, le 5 avril 1677, établirent par des raisons si solides et si insurmontables, que ces prévaricateurs, ces concussionnaires et ces malversateurs avoient surpris l'arrest du 16 septembre 1666, qu'il plut au Roy et à Nosseigneurs de son Conseil de rendre arrest, portant de nouveau l'affaire devant le Parlement de Dijon, pour être jugé à nouveau sur les appels de Chaléat et autres. *St-Germain-en-Laye, 5 avril 1677.* »

Condamné de nouveau, le délinquant en appelle. Par arrêt du Conseil du 22 juin 1688, l'appellation est convertie en opposition, et la condamnation est maintenue. Le père étant mort, Louis et Jean Chaléat, ses fils et héritiers, « pour éviter la restitution de cette somme, se firent pourvoir l'un de la charge de secrétaire, l'autre de maire, et par ce moïen se firent tellement craindre dans cette ville, que l'affaire demeura impoursuivie. »

Ayant ainsi réussi à s'emparer de l'administration municipale, nos deux intrigants se croyaient à l'abri de toute poursuite, et l'affaire était, en effet, demeurée assoupie pendant près de vingt ans, lorsqu'elle fut reprise en sous-œuvre par l'initiative d'Etienne Aymon, porte-manteau du Roi. Par exploit du 21 mars 1705, celui-ci interpella les officiers de la ville pour qu'ils eussent à poursuivre l'exécution de l'arrêt du 22 juin 1688. Le Chapitre de Saint-Barnard vint à la rescousse, et par acte du 13 décembre suivant, il se déclara « être le principal consort du sieur Aymon, et commina les officiers de la ville aux mêmes fins. »

Louis Chaléat, l'ex-greffier de la ville, qui paraît seul dans le procès, fait signifier au Chapitre, le 29 janvier 1706, qu'il forme opposition à ses poursuites. Le 8 juin suivant les consorts demandeurs obtiennent un arrêt du Conseil qui les subroge aux consuls pour la poursuite de cette affaire. Cet arrêt est signifié aux officiers municipaux le 23 février 1707, avec sommation d'avoir à leur remettre les actes et documents servant à établir la créance de la ville, et sur lesquels l'intendant Bouchu avait assis son jugement.

Le 28 février, assemblée du Conseil de Ville, auquel assiste le procureur du roi Romanet. Chaléat y comparaît aussi, pour déclarer qu'il ne reconnaît point les demandeurs pour parties, qu'il proteste de recourir contre l'arrêt du Conseil, et qu'il s'oppose à ce qu'on remette aux requérants les pièces justificatives de la créance de la ville.

Chaléat se pourvoit par requête à M. d'Angervilliers, intendant de la Province. Celui-ci, par ordonnance du 15 mars 1707, décrète que les consuls présenteront à son subdélégué Genthon les comptes rendus par Chaléat père de sa gestion comme consul et pour la fourniture de l'étape de 1655. Les comptes furent bien présentés, mais non les pièces justificatives. Les fils du délinquant, parvenus à la mairie, avaient eu soin de les faire disparaître des archives. C'est ce grief qui sera surtout relevé contre eux dans les mémoires du Chapitre, et dont eux-mêmes chercheront à se disculper dans leurs propres factums.

Les demandeurs opposent requête le 26 novembre, demandant que les pièces manquantes soient remises dans la huitaine au greffe de l'intendance. Chaléat réplique, le 14 janvier suivant (1708), déclarant qu'il se refuse à communiquer les originaux, de crainte qu'ils ne soient altérés par la partie adverse. « Lesdits originaux appartenant à la ville, ils ne peuvent pas être déplacez. »

A partir de là, la bataille est engagée à fond et le procès bat son plein.

Sur requête des demandeurs, M. d'Angervilliers décrète de

nouveau, le 9 février 1709, que le sieur Chaléat remettra les comptes et pièces justificatives au subdélégué. Mais les Chaléat se moquaient de tous ces décrets, et cette ordonnance n'eut pas plus d'effet que les précédentes. Le Chapitre se pourvoit de nouveau au Parlement, le 13 juin 1713, toujours pour obtenir communication des pièces tenues cachées. Chaléat y oppose requête contraire, le 19 mai 1714; puis encore le 7 décembre suivant, contre une nouvelle instance de ses adversaires; et ainsi de suite. Nous ne voyons pas la fin de cette procédure et nous n'en connaissons pas le résultat. Les consuls s'en étaient complètement désintéressés et laissaient les belligérants se chamailler entre eux. M. Lacroix observe que, au fond, le souvenir du procès des écoles, dirigé par un Chaléat, ne fut pas étranger à ces interminables débats (1).

Nous ne savons où commencent les imprimés, ni combien il y en a eu. Ceux que nous connaissons (sauf un numéro que nous n'avons pas), sont postérieurs aux dates susmentionnées. Il y a tout lieu de croire qu'ils ne sont pas les premiers. Nous allons donner la description analytique de ceux qui nous ont passé entre les mains.

327. — Il y a eu une première *Requête de Chaléat*, datée du 20 mai 1707, qui nous manque. L'un des Mémoires du Chapitre en fait mention et en cite la phrase suivante, relative au jugement du 19 juin 1687 : « Et quoique ledit seigneur (Bouchu), aussi bien que led. seigneur Brenier eussent gardé un secret inviolable au sujet dudit jugement, pour ôter audit maître Chaléat le moïen d'en recourir, il fut néanmoins assez heureux pour en être averti. »

328. — *Requête du Chapitre contre Chaléat*, adressée à M. Albanel, subdélégué, et signifiée le 25 mai 1715, pour obtenir que la condamnation prononcée contre Chaléat par l'intendant Bouchu eût son cours. Cette pièce nous est pareillement inconnue; mais il conste de son existence par le factum suivant, qui y répond.

329. — *Requeste très humblement présentée à Monsei-*

---

(1) *Romans et Bourg-de-Péage*, pp. 213 et 290.

gneur l'intendant de la province de Dauphiné, pour Maître Louis Chaléat, avocat au Parlement, héritier sous bénéfice d'inventaire de Mᵉ Charles Chaléat, son père. — Contre le sieur Sindic du Chapitre de St Barnard de la ville de Romans ; Nobles Estienne Aymon, Ecuyer, Porte-Manteau du Roy ; Pierre Aymon, Trésorier de France en la Généralité de cette Province ; et autres prétendus Adherans. — In-f° de 19 pp., s. l. n. d.

Titre complet, occupant une page entière, avec revers blanc. La première page porte un faux titre un peu différent : *A Monseigneur d'Angervilliers, Conseiller du Roy en ses Conseils, Maître des requêtes Ordinaires de son Hôtel, Intendant de la Justice, Police et Finance en Dauphiné ; supplie humblement Maître...* (ut suprà) *et au péril des créanciers de ladite hoirie.*

C'est, nous l'avons dit, une réponse à un premier Mémoire du Chapitre de St Barnard. Les arguments du défendeur sont intéressants à relever. Nous les reproduisons ici. On en verra la réfutation dans les factums du Chapitre ci-après.

Chaléat déclare d'abord calomnieuse pour la mémoire de son père la requête de ses adversaires, et dit avoir suffisamment établi ses moyens d'opposition dans un acte signifié aux consuls de la ville le 20 mai 1707, en la personne de maître Sappey, leur procureur, et au Syndic du Chapitre en la personne du sieur Arnaud, le 12 mars 1709. « Ils n'ont pas sçu y répondre un seul mot, à quoi Votre Grandeur est très humblement suppliée de donner son attention. »

« Ils ont tâché d'insinuer, continue-t-il, que le suppliant et sa famille avaient tout mis en usage pour s'établir une autorité despotique dans ladite ville, et qu'ils y avaient si bien réussi, que s'étant rendus maîtres des assemblées, ils avaient empêché qu'il ne fût pris aucune délibération pour poursuivre le déboutement de l'opposition dud. feu M⁰ Chaléat... »

Mais « peut-on présumer que le Chapitre de St Barnard étant conseigneur avec le roi de la ville de Romans, ayant son juge et ses officiers ; que les sieurs Aymon étant, l'un officier chez le Roy et l'autre Trésorier de France, « tous les deux se donnant de grands airs de distinction, et s'appliquant à faire essuïer leur ressentiment à tous ceux qui n'ont pas voulu fléchir sous leur volonté, leur crédit et leur autorité, ayent pu succomber sous celle du suppliant et de sa famille. »

Le jugement rendu par Bouchu étant du 18 juin 1687, et l'opposition faite par son père ayant été admise par arrêt du Conseil du 22 juin 1688, le suppliant n'ayant été secrétaire de la ville qu'en 1691, et son frère installé à la mairie qu'en 1693, personne n'a pu, pendant six ans, empêcher de poursuivre cette affaire, d'autant plus que, dans l'intervalle, le trésorier Aymon a été premier consul et ensuite conseiller, et que le Chapitre a toujours assisté aux assemblées de la ville par deux de ses députés. Ce qui prouve encore que la famille Chaléat n'avait pas toute l'autorité qu'on lui prête, c'est que dans le temps que le suppliant était officier de la ville, et son frère maire, « le corps de l'Assemblée d'icelle lui a suscité plusieurs et de fermes procez, tous injustes et mal fondés, ainsi qu'il est connu à Votre Grandeur. »

Chaléat se défend ensuite d'avoir soustrait des archives les pièces concernant la gestion de son père. Lorsque l'intendant Bouchu a établi son compte, c'est bien sur les documents tirés des archives, qui lui ont été communiqués, et à cette date, le suppliant n'était pas encore secrétaire de la ville. C'était le feu sieur Brenier, lieutenant au baillage de Saint-Marcellin et subdélégué de Bouchu, qui avait gardé chez lui tous ces papiers, pour empêcher que le suppliant n'en tirât ses témoignages ; ils ont été rendus par ses héritiers, « moins aveuglés de leur passion que leur père contre ledit Mᵉ Chaléat ».Celui-ci n'a pu ensuite qu'à grand peine se faire communiquer ceux qui le concernaient directement.

Il résulte des assemblées des 3 juillet 1659, 20 octobre 1661, 9 mai 1671 et 25 mars 1672, toutes postérieures à la reddition des comptes de Chaléat, que les papiers de la ville avaient été égarés et enterrés. Il fut délibéré « qu'on se pourvoiroit contre ceux qui les avoient pris, même par voie de monitoire » ; qu'on dresserait un inventaire des papiers : ce qui n'a jamais été fait... Or, le suppliant n'a eu les clés des archives qu'en 1693, qu'il les a reçues des mains des consuls, etc., etc.

330. — *A Monsieur Albanel, Président en l'élection de la Ville de Romans, subdélégué de Monseigneur l'Intendant.* — *Supplient humblement le sieur Sindic du Chapitre St-Barnard de ladite Ville, Nobles Estienne Aymon, Porte-Manteau ordinaire du Roy, Pierre Aymon, Trésorier Général de France et adhérans.*

In-fᵒ de 17 pp. s. l. n. d. *Signature autographe :* AYMON. Signifié à Mᵉ Rivail, procureur de Chaléat, le 4 nov. 1715.

C'est une réponse au Mémoire précédent, lequel fut signifié aux intéressés le 5 août. Le rapporteur accuse Chaléat de mensonge et lui reproche d'injurier ses adversaires. « Il aurait dû, dit-il, se renfermer dans les bornes d'une juste défense et ne pas imposer sans mesure à la vérité et aux suplians, encore moins s'abandonner à des invectives grossières et indignes d'un avocat. S'il avoit été moins prévenu de l'excez d'une passion aveugle, saisi de la juste crainte d'une répartie désagréable, il auroit épargné les frais de l'impression d'un très mauvais ouvrage et la peine au public d'en faire la lecture.

« Le tems et la réflection auroient dû avoir émoussé son venin, mais il a pris des nouvelles forces, puisqu'il continue à soutenir que les suplians n'agissent que par un esprit de haine et de vengeance pour apuïer leur vexation.

« Il ne sçauroit disconvenir qu'ils possèdent des biens sujets aux charges de la ville, que lorsque M. Bouchu eut procédé à la vérification et liquidation de ses dettes, la répartition en fut faite sur tous les contribuables ; il en coûta aux sieurs Aymon ou à la Dame leur Mère trois mille cinq cens livres, aux autres adhérans à proportion de leurs biens. Si les sieurs Chaléat avoient païez la somme de 10,693 fr. 90, pour laquelle ils ont été déclarez débiteurs de la ville, par le jugement de M. Bouchu, il est bien sûr que les sommes païées par les suplians auroient été diminuées à proportion.

« Le sieur Chaléat doit encore moins disconvenir que la ville est obligée, pour son utilité, à des dépenses considérables, pour le rétablissement du pavé, pour la construction des cazernes qu'on se propose d'y faire, ou pour le remboursement des offices nouvellement créés, et aultres nécessitez très avantageuses et très pressantes ; que par conséquent ou il faudra imposer, ou se faire païer de ce qui lui est dû ; cette dernière idée est sans contredit la plus juste et la plus convenable à son bien et à celui de ses citoïens. Peut-on appeler cela haine, vengeance, vexation, et plaider sans intérêts ? »

331. — Chaléat oppose à cette requête une *requête contraire*, qui fut signifiée au Chapitre le 9 décembre 1715. Ce document nous manque.

(A continuer.) Cyprien PERROSSIER.

BIBLIOGRAPHIE

Quinze années d'action syndicale, par Henri de Gailhard-Bancel. Paris, Lamulle et Poisson, 1900, gr. in-8° de 387 p.

Ainsi qu'on le sait, M. de Gailhard-Bancel est le sympathique et très compétent président des syndicats agricoles d'Allex et des cantons de Crest. Il a été le vaillant pionnier de cette œuvre sociale puissante, dans nos régions. Que de luttes il a soutenu contre la routine paysanne ! Nos agriculteurs s'acharnaient à résister aux progrès de la science agronomique. Avec sa patience inlassable, sa connaissance parfaite du milieu, il ne compte plus aujourd'hui ses victoires. Il est un apôtre de nos syndicats agricoles..

A propos des engrais chimiques si précieux et si combattus par les cultivateurs, il dit : « Aujourd'hui, les engrais chimiques sont entrés dans les habitudes de tous les cultivateurs, des plus petits comme des plus grands. On a oublié les préventions d'autrefois, et il semble, tellement on s'y est accoutumé, que de tout temps on les ait employés. »

Le rendement des céréales s'en est considérablement accru : nombre de terres improductives faute d'engrais, sont actuellement en culture et l'augmentation des produits du sol compense l'abaissement des prix.

Puis le fervent agronome qu'est le député de l'Ardèche s'occupa avec non moins de succès du choix des semences, des plants de vigne américains, de l'emploi des instruments perfectionnés, de l'amélioration de nos produits agricoles contre la concurrence étrangère, du dégrèvement de l'agriculture, etc. Il a fait, par là, revivre les idées d'association, de mutualité, de solidarité ou de fraternité chrétienne si oubliées dans nos campagnes et si fécondes. De là encore, sont nées les caisses mutuelles de secours, de crédit, d'assurances, où chacun donne à tous sa garantie personnelle et reçoit en échange la garantie des autres sociétaires.

Le très intéressant volume de M. de Gailhard-Bancel se divise en deux parties : dans la première il étudie l'organisme, le fonctionnement des syndicats, thème de nombreuses conférences à l'aurore des syndicats drômois. Cette partie, le *Manuel* ou *Code* pratique des associations agricoles, a eu déjà de nombreuses éditions et a été honorée d'une médaille d'or par la Société des Agriculteurs de France.

Dans la seconde, on trouve le compte-rendu d'assemblées générales de divers syndicats, de fêtes, de banquets, de conférences, de réunions de toute sorte. Ces captivantes relations permettent au lecteur de vivre un instant de la vie syndicale. C'est, comme le dit excellemment l'éminent auteur, « le commentaire en action de l'idée syndicale. »

On y rencontre même ses démêlés avec l'administration et il espère fermement que l'avenir couronnera ses persévérants efforts et que l'Union des syndicats agricoles atteindra ce but, « de favoriser tout ce qui peut tendre au développement moral, intellectuel et professionnel de ses membres en même temps qu'à l'amélioration de leur situation matérielle. »

Cette seconde partie est une belle page de notre histoire agricole dauphinoise, dont s'inspireront les futurs écrivains de cette même histoire. Déjà elle existe pour l'Isère, sous ce titre :

L'Agriculture dans l'Isère au XIX⁰ siècle. Monographie du conseil départemental d'Agriculture et des Associations et Syndicats agricoles. Grenoble, X. Drevet, 1900, in-8° de 212 pages.

Cette notice a pour auteurs MM. le comte de Galbert et Charles Genin, secrétaires généraux dudit conseil départemental. Elle était destinée à l'Exposition Universelle. Cette assemblée est unique en France, et mérite d'être connue au loin. C'est une délégation, au suffrage universel, de toutes les Sociétés agricoles subventionnées du département de l'Isère. Le volume est l'historique de la plupart de ces sociétés, il expose les progrès que chacune d'elles a fait faire à l'agriculture et met en lumière l'œuvre des grands agriculteurs qui les ont dirigées.

Le Conseil d'Agriculture est une véritable Chambre d'Agriculture consultative, non officielle, il est vrai, mais dont les avis ont été ordinairement écoutés. Dans ce travail, sont étudiées toutes les Sociétés favorisant l'augmentation de la fortune publique : agriculture, horticulture, élevage, pisciculture, viticulture, etc. Absolument étranger à la politique, le Conseil départemental d'Agriculture de l'Isère est composé d'hommes de tous les partis et cherche, par la bonne harmonie règnant entre les cultivateurs isérois qui en sont membres, à travailler pour le plus grand bien de la région.

Grâce à ces pages de M. de Galbert, on appréciera l'effort effectué par les associations agricoles de l'Isère, sous toutes les formes, et les résultats obtenus, combien magnifiques.

L'Isère merveilleusement douée, à tous les points de vue, offre, pour l'agriculture, les cultures les plus variées, à raison de la diversité de ses altitudes et du climat. Le paysan dauphinois possède les qualités les plus solides : la ténacité dans le dur labeur, l'intelligence pondérée et pratique, l'attachement au sol natal, la tempérance en toutes choses, une instruction relativement étendue. Aussi la culture y est-elle résolument entrée dans les voies scientifiques.

C'est l'ensemble très attachant de l'œuvre de nos paysans

dauphinois qui, dans cette brochure, est montré au grand public de l'Exposition Universelle. Notre Dauphiné y brille d'un éclat dont nous pouvons être fiers, soit sous le rapport de la prospérité économique, soit sous le rapport du progrès moral. Plût à Dieu qu'il eût pour devise celle des syndicats dont M. de Gailhard-Bancel fut la lumière et le soutien chevaleresque : CRUCE ET ARATRO !

Lettres du R. P. Didon à Mlle Th. V. Paris, Plon, 1901, in-16 de XII-440 pages.

L'illustre dominicain fut le fils de ces rudes montagnes du Grésivaudan où il avait grandi, entouré des cîmes neigeuses, des rochers dénudés, fils aussi d'une mère à l'âme d'une virilité indomptable. La double empreinte de cette forte affection et de cette âpre nature ne s'effaça jamais en ce tempérament valeureux allant toujours droit vers l'héroïque, visière levée, le Christ en main. Sa devise était : *Monter toujours*, à n'importe quel sacrifice. « Toute destinée, disait-il, qui n'a pas son Calvaire est un châtiment de Dieu. » ... « Il faut souffrir ; nous ne valons rien si nous n'avons été broyés. »

On connaît le dominicain dauphinois par ses œuvres d'une modernité de bon aloi : son retentissant volume sur la formation intellectuelle et morale des Allemands ; **L'éducation présente** (Plon, 1898, in-18) ; **Jésus-Christ,** (Plon, 2 vol. in-8° et 1 vol. in-16, touchant bientôt à leur centième mille) ; **La Foi en la Divinité de Jésus-Christ,** (in-8° et in-16, dont voici 5 éditions) ; enfin, **Indissolubilité et Divorce,** (Plon, in-18) ; orageusement célèbres ces conférences valurent à leur courageux et peut-être trop libéral auteur, l'exil de Corbara (Corse), etc.

Le P. Didon, pendant le dernier quart du siècle, a tracé un sillage profond et lumineux. On éditera de nouveau ses œuvres ; on publiera les discours de l'incomparable orateur ; on écrira sa belle et fructueuse vie. Aujourd'hui c'est l'histoire intime de cette âme passionnée pour les sommets, que cette correspondance révèle.

Elle comprend une période de vingt-trois ans (1875-1898). L'âme ardente du P. Didon y exprime ses espoirs et ses craintes de chrétien et de français en accents émus, avec une éloquence impétueuse et pressante, en même temps qu'elle se répand en exhortations tour à tour impérieuses et douces, pour conduire à Dieu l'âme dont il était le gardien et le père.

Au point de vue psychologique, peu de livres sont comparables à ces lettres pathétiques où revit le zèle enflammé de l'apôtre, à ces lettres datées de Corbara où le soldat du Christ — résignation sublime et chaque jour renouvelée — offre à Dieu son épée brisée, son cœur qui saigne.

Tous les problèmes que pose au penseur la société moderne sont abordés, dans cette correspondance, par un esprit éminemment moderne.

Ces paroles d'outre-tombe de notre compatriote glorieux éclairent les événements d'aujourd'hui comme elles sont des avertissements pour demain.

Ceux qui l'ont connu et aimé, en cette terre dauphinoise surtout vers laquelle se dirigea son dernier souvenir, retrouveront quelque chose de sa grande âme dans ces pages vibrantes et intimes.

L'abbé Louis ROBERT.

NÉCROLOGIE

LOMBARD-LATUNE (Gustave-Joseph-Eugénie)
décédé à Crest le 20 octobre 1900.

Il y a déjà longtemps que je suis las de voir mourir et cette lassitude s'augmente d'autant plus, pour ainsi dire chaque jour, que la mort ne se lasse pas de faire des vides autour de moi ; car, pour nous en tenir à la Société d'Archéologie, il n'y a presque pas de livraison de son Bulletin qui n'annonce le décès de quelqu'un de ses membres, souvent de plusieurs. Enfin, je suis d'une génération qui s'en va, et ce n'est certes pas moi qui m'en plaindrai ; seulement il est pénible de voir tomber ses compagnons de route, douloureux de perdre des personnes aimées, et, pour ma part, je me sens de plus en plus meurtri par des morts qui m'isolent en même temps qu'elles m'atteignent dans mes affections. Or, elle est tout à fait de ce nombre, celle du collègue à qui je viens consacrer ici quelques lignes après avoir salué de quelques paroles sa dépouille entrant dans la tombe.

Lorsqu'il entra dans notre Société en 1883, c'est-à-dire quelques années après la mort de son père, qui fut de nos premiers collègues, M. Gustave Latune ne fit ainsi, je dois le reconnaître, que répondre gracieusement à une gracieuse invitation, la part qu'il prenait alors à la direction des papeteries de Blacons, propriété de sa famille, ne lui laissant pas assez de loisirs pour pouvoir s'occuper d'autre chose ; mais l'état de santé de Mme Latune l'ayant ensuite décidé à se retirer des affaires, pour s'occuper exclusivement d'elle, puis la mort ayant quand même fait son œuvre, c'est à la suite de cette cruelle épreuve que, sur d'affectueuses instances, il se mit à collectionner des livres. Dans l'esprit de ceux qui le poussèrent à cela, il s'agissait tout simplement de faire diversion à son chagrin, de le distraire, et de fait, ce ne fut d'abord là, pour lui, qu'une distraction ; seulement,

comme il était tout à la fois d'un caractère enthousiaste et
d'une intelligence largement ouverte, ce qui n'avait d'abord
fait que le distraire le passionna bientôt, et c'est alors avec
une incomparable ardeur qu'il recharcha jusqu'aux moindres
écrits, œuvres de drômois ou se rapportant à notre département, les limites de celui-ci étant celles de sa collection.

En un mot, il suffit de peu de temps à M. Gustave Latune
pour devenir un bibliophile connu, et, cela fait, sur d'affectueuses instances encore, il se transforma bientôt de bibliophile en érudit ; car ayant fini par découvrir une rarissime
brochure d'un de ses arrières-grands-pères, le médecin Guy
de Passis (1), et ne pouvant l'acquérir, il en fit faire une
réimpression des plus fidèles et, qui plus est, sut donner à ce
travail l'intérêt qui lui manquait, en enchassant l'œuvre de
l'Esculape crestois entre une spirituelle préface et quantité
de notes d'une érudition du meilleur ami.

Cette réimpression qui est datée de 1891, forme un petit
in-8° de VIII 82 XLII pages, sortant des presses de Jules-
Guillaume Fick, de Genève, et le titre de la brochure originale est : *L'eav merveillevse de Bourdeavx en Davphiné*,
par G. de Passis, Docteur médecin de l'Vniversité de Montpellier, natif et habitant la ville de Crest (A Valence, chez
Pierre Verdier, Imprimeur du Roy, de Monseig. l'Evesque
et comte de Valence et de l'Vniversité). Quant au but que
se proposait alors M. Gustave Latune, ce n'était pas seulement de « sauver au moins momentanément, d'une destruc-
« tion certaine, une œuvre que bien peu de gens connaissent
« et qui est absente des collections publiques et particulières
« les plus riches » ; mais encore, « d'offrir à quelques con-
« frères en bouquinerie dauphinoise, par cette exhumation
« d'un produit suranné des presses de notre province, un
« régal assurément bien mince, et dont la saveur, si toute-
« fois on veut bien lui en trouver une, réside toute entière
« dans la rareté d'une plaquette qui passait pour perdue. »
Et ce double but il l'a parfaitement atteint, comme aussi fit-
il ensuite preuve d'une érudition plus étendue et de sérieuses
qualités d'historien en publiant, cinq ans plus tard, sous le
titre de *Recherches historiques à propos des entrées des*

----

(1) **Bonne de Passis**, une de ses filles, épousa en 1682, Daniel Lombard, quatrième aïeul de M. Gustave Latune.

évêques de Die dans leur ville épiscopale (Valence, 1896, in-8° de VIII-104 pages), un travail pour lequel il avait fouillé archives et bibliothèques avec une patience de bénédictin, et qui, « s'il manque », ainsi qu'il le reconnaît, « d'idées générales et des grandes lignes de la perspective historique », — le sujet ne s'y prêtant pas, — est en revanche un recueil de petits faits aussi intéressants qu'instructifs et généralement ignorés, en même temps qu'un tableau de bien de curieux traits des mœurs de nos pères.

En résumé, ces deux publications de M. Gustave Latune, dont le défaut est d'avoir été tirées à si petit nombre, que peu de gens les connaissent, sont d'un patient et laborieux chercheur, et elles auraient certainement été suivies d'autres, si la maladie, qui étreignait déjà leur auteur à ce moment-là et qui devait finir par l'emporter, après bien des années de souffrance, n'avait point ensuite mis notre collègue dans le cas de s'éloigner fréquemment de chez lui, tantôt pour demander aux rives méditerranéennes un climat plus doux que celui des bords de la Drôme pendant l'hiver, tantôt pour suivre dans quelque autre rendez-vous de malades, certains de ces traitements qui ne sont, trop souvent, hélas ! que des expédients de la science médicale aux abois ; et lorsqu'il se fut enfin convaincu de l'inutilité des traitements et des remèdes, le découragement fit tomber la plume de ses mains.

Sous le coup de la maladie, M. Gustave Latune n'écrivit donc plus ; mais il ne perdit rien, pour cela, de ses goûts, pour ne pas dire de son intelligente passion. Moins souffrant, il avait été une des chevilles ouvrières du comité qui a fait élever un monument sur la tombe du poète crestois Grivel ; plus souffrant, il fit imprimer une comédie de Léopold Bouvat (1), autre poète du cru ; et toujours s'occupa de livres, toujours s'intéressa à toutes le publications historiques, archéologiques, ou même simplement littéraires de la région. Enfin, il fut jusqu'à sa dernière heure, bibliophile distingué et érudit de mérite, et quelle que fût sa valeur sous ce rapport-là, je ne craindrai cependant pas de répéter, — l'ayant déjà dit, — que l'être moral, chez lui, valait bien davantage encore, tant il était comme pétri de nobles sentiments, d'aspi-

---

(1) *O lo feiro de Saint-Antoiné, coumédio en un acté et en vers.* Crest, Jeune, 1894, in-8° de 47 pages.

rations généreuses, de grandeur d'âme et de bonté de cœur. Avec cela, on ne pouvait le hanter sans être séduit par la cordiale simplicité de ses manières, sa débordante franchise et sa rare bienveillance, en même temps que par l'ampleur de ses idées et, pour ce qui me regarde personnellement, je ne saurais oublier nos longues causeries dans le cabinet de travail où il se confinait, vivant le plus souvent en tête à tête avec ses livres. D'autant plus affaissé à mon arrivée que tout en examinant quelque volume ou brochure, ou consultant quelque cahier de notes, il pensait à son mal, la vivacité naturelle de son esprit revenait bien vite dès qu'il parlait d'autre chose, et nous en arrivions au bout de peu d'instants, à des conversations sans fin, sur les sujets les plus divers, au cours desquels il se rasérénait complètement ; conversations d'autant plus agréables que nous avions, à très peu de chose près, les mêmes sentiments et les mêmes idées, et, à défaut de mêmes croyances, le même respect des convictions d'autrui. Et maintenant nous ne converserons plus ensemble, et le regret que j'ai de la perte de cet ami emprunte encore quelque amertume à celui de n'avoir pu répondre à l'affectueux reproche contenu dans le dernier billet que j'ai reçu de lui : « Il me semble que vous me négligez bien depuis quelques temps. » J'étais absent.

En un de ses moments de mélancolie, M. Gustave Latune me disait un jour : « Qui se rappellera de nous quand nous ne serons plus ? Nos enfants, nos petits-enfants peut-être ? et puis il en sera de notre souvenir ce qu'il en est de la trace que nos pas laissent dans la poussière du chemin et que le moindre coup de vent emporte. » — « Ce n'est que trop vrai », lui répondis-je, « et il y a même de grandes raisons de croire que plus d'un, si méritant qu'il puisse être, sera oublié plutôt encore ; mais comme il ne servirait de rien de se plaindre de l'oubli des hommes, tâchons de nous en consoler en espérant qu'un autre qu'eux se rappellera du peu de bien que nous aurons fait. » Ces paroles me reviennent en mémoire, parce que M. Gustave Latune était surtout un homme de bien ; et c'est par là que je finis.

J. B.-D.

SITUATION FINANCIÈRE DE LA SOCIÉTÉ

au 31 décembre 1900

1° RECETTES

Reliquat en caisse au 17 mai 1899	2,379	50
Cotisations recouvrées de l'année 1899 . . .	1,770	»
Vente de Bulletins en 1899.	90	»
Intérêts des fonds placés sur l'Etat (3 trimestres)	180	»
Cotisations de l'année 1900	2,070	»
Vente de Bulletins en 1900.	18	»
Intérêts de fonds placés, en 1900	240	»
Intérêts du compte courant	8	35
Total des recettes.	6,655	85

2° DÉPENSES

Factures de M. Céas pour l'impression des nᵒˢ 129 à 135 inclusivement du Bulletin	3,019	»
Affranchissement	207	»
Convocations et imprimés	32	»
Loyer du dépôt de livres (du 1ᵉʳ fév. 1899 au 1ᵉʳ août 1900	150	»
Assurance du mobilier pour 1900 et 1901 . .	26	10
Achat d'une rente de 60 fr. au 3 %	2,030	50
Frais de recouvrement et de correspondance. .	71	10
Total des dépenses.	5,535	70
Total des recettes	6,655	85
Reliquat en caisse	1,120	15

Le Trésorier,

GALLE.

Le Budget de 1901 sera publié dans la livraison d'avril, après approbation dans la séance prochaine de février.

SÉANCE DU 5 NOVEMBRE 1900

Sur la présentation de MM. les chanoines Perrossier et J. Chevalier, M. l'abbé Tavenas est proclamé membre titulaire de la Société.

M. Villard, architecte voyer de Valence, présente quelques inscriptions incomplètes sur lesquelles M. le Président promet des explications, puis il annonce un travail sur les antiquités de Valence.

M. J. Chevalier demande la conservation du chœur de l'église de Montmiral qui doit être reconstruite.

La lecture du commencement d'une notice sur Beaufort (Drôme), par M. le Secrétaire, est suivie de renseignements divers fournis par les membres présents.

NÉCROLOGIE

La Société exprime ses regrets sur la perte de deux de ses membres : M. l'abbé Petit, curé de Bourgoin et antérieurement de Saint-Antoine où il avait puissamment contribué à l'ornementation de sa belle église, et de M. Meynot, de Donzère, le survivant des deux frères qui ont fondé dans le département d'importantes créations philantropiques et doté Montélimar du boulevard de leur nom.

De plus amples détails seront donnés à ce sujet dans la prochaine livraison.

A. LACROIX.

CHRONIQUE

OUVRAGES REÇUS PENDANT LE TRIMESTRE

DU MINISTÈRE DE L'INSTRUCTION PUBLIQUE.

— *Bibliographie des travaux historiques et archéologiques publiés par les sociétés savantes de France*, par Robert de Lasteyrie, t. III, 3ᵉ livr., imprimerie nationale, 1900, in-4°.

— *Bulletin archéologique* du comité des travaux historiques et scientifiques, année 1900, 2ᵉ livraison.

— *Romania*, octobre 1900, n° 116,

— *Journal des savants*, septembre et octobre 1900.

— *Petit guide illustré au musée Guimet*, par M. de Milloué. Paris, E. Leroux, 1900, 1 vol., in-12.

DON DES AUTEURS.

— Marquis de Boisgelin, *Esquisses généalogiques sur les familles de Provence*, t. I, première partie. Draguignan, Latil, 1900, 1 vol. in-4°, 400 p. Ce travail comprend les Adhémar, les familles alliées et quelques autres. Monument de patientes recherches et d'érudition où rien n'est laissé sans preuves.

— L. Bruguier-Roure. *Pierre Tailhant, défenseur de Phals-bourg eu 1870*. Nîmes, Gervais-Bedot, 1900, brochure in-8° 24 p. Emouvante biographie d'un vaillant soldat né au Pont-St-Esprit.

— Brun-Durand. *Dauphinois du XVIIᵉ siècle. Chaudebonne, le meilleur des amis de Mᵐᵉ de Rambouillet*. Grenoble, Librairie dauphinoise, Falque et Perrin, 1900, br. in-4°, 32 p. Etude complète sur un personnage oublié qui eut ses heures de gloire.

— *Essais historiques sur la commune d'Albon, Epaone et le château de Mantaille*, par J. Duc, géomètre à Albon. Valence, imprimerie Valentinoise, 1900, 1 vol. in-12, 148 p. L'auteur a pieusement recueilli tout ce qui est connu de cette intéressante et curieuse localité.

— Emile Espérandieu, *Auguste Allmer, correspondant de l'Institut*. Vienne, Savigné, 1900, br. in-8°, 24 p. Le savant épigraphiste y est présenté avec une fidélité scrupuleuse.

— L'abbé Fillet, *L'Ile-Barbe et ses colonies du Dauphiné*. Consciencieuses recherches sur un grand nombre de prieurés dauphinois. Valence, imp. J. Céas.

— Gauduel. *Les châteaux et maisons forte du Viennois et de la terre de la Tour pendant la féodalité*. *Biȝonnes*, Bourgoin, 1896, Rabilloud, 1 vol. Sous ce titre sont étudiées avec détails les familles de Bocsozel, de Virieu, de Tardes, d'Ancezune, de Montagny, de la Tour-Vinay, de Virieu-Ponterrey, Blanc de Blanville, Prunier de Lemps, de Monts de Savasse, de Vachon, de Belmont.

— *Almanach Hachette* pour 1900, *Petite encyclopédie populaire de la vie pratique*, avec cartes et portraits, 1 vol. in-12, 432-cv pages.

— *Notes et documents historiques sur les Huguenots du Vivarais*, par le docteur Francus. Privas, 1900, imprimerie centrale de l'Ardèche, 1 vol. in-8°.

Ouvrage rempli de recherches importantes sur une période agitée et mal connue jusqu'ici, indispensable à ce point de vue surtout.

— *Notice sur la baronnie de La Voulte*, par A. Mazon. Même imprimerie, 1900, 1 vol. in-8°. Châteaux, seigneurs, événements, personnages historiques, tout se trouve dans ce travail aussi littéraire que savant.

— *Etudes historiques sur l'ancien pays de Jarès. Chagnon. Son inscription antique et ses anciens seigneurs* par A. Vachez, secrétaire général de l'Académie de Lyon. Lyon, L. Brun, 1900, br. grand in-8°, 42 p. Monographie d'un vif intérêt corroborant l'interprétation de M. Béretta de l'inscription de Malaucène, sur les canaux de fontaines.

L'almanach du garde champêtre pour 1901, par M. Mélarès d'Anneyron.

——————•◖◗•——————

A lire : dans les Mémoires et procès-verbaux de la Société agricole et scientifique de la Haute-Loire (1897-98), la 3ᵉ partie de la *bibliographie du Velay et de la Haute-Loire* (Belles-lettres et histoire), véritable monument d'érudition et une étude de M. Truchard du Molin sur les *Clermont-Chatte*, sortis de Châteauneuf-de-Galaure et de Crépol ;

Dans les *Annales dauphinoises*, une notice sur Mgr Milon, évêque de Valence, par M. le chanoine Mazet ;

Dans le dernier *Bulletin de l'Académie delphinale*, une étude sur *Pierre de Boissat*, par M. Latreille et une autre sur Parizet (Isère), par M. A. de Vernisy.

A. LACROIX.

L'Hôpital de la Croix à Die

Lors de la restauration des Ecoles laïques de garçons, non loin de la porte principale, au-dessus de laquelle se trouve l'inscription : *Hôpital de la Croix*, dans la salle qui constitue actuellement la classe de M. Dupéron, directeur des Ecoles laïques, des ouvriers mirent au jour une pierre sur laquelle se trouvait gravé ce qui suit :

JAQVE · SAVAT · DIT LA BON
TE · SERGENT · DANS LVXEM
BOVRG · EST · DECEDE DANS
CET · HOPITAL · LE 25 MARS
1728 ET · LUI · A · DONNE · 300
LE · X· DV· MEME· MOIS· ET· AN· ET
LE · CHARGE· DE· FAIRE· DIRE· TOV
TES · LES · ANNEES · VNE · MESSE
LE · I· DE· MAY· ET· VN · DEPROFVN
DIS · TOVS LES · JOVR · APRES
LE CHAPELET · PR SON · REPOS

La partie du bâtiment où cette pierre a été découverte, devait être le vestibule de l'Hôpital. Cette même coutume s'est conservée, et de nos jours, nous voyons dans les vestibules des maisons hospitalières, des plaques sur le marbre desquelles sont inscrits les noms des bienfaiteurs de l'établissement.

Cette inscription n'avait aucun encadrement quand elle a été mise au jour. Peut-être à l'époque où elle a été gravée, en avait-elle un. C'est fort probable.

Si on avait pris soin de faire graver cette pierre et de la placer d'une façon apparente dans le vestibule, nous avons le droit de faire deux suppositions.

La première, la vraie sans doute, afin de rendre hommage au donateur, et placer sous les yeux de tous un exemple de générosité à imiter.

La deuxième, moins plausible, quoique vraie peut-être, afin de rappeler, qu'il fallait tous les jours et toutes les années exécuter les dispositions testamentaires du défunt.

C'était donc un testament lapidaire.

Le legs en lui-même n'est pas d'une importance capitale, quoique cependant pour cette époque, il fût d'une certaine valeur, surtout venant d'un soldat.

Comment interpréter ces 300, veut-on désigner de l'or, non sans doute, cela nous ferait penser à la *Dame blanche*. C'est plutôt 300 livres, peut-être 300 écus.

Nous nous trouvons sous Louis XV, la livre valait 1 franc. 300 francs nous paraît une somme trop minime pour mériter les honneurs d'une inscription lapidaire, nous croyons donc être dans le vrai en fixant cette générosité à 300 écus, soit environ 1,800 francs, grosse somme pour cette époque.

Cette découverte nous ayant intrigué, nous avons cherché les documents concernant le sergent Jacques Savat.

Grâce à l'obligeance de M. l'abbé Argoud, nous avons pu nous procurer l'extrait mortuaire ci-dessous qui nous indique ses origines :

« Extrait des registres de catholicité de l'Eglise Cathédrale « de Notre-Dame de l'Assomption de Die.

« Le vendredy sainct après l'office, vingt sixième mars mil « sept cent vingt huit, dans le cimetière de notre paroisse a « esté enterré le corps de Jacques Savat, dit la Bonté, sergent « dans le régiment de Luxembourg, de la compagnie de « M. de Polezère, natif de la Vieille Chapelle, diocèse d'Arras, « décédé le jour d'hier dans l'Hôpital de cette ville, où il a « esté malade longtemps, après y avoir reçu tous les sacre- « ments de l'Eglise. A la sépulture ont assisté plusieurs per- « sonnes et pour témoins soubsignés François Perier et « Esprit Dupuy.

« F. PERIER ; E. DUPUY ; DAILHE, *curé*. »

Dans les documents de 1744, nous retrouvons encore le nom d'un soldat mort à l'Hôpital de la Croix :

« Le lundy 28 décembre 1744, dans le cimetière des pau-
« vres à la porte de St-Pierre, hors de la ville, a été enterré
« le corps d'Antoine Deleve, soldat de la compagnie com-
« mandante du régiment de milice, — décédé dans l'Hôpital
« de cette ville, muni des sacrements.

« A son enterrement ont été présents, Gaspard Léon,
« Joseph Antoir, clercs soussignés, lesquels ont été aussi
« présents à la bénédiction que j'ai faite du susdit cimetière,
« par permission de Mgr l'Evêque. Lequel cimetière a été
« acheté par la ville pour servir de supplément à celui qui
« est derrière l'église de la cathédrale, servant à la paroisse
« pour y enterrer les pauvres passants, les pauvres de l'Hôpi-
« tal et autres de la ville, lorsque nous le trouverons à propos,
« ainsi qu'il est porté par la délibération de la ville tenue à
« ce sujet dans ce mois, à laquelle présidait Monseigneur
« l'Evêque. Ayant mis ce que dessus pour servir de mémoire.

« ACCARIAS, *curé* ;   J. ANTOIR ;   G. LÉON. »

Nous reproduisons ce document, qui est intéressant à plusieurs points de vue. D'abord il nous indique que Die avait
une garnison, ensuite, il fixe la date de bénédiction du cimetière de la Porte St-Pierre et sans doute aussi celle du premier
corps qui y fut enterré. Enfin il nous montre qu'à cette époque l'Egalité n'existait même pas après la mort.

En passant, puisque nous venons de parler de garnison,
nous allons mentionner quelle était, en 1770, l'organisation
supérieure militaire de Die :

Un gouverneur : M. de Tencin ;

Un major : M. d'Albert de Rions, chevalier de St-Louis ;

Un commissaire des guerres : M. Allemand de Brunières ;

Une maréchaussée, avec le sieur Lagarde, exempt, commandant la brigade de Die.

De Jacques Savat à étudier ce qu'était l'*Hôpital de la Croix*
il n'y a qu'un pas et nous le franchissons, heureux d'avoir
trouvé un document lapidaire qui nous permet de faire
connaître aux Diois de nos jours, cet asile de l'humanité
souffrante.

L'acte de fondation du 18 août 1427 se trouve exposé tout

au long dans les *Tituli Diensis* du Dr Ulysse Chevalier, p. 151, 153 et 154.

Dans l'ouvrage : *Essai historique sur l'Eglise et la ville de Die*, du chanoine Jules Chevalier, t. II, nous lisons, p. 353.

« Cet Hôpital fut fondé à Die, sous l'épiscopat de Jean
« de Poitiers, par le doyen Jarenton Blagnac. L'acte de fon-
« dation, du 18 août 1427, nous apprend que ce généreux
« bienfaiteur donna, en présence de l'Evêque, à Guigues
« Faure, notaire et procureur des pauvres de la ville, accep-
« tant en leur nom, une maison proche du cimetière de Saint-
« Magne pour y recevoir les pauvres, les héberger et les
« traiter charitablement. Le doyen veut que cette maison
« prenne le nom d'*Hôpital de la Croix*. Il se propose d'y
« faire tous les aménagements que réclame sa nouvelle desti-
« nation et d'y placer des personnes dévouées qui auront le
« soin des malheureux. Il veut encore que les syndics soient
« à perpétuité les patrons de cet Hôpital ; ils le visiteront
« tous les ans et pourront opérer dans le personnel tous les
« changements qu'ils jugeront utiles. »

De nombreux détails se rencontrent encore sur cet Hôpital et sur les autres hôpitaux ou maisons de l'aumône dans les délibérations consulaires de 1483 (3 juillet), 1484 (10 avril), 1495 (20 septembre), 1505 (14 octobre), 1560 (1er septembre), A cette époque nous devons citer un fait important, on fondit dans une seule caisse de secours, les revenus de tous les hôpitaux, 1562 (26 mai), 1680 (30 septembre), à cette époque intervint le règlement de l'Evêque de Die, de Cosnac, 1728 (3 janvier et 16 février), 1767 (1er mars), 1772 (6 mai).

Puisque nous en sommes en 1772, à titre de curiosité, nous allons donner les noms des membres du conseil d'administration de l'Hôpital de la Croix :

Mgr l'Evêque, Gaspard-Alexis de Plan des Augiers.

Messieurs :

Deux députés du Chapitre de la Cathédrale ; Le curé, M. Seréne ; Gueymar fils, juge-mage ; Saurin, proconsul fiscal ; Tortel, maire ; De Vaugelas, échevin ; De La Morte-Félines fils, échevin ; Penin, recteur ; Gueymar, trésorier de France,

recteur ; De Vaugelas, avocat des pauvres ; Reboul, syndic
et recteur.

Secrétaire : M. Blanc, prêtre,

Notaire : M. Buis.

Médecin de l'Hôpital : M. le Roux,

Chirurgien de l'Hôpital : M. Brun.

M. Rochas dans sa brochure : *Les Dominicains de Die*,
nous indique que ces religieux, autrement dits *Jacobins* et
Frères Prêcheurs, s'établirent à Die en 1271 sous l'épiscopat
d'Amédée de Genève, qui les fit venir de Valence (le plus
ancien couvent du Dauphiné), et leur donna la partie du
territoire de Baumes où est aujourd'hui l'Hôpital.

A la suite de démêlés avec les évêques, Mgr Plan des
Augiers, dernier évêque de Die, demanda le renvoi des
Dominicains (11 octobre 1752) et les remplaça par d'autres
religieux appartenant à la congrégation du Saint-Sacrement
(ordre de S. Dominique réformé) 27 novembre 1752.

Il nous apprend qu'en 1790, leur dernier prieur, le Père
Léon Arnaud, remit les clefs du couvent et tous les titres de
propriétés entre les mains de Roman-Fonroza, maire de Die.

Les bâtiments devinrent biens communaux et la municipalité y transféra ensuite l'Hôpital de la Croix qui était dans
la rue St-Mein. Après cette désaffectation, les bâtiments de
l'Hôpital de la Croix ont subi diverses vicissitudes. Avant
d'en parler décrivons l'Hôpital tel qu'il figure sur le plan
cadastral de 1827.

Il se composait de deux corps, celui du nord ayant la
forme d'un grand E à l'envers et celui du midi à peu près
celle d'un grand T renversé, bordant tous les deux une cour
intérieure.

A la partie nord, est annexée une cour qui donne rue du
Temple et place du même nom.

Sur la rue St-Mein, les bâtiments ont une longueur de
56 mètres. Ils étaient unis par un bâtiment en contre-bas. Le
bâtiment du nord le long de la rue du Temple, ainsi que la
cour jusqu'à la maison de M. Buis, donnent une longueur
d'environ 80 mètres.

La cour donnant sur la place du Temple, était le cimetière de l'Hôpital, dont il est parlé dans l'acte de donation.

En 1889, lorsque la municipalité représentée par M. Ferrier, maire, fit creuser dans cette cour les fondations des latrines, les ouvriers mirent au jour une assez grande quantité d'ossements. Depuis quelle époque ce cimetière ne servait-il plus de lieu de sépulture ? Nous ne pouvons l'indiquer, mais les divers actes qui suivent, trouvés sur les registres de catholicité déposés aux archives de l'Hôtel-de-ville de Die, peuvent nous mettre sur la voie :

« L'an mil sept cent soixante-six et le treizième jour du « mois de septembre, dans le cimetière de cette paroisse a été « enseveli le corps de Louis Ventre Bon, aumônier de l'Hô- « pital de Die, décédé le jour précédent, après avoir reçu les « sacrements, natif de Calare, diocèse de Serrez en Provence, « ci-devant curé de la Bâtie-de-Gresse, diocèse de Die en « Dauphiné, âgé d'environ soixante et treize ans. A sa sépul- « ture ont assisté MM. les chanoines du chapitre de Die et « M. François Audiffred, prêtre supérieur de la propagation « de Die, et M. Guillaume Barral, prêtre habitué au Chapitre « de Die, soussignés. »

« Le 19 septembre 1766, est ensevelie DANS LE CIMETIÈRE « Marie Rochas, sœur religieuse de l'Hôpital, native de la « Motte-Chalancon, décédée hier, munie des sacrements « (32 ans). »

« Le 19 mars 1789, dans le cimetière de la paroisse a été « ensevelie Marguerite Vigne, dite sœur de St-André, reli- « gieuse de l'Hôpital, décédée hier (47 ans). »

Nous remarquons que seul l'acte du 19 septembre 1766 ne mentionne pas « dans le cimetière de cette paroisse », indiquant seulement *dans le cimetière*, il se peut que cette religieuse ait voulu être enterrée dans le cimetière de l'Hôpital. C'est une supposition, nous la donnons pour ce qu'elle vaut.

Nous allions oublier que cet Hôpital avait une chapelle. En venant de la rue du Salin à la place du Temple, les visiteurs peuvent apercevoir encore l'emplacement de la cloche de cette petite chapelle, qui n'existe plus aujourd'hui. Mais en visitant la salle du théâtre de Die, on se rend très bien compte au fond de la scène de son emplacement.

Sur l'existence de la chapelle voici d'ailleurs quelques documents antérieurs à 1792 :

« Le 20 novembre 1710, d'après un acte de mariage béni
« dans la chapelle de l'Hôpital, il ressort que Meynier, prê-
« tre, est aumônier de Mgr et que Claude Didier, d'Oriol-
« en-Royans, est valet de Monseigneur l'Evêque de Dye. »

« Le 6 février 1713, le curé de Die bénit un mariage dans
« la chapelle de l'Hôpital de la Croix. »

« D'après un acte de mariage de 12 février 1715, célébré à
« la chapelle de l'Hôpital, il ressort que M. Dupilhon est
« vicaire général et official du diocèse. »

« En 1718, plusieurs mariages sont célébrés dans la cha-
« pelle de l'Hôpital. »

Nous arrivons maintenant aux diverses affectations des bâtiments de l'Hôpital de la Croix.

D'après les renseignements fournis à l'époque de l'établissement du cadastre, l'Hôpital de la Croix était devenu un séminaire. Nous savons que la ville de Die possédait un séminaire. Dans les documents que nous avons sur Die, en 1770 le supérieur de ce séminaire était M. Delafoi.

Caserne provisoire dans certains moments troublés de notre histoire, les anciens bâtiments de l'Hôpital de la Croix, abritèrent ensuite les Ecoles de garçons. Lors de notre arrivée à Die, en 1878, elles occupaient, sous la direction de M. Jean, la partie supérieure du bâtiment qui longe la rue de l'ancien Hôpital et confine la place de la République, on montait aux classes par un escalier situé à gauche en entrant dans la cour. Cet escalier n'existe plus aujourd'hui.

Sur la rue St-Mein, actuellement rue de l'ancien Hôpital, se trouvait la Justice de Paix, qui fut transférée plus tard dans une salle de l'Hôtel-de-ville.

Dans le bâtiment nord, au premier étage, sans doute le dortoir de l'Hôpital, on avait installé le théâtre. Oh ! cruelle ironie ! La joie succédant à la souffrance, voilà bien de tes coups. Heureusement que le plus souvent ce temple de la joie a été profitable aux malheureux. Témoin le spectacle donné en leur faveur pendant le rude hiver de 1879.

Au-dessous du théâtre, au rez-de-chaussée, nous avons assisté au premier bal donné en l'honneur de la Ste-Barbe par la compagnie des Sapeurs-pompiers, la première année de son organisation. Puis cette salle fut cédée par la municipalité à une société locale de gymnastique.

Enfin, un beau jour, le conseil municipal décida d'aménager les bâtiments du nord pour recevoir toutes les classes des Ecoles laïques de garçons. Les bâtiments du sud furent organisés pour les logements des Instituteurs.

Le bâtiment, déjà en mauvais état, en bordure sur la rue St-Mein, et qui formait la liaison des deux grands corps, fut démoli. Un portail en fer et une belle grille, remplaçaient la vieille masure et donnaient de l'air et du jour à cette cour intérieure. Un balcon fut installé tout le long de la salle du théâtre, qui lui-même fut restauré.

L'Ecole primaire fut installée au rez-de-chaussée et l'Ecole supérieure de garçons au premier étage dans la salle annexe du théâtre.

Voilà résumé en quelques lignes la fin de notre Hôpital de la Croix, et sa transformation en Ecole publique. On pourrait dire de lui comme du Phénix, qu'il renaît de ses cendres, car en 1740, une école de jeunes filles existait déjà dans l'Hôpital, l'acte suivant en fait foi :

« L'an 1790 et ce 7 janvier, dans le cimetière de cette
« paroisse a été enseveli le corps de la sœur Didier Coutieux,
« religieuse de l'Hôpital de cette ville, où elle était chargée de
« l'éducation des jeunes filles depuis plus de 50 ans, décédée
« hier, âgée d'environ 76 ans. »

Pierrelatte, le 14 janvier 1901.

CAPRAIS-FAVIER.

MÉMOIRES

POUR SERVIR A L'HISTOIRE

DES

COMTÉS DE VALENTINOIS ET DE DIOIS

(SUITE. — Voir les 122ᵉ à 136ᵉ livraisons.)

ERRATUM. *Dans le dernier article, la 1ʳᵉ ligne de la page 34 doit être replacée au bas de la page 32.*

Les lettres que le souverain pontife écrivit au roi et au dauphin, pour opérer entre eux une réconciliation que réclamaient tout à la fois les intérêts du royaume et ceux de la chrétienté, n'obtinrent malheureusement aucun résultat (1). Loin de marcher vers un apaisement, les choses s'envenimaient de plus en plus. Dammartin avait informé le roi que le dauphin faisait armer tous ses sujets et que le bâtard d'Armagnac commandait ses troupes. Ces nouvelles n'étaient point de nature à calmer l'irritation du monarque. Il en voulait surtout aux amis de son fils, notamment au bâtard d'Armagnac, au sire de Montauban, à Capdorat et à Garguesalle, dont les mauvais conseils l'avaient égaré et qu'il rendait res-

---

(1) PASTOR, t. II, p. 350. « Calixtus domino Delphino (s. d.)... Vince teipsum, ut alios vincere valeas. Cum pater tuus dicat se omnia erga te velle facere que pius et bonus pater debet..., dum ad presentiam suam veneris, age igitur ut de te speramus, quoniam non modica pars victoriæ contra perfidum Turcum stat in concordia tua. Super his dilectus filius Ludovicus Cescases dicet tibi magis ample et extense verbis et consilio... » — Archives du Vatican. Lib. brev., VII, fᵒ 13.

ponsables de tous les maux (1). Aussi, quand une troisième ambassade, composée de Gabriel de Bernes et de Simon Le Couvreur, prieur des Célestins d'Avignon, se présenta devant lui de la part du dauphin, ne voulut-il recevoir aucune expli-cation, aucune excuse, et déclara-t-il par la bouche de son chancelier être bien résolu à procéder contre ses conseillers et à le réduire à l'obéissance. Cette déclaration était faite aux envoyés du dauphin le 20 août (2).

Grande, paraît-il, fut la frayeur du prince quand il apprit, à n'en plus douter, que l'armée royale allait venir l'attaquer. « Il sentoit, dit le chroniqueur Chastellain, approchier gens « d'armes pour l'enclore en son Dauphiné et le roi son père « mesme venir toujours file à file après, comme pour prendre « la souris en son trou (3) ». Il ne fallait pas songer à la résis-tance ; la noblesse dauphinoise lui aurait fait défection au moment de la lutte. Il résolut donc de s'enfuir avec quel-ques-uns de ses plus fidèles serviteurs. Il partit de Grenoble un lundi, pénultième jour d'août 1456, « et ne s'arrêta qu'à St-Claude, à l'entrée de la Franche-Comté, après une course de trente lieues à franc étrier. » Arrivé à St-Claude le 31 août, vers 10 heures, il entendit trois messes et écrivit à son père, lui annonçant qu'il allait rejoindre son oncle le duc de Bour-gogne qui avait pris la croix et se ranger sous ses étendards pour combattre les Turcs (4). Guy Pape raconte que cette même année, aux mois de mai et juin, apparut dans le ciel une

---

(1) CHARAVAY, t. I, p. 271-2.
(2) DE BEAUCOURT, t. VI, pp. 86-7.
(3) DE BEAUCOURT, t. VI, p. 88.
(4) GUY PAPE, *Decisiones*, quœst. CXIIII. « Contigit quod eodem anno et quadam die lunæ, penultima mensis Augusti, prefatus d. n. Del-phinus Ludovicus, primogenitus Caroli VII Francorum regis, accessit ad Bruxellas in Brabantia et Bruges in Flandria... » — CHARAVAY, t. I, p. 77. Après quelque séjour à Nozeroy, auprès du prince d'Orange, le dauphin se dirigea sur Saint-Nicolas de Varangeville en Lorraine, et de là, gagnant le Brabant, arriva à Bruxelles vers la Saint-Martin. — MATHIEU D'ESCOUCHY, *Mémoires*, t. II, p. |328.

comète, ce qui était le présage de quelque grand malheur (1).
Beaucoup d'historiens ont jugé très sévèrement la conduite
du dauphin à l'égard de son père durant les dix années de sa
retraite en Dauphiné ; d'autres, au contraire, y trouvent une
excuse et ne sont pas éloignés de l'approuver. Parmi ces derniers, nous rencontrons un contemporain des événements,
un homme bien informé de tout ce qui se passait dans les
cours de l'Europe, le futur pape Pie II, qui a relaté dans ses
Mémoires les démêlées du roi de France et de son fils (2).
Laissant de côté une question délicate que nous n'avons pas
à traiter, nous ferons seulement remarquer au lecteur que les
faits historiques, les documents mis en œuvre dans ce travail,
appréciés dans leur ensemble, bien loin d'être défavorables
au futur Louis XI, concourent plutôt à nous le représenter
comme un prince prudent, maître de lui-même, d'un esprit
politique très affiné. Il y avait chez lui un mélange de vertus
et de vices, de défauts et de qualités ; mais le bien l'emportait
sur le mal et il valait mieux que bon nombre de ses contem
porains. Il avait une haute idée de ses fonctions de prince et
de roi, et quoi qu'on en ait dit, il se préoccupa toujours du
bon ordre et de la prospérité de son peuple. Bien que doué
de connaissances littéraires assez superficielles, son instruction ayant été fort négligée, il savait apprécier d'instinct ce
qui était grand et beau ; il n'était point indifférent aux plai-
sirs de l'esprit. Quelques mois avant son départ pour la
Flandre, il chargea son conseiller Mathieu Thomassin d'écrire
une histoire du Dauphiné, et l'ordonnance qu'il rendit à cet
effet, le 20 mai 1456, doit être pour lui un titre de gloire
devant la postérité (3). L'œuvre de Thomassin existe. C'est
le premier essai d'une histoire dauphinoise.

---

(1) Guy Pape, *Decisiones*, quœst. cxiiii.

(2) Pii secundi, pontificis maximi, *Commentarii*. Francofurti, 1614,
in-f°, pp. 163-4.

(3) Bibliothèque de Grenoble, U, 909. Ms. vélin, xv°-xvi° siècle, 327
feuillets. Il nous semble utile de reproduire ici cette ordonnance.

La piété du dauphin était sincère, quoique non exempte d'une sorte de superstition et d'idolâtrie. Il avait la foi. Ses libéralités envers les Eglises témoignent du fond religieux de

---

« Loys, aisné fils du Roy de France, daulphin de Viennoys, comte de Valentinois et Dyois, a nostre amé et féal conseiller messire Mathieu Thomassin, chevalier, salut et dilection. Comme chose convenable soit que des droicts, faicts, gestes et choses touchant nostre dit pays, perquis et cueillis en plusieurs lieux et selon les qualités et mutations du temps et les seigneuries, se facent livres, registres et escripts pour la conservation de nos droicts et mémoire perpétuelle desd. gestes, nous, informé a plain de vos sens, science, preudhomie, loyauté et bonne diligence, actendu mesmement que vous estes le plus ancien de nos officiers et que par expérience, long exercice et cognoissance des choses dessus dites, vous estes a ce plus convenable et propice, vous mandons et commectons, par ces présentes, que de nos anciens droicts, privilèges et libertés, gestes, faicts et aultres choses touchant nosd. pays vous vous informés diligement et au vray et tout ce que en trouverés enregistrés ou faictes enregistrer en livres et registre deu pour estre mis et gardé en nostre chambre des comptes à Grenoble a perpetuelle memoire. Et pour ce faire bien et au vray, vous faictes montrer et exhiber tous actes, procès, instruments, registres et aultres enseignements faisant à la matière, si mestier est, quelque part qu'ils soient et que les saurez et se trouveront en nostre dit pays et seigneuries, soit en la puissance d'aucuns nos officiers, gens d'Esglise, ou aultres nos subgects quelconques, pourveu que iceulx instruments et enseignements leur soient seurement gardés et restitués, en la forme et manière qu'ils vous auront esté baillés, comme raison est. Si donnons en mandement par ces présentes à nos amis et féaulx les gouverneurs ou son lieutenant, gens de nos parlements et des comptes résidant à Grenoble et a tous nos autres justiciers, officiers et subgects, priant et requerant tous aultres que a vous et a vos députés en ce faisant obeissent et entendent diligement et vous prestent et donnent conseil, confort et aide, en vous faisant exhibition des instruments ou aultres documents faisant à la matière si mestier est et par vous requis en sont. De ce faire, vous avons donné et donnons plain pouvoir, auctorité, commission et mandement spécial par ces présentes. Donné à Romans, sous nostre scel ordonné en l'absence du grand, le xxᵉ jour de may l'an de grace mil cccc cinquante-six. Par monseigneur le daulphin en son conseil. Cappel. »

son âme (1). S'il protège les religieux (2), il sait aussi quand il est nécessaire les rappeler à leurs devoirs (3). Dans ses luttes avec l'épiscopat, on ne peut assurément justifier les moyens employés pour arriver au but ; mais, il faut le reconnaître, l'œuvre poursuivie était bonne, et le bien public réclamait qu'une autorité souveraine, forte et respectée, se substituât à tous ces débris d'indépendance féodale qui avaient contribué si souvent à plonger le pays dans le désordre et l'anarchie. Les populations désiraient et appelaient à grands cris l'unité politique de la province. Nous en trouvons une

---

(1) Au mois de février 1456, il avait commandé des verrières pour l'église du prieuré de Saint-Pierre du Bourg-lès-Valence. — PILOT, n° 1913.

(2) Le 13 juin 1448, à Valence, le dauphin, ayant reçu une supplique du prévôt et des chapelains et prieurs de Crest, la renvoie au gouverneur du Dauphiné, pour qu'il l'examine et y fasse droit, s'il y a lieu. Louis de Laval, par une ordonnance du 10 juin 1449, fait droit à la supplique « prepositi, curati et cappellanorum ecclesie collegiate sub titulo Sancti Salvatoris loci vestri Castri Arnaudi ac priorum prioratuum de Brizanis Sancti Johannis, prope ipsum locum, super eo quod, recolende memorie, spectabilis vir dominus Aymarus de Pictavia quondam, comes Val. et Dien., in suo ultimo testamento per eum condito, ex quo heredem sibi universalem instituit... Ludovicum de Pictavia... ultimo vita functum... legavit dictis exponentibus quadraginta grossos turonenses annuales pro missis celebrandis, anno quolibet, in dicta ecclesia Sancti Salvatoris per ipsos exponentes tali die qua ipse testator decederet .. » Le péage de Crest fournira ces 40 gros de pension. Archives de l'Isère, B, 2983, f° 385. — Voir, dans notre *Essai hist. sur Die*, t. II, p. 407-14, de fort curieux détails sur l'intervention du dauphin Louis dans la querelle des chanoines de Die avec les religieux du prieuré de Saint-Maurice de cette ville. Les chanoines voulaient réunir à la mense capitulaire les biens de ce prieuré et ils avaient même obtenu, à cet effet, des lettres du pape, quand les religieux s'adressèrent au dauphin qui prit leur défense.

(3) Archives de l'Isère, B, 2984, f° 399. Lettre du dauphin, datée de Montélimar le 27 juin 1447, pour enjoindre aux religieux de Cruas de réparer le pont de Montpelleret « situm in territorio loci predicti de Turretis, super itinere regali novo, quia desuper est aliud iter regale antiquum... »

preuve manifeste dans la démarche que firent auprès du dauphin les bourgeois de Valence, quand ils eurent appris qu'il
avait aboli le traité de pariage fait avec l'évêque : ils lui envoyèrent une députation pour le supplier de ne pas les remettre, comme auparavant, sous la domination du prélat et
pour obtenir que les juges delphinaux fussent toujours autorisés à recevoir leurs appels (1).

Nous ne pouvons clore ce paragraphe, consacré à retracer
les principaux événements du séjour du dauphin Louis dans
le Dauphiné et le Valentinois, sans dire un mot d'une question plus délicate, celle de ses maîtresses ou de sa moralité.
Explique qui pourra l'alliance des pratiques multiples d'une
dévotion sincère avec la violation habituelle des saintes lois
de la morale chrétienne, dont la royauté et la noblesse nous
offrent le spectacle scandaleux durant ce triste xvᵉ siècle (2).
Qu'il y ait eu de grands désordres dans la conduite morale du
dauphin, c'est un fait avéré ; mais il faut ici reproduire la
judicieuse remarque d'un historien dauphinois : « Tout ce
que l'on peut dire à la décharge du prince, c'est que dans ses
faiblesses l'homme privé se trouvait seul engagé. S'il savait
récompenser royalement les habiles gens qu'il employait au
service de l'Etat, il payait ses favorites en petit bourgeois et
ne leur accordait aucune part d'influence. Bien différent de

_____

(1) Archives municipales de Valence, BB, 1, fᵒ 182. Délibération du
9 février 1456 (n. s.) : « ... visis litteris seu instrumento remissionis facte
per d. n. Dalphinum domino episcopo de tota juridictione Valencie et
castrorum suorum et quod habeat judicem appellationum de quo non
possit appellari nisi ad parlamentum, itemque homines sui teneantur
solvere expensas ipsi domino episcopo quocies ibit ad dominum pro
facto suo vel ecclesie, deliberaverunt quod sindici cum quibusdam de
consilio et me accedant ad dominum nostrum et postulent ut non im-
pediatur recursus ad dominum, si possibile sit, et alia gravamina... »

(2) DE BEAUCOURT, t. VI, p, 423 et suiv. Il suffit d'ouvrir un recueil
de généalogies des grandes familles nobles pour se rendre compte de
l'étendue des désordres. Voyez en particulier la généalogie des Poitiers, comtes de Valentinois, ou seigneurs de Saint-Vallier.

son père Charles VII, il se garde de donner à la cour le scandale de la domination d'une autre Agnès Sorel. Aussi les
généalogistes seuls se sont arrêtés devant ces figures effacées
de concubines dépourvues de tout prestige (1). » Les renseignements que nous possédons sur ces relations suspectes sont
même assez vagues, sauf pour un cas ou deux. Qu'était-ce
que cette Matheline Botonnier, aubergiste de Romans,
exemptée par le dauphin, le 15 novembre 1452, des aides,
tailles, subsides et droits d'entrée des vins qui pesaient sur les
autres habitants de la ville ? (2) Monté sur le trône, Louis XI
se souvient encore de sa « pauvre hostesse de Romans » et
écrit à François de Genas pour que les Romanais lui main-
tiennent son privilège d'exemption (3). Qu'était-ce encore
que Paunette Champel, de Valence, à qui il fait don, en considération de son mariage avec Pierre de Vaux, secrétaire
delphinal et habitant du Pouzin, d'un vaste pré sur les bords
du Rhône? (4) Qu'était-ce que Guyette Durand, qu'il marie

---

(1) DE GALLIER, dans *Bulletin de la Société d'Archéologie de la Drôme*,
t. VII (1873), p. 48.

(2) Voir : LACROIX, *Matheline Botonnier ou un épisode de la vie de
Louis XI*, dans *Bulletin d'Arch. de la Drôme*, t. X (1876), pp. 114-8,
216-21, 241-53 ; — PILOT, nᵒˢ 991, 1000, 1015.

(3) *Bulletin du Comité historique*, Paris, t. III (1852), p. 235.

(4) Archives de l'Isère, B, 2984, fᵒ 793. Enquête faite, en 1489, sur
les acquisitions de Louis XI étant dauphin à Valence. Claude Barbier,
âgé de 40 ans, déclare : « Quod d. n. rex Ludovicus quondam, tunc
Dalphinus, dum moram traheret in civitate Valentinensi, acquisivit a
magistro Jamone barberio, quondam, unum virgultum scitum in rip-
paria Valencie, et a rectore hospitalis alium virgultum et a pluribus
aliis plures virgultos, et inde ex pluribus peciis contiguis fecit fieri
unum magnum pratum spaciosum, quod tenuit et possedit certo tempore; deinde diu audivit a pluribus, de quibus non recordatur, quod d.
d. noster Dalphinus dictum pratum donaverat magistro Petro de Valli-
bus, in contractu matrimonii initi cum Pauneta Champelli, quibus
conjugibus inde possidere vidit dictum pratum longo tempore, et nunc
ipsum possidet Glaudius Ploverii. — En effet, le 24 mai 1474, Pierre
de Vaux et sa femme avaient vendu ce pré, pour 385 florins, à Jean
Plovier, représenté par son frère Claude Plovier, notaire.

avec un autre de ses secrétaires, Charles de Seillons, et à qui
il donne le 18 avril 1455, la maison et le jardin qu'il avait
acquis à Valence de Guillaume de Poitiers, seigneur de
Barry ? (1) Nous ne pouvons rien dire de certain. Il n'en est
pas de même des relations du dauphin avec Phélise Reynard, qui appartenait à une noble famille de Die (2) ; elle était
mariée à Jean Pic, fils d'un notaire de Grenoble, que Louis
nomma châtelain de Beaumont-en-Trièves, par lettre du 30
novembre 1447 (3). Elle donna au dauphin une fille, Jeanne,
qui fut légitimée par lettres, datées d'Orléans le 25 février 1465
et mariée peu de jours après à Louis bâtard de Bourbon (4).
Enfin on ne sait quelle fut la mère de Marie, autre fille naturelle que Louis eut en Dauphiné, et qu'il maria au mois de
juin 1467 à Aymar de Poitiers, seigneur de Saint-Vallier (5).

---

(1) Pilot, n° 1149.

(2) Sur la famille Reynard, voir nos *Mémoires des frères Gay*, p. 113.

(3) Jean Pic fut confirmé, dans sa charge de châtelain de Beaumont,
par lettres du 14 septembre 1450. Il mourut en 1452. La châtellenie
fut laissée à sa veuve par lettres du 5 juin 1452 (Pilot, n°° 548, 782,
943). C'est ce qui explique pourquoi Félize Raynard est qualifiée parfois *dame de Beaumont* et aussi, probablement, pourquoi Chorier et
d'autres historiens dauphinois ont supposé que la maîtresse de Louis,
mère de Jeanne, avait été Marguerite de Sassenage, veuve d'Amblard
de Beaumont. Brizard a depuis longtemps relevé cette erreur.

(4) Brizard, *Histoire généalogique de la maison de Beaumont en
Dauphiné.* Paris, 1779, in-f°, t. I, p. 522. « Johanna filia naturalis domini Regis per eum et Phelisiam Reynard, domicellam, nunc viduam,
genita, uxor Ludovici de Borbonio, comitis Rossillionis, legitimata per
litteras datas Aurelianis 25 febr. 1465. Sine financia. » Cette note,
trouvée par Brizard dans une sorte de table des lettres de légitimation, conservées à la Chambre des Comptes de Paris, fait disparaître
toutes controverses et venge la mémoire de la veuve d'Amblard de
Beaumont.

(5) Commines, *Mémoires* (édition Godefroy). Bruxelles, in-12, t. III
(1723), p. 243. — Duclos, t. I, p. 108. — Une autre fille naturelle de
Louis fut mariée à François Ailloud, qui fut pourvu, à cette occasion,
du greffe de la Cour commune de Vienne. Cette fille naturelle, dont on
ne connaît pas le nom, n'a pas été signalée par les généalogistes. —
Pilot, n° 1829.

IV

La fuite du dauphin dictait à Charles VII une conduite nouvelle. Du 7 au 15 septembre 1456, il fit expédier aux prélats et aux officiers du Dauphiné, ainsi qu'aux principales villes de France, de nombreuses circulaires pour expliquer les circonstances de cet événement (1). Le 11 septembre, il annonçait au conseil du Dauphiné que le sire de Lohéac, maréchal de France et le sire de Bueil, comte de Sancerre, amiral de France, étaient partis pour Lyon, afin d' « obvier « aux inconvénients qui pourroient advenir et aux entreprises « qu'on voudroit ou pourroit faire », ajoutant que son intention était de se rendre lui-même prochainement en Dauphiné, pour mettre ordre aux affaires de cette province (2). Les Etats furent convoqués à Vienne pour le 15 octobre, où le roi devait se trouver (3). L'évêque de Valence, un des conseillers du dauphin, ne manqua pas d'écrire à ce prince pour l'instruire de ce qui se passait, notamment de l'arrivée à Lyon des deux commissaires royaux, chargés d'exercer une sorte de surveillance sur le pays (4).

Quittant le Bourbonnais, le roi ne tarda pas à venir à Lyon; il y était le 18 octobre, et de là il se rendit à Vienne, où étaient assemblés les Etats du Dauphiné. Dans une grande réunion, il exposa longuement la situation, disant qu'il ne désirait rien tant que la soumission de son fils pour lui rendre toute sa bienveillance, qu'il n'avait rien épargné pour atteindre ce but, mais que de mauvais conseillers avaient

---

(1) CHARAVAY, *Lettres de Louis XI*. t. I, pp. 260, 261, 263. — DE BEAUCOURT, *Hist. de Charles VII*, t. VI. p. 95-7.

(2) DE BEAUCOURT, ib., p. 95.

(3) DE BEAUCOURT, ib., p. 96. — LEGEAY, *Hist. de Louis XI*, Paris, 1874, in-8°, t. I, p. 201.

(4) CHARAVAY, ib., p. 81.

constamment fait échouer ses tentatives de réconciliation.
Ces conseillers, il veut les faire connaître ; ce sont, ajoute-t-il,
« le bâtard d'Armagnac, qui n'est point Armagnac, mais
« Anglais et ancien ennemi de la France ; et aussi le sire de
« Montauban, qui déjà par le passé a trahi ceux de sa propre
« maison : ce n'est donc pas merveille s'il cherche à trahir et
« à faire mal agir mon fils avec lequel il n'avait rien à faire.
« De Capdorat et Garguesale, je n'en veut point parler, car
« étant de ce pays, ils sont connus pour ribauds, traîtres et
« mauvais chiens ; ils ont été cause du détestable gouverne-
« ment du Dauphiné et de tout ce qui s'est fait de mal. » Les
États agirent avec prudence et sans faire aucun acte qui pût
léser la souveraineté du dauphin, ils se contentèrent d'exprimer des vœux pour le rétablissement de la paix entre le père
et le fils, se montrant tout disposés à envoyer au prince fugitif
une ambassade dans le but d'arriver à un résultat si désiré (1).

Aussitôt après la tenue de cette assemblée, le 22 octobre,
Guillaume de Poitiers et Guillaume de Meuillon adressaient
de Grenoble une curieuse lettre au dauphin, protestant de la
volonté de tous ses serviteurs à lui obéir en tout et à défendre
ses droits. « Madame (2) est ici, disent-ils, et tous vos gens et
« aussy plusieurs gentilhommes du pays et n'y a nul qui n'aye
« très grand vouloir de faire ce que mandés de l'estat du pays
« de par deçà. Monsieur de Valence a esté devers le roy à
« Lyon et derechief y retourne. Monsieur le Gouverneur, le
« général, le conseiller et aultres de vostre hostel et du pays
« pour ce que le roy a dict à mondit seigneur de Valence et
« certifié qu'il ne veult entreprendre de vous lever le pays,
« mais vous en donrroit aincoys de l'aultre comme ilz disent,
« ne aussy constreindre serviteurs ne aultres de faire serment
« ne chose qui soit contre nostre honneur... » (3). Ces lettres

---

(1) Legéay, ibid., p. 201-2. — Charavay, ib, p. 271.
(2) Charlotte de Savoie, sa femme.
(3) Charavay, p. 265.

se croisèrent en route avec celles que le dauphin, étant à Bruxelles, écrivait au roi, le 26 octobre, pour se plaindre des mesures qu'on semblait vouloir prendre contre ses droits de souveraineté en Dauphiné, province alors fort tranquille et qui ne demandait qu'à demeurer en bons rapports avec la France. Il annonçait en même temps à son père et aux gens du grand conseil que le duc de Bourgogne leur envoyait des ambassadeurs, à qui lui-même donnait pleins pouvoirs pour terminer ce différend (1).

L'ambassade bourguignonne arriva le 27 novembre à Saint-Symphorien-d'Ozon, où le roi s'était rendu en quittant Vienne. Les envoyés du duc s'efforcèrent de justifier la conduite de leur maître, qui dans ces circonstances avait cherché à concilier le respect dû au monarque et l'intérêt qu'inspire le malheur : « Monseigneur, disaient-ils, est venu de si loin-« tain pays comme le Dauphiné, petitement accompagné, « ainsi que prince désolé, en grande frayeur, en Bourgogne, « et est arrivé à Bruxelles en grandes journées, comme « prince perdu, piteux, esbahi et dépourvu, et en tel regret « et douleur de cœur que chacun peut concevoir. » Ils terminaient leur harangue en suppliant le roi de laisser à son fils le gouvernement du Dauphiné. Charles VII, après avoir pris l'avis de son conseil, leur fit donner sa réponse le 4 décembre. Il n'est point insensible aux honneurs dont son fils est entouré, mais il ne peut ne pas être étonné en considérant que le duc semble attribuer une partie des torts à un père, qui ne désire rien tant que le retour de son fils. Tous les moyens pour obtenir une soumission ayant échoué, il s'est vu obligé d'en venir à cette extrémité et d'employer la force. Loin de se plaindre, les sujets de son fils approuvent eux-mêmes les mesures qui ont été prises. Il serait désolé que les choses, entrant dans une voie plus irritante, n'entraînassent une rupture avec la Bourgogne (2).

---

(1) CHARAVAY, p. 80-2.
(2) DE BEAUCOURT, p. 106.

. Cette dernière réflexion était de nature à faire comprendre qu'une guerre pouvait éclater. Le roi fit renforcer les garnisons des villes frontières du côté de la Bourgogne, mais comme l'âge l'avait rendu prudent, il se contenta de demander au cours des événements la solution des difficultés. C'était sage, car la situation des partisans du dauphin devenait de jour en jour plus difficile. Leur nombre diminuait, la noblesse dauphinoise s'étant à peu près toute groupée autour du monarque. Il eût été peu raisonnable de tenter d'opposer à la volonté royale une résistance acharnée. Pourtant, quelques amis du prince, ceux qui s'étaient le plus compromis et qui n'avaient qu'à attendre le châtiment, ne reculaient pas devant la perspective d'une lutte avec les armées de France. Un millier d'hommes, composant la garde personnelle du dauphin, étaient toujours à Grenoble sous le commandement de leur capitaine Guillaume de Meuillon. La compagnie du bâtard d'Armagnac, environ quatre cents lances, s'était enfermée à Crest, réputée alors une forteresse inexpugnable, et manifestait hautement la résolution bien arrêtée de ne jamais abandonner cette place. Louis de Laval, gouverneur du Dauphiné, avait été envoyé par le roi auprès de leur chef pour lui enjoindre de retirer ses troupes, mais celui-ci avait refusé d'obéir. Le roi se disposait à dresser son camp sous les murs de Crest, et déjà arrivaient de l'Auvergne de nombreuses charrettes chargées de balistes, de bombardes et d'autres machines de guerre. Capdorat, que le roi tenait pour un des plus mauvais conseillers de son fils, venait de Bourgogne, porteur des ordres du prince, et poussait dans Grenoble à la résistance. Son frère, qui avait obtenu du dauphin l'archevêché de Vienne et le gouvernait sans en avoir reçu les bulles, avait été dépossédé de ce siège par le monarque, de concert avec le légat du pape (1).

---

(1) Ces détails sont tirés d'une dépêche de Tomaso Tebaldo au duc de Milan, le 7 décembre 1456. Elle présente un tableau saisissant de l'état politique du Dauphiné à cette époque. On y trouve le récit de ce

Heureusement l'attitude à la fois ferme et prudente de Charles VII amena la pacification des esprits en Dauphiné, sans qu'il fût besoin de recourir aux armes. Le roi qui habitait dès le 24 décembre le château de Saint-Priest, reçut au commencement de mars 1457 la visite de nouveaux ambassadeurs du duc de Bourgogne. Il laissa écouler plusieurs semaines sans répondre à leur requête (1), attendant d'avoir terminé les négociations entamées avec les Etats du Dauphiné réunis alors à Grenoble, négociations en vue de faire reconnaître son autorité dans la province, dont il était bien résolu d'ôter le gouvernement à son fils. Une question fort grave se posait aux membres du parlement, aux officiers du prince et aux délégués des Etats. Le Dauphiné n'étant point une province du royaume, mais bien une principauté tout-à-fait distincte, un Etat indépendant ayant son souverain, le dauphin, fils aîné de France, on se demandait si le roi avait le droit de déposséder son fils, et si l'on ne s'exposait pas, en s'écartant de l'obéissance due au dauphin, d'être traité un jour comme sujets rebelles et félons. Les ambassadeurs de Bourgogne, porteurs des ordres du dauphin, voulaient se rendre à Grenoble, mais l'autorisation ne leur en fut point accordée. Le gouverneur, les prélats et les barons, avec plusieurs délégués des Etats, allèrent à Saint-Symphorien-d'Ozon, où le 3 avril ils eurent une conférence avec le comte de Dunois, l'amiral de Bueil, le maréchal de Lohéac, qui leur déclarèrent que la volonté absolue du roi était de placer le Dauphiné sous sa main. Le 4 avril, le gouverneur, accompagné de Jean Baile, président du parlement, de quel-

---

qui fut fait à Vienne et l'on voit que le gouverneur, les prélats et les nobles craignaient d'être exposés un jour au courroux du dauphin s'ils se montraient trop empressés d'obéir aux ordres du roi. L'épisode du bâtard d'Armagnac, cantonné avec sa compagnie dans la citadelle de Crest et se disposant à y soutenir un siège, n'a été signalé par aucun historien. CHARAVAY, ibid., p. 266-77.

(1) DE BEAUCOURT, p. 117. DUCLOS, *Hist. de Louis XI*, t. III, p. 158.

ques conseillers et de plusieurs seigneurs, voulurent se rendre
à Lyon, auprès des ambassadeurs de Bourgogne, pour leur
exposer la gravité de la situation et mettre à couvert leur
responsabilité. Ils furent grandement soulagés quand ceux-
ci leur ayant communiqué les lettres du prince, données à
Bruxelles le 6 février, ils virent qu'ils pouvaient être autorisés,
de concert avec eux, à traiter avec le roi des affaires de la province, selon qu'ils le jugeraient à propos, Louis s'engageant
à tenir pour bien tout ce qui aurait été réglé par eux (1). Ils
se hâtèrent de retourner à Saint-Symphorien et firent part
aux prélats et aux seigneurs qui les attendaient, des dispositions conciliantes du dauphin ; mais pour calmer toutes les
inquiétudes et déterminer l'assemblée à souscrire aux volontés du monarque, il fallut encore que Jean de Saint-Germain,
avocat fiscal, et Pierre Gruel, conseiller delphinal, délégués
des Etats, fissent un nouveau voyage à Lyon et en rapportas-
sent une attestation écrite et signée par les ambassadeurs,
constatant que le dauphin entendait bien que ses sujets dauphinois se soumissent au roi son père. Toutes ces formalités
accomplies, les prélats, les barons et les nobles dauphinois
se rendirent au château de Saint-Priest, auprès du roi, et par
l'organe de François Portier, lui firent hommage et serment
de fidélité (2).

Toute inquiétude n'était pourtant point bannie des esprits.
Le caractère ombrageux et vindicatif du dauphin était connu.
Le bâtard d'Armagnac et Meuillon qui venaient de s'enfuir
et d'aller rejoindre le prince, pouvaient dans des rapports
envenimés se venger de ceux qui n'avaient point voulu les
suivre dans la résistance. Louis de Laval, maintenu par le
roi dans son gouvernement, paraissait moins tranquille que
les autres, et il jugea prudent de retourner auprès des ambassadeurs à Lyon pour se faire donner une déclaration que le

---

(1) Charavay, p. 89. — Legeay, p. 204-5.
(2) Pilot, p. 508-9. Archives de l'Isère, B, 2905, f° 579 et s.

dauphin ne verrait pas d'un mauvais œil qu'il eût gardé sa charge (1). Ses craintes étaient fondées, comme nous le dirons bientôt.

Le roi quitta le Dauphiné au mois de mai 1457 (2). A cette date le dauphin Louis, bien traité à la cour de Bourgogne, parcourait avec le duc les principales villes de la Flandre, admirant la prospérité de ces cités industrielles et se promettant de faire bénéficier un jour ses peuples de France et du Dauphiné des connaissances qu'il pourrait acquérir dans ce voyage (3). Entre toutes, la ville de Bruges, la Venise du nord, parut grandement l'intéresser, car il y retourna l'année suivante. Sur la demande du duc, le roi ne mit aucune opposition à ce que la dauphine allât rejoindre son mari et partager son exil : Charlotte de Savoie, qui résidait à Grenoble, partit de cette ville le 22 juin et arriva à Namur le 10 juillet 1457 (4). Les deux époux se fixèrent à Genappe, près de Bruxelles, « place plaisante à déduit des chiens et des oyseaulx », que le duc leur avait assignée pour résidence avec une pension de 36,000 livres (5).

Les cinq ans d'exil volontaire à Genappe s'écoulèrent assez gaiement. Louis était passionné pour la chasse : il aimait les chiens et les oiseaux; il envoyait quérir, jusque dans les pays les plus lointains ceux qu'on lui signalait comme rares et curieux (6). Il avait des goûts littéraires : il attirait à Genappe, à prix d'or, les beaux esprits du temps, et c'est là, dit-on, que furent composés ces contes licencieux, publiés pour la première fois en 1486 et devenus célèbres sous le

---

(1) PILOT, p. 509.

(2) CHARAVAY, p. 87.

(3) LEGEAY, p. 213.

(4) OLIVIER DE LA MARCHE, *Mémoires*, dans MICHAUD et POUJOULAT, t. III. p. 497.

(5) LEGEAY, p. 213-5. — CHARAVAY, p. 87.

(6) Voir le compte des dépenses du dauphin, dans CHARAVAY, pages 282-322.

titre de *Cent nouvelles nouvelles* (1). Olivier de La Marche
nous fait connaître les joyeux compagnons du dauphin, tous
destinés à occuper plus tard les plus hautes charges de
France ; il a parfaitement pénétré le caractère de ce prince.
« Les principaux du conseil dud. dauphin furent le signeur
« de Montauban et le bastard d'Armignac, avec le signeur de
« Craon : et avoit mondit signeur le dauphin de moult nota-
« bles jeunes gens, comme le signeur de Cressol, le signeur
« de Villars de l'Estanc, monsieur de Lau, monsieur de la
« Barde, Gaston de Lyon, et moult d'aultres nobles gens et
« gens eslus, car il fut prince et aima chiens et oyseaulx, et
« mesme où ils scavoit nobles hommes de renommée, il les
« acheptoit à poix d'or, et avoit très bonne condition. Mais il
« fut homme soupsonneux, et légèrement attrayoit gens et
« légèrement il les reboutoit de son service, mais il étoit
« large et abandonné, et entretenoit par sa largesse ceulx de
« ses serviteurs dont il se vouloit servir, et aux autres don-
« noit congé légèrement ; et leur donnoit le bond à la guise
« de France (2). »

Mais, au milieu des divertissements de plus d'une sorte
qui lui rendaient l'exil très supportable, Louis ne perdait pas
un instant de vue ses propres intérêts, et, agissant toujours
en véritable souverain du Dauphiné, il envoyait, du fond de
sa retraite, des ordres aux divers officiers de la province, distribuait des faveurs, se mettait en relation avec le duc de
Milan, avec le pape, pour le règlement de ses affaires. Le
28 février 1457 (n. s.), il mandait au gouverneur et gens du
parlement de surseoir à l'exécution d'un arrêt condamnant
Pierre Gruel à restituer à Henri Fougasse, habitant de Gap,

---

(1) On conteste que les *Cent nouvelles nouvelles* aient été écrites
pour le dauphin ; il est beaucoup plus probable qu'elles l'ont été pour
le duc de Bourgogne. *Les cent nouvelles nouvelles*, Paris, 1858, in-16.
Nouvelle biographie générale (Didot), t. XXIX, col. 713.— LANSON, *Hist.
de la littérature française*, Paris, 1896, in-12, p. 166.

(2) OLIVIER DE LA MARCHE, p. 497.

une somme de 200 écus, en compensation de draps qui
avaient été pris et vendus par son ordre et à son profit, durant la guerre de Savoie (1). Quelques semaines plus tard,
le 20 avril, pour dédommager ce même Pierre Gruel, qui,
paraît-il, avait dû s'exécuter et payer la somme à laquelle il
avait été condamné, il lui fit don, à lui et à ses descendants,
du mandement d'Arpavon, dans les Baronnies (2). Par une
lettre du 3 juin de cette même année, il fixe le nombre des
greffiers près le parlement et énumère leurs franchises et
privilèges (3) ; par une autre du 5 décembre, il dispose d'un
office de secrétaire en la Chambre des Comptes en faveur de
Charles des Astars, son confident et ami (4). Louis de Laval,
qui tenait maintenant de Charles VII le gouvernement de la
province, cessa de plaire au dauphin, qui, par lettres datées
de Bruges, le 24 janvier 1458, donna sa charge à Jean, bâtard
d'Armagnac, seigneur de Tournon et de Gourdon. Dans ces
lettres, il énumère longuement tous les griefs qu'il impute
au précédent gouverneur : « Il tient et gouverne lesdits pays
« en autre nom que sous le nostre, sans sur ce avoir de nous
« aucun congé » ; il a « été cause que plusieurs de nos vas-
« saux d'iceluy pays ont fait serment à autres qu'à nous, et
« mesmement à lui au nom d'autres que nous, ... et qui pis
« est, a esté cause que le revenu de nostre dit pays, duquel il
« a eu et a la plupart à son profit, ait empêché tellement que
« depuis nostre dit partement n'en eusme un denier, ne aussi
« la taille que nos hommes et sujets dud. pays, nous avoient
« l'an passé octroyée, laquelle lui et sesdits adhérans et com-
« plices ont fait tourner autre part (5). » Ces questions d'argent étaient surtout graves aux yeux du dauphin, qui n'en

---

(1) CHARAVAY, p. 89.
(2) PILOT, n° 1251. Archives de l'Isère. B, 3048, f° 299. — LACROIX,
L'Arrondissement de Nyons, Valence, 1888, in-8°, t. I, p. 9.
(3) PILOT, n° 1252.
(4) PILOT, n° 1254.
(5) DUCLOS, t. III, p. 160-6.

avait jamais assez pour faire face aux dépenses de sa petite
cour ou satisfaire ses caprices. On le voit emprunter un peu
de tous les côtés, et quand les banquiers de Bruges lui récla-
ment les sommes, il écrit des lettres désespérées à son confident et agent d'affaires en Dauphiné, Charles Astars, pour
qu'il lui envoie de l'argent, afin de faire taire ses créanciers,
« le terme de les payer (étant) presque passé, dont avons
« grand paour de leur faillir, car avec ce que y avons deshon-
« neur, aussi y avions-nous dommage (1). »

En nous étendant longuement sur les embarras, les difficultés de toute sorte que créaient aux officiers delphinaux le
désaccord, les brouilles de Louis et de Charles VII, peut-
être avons-nous dépassé les limites de notre cadre : mais ces
détails, en général peu connus, des premières années du futur
Louis XI, auront l'avantage de bien nous faire saisir les causes et le caractère des événements que nous raconterons
bientôt. Nous signalerons maintenant brièvement ceux des
actes du dauphin qui intéressent plus directement cette portion de son petit Etat dont nous écrivons l'histoire. Agissant
toujours comme si le pays était en réalité sous sa main, il
autorisait, par une pièce datée de Genappe le 7 mai 1458,
les habitants de Romans à lever un impôt pour réparer le
pont de leur ville, les rues, les places, les murailles et couvrir les dépenses de certains procès (2). Le mois suivant,
14 juin, il nommait capitaine châtelain de Mens en Trièves,
son panetier, Guigues Alleman, écuyer, en remplacement de
Hugues de Château-Verdun, seigneur de Sainte-Camelle (3).

---

(1) Charavay, p. 99.

(2) Cet impôt consistait en la 16e partie du vin vendu en détail,
3 gros par sommée de vin étranger, 6 gros par bœuf tué à la boucherie,
4 par vache, 2 par veau et porc, 1/2 gros par mouton, etc. Archives de
la Drôme, E, 3609.

(3) Pilot, n° 1258. Archives de l'Isère, B, 3276. f° 35. Guigues Alleman ne put toutefois entrer en possession qu'après l'avènement au
trône de Louis XI.

L'année suivante, de Notre-Dame de Hal, où il était allé
en pèlerinage remercier Dieu et la Vierge, il écrivait à son
père le 27 juillet pour lui annoncer la naissance d'un fils qui
fut appelé Joachim et baptisé le 5 août suivant (1). Il demandait en même temps aux villes du royaume de faire des
réjouissances à cette occasion (2). Beaucoup de villes, ne
sachant quelle ligne de conduite tenir et ne voulant se com-
promettre, renvoyèrent au roi les missives qui leur étaient
venues de Flandre. A l'occasion de cet heureux événement,
nous voyons le dauphin demander quelque grâce particulière
au pape et à un cardinal, en faveur de son chapelain Benoît
de Montferrand. Ce personnage, qui appartenait à une famille illustre du Bugey, paraît avoir joui de la confiance de
Charlotte de Savoie et de son époux, car l'un et l'autre firent
d'actives démarches pour lui faire obtenir l'abbaye de Saint-
Antoine en Dauphiné (3).

A mesure qu'approchait le moment où le dauphin devait
recueillir l'héritage de la royauté, son autorité s'affirmait
davantage. C'est en son nom que se règle à Grenoble, le 10
novembre 1459, le différend qui s'était élevé entre les officiers
delphinaux de la judicature des Baronnies et la communauté
de Taulignan, relativement au ressort dont devaient dépendre
les habitants de cette localité. « Il est ordonné qu'à l'avenir et
jusqu'à ce qu'il en soit autrement décidé, le lieu de Taulignan
ressortirait de la cour delphinale de Montélimar (4). » Le
2 novembre 1459, le dauphin donnait le château et la châtellenie de Nyons à son panetier Pierre Genton, d'Allevard (5).
Le 19 janvier 1461, toujours à Genappe, Louis, par lettres
adressées au parlement, à la chambre des comptes et au châ-

(1) CHARAVAY, p. 104. — On sait que cet enfant mourut le 29 novembre de la même année.

(2) CHARAVAY, p. 105-7.

(3) CHARAVAY, p. 109, 114, 115, 349.

(4) PILOT, n° 1266, Archives de l'Isère, B, 2904, f° 130.

(5) PILOT, n° 1265, Archives de l'Isère, B, 3276, f° 9.

telain de Peyrins, rappelait qu'il avait fondé une chapellenie
sous le vocable de Sainte-Catherine dans l'église paroissiale
de Peyrins, et que le droit de collation lui en appartenait ;
en conséquence, voulant récompenser les services que lui
avait rendu son trompette Guillaume Carrières, il faisait don
de cette chapellenie à son fils Louis Carrières, « nonobstant
que ledit Loys ne soit en aage de la tenir et exercer, pourveu
toutes voys qu'il la face desservir par personne suffisante et
ydoine (1). »

Louis de Laval, gouverneur du Dauphiné, que Louis avait
dépossédé de sa charge, n'en continuait pas moins d'admi-
nistrer la province et ne négligeait rien de ce qui pouvait
assurer les intérêts de son maître. Etienne Genevès, évêque
de Saint-Paul-Trois-Châteaux, crut que les circonstances
seraient favorables pour reconquérir l'indépendance de son
Eglise et la délivrer des liens féodaux que lui imposait le
traité de pariage, conclu en 1408 entre Déodat d'Estaing *(de
Stagno)*, un de ses prédécesseurs, et le roi-dauphin Charles VI (2). Ayant donc convoqué les chanoines de sa cathédrale, le bailli et les autres officiers delphinaux, ainsi que
les syndics et les principaux citoyens de la ville, il déclara,
en présence de l'assemblée, ne plus être tenu aux clauses de
ce traité, qu'il considérait comme non avenu, rétractant aussi
les hommages faits par lui et ses prédécesseurs au dauphin
et refusant désormais de partager avec ce prince les droits de
souveraineté dans Saint-Paul. Les syndics et plusieurs citoyens, prévoyant les maux que pouvait attirer une semblable
mesure, déclarèrent ne point s'y associer et vouloir au contraire maintenir dans toute leur intégrité les droits du prince
absent. Ces graves événements se passaient le 4 février 1460.
Dès le 19 de ce même mois, le gouverneur en était informé

---

(1) PILOT, n° 1283, Archives de l'Isère, B, 2977, f° 423.
(2) BOYER DE SAINTE-MARTHE. *Hist. de l'église cathédrale de Saint-
Paul-Trois-Châteaux*. Avignon, 1710, in-4°, p. 157-63.

et écrivait au vibailli du Valentinois, siégeant à Montélimar,
pour lui enjoindre d'aller auprès de l'évêque et de l'obliger
à démentir sa déclaration, et à faire hommage au dauphin.
Le 5 et le 6 mars, le vibailli était à Saint-Paul et s'acquittait
de sa commission (1).

L'année suivante, le gouverneur conduisait un fort contingent de troupes dauphinoises au roi René qui, avec ses soldats de Provence et les secours que lui amenait de Naples
son fils Jean de Calabre, marchait contre Gênes, dont les
habitants venaient de se révolter et de secouer le joug de la

---

(1) Archives de l'Isère, B, 3508. « ... ad nostram pervenit audientiam
quod nuper, die quarta hujus mensis febroarii, rever. in Xpo pater
d. Stephanus, episcopus Tricastinen., convocatis coram se certis canonicis ecclesie cathedralis Tricastinen. ballivoque et aliis officiariis
delphinalibus necnon sindicis, civibus, incolis et habitantibus dicte civitatis Tricastinen., post certas explicationes eisdem per ipsum factas,
dictam ecclesiam concernentes, homagium illustrissimo principi domino
nostro delphino per eum prestitum, necnon pariagium inter serenissi-
mum principem Francorum regem tunc Delphinum Viennensem, et
rever. in Xpo patrem d. Deodatum quondam, episcopum Tricastinen.,
et capitulum dicte ecclesie et communitatem seu universitatem civitatis
predicte Tricastine, factum inhitum suo ausu temerario revocare
presumpsit, asserendo talem revocationem in curia parlamenti delphinalis se fecisse et de ipsa instrumentum per Petrum de Bolliaco,
secretarium delphinalem, fuisse receptum, licet hec vera non existant,
in contemptum atque prejudicium auctoritatis delphinalis, contra suum
proprium juramentum et fidelitatis sacramentum veniendo et in penam juris temere incidendo ; cui quidem revocationi, sic ut premitit-
tur, indebite facte, dicti officiarii delphinales et canonici sindicique et
habitantes dicte civitatis Tricastine non consentierunt, sed dixerunt
se nihil facere velle nec actemptare in prejudicium dictorum homagii
et pereagii et in dicto pereagio semper persistere et permanere, sicut et
debent, de juribus delphinalibus debite protestando. Unde ..... Datum
Gratianopoli, die decima nona mensis febroarii, anno nativitatis Domini
millesimo quatercentesimo sexagesimo. — Etienne Genevès voulait,
sans doute, prendre sa revanche d'une condamnation que lui avait
infligée naguère le parlement, dans une affaire qu'il avait au sujet de la
terre et du château de Baumes, fief de son Eglise, avec Gabriel de
Bernes, seigneur de Targes. Cf. BOYER DE SAINTE-MARTHE, op.cit, p.176-9.

France. On sait que cette belle armée fut presque anéantie le
17 juillet 1461 dans les défilés de la Ligurie (1). C'est là,
dans une lutte acharnée de plus de quatre heures, qu'un grand
nombre de Dauphinois trouvèrent une mort glorieuse. Parmi
ceux qui périrent dans cette fatale journée, nous trouvons
Guillaume bâtard de Poitiers, seigneur de Barry et de Soyans,
dont le nom est revenu souvent dans le cours de ce récit.
Nous aurons encore à parler de lui. Ce triste événement
causa dans le Dauphiné une pénible impression, que vint
encore aggraver la nouvelle, arrivée presque en même temps,
de la mort du roi Charles VII (22 juillet).

Ce fut à Avesnes, en Hainaut, le 3 août 1461, que Louis,
après avoir entendu la sainte messe pour le repos de l'âme
de son père, quitta le vêtement noir, prit la pourpre et fut
proclamé roi de France en présence du duc de Bourgogne (2).
Ses premiers actes furent significatifs. S'il récompensa ceux
de ses serviteurs qui lui étaient demeurés fidèles et avaient
voulu partager son exil, il songea aussi, dès la première
heure, à tirer une éclatante vengeance de tous ceux qui, pour
obéir aux ordres de son père, n'avaient point osé s'associer à
ses rancunes et seconder sa rébellion. Jean, bâtard d'Armagnac, son conseiller et premier chambellan, nommé naguère
gouverneur du Dauphiné, fut créé le 3 août maréchal de
France et reçut, entre autres gratifications, la charge de capitaine châtelain de Chabeuil (3). Le même jour, Robert de
Grammont, écuyer, obtint les châtellenies de Châteaudouble
et de Charpey, dont les revenus avaient été perçus jusque-là
par Gaubert des Massues (4). Le 24 août, le roi nommait

---

(1) Pii secundi pontificis maximi *Commentarii*. Francforti, in-f°, 1614,
p. 126.

(2) Jacques du Clercq, *Mémoires* dans Michaud et Poujoulat, t. III,
p. 633.

(3) Pilot, n° 1387.

(4) Pilot, n° 1286, Robert de Grammont, que Guy Allard dit originaire du Vellay, était auprès du dauphin dès l'année 1447. Il reçut

capitaine de Peyrins Humbert de Bathernay, jeune gentilhomme des environs de Saint-Donat, qui s'était attaché à sa
fortune, l'avait accompagné en Flandre et devait bientôt, par
sa souplesse et ses talents, acquérir richesses et honneurs.
Complétant quelques jours après cette concession, le roi donnait encore à Bathernay, avec la capitainerie de Peyrins, celles
de Beaumont et de Monteux, lui en assurant la jouissance à
lui et à ses descendants, réservant toutefois à la couronne
la faculté de rachat, moyennant la somme de 2,000 livres de
tournois (1). Notons encore la nomination faite le 3 septembre à Paris de Jean Aloys, écuyer, coseigneur de Vassieux,
aux châtellenies de Beaufort et d'Upie, pour lesquelles il
prêta serment le 24 septembre, toujours à Paris, entre les
mains du gouverneur du Dauphiné (2).

Voilà pour ceux qui obtinrent la récompense de ce que l'on
appelait leur fidèle dévouement. Quant à ceux pour qui le
retour du prince marqua le commencement de rudes épreuves, ils furent nombreux. Louis avait ordonné de les arrêter,
de mettre sous séquestre tous leurs biens, en attendant qu'on
instruisît leurs procès. Jean Baile, président du parlement,
dépossédé de sa charge, fut remplacé par Guillaume de Corbie,

---

encore de Louis XI les capitaineries de Crest, de Gigors et de Montmeyran. Il avait épousé en 1453 Clauda de Châtellard et en eut Jean
et Antoine de Grammont. Il mourut le 13 décembre 1480 et fut enseveli dans l'église de Montclar. C'est la tige de cette famille de Grammont, qu'on rencontre si souvent dans les annales du Diois.

(1) PILOT, n° 1290. Humbert de Bathernay, un des compagnons d'exil
du dauphin, épousa le 24 mars 1463 Georgette de Montchenu, fille de
Falques de Montchenu, seigneur de Châteauneuf-de-Galaure, et reçut
à cette occasion les seigneuries et baronnies du Bouchage, Brangues
Ornacieu et autres terres confisquées sur Gabriel de Roussillon, oncle
maternel de Falques. Ce personnage célèbre a maintenant son historien : MANDROT (Bernard de), *Ymbert de Batarnay*, *seigneur du Bouchage*. Paris, 1886, in-8°, IX-404 pp.

(2) PILOT, n° 1291, 1292.

qui se fit le docile instrument des vengeances royales (1). Gabriel de Roussillon, beau-frère de l'évêque de Valence, convaincu de s'être rendu, après quelques hésitations, à Grenoble où s'étaient réunis les gentilshommes royalistes et de là à St-Symphorien-d'Ozon auprès de Charles VII, fut arrêté, et renfermé dans un cachot du château de Beaurepaire, où il mourut le 27 décembre 1461. Ses services rendus au pays, notamment ses exploits à la bataille d'Anthon, n'avaient pu le mettre à couvert de la vengeance royale (2). Cette vengeance poursuivit même au-delà du tombeau quelques-uns de ces prétendus coupables. Guillaume de Poitiers, seigneur de Barry et de Soyans, qui trouva une mort glorieuse au siège de Gênes fut du nombre des victimes. On fit un procès à sa mémoire et il fut condamné comme traître le 24 avril 1464 (3). Ses biens, préalablement confisqués, avaient été mis sous la garde de François d'Urre, un des favoris de Louis XI, à qui ce prince les donna le 27 juin de cette même année, par une lettre dans laquelle il rappelle les services que ce seigneur et Catherine de Blou, sa femme, lui ont rendus « tant ès pays de Dauphiné, Flandres et Brabant que ailleurs (4). » François d'Urre acquit de la sorte Barry, Vercheny, Soyans, Truinas, Auriple, Chastel-Arnaud, Egluy, Pontaix et Quint. Cette donation en fit pour un moment un des grands seigneurs du pays, car dans l'acte d'hommage qu'il prêta à la Chambre des Comptes le 17 septembre, nous le voyons fournir le dénombrement de beaucoup de fiefs, autres que les précédents, Urre, Montlaur, La Vache, etc.

---

(1) CHORIER, t. II, p. 463.

(2) CHORIER, t. II, p. 465.

(3) CHORIER, t. II, p. 468.

(4) Archives de l'Isère, B, 3049, f° 100-1. Cf. notre *Essai hist. sur Die.*, t. II, p. 422.

(A suivre)   JULES CHEVALIER

LES IMPRIMEURS ET LES JOURNAUX
A VALENCE

(Suite. — Voir les 133ᵉ à 136ᵉ livraisons

MARC-AUREL

Une notice imprimée fait descendre la famille Aurel des Marcorelle, imprimeurs lyonnais estimés du xviᵉ siècle (1).

Pierre, le premier Valentinois d'adoption, naquit à Castel, près de Toulouse, vers 1739, et ouvrit une librairie dans notre ville en 1765, avec l'autorisation du parlement de Grenoble.

MM. de Beausset, de Coston, Delacroix vantent son esprit et son instruction, et ces deux qualités lui valurent l'amitié de Bonaparte (2), simple lieutenant d'artillerie, qui allait, chaque jour, travailler dans la bibliothèque du libraire, alors installée au rez-de-chaussée des maisons Faure et Pellerin, à l'angle de la place des Clercs et de la Grand'Rue, tout à côté de la maison Bou.

M. Ageron, l'artiste Valentinois bien connu, a repro-

---

(1) *Bulletin de la Société d'Archéologie*, t. XV. *L'imprimerie et la presse Valentinoise*, par M. A. Lacroix.

(2) *Biographie des premières années de Napoléon Bonaparte*, de Coston. — *Statistique de la Drôme*, Delacroix. — *Mémoires*, de Beausset.

duit récemment cet épisode du séjour de Bonaparte à Valence dans un tableau de charmante composition.

Panckouke confia à Marc-Aurel l'impression de quelques volumes.

Pendant la disette de 1790, Pierre Aurel déploya beaucoup de zèle et d'activité pour approvisionner la ville, il contracta même une maladie qui l'emporta, à 54 ans, le 2 septembre 1793.

Joseph-Emmanuel, né à Valence le 13 janvier 1775, d'abord imprimeur de l'armée d'opération contre Toulon et ensuite de l'armée navale, 8 floréal an II, fut rappelé dans sa famille à la mort de son père. C'est vers ce temps, 1er germinal an II (20 mars 1794), que Madeleine Vernet acquit de la nation, au prix de 46,000 livres, la maison des Têtes et partie du jardin confisqués à Louis-François de Marquet, émigré.

Le rapport d'experts désigne clairement l'immeuble entre la Grand'Rue et les maisons Muguet et Viret (1).

Pierre Aurel avait épousé Madeleine Vernet. De ce mariage naquirent : 1° Pierre, capitaine de frégate, tué par un boulet devant Malte ; 2° Auguste, imprimeur à Toulon, chevalier de la Légion d'honneur, commandant la garde nationale de cette ville ; 3° Joseph-Marc-Emmanuel ci-dessus et deux filles mariées, l'une à Brest, à un officier de marine, et, l'autre à Avignon, à M. Bernard dit Bonnet, également typographe.

Pierre Aurel avait commencé par s'installer sur la place des Clercs, dans une échoppe adossée aux murs du chœur de St-Apollinaire. Il était alors libraire. En

---

(1) Muguet, après avoir vendu sa maison, rue de l'Equerre, aux Ursulines, était venu s'installer dans la Grand'Rue.

1789, il obtint l'autorisation de fonder une seconde imprimerie. Le 1ᵉʳ janvier 1793, il avait fait paraître un journal politique intitulé *La vérité au peuple,* dont l'étoile subit plusieurs éclipses. Les 31 numéros parus de 1793 à 1797 sont d'une rareté excessive.

L'imprimerie Marc-Aurel fonctionnait, depuis plusieurs années, dans la maison des Têtes, lorsque de Sucy, un Valentinois illustre, appela Joseph-Marc-Emmanuel, d'après les ordres de Bonaparte, en qualité d'imprimeur en chef de l'armée d'Egypte. Il partit de Toulon sur le vaisseau-amiral l'Orient et publia, sous forme d'affiche pendant la traversée, la proclamation du 4 thermidor an IV.

Bien qu'installés en 48 heures sur la terre des Pharaons, les presses de M. Aurel ne travaillèrent peut-être pas dans la cité conquise, car elles furent dirigées sur le Caire, où, dès le 8 thermidor, il composait le premier ordre du jour imprimé en Egypte.

Monge, Berthollet, Fourier et les autres savants de l'expédition, groupés autour de la casse, dans un recueillement presque religieux, suivaient le progrès de son œuvre (1).

« La première épreuve sortie de dessous la presse,
« leurs transports éclatèrent, ils l'arrachèrent à Marc-
« Aurel, aussi ému qu'eux-mêmes, pour la lire, la con-
« templer comme s'il se fût agi d'une chose qu'ils
« n'avaient jamais vue, puis ils s'élancèrent au dehors
« en l'agitant au-dessus de leurs têtes aux cris répétés
« de Vive la France ! » (2)

---

(1) Notice imprimée sur la famille Marc-Aurel. Archives de la Drôme.

(2) Voir Rochas, *Biographie du Dauphiné, Verbo Aurel.*

L'art merveilleux de Gutenberg venait de se révéler à l'antique civilisation des Sésostris et des constructeurs des pyramides.

Le *Courrier d'Egypte,* 12 fructidor an VI, et la *Décade Egyptienne,* 10 vendémiaire an VII, dus à l'initiative de notre compatriote, ne tardèrent pas à faire connaître à la mère-patrie les victoires de ses enfants.

Marc-Aurel resta en Egypte jusqu'au 28 floréal an VIII et céda son imprimerie au gouvernement après le départ de Bonaparte.

Rentré dans sa ville natale, il fonda le *Journal de la Drôme,* feuille hebdomadaire depuis son apparition, le 3 juin 1809, et ensuite bi-hebdomadaire, que la Restauration attribua, en 1815, à M. Joland, chez lequel, en 1838, elle cessa d'être politique et se transforma, en 1848, en devenant le *Républicain* et ensuite la *Constitution,* pour reprendre son titre peu de temps après.

Privé de son journal, Marc-Aurel continua de publier une feuille d'affiches, de 1805 à 1828, malgré la feuille similaire créée par Montal en 1821. En 1823, il réédita les *Tablettes de la Drôme,* de Dourille, mortes à leur septième numéro, et créa, en 1832, le *Courrier de la Drôme et de l'Ardèche* à partir du 1ᵉʳ mai, paraissant trois fois par semaine et ensuite quotidien depuis 1852. Ce journal a été remplacé par *l'Ordre et la Liberté.*

M. Marc-Aurel mourut à Avignon le 21 septembre 1834. De ses trois fils, deux Jules et Edouard ont suivi avec succès la carrière paternelle.

1834, Aurel Louis-Jules.

1835, les deux frères associés.

1838, Edouard Marc-Aurel seul (1).

---

(1) Archives de la Drôme, dossier du personnel des imprimeurs.

Bibliographie de l'imprimerie de Pierre Aurel.

Discours sur la conservation des districts de la Drôme, du 24 novembre 1790, par Fayard, syndic du directoire du département de la Drôme, in-8°, pp. 28.

Curé de Montélimar (le), l'abbé Courtois dit de Courgeux. Discours prononcé par M*** le 30 janvier 1791, après avoir prêté le serment ordonné par le décret du 27 novembre 1790 (1).

Avis du Directoire du département de la Drôme, 24 juin 1791, signé Desjacques, vice-président. « Les « ennemis de la patrie viennent d'enlever le roi et sa « famille, que chacun de nous continue à respecter les « lois et à se soumettre à leur empire. Amis de l'ordre, « montrons que nous sommes dignes de cette consti- « tution sublime faite pour les hommes qui ne veulent « que la liberté, l'égalité et la paix. »

Arrêté du Directoire du département de la Drôme, 8 février 1792. Droit des patentes.

Discours prononcé par M. Boveron-Pontignac, commandant de la garde nationale de Valence. Remerciements à ses compatriotes de l'honneur qu'ils daignent lui faire en l'élevant au grade de commandant.

Extrait du registre des délibérations du Directoire du département de la Drôme, 29 mars 1792. Indemnité à accorder aux jurés.

Extrait des registres des délibérations du Directoire du département de la Drôme, 29 mai 1792. Adresse du Directoire du département de la Drôme à l'Assemblée nationale, 24 juin 1792, porte les signatures de Pey, vice-président ; Melleret, Brun, Rouvière, Urtin, Duclos, Payan, Aymé, procureur général syndic : « La « patrie en danger ; les ennemis de l'intérieur, ligués

---

(1) *Anonymes et pseudonymes Dauphinois*, par E. Maignien, p. 82. — Bibliographie de M. E. Maignien.

« avec les rebelles de Coblentz, multiplient leurs trames
« criminelles ; la révolution est faite dans les esprits ;
« le peuple périra tout entier plutôt que de perdre la
« constitution et la liberté. »

Extrait du procès-verbal des séances du Conseil du
département de la Drôme, 27 juillet 1792. « Les chefs
« et les commis des bureaux du Directoire viennent
« renouveler le serment de fidélité à la Constitution et
« sollicitent la réintégration de MM. Arbod et Antelme
« dans leurs places de commis, lorsque la patrie aura
« été déclarée n'être plus en danger. »

Société des surveillants de Valence. Constitution de
ladite société établie à Valence le 11 février 1791. 33
articles constitutionnels et règlementaires. In-8°, 16 pp.

Rapport fait à la société des frères surveillants de
Valence, 13 février 1791, par son comité de correspondance.

Installation de la surveillance à Loriol, in-4°, 4 pp.,
signatures d'Allier, Legracieux, Odon, Blachette.

Serment adopté par les amis de la Constitution, société séante à Valence. La société se composant de
230 membres, avril 1791.

Lettre pastorale de M. l'Evêque du département de
la Drôme (François Marbos), relative à son élection
(18 mai 1791), in-4°, 13 pp.

Extrait du registre des arrêtés du département de la
Drôme, du 11 août 1792, in-folio, placard sur trois
colonnes. Surveillance de la correspondance. Toutes
lettres partant de l'intérieur et adressées aux émigrés
seront arrêtées. Suit une liste des journaux qui ne peuvent circuler dans le département de la Drôme.

Avis à la société des surveillants de la Drôme, signature de Payan, président ; Arbod, secrétaire. La séance
devait avoir lieu dans la salle des ci-devant Cordeliers.

Lettre des commissaires de l'armée, imprimée et envoyée aux 83 départements et aux armées, par ordre de
l'Assemblée nationale, 15 août 1792.

Extrait du procès-verbal des séances du Conseil du département de la Drôme; Freycinet, président, adresse à l'Assemblée nationale.

Extrait des arrêtés du Conseil d'administration du département de la Drôme, 24 août 1792. Une compagnie de gardes nationaux de la commune de Quissac (Gard) demande à défiler en armes dans la salle du Conseil.

Adresse des électeurs du département de la Drôme à l'Assemblée nationale, signée Marc-Antoine Jullien, président ; Joseph-François Payan, secrétaire, 4 septembre 1792, l'an IV de la liberté, le Ier de l'égalité. In-4°, 4 pp.

Discours prononcé à l'Assemblée électorale du département de la Drôme, des 4 et 5 septembre 1792, par Marc-Antoine Jullien, président de l'Assemblée, nommé premier député du département de la Drôme à la Convention nationale. In-4°, 4 pp.

7 septembre 1792. Extrait du procès-verbal des séances de l'Assemblée électorale du département de la Drôme.

Circulaire des administrateurs du département de la Drôme aux officiers municipaux.

Discours du citoyen Claude Payan, administrateur du département de la Drôme, aux gardes nationales marseillaises, 9 octobre 1792.

Un bataillon de gardes nationales de Marseille, parti de Paris le 16 septembre, arriva à Valence le 9 octobre. On lui offrit une couronne civique en reconnaissance des services signalés qu'il avait rendus à la République du 10 août. Formation d'un nouveau bataillon de gardes nationales destiné à l'armée des Pyrénées. Arrêté du Conseil en permanence.

Renouvellement des corps administratifs et judiciaires. Invitation aux Assemblées primaires d'émettre leurs vœux sur l'abolition de la royauté, 9 novembre 1792.

Extrait du procès-verbal des séances du Conseil du département de la Drôme.

Suspension de la municipalité d'Etoile, district de Valence, pour n'avoir pas dénoncé trois citoyens émigrés et rebelles aux lois, qui sont les sieurs Roux La Montagnière et les deux frères Dupont.

Défense du peuple anglais, sur le jugement et la condamnation de Charles Ier, roi d'Angleterre, par Milton. Réimprimée aux frais des administrateurs du département de la Drôme. In-8°, 100 pp. (à 1,000 exemplaires) (1).

Extrait du procès-verbal des séances du Conseil général du département de la Drôme (19 décembre 1792). Suppression de la feuille intitulée *Le Perlet*, qui ne pourra circuler dans toute l'étendue du département de la Drôme. Journal entaché de royalisme et pouvant corrompre le civisme des citoyens.

Adresse du Directoire du département de la Drôme à l'Assemblée nationale. Signature de Desjacques, vice-président ; Sibeud, Pey, Rouvière, etc.

Extrait du procès-verbal des séances du Conseil permanent de la Drôme, 1er janvier 1793. Dépenses d'administration du département.

Fournitures de guêtres pour les défenseurs de la patrie. Extrait du registre des arrêtés du département de la Drôme, 12 février 1793, l'an II de la République Française.

Extrait du registre des arrêtés du Directoire du département de la Drôme, 21 février 1793, relatif aux déserteurs.

Fournitures d'habillements pour les défenseurs de la patrie, 13 mars 1793.

Arrêté du Directoire du département : zèle civique pour le recrutement, 20 mars 1793. Lettre de J. Monier, capitaine des grenadiers de la ville de Tain.

---

(1) J'en possède un exemplaire imprimé chez Bénistant.

Compte plus de 100 défenseurs. La France, père de cinq garçons au service.

Liste des jurés de jugement formée pour le second trimestre de l'année 1793, par le procureur général syndic du département de la Drôme, 28 mars 1793.

Extrait du registre des arrêtés du Directoire du département. Mesures de sûreté générale. Il sera levé deux compagnies de volontaires.

Prohibition de la vente du numéraire, 24 mai 1793.

Extrait du procès-verbal des séances du Conseil du département de la Drôme, 18 juin 1793 ; adresse aux habitants du département ; on leur demande d'émettre leurs vœux sur les événements de Paris des 31 mai, 1er et 2 juin.

20 juin 1793. Extrait du registre des délibérations de l'Assemblée générale de la section de Valence : « Les « citoyens de Valence jurent à la face du ciel qu'ils « veulent la liberté, l'égalité, la R. F., que les per- « sonnes et les propriétés soient respectées, et l'anar- « chie terrassée. Reconnaissent que la Convention « nationale a cessé d'être libre depuis le 31 mai. »

Tableau des mercuriales de différents marchés à fournir par la direction des districts.

Discours, relatif aux événements du 31 mai, des 1er et 2 juin, par le citoyen Revol, député de la société républicaine de Romans, dans l'assemblée des 42 sociétés populaires de la Drôme, du Gard, des Bouches-du-Rhône et de l'Ardèche, réunies à Valence le 24 juin 1793. Imprimé d'après le vœu unanime de l'Assemblée. In-4°, 8 pp.

Discours du citoyen Moulinet à l'Assemblée primaire de St-Nicolas de Romans. Adresse à la Convention nationale.

Mesures de sûreté générale. Réunion des députés des sept districts du ressort.

Secours à accorder aux familles des soldats citoyens au service de la République.

Séance du 21 août 1793 : « par suite des dangers qui « menacent le département de l'Isère et celui du Mont-« Blanc, les 10,000 hommes des gardes nationales du « département se tiendront prêts à partir au premier « ordre. »

Liberté, égalité ou la mort. Adresse de la société populaire de Valence à la Convention, 1ᵉʳ septembre 1793 ; signatures de Forest, président ; Tourrette, Lasserre, Urtin.

Certificats de civisme. 6 septembre 1793.

Extrait du procès-verbal des séances du Conseil du département de la Drôme en permanence ; séance publique du 6 septembre 1793, l'an II de la République Française, en présence du citoyen Boisset, représentant du peuple, délégué par la Convention nationale. Sur les subsistances. Toutes les armes de calibre devront être déposées à la maison commune ; les citoyens Armand et Bernard sont chargés de faire fabriquer les bannières nécessaires aux bataillons qui doivent être organisés dans chaque district.

Imprimerie de la veuve Aurel.

Extrait du procès-verbal des séances du Conseil du département en permanence, 26 et 29 septembre 1793. Discours du citoyen Albitte, représentant du peuple, sur la nécessité de porter des forces considérables vers Toulon, à l'effet d'expulser les satellites des despotes d'Angleterre et d'Espagne.

Séance du 29 septembre 1793. Le prix de tous les grains, versés en vertu des réquisitions dans les magasins des subsistances militaires, est fixé à 14 livres le quintal de blé.

Exécution de la loi concernant les personnes suspectes. Extrait du procès-verbal des séances du Conseil du département de la Drôme en permanence, 2 octobre 1793, en présence du citoyen Beauchamp, représentant du peuple, délégué dans le département de la Drôme.

Sur la dénonciation d'Imbart, brigadier de la gendarmerie nationale de Die; Chevandier, ci-devant administrateur du Directoire de Die, et Thevenon, greffier du tribunal du district criminel, sont mis en état d'accusation.

Adresse de la société républico-populaire de Bourg-lès-Valence à tous les comités de surveillance de la République, 27 brumaire an II, 17 novembre 1793. Mesures de sûreté générale.

Extrait du procès-verbal du Conseil du département de la Drôme, 24 frimaire an II, 14 décembre 1793. Tous les maîtres de poste aux chevaux sont responsables des retards que pourraient éprouver les courriers par leur faute ou par celle des postillons.

Discours du Président du Conseil du département sur les vainqueurs de Toulon. Demande qu'il soit élevé, au Champ-de-Mars, un autel à la patrie. Sur les trois faces, on lira ces mots : « Aux vainqueurs des forces « combinées d'Angleterre, d'Espagne et d'Italie. » Adopté.

Extrait du registre des arrêtés de l'administration du département de la Drôme, 21 nivôse an II de la République U. I. 10 janvier 1794, in-folio, placard sur deux colonnes.

« Considérant que Lenoir La Roche, ci-devant avo-
« cat au ci-devant parlement de Grenoble, est un des
« rédacteurs du journal *Le Perlet*, etc., arrête que la
« calomnie tacite de ce rédacteur sera dénoncée à la
« France entière. »

Cette feuille n'avait point fait mention honorable du bataillon de la Drôme au siège de Toulon.

- Morale d'un vrai sans-culotte, dont l'impression a été ordonnée par la société populaire de Valence. 25 nivôse an II de la R. F. U. I. 14 janvier 1794. In-8°. Brochure anti-religieuse.

Adresse de la société populaire de Bourg-lès-Valence à la Convention nationale.

Discours de Veyre, au sujet du départ de Claude Payan, appelé au Comité de salut public, 5 germinal an II.

Adresse de la société populaire de Valence et du ci-devant Bourg-lès-Valence à la Convention : « La « patrie est en danger ; exterminer les scélérats de « l'intérieur. »

Translation de l'hôpital militaire. Service des prisons. 19 avril 1794.

Dialogue patriotique, lu au temple de la raison, par le rapporteur du Comité d'instruction publique de la société populaire de Valence, 10 floréal an II de la République une et indivisible. Imprimé d'après un arrêté de cette société, pour être distribué aux habitants des campagnes (1).

> O vous, que j'aime et que j'honore,
> Des campagnes bons habitants !
> On voudrait vous tromper encore,
> Mais attendez jusqu'au printemps ;
> Quand vous verrez les blés renaître,
> Quand vous verrez la vigne en fleur,
> Avec nous, vous direz en chœur :
> Et tout ça vient pourtant sans prêtre *(bis)*. (1)

In-12, 21 pp. et 4 n. chiff.

Liberté, égalité. Victoire des armées des Pyrénées-Orientales et d'Italie. Extrait de plusieurs lettres imprimées par arrêté de la société populaire de Valence, 5 mai 1794, pour être envoyées à toutes les sociétés du département de la Drôme et des départements voisins.

Extrait des registres de la société républico-populaire de Valence et du ci-devant Bourg-lès-Valence. Séance du 20 floréal an II de la République Française une et˙

---

(1) *Annales Valentinoises*, par M. Villard, p. 186.

(2) Il y eut cependant une disette à Valence cette année-là (ib.), l'établissement d'une fête en l'honneur de l'Etre suprême et la journée du 9 *thermidor*.

indivisible, démocratique, impérissable et du supplice du tyran, 9 mai 1794. « Que de gouvernements sont « tombés qui se croyaient établis pour une longue « durée ! »

Tous les jeunes gens de la première réquisition devront se rendre aux armées de la République. 10 mai 1794.

Extrait du registre des arrêtés de l'administration du département de la Drôme, 28 floréal an II de la R. F. U. I. 17 mai 1794.

Mesures à prendre pour assurer la prompte expédition des affaires.

Déclaration patriotique faite par les députés des sociétés populaires de Montélimar, Loriol et Valence, auprès du représentant du peuple Albitte, du 14 préréal (*sic*) an II, 2 juin 1794, in-4°, 3 pp. Scission momentanée entre ces sociétés : « Echange du baiser fraternel « entre tous les patriotes députés comme une preuve « de l'oubli de ces différends. »

Extrait du procès-verbal des séances de l'administration du département de la Drôme, séance publique du 24 préréal (*sic*) an II, 12 juin 1794, au sujet des biens séquestrés dont les fermiers jouissaient par tacite reconduction.

Tableau des jeunes citoyens du district de Valence envoyés à Paris par l'agent national sous le nom d'élèves de Mars, en conformité du décret du 13 préréal (*sic*). Suit ce tableau. L'agent national, Royannez.

(A continuer.)   Léon EMBLARD.

LES NOTAIRES PIÉMONT

ET LA

FAMILLE DE NULLI DE FRIZE

DE SAINT-ANTOINE

(Suite. — Voir les 133ᵉ à 136ᵉ livr.)

X. — Date de l'anoblissement de la famille de Frize.

En 1599, pour satisfaire à l'ordonnance de Sa Majesté, la communauté de St-Antoine « commit » son secrétaire, Eustache Piémont, pour « faire la recherche... et dresser l'estat de tous ceux qui s'estoient anoblis dez l'an 1518, ou qui se sont exemptez des tailles et par quel moyen... et en faire le cayer. » Ce qu'il fit « en diligence ». Or Piémont, après avoir achevé ce travail fait avec soin et « diligence », déclare officiellement que « en l'an 1450, l'an de la dernière et générale revision des feux en Daulphiné, il n'y avoit de *noble* en la ville de St-Antoine que noble Pierre de Bourchenu (1). » Jean de Nulli n'était donc pas encore anobli en 1446.

De son côté, M. H. de Terrebasse nous dit, en parlant de la famille de Monteux, « que sa noblesse n'est point contestable ; car à défaut de titres anciens, elle est établie *par l'exercice même de la charge de médecin et conseiller*

_____

(1) *Mémoires...*, p. 468-9.

du roi (1). » Il faudrait donc admettre, même « à défaut de titres anciens », la noblesse de la famille de Frize, au moins depuis Louis XI, s'il était démontré que Jean de Nulli eût été le barbier de ce monarque. Or, une seule chose est démontrée, c'est que les deux Jean de Nulli, père et fils, exerçaient la profession de barbier sous le règne de Louis XI (1461-1483); mais jusqu'ici, en dehors de la prétention élevée, dit-on, par François de Frize en 1619, rien ne démontre les services rendus par les Nulli de St-Antoine à la personne du roi de France.

Nous sommes donc autorisé à voir dans le surnom de « Frize », du moins pendant un siècle et demi, non pas un titre de noblesse, légalement concédé et légitimement porté, mais un qualificatif quelconque, semblable à ceux que portaient et portent encore un grand nombre de familles.

Sans attacher une trop grande importance à la particule, nous ferons cependant remarquer que tous les membres de cette famille se sont invariablement appelés « de Nulli dict Frise » et que François, le premier qui prit le nom de « *de* Frize », ne fit cette innovation, sans doute à la faveur des troubles de cette époque, que vers l'année 1563 (2). Ce déterminatif qui témoigne d'une certaine ambition dans ceux qui l'usurpaient, est dès lors attribué communément à toute la famille, sans que pour cela ses membres aient officiellement pris rang dans la noblesse.

---

(1) *La vie et les œuvres de Jérôme de Monteux, médecin et conseiller des rois Henri II et François II*, p. 43. In-12, 1889.

(2) L'acte original le plus ancien où nous ayons trouvé le nom de « François de Frize » est daté du 12 sept. de cette année. Parch. aux *Archives de l'Abbaye de St-Antoine.*

Il passa d'autant plus facilement dans le langage que, à cette même époque, « le moulin de Bayef » devenait « le moulin de Frize ».

Quant au titre de « noble », sur une cinquantaine d'actes notariés du XVIᵉ siècle relatifs à cette famille, nous l'avons bien rencontré deux fois précédant le nom de Nulli (1); mais cette qualification est trop exceptionnelle pour tirer à conséquence. Eustache Piémont, si exact dans l'usage des formules, ne l'emploie qu'une seule fois, en l'année 1574, en parlant de la « veuve de *noble* Clément de Frize » (2). Ces deux exceptions ne sauraient suffire à renverser notre thèse ; elles prouveraient seulement que François de Nulli — ou peut-être déjà son père — avait fait une première démarche pour obtenir l'anoblissement de sa famille. Le parlement l'aurait accordé, à la condition ordinaire, que la communauté intéressée y consentît. Mais la ville de St-Antoine, loin d'y prêter la main, s'y opposa énergiquement et pendant de longues années, pour le motif que nous allons voir. Toutefois cette obtention, si imparfaite qu'elle fût, ne suffisait-elle pas aux sieurs de Nulli pour prendre le titre qu'ils ambitionnaient ? Nous le croyons : ils affectaient de le prendre. Quelques-uns, pour leur complaire, les en décoraient volontiers : car, il faut bien le dire, dès le XVᵉ siècle la famille de Nulli jouissait d'une certaine considération, qui grandit encore au

---

(1) Du 28 juin 1532 : « Transaction faicte entre noble Guigon Chapponays et *nobles* François et Robert de Nully de Sainct Anthoyne », au sujet d'une terre à St-Bonnet de Valclérieux, par l'arbitrage de « noble et egrege personnaige monsʳ messire Aymar Falque, docteur en chescun droit, vicaire de rev. sgr M. l'abbé de St-Anthoine en Viennois..... » Papier de l'époque aux *Arch. de l'Abbaye de St-Antoine.*

(2) Cet acte sera cité plus loin.

siècle suivant : Pierre de Frize, montrant la voie à son fils, était entré au barreau de St-Marcellin ; lui et Clément son frère, engagés dans le parti de la réforme, s'agitaient et faisaient parler d'eux. Ils étaient à St-Antoine les personnages les plus en vue. Dès lors, comment s'étonner que le titre qu'ils caressaient leur fût parfois attribué ?

Mais cela ne leur suffisait pas : ils voulaient à tout prix obtenir l'enregistrement de leurs lettres de noblesse. Le principal mobile qui les poussaient, c'était l'intérêt.

Pendant toute la période des guerres de religion (1562-1598) la province du Dauphiné fut surchargée d'impositions de toute sorte. Une simple citation des *Mémoires* de Piémont suffira pour nous en donner une idée : ils nous apprennent qu'en treize années et demy (1585-1598) les habitants de St-Antoine payèrent 76,784 écus pour les tailles et autres contributions de guerre. En une seule fois on avait levé la taille énorme de 45 écus 30 sols par feu (1). C'était vraiment intolérable, et le peuple approchait de sa ruine.

Les nobles — dont la noblesse était légalement reconnue et enregistrée — étaient exemptés des tailles : aussi bien l'on comprend l'ardent désir des Frize pour obtenir leur anoblissement définitif. Mais d'un autre côté, l'opposition persistante de la communauté, appuyée elle aussi sur ce même motif d'intérêt, n'a rien qui nous doive étonner, car la quote-part d'impôts du nouvel anobli allait retomber sur les autres habitants.

Ce refus obstiné irrita les sieurs de Frize : ils se vengèrent en persécutant leurs compatriotes, dont ils devinrent les pires ennemis pendant un demi-siècle ; ils

---

(1) *Mémoires*, p. 469 et 286.

voulaient arriver à leurs fins et forcer les mains aux opposants. Ceux-ci tinrent bon contre leurs violences. Enfin, en décembre 1591, François de Frize crut avoir l'occasion favorable. La ville, épuisée par les tailles précédemment levées et sérieusement endettée, ne savait comment se libérer de la compagnie de M. de Briquemault à qui elle devait la somme de 2,262 écus : il s'agissait, pour éviter de nouvelles charges, de payer au plus tôt ce terrible créancier. C'est alors que le sieur de Frize offrit la somme de mille écus. La communauté, réduite à cette extrémité, accepta avec bonheur les écus sonnants ; elle promettait en retour de donner le consentement qui lui était demandé depuis si longtemps (1). Les consuls exécutèrent cette promesse dix-huit mois après (13 juin 1593).

Il est donc bien établi que la noblesse légale de la famille de Frize ne date point du règne de Louis XI, mais seulement de l'année 1593.

Que faut-il donc penser de la prétention de François de Frize rapportée par l'*Armorial de Dauphiné ?*

Citons d'abord le texte dont il s'agit : « On lit dans un mémoire des consuls et habitants de St-Antoine, publié en 1619, que François de Frize prétendait tirer sa noblesse de l'estoc d'un certain Jean de Nully (*alias* Frize), barbier du roi Louis XI, et anobli par ce prince l'an 1482 (2). »

N'ayant pas rencontré ce « mémoire des consuls », nous ne pouvons pas juger de ce qu'il contenait, Il nous semble néanmoins peu vraisemblable que François de Frize eût osé, à cette époque, invoquer en sa faveur la

---

(1) *Mémoires d'Eust. Piémond*, p. 286-7.
(2) *Armorial...*, p. 246.

noblesse légale de ses ancêtres. En effet, s'il se fût réclamé de l'ancienneté de cette distinction dans sa famille, les consuls n'auraient pas manqué de rappeler aù sieur de Frize les faits encore récents que nous venons de rapporter, et que personne n'ignorait à St-Antoine (1). D'autre part, comment admettre que Louis XI avait accordé ce privilège aux Nulli, pour récompenser des services rendus à sa personne, et qu'il eût été loisible à la communauté de St-Antoine de s'opposer à la volonté de ce monarque autoritaire ?

Quelles furent les armes choisies par les Frize devenus nobles ? L'auteur de l'*Armorial de Dauphiné* ne les indi-

---

(1) En avril 1620, François de Frize demande à la Chambre de l'Edit de Grenoble, que expédition lui soit faite dans huit jours : 1º de la procuration (reçue par feu Mᵉ Eust. Piémont) passée par les consuls et communauté de St-Antoine à feu Mᵉ André Chaboud « pour acquiescer et consentir à l'enterinement des lettres de noblesse du suppliant, en date du 13 juin 1593 » ; 2º de la « quittance de 30 escus pour reste de *unze cents,* passée par lad. communauté au suppliant, reçue par feu Mᵉ Eust. Piemont. Desquelz actes il est expédient au suppliant d'avoir une expédition pour lui servir aux affaires qu'il a et procès avec lad. communaulté. » *Minutes* d'Eust. Piémont, gr. vol. de 1592, fol. 72, en marge. — Cette « quittance de 30 escus d'or sol » fut passée le 17 septembre 1592 par les consuls de St-Antoine a Mᵉ François de Frize, de St-Marcellin, absent, « par les mains du sieur *Pierre de Frize, son frère,* cy présent. » *Ibid.*

Il est donc manifeste qu'en 1620 l'on n'avait pas encore oublié à St-Antoine la date récente de l'anoblissement de François de Frize ; dès lors comment aurait-il pu invoquer en sa faveur la possession de plus d'un siècle ?

Il faut observer que François de Frize avait offert *mille* écus, tandis que la dernière quittance parle de « unze cents ». Il n'est point invraisemblable que les consuls, si peu pressés de tenir la promesse faite au nom de la ville, n'aient exigé encore cent écus pour prix de leur désistement.

que pas; il se demande si elles étaient celles-là mêmes que les Piémont adoptèrent un siècle plus tard, en devenant les « Piémont de Frize » (1). Nous ne saurions encore donner une solution à ce doute.

Reprenons la généalogie des Nulli.

XI. — FRANÇOIS DE FRIZE, PREMIER DU NOM, ET ROBERT.

A partir de l'année 1528, plusieurs actes parlent de deux frères *François et Robert de Nulli, dits Frize.* Aucun document ne nous permet d'affirmer catégoriquement s'ils descendaient de Jean ou de Guillaume son frère, car la revendication de noblesse prêtée à François de Frize pourrait se rapporter également aux deux Jean de Nulli, père et fils. Néanmoins le frère de Guillaume se trouvant plus souvent nommé dans les documents cités plus haut, paraît jouir d'une sorte de prépondérance, que nous fai-sons volontiers reposer sur la famille dont il est entouré ; de plus et surtout, comme l'on trouve la mention, à l'année 1521, de « la terre des héritiers de M⁰ Jean de Nulli, *alias* Frize » (2), il nous semble impossible de ne pas reconnaître dans ces « héritiers » François et Robert de Nulli.

Dans la plupart des actes (1528-51) qui mentionnent les deux frères, bourgeois de St-Antoine, Robert joue un rôle secondaire relativement à François, qui apparaît tou-jours le premier et semble diriger leurs communes entre-

---

(1) D'après l'*Armorial*, p. 523, cette famille portait : « d'azur au chevron d'or, accompagné en pointe d'un croissant d'argent, au chef de même, chargé de trois cerises de gueules, tigées de sinople. »

(2) *Arch. du Rhône*, fonds de St-Antoine, cart. 78, Fondations et tes-taments, p. 16.

prises. Nous avons rencontré une dernière fois le nom de Robert au 7 mars 1551 (1). Il semble n'avoir pas laissé de postérité.

Quelques écrivains ont erré en ne distinguant pas deux personnages du nom de François de Frize, l'aïeul et le petit-fils. En conséquence de cette confusion, ils nous montrent le même homme à la tête de ses affaires dès 1528 et vivant encore en 1619 !

Le premier qui ait porté ce nom est le frère de Robert, dont nous venons de parler. Les acquisitions de propriétés qu'il fit entre les années 1528 et 1545, au mandement de Montrigaud, au lieu dit « la forest, *apud Forestam* », amenèrent l'établissement en ce lieu de son fils Antoine. Ce fut là également l'origine du surnom de « la Forest », porté dès la fin du siècle par les Frize de Montrigaud (2).

François de Nulli, dit Frize, passa les dernières années de sa vie loin de Saint-Antoine. De 1560 à 1563, il habitait Chevrières, dont il était bourgeois, « chastellain et cappitaine. »

Avait-il embrassé la religion réformée ? Si nous ne pouvons répondre d'une manière certaine, il nous est du moins impossible de relever contre lui, non plus que contre son fils Antoine, aucun acte notoire de fanatisme.

Il laissa plusieurs descendants : Clément, dont les enfants s'établirent à Chevrières, Antoine et le terrible Pierre de Frize, qui habita à St-Antoine la maison paternelle.

Nous allons donner la généalogie des deux premiers ; nous reviendrons ensuite à Pierre, qui nous occupera plus longtemps.

---

(1) Parch. aux *Arch. de l'Abbaye de St-Antoine.*

(2) Nous empruntons ces détails sur les Frize de Montrigaud à une liasse de parchemins appartenant à l'Abbaye de St-Antoine.

XII. — LES FRIZE DE CHEVRIÈRES ET DE MONTRIGAUD.

Certains actes nomment un CLÉMENT DE FRIZE parmi les misérables qui, le 20 juin 1562, « mirent en pièces la grande châsse en argent doré de saint Antoine (1). » Cet acte de fanatisme suffit à lui seul pour nous faire apprécier comme il convient ce sinistre personnage. Aucun document ne nous a révélé d'une façon explicite le lien de parenté qui le rattache aux autres Frize : toutefois plusieurs détails historiques nous permettent de suppléer avec certitude au silence des actes. En effet, nous savons que, à la date du 7 mars 1574, Antoinette Ode, veuve de *noble* Clément de Frize, était mère et *tutrice* d'Abraham, Jérémie et Anne de Frize (2). Ces trois enfants de feu Clément de Frize étaient donc alors en âge de « pupillarité. » Si maintenant l'on se rappelle que Robert de Nulli ne laissa point de postérité, et si l'on rapproche l'âge de ces pupilles et celui du fils aîné de Pierre de Frize, l'on ne peut échapper à cette conséquence que Clément était, comme Pierre et Antoine, neveu de Robert et fils de François (3).

---

(1) Cf. Dom Hipp. DIJON, *Le bourg et l'abbaye de St-Antoine pendant les guerres de religion et de la ligue (1562-1597)*, p. 26. In-8°, 1900. Librairie dauphinoise.

(2) *Minutes* d'Eust. PIÉMONT, petit vol. de 1574, fol. 61. — François de Frize est présent à cet acte.

(3) Nous avons trouvé la mention d'une « transaction entre Pierre, Clément et Antoine de Frize ». *Arch. de l'Abbaye.* — De cette mention aussi peu explicite, on ne peut rien conclure de certain. Néanmoins serait-il impossible d'y voir une confirmation de ce que nous disons, que ces trois personnages étaient frères ? Et l'ordre dans lequel les noms sont placés — et qui généralement n'est pas fortuit dans les actes — ne pourrait-il pas être celui de leur primogéniture ?

Anne de Frize, fille de Clément, épousa Mᵉ Daniel de Leris (*alias* Leyris), docteur en droit, de Villeneuve de Bel (1). Abraham et Jérémie habitaient le mandement de Chevrières, où ils prirent le nom de « seigneurs de la maison forte de Montduisant » (1589-95) (2). De plus, le 21 décembre 1594, Eust. Piémont donne à Jérémie les titres de « noble », « escuyer » et « homme d'armes de la compagnie de Mgr de la Baulme » (3).

I. — ANTOINE de Frize, fils de François et frère de Clément, s'étant marié en 1565 avec Laurence Jomaron (4), alla, peu d'années après, s'établir en la paroisse et mandement de Montrigaud. Il en devint bourgeois, et en 1576 il était rentier de cette seigneurie. Il mourut après le 25 octobre 1585 et avant le 29 mars 1591 (5).

Antoine de Nulli de Frize eut quatre enfants : 1° Etienne, — père d'Etienne, cordonnier de St-Antoine ; 2° Paul, mari de Jeanne Charles et père de Marie, mariée à François Thomas ; 3° Michel, qui suit ; 4° Domenge ou Dimanche.

II. — MICHEL de Frize, dit « la Forest » dès 1591, bourgeois et châtelain (1596-1606) de Montrigaud. Il eut de sa femme Claude Reymond : 1° Pierre, qui suit ; 2° Antoi-

---

(1) *Minutes* d'Eust. PIÉMONT, petits vol. de 1596, fol. 313 ; de 1597, fol. 252.

(2) *Ibid.*, petits vol. de 1589, fol. 186 ; de 1595, fol. 201. — Peut-être le nom « de Montluisant » serait-il préférable ?

(3) *Ibid.*, petit vol. de 1594, fol. 289.

(4) Laurence Jomaron était, en 1571, fille de feu Guillaume et de Crestine Molle, et sœur de feus Claude, Eynarde et Crestine, et de Jean et Charles Jomaron, marchands de Romans. Parch. aux *Arch. de l'Abbaye de St-Antoine.*

(5) D'après les *Minutes* d'Eust. PIÉMONT. — Nous précisons autant que possible la date de cette mort, sur laquelle nous aurons à revenir.

nette, mariée le 26 décembre 1629 à Barthélemy Chave : elle testa le 28 janvier 1660 ; 3° Guillaume ; 4° Gaspard, marchand drapier, marié à Françoise Magnin ; père de Marguerite, Laurence et Antoine; il testa le 3 juillet 1667 (1).

III. — Pierre de Frize, marié à Jeanne Juvenet, en eut deux fils : 1° Annet, qui suit ; 2° « César de Frize la Forest », dont la femme Clauda Poncin lui donna une fille, Jeanne, mariée le 24 mai 1693 à Nicolas Ruthi (2).

IV. — Annet, né en 1628, marié à Ysabeau Gayte le 18 septembre 1660, testa le 9 février 1667 et mourut l'année suivante. Il laissa trois enfants : 1° « François de Nulli de Frize », « natif de St-Antoine », conseiller du roi, receveur en chef du bureau des douanes de Tulette, qui vivait en 1675 et 1716 ; 2° Marie, qui épousa, le 3 novembre 1705, Antoine Fayolle, procureur au parlement de Grenoble (3) ; 3° Jeanne, mariée à César Guyot.

Faisons en terminant une remarque importante, c'est que les Frize de Montrigaud prennent tantôt le nom de Frize, de Nulli ou de la Forest, et tantôt simultanément deux de ces noms. L'oubli de cette observation pourrait les faire confondre avec d'autres familles.

---

(1) Gabr. Fournet, not., vol. de 1676-77, fol. 53-5. Mariage de Marguerite, fille de Caspard, et de Claude Genton, fils de Louis, 5 juin 1677.

(2) Nous avons rencontré en l'année 1666 sans pouvoir le rattacher à sa parenté, le nom de Claudine ou Clauda Frize, fille de feu Jean et de Jeanne Ferriollat, de Montrigaud. Elle testa le 9 septembre 1682, étant alors veuve de Michel Beru, charpentier de St-Antoine. *Minutes* d'Antoine Piémont.

(3) A ce mariage étaient présents Mᵉ Gabriel Piémont St-Didier, avocat au parlement, et Melchior Piémont, étudiant en droit. *Ibid.*, vol. de 1705, fol. 45.

Dom Germain MAILLET-GUY,

Chan. rég. de l'Imm.-Conc.

(A continuer.)

GLOSSAIRE D'AMEUBLEMENT

XIVᵉ SIÈCLE

(Suite. — Voir la 136ᵉ livraison.)

F

Farneyrolum, sn. Farinière, huche à farine ; dph. *farneirou, Farneirol.*

Farneirius, a, um, adj. 17. Qui concerne la farine.

Fausenc, adj. 13. Fausenc (gladium), couteau en forme de *faux*, tranchoir cintré.

Fayceria, 13. Voyez *feycella.*

Feneria, sf. Fenil ; dph. *feneiro, fenieiro* ; lat. fenarius, a, um, de foin.

Ferrator, sm. 17. Celui qui ferre, malleus. — Marteau à ferrer.

Feycella, sf. 18. Eclisse à fromage ; dph. *feicello*, lat. *fiscella*, ms. dim. de *fiscus*, panier de joncs.

Fisclara, sf. 19. Soufflet du foyer, en tige de roseau, ou de métal, remplacé aujourd'hui par le soufflet en peau.

Fisclarus, sm. 19. Tube à souffler le feu, — *berroerii*, canon du fusil qui servait au même usage. Mot à mot : tube de routier, du lat. *fistularius*, tubulaire.

Fisculum, sn. 20. Récipient, vase, caisson, du lat. *vasculum*, d'après Isidore.

Flassata, sf. 13, var. flazata, coutre, couverture de lit ; dph. *flassà, flassado*, du lat. *flexata*, pliée.

Folanoyra, sf. 7. Vase à fouler le raisin.

FOLAYORA, sf. 17. Fouloir.

FORRULLUS, sm. 24. Fourreau.

FOSSOR, sm. Pioche, houe ; dph. *fessou[r]*, du lat. *fossor*, celui qui bêche.

FROCHA, sf. 11. Fourche.

FUSTA, sf. 8. Bois, poutre ; dph. *fusto*, lat. *fustis*, bois morceau de bois.

FUSTEUS, a, um, adj. 28, de bois.

G

GALEA, sf. 11. Gallon, cuveau ; vfr. *jaille, jalle*, lat. galea, casque, (Kœrting, 3570).

GARDA-CORIUM, sn. 4. Corsage.

GARLANDA, sf. 5, 6, 9, 10. Guirlande, collier.

GAUDELETUS, sm. 14. Mauvaise lecture, pour *ganteletus* gantelet:

GERLA, sf. 11, var. *gierla*, cuve, cuvier ; dph. *gerlo, gierlo*, lat. *ger[u]la*, portoire, du verbe *gero*, porter.

GIETUM, sn. 17. Jet, terme de mesure des grains, petit coup que l'on donne à la mesure pour mieux tasser le grain. (Du C.) expression dph. ; du lat. *jactus*.

GIPA, sf. 19. Jupe.

GLAVIUM, sn. Lance (unum—sive lansam), fr. *glaive*, lat. *gladium*, épée, stylet, couteau, tranchet (*sive tranchet*).

GORGERIA, sf. 6, 11. Gorgerin, armure de la gorge ; var. *gorgerium*, 24.

GRAL, sm. 6. Seille, coupeau ; vprov. grazal, vfr. graal, hanap, grande coupe d'orig. germ.

GRAPONUS, sm. 11, 12. Crampon.

GRATUSA, sf. 13. Râcloir, râpe ; var. *gratussa*, 17, grattoir.

GRAYLETUS, sm. Clairon ; vpr. *graile*, du lat. *gracilis*, grêle.

GRESUM, sn. 11. Grès, champ pierreux.

GRUELLUS, a, um, adj. tacheté, moucheté ; vaca — vache tachetée de noir ou de rouge brun, du vpr. *gruel*, gruau.

GRUMECELLUS, sm. 17. Peloton ; dph. *grumicè*, du lat. *grumus*. tas.

Guionet, sm. 19. Serpette ; dph. gouyounet, *gouyoun, gouyet,* formes dim. de *gouy* ; du lat. *guvia,* pour *gubia,* gouge.

I

Ignipendium, sn. 11, 17. Crémaillère ; du lat. *ignis,* feu + *pendium,* inusité tiré de *pendere,* suspendu.

J

Jaffa, sf. 13. Gaffe, harpon.

Juncherium, sn. Lieü couvert de joncs ; dph. *jouncheiro,* fém.; lat. *juncaria,* lande.

Junga, sf. 8, 13. Génisse ; du lat. *jun[i]ca,* de *junix.*

Justeta, sf. 8. Mesure pour les liquides (Du Cange).

L

Langeria, sf. 16, 22. Toile longue pour le lavement des pieds le Jeudi-Saint (Du C.).

Letheria, sf. 24. Litière, chaise à porteur.

Limphaticum, adj. 20. Additionné d'eau. Vinum — sive *trempe,* piquette, abondances ; lat. *lymphaticus* aquatique ; de *lympha,* source, eau.

Logerium, sn. 6, 11. Logement, location ; dph. vpr. logier, blat. *locarium.*

Longerius, a, um, adj. 16, 22. Allongé, plus long.

Lundarium, sn. 20· Traverse de bois, pour *longarium* (Du C.).

Lunellum, adj. 18. Constellé (*pulvinare* --), oreiller d'étoffe parsemée de lunes.

M

Manolus, sm. 17. Tenailles ; du lat. *manualis* de la main (Du C.). cf. *destrau,* hâche, de *destralis,* de la main droite.

Marcipium, sn. 11. Bourse, sachet; pour lat. *marsupium.*

Massonus, sm. Amas, tas, paquet ; tiré du lat. *massa*.

Mastra, sf. 2. Pétrissoire, buffet ; du lat. *mactra*, huche. En dph. *mastro* désigne le buffet surmonté d'un pétrin.

Maurinus, a, um, adj. Noireau, couleur du *maure*.

Mayda, sf. 17. Pétrissoire, armoire, huche ; dph. *mayt*, *may* ; vfr. *maie* ; sicil, *maidda* ; lat. *ma[gi]da*.

Maydeta, sf. 6, 7, 17. Petite huche à pétrir, sans buffet ; dim. du précédent.

Maydetum, sn. Petit pétrin.

Mortalagium, sn. Funérailles, enterrement ; dph. *mortelage*, décès ; mortalité.

Multrale, sn. 18, 19. Mortier à moudre.

Musteria, sf. 16. Cuve à moût ; var. *mosteria*, 16 ; du lat. *mustum*, moût de raisin.

N

Nilosus, adj. 11. Du Nil ; *bladum* —, blé d'Egypte, ou blé mouillé.

O

Obratus, a, um, adj. 6. Ouvré ; *mapa* —, nappe ouvragée ; dph. *oubra* ; vpr. *obrat* ; lat. *operatus*.

Olearius, a, um, adj. 20. De l'huile (Lapis —), baquet en pierre pour l'huile ; lat. *olearius*.

Ouchia, sf. 5. Terre bien cultivée ; dph. *oucho* ; vpr. *olca*.

P

Padella, sf. 18. Pelle ; var. *pala*, 17 ; dph. *pallo*, *padello* ; lat. *patella*, plat.

Palhassonus, sm. 19. Paillasson ; var. *palhaçonus*, corbeillon en paille tressée, pour tenir la pâte.

Palherosus, a, um, adj. Qui concerne la paille ; tiré du dph. *palhé*, meule de paille.

Paneis, sm. 16. Panier ; d'un vpr. *panadis*.

Panerium, sn. 17. Panier ; dph. *paneiro*, fém.

PARACIDIS, sf. 8, 17. Ecuelle, assiette d'autrefois ; var. *parapcidis* ; blat. *paropsidis* ; lat. grec. *paropsis-idis* (Du C.).

PARTITORIUM, sn. 13. Tranchoir ; dph. *partour* ; du lat. *partire*, partager.

PAVETUM, sn. 24. Pavois, bouclier.

PECIA, sf. 17. Pieu ; blat. *petia, pecia*.

PECOLLATUS, a, um, adj. 20. Muni d'un pied (meuble).

PECOLUS, sm. 20. Pied, support ; dph. *pecou[l]* ; lat. *pediculus*, petit pied.

PENNA, sf. 3. Pélisse ; var. *pena, cuniculorum* —, peau de lapin ; vpr. *pena* ; fr. *panne* ; lat. *panus* ; gr. πῆνος (Kœrting, 5866).

PENUS, sn. Cellier, d'après Du C.; lat. *penus*, provision de bouche.

PERERIA, sf. 13. Pierrier, machine à lancer les pierres.

PERTUSATUS, a, un, adj. 18. Troué ; dph. *pertusa* ; pp. de *pertusare*, trouer, percer.

PESTELLUS, sm. 15. Pilon ; dph. *pesté* ; lat. *pistillus*.

PESTRIHIN, sm. 2. Pétrin ; dph. *pestrin* ; lat. *pestrinum*. Le suff. *ihin* prouve que la prononciation de *in* était au XIVe siècle, ce qu'elle est encore aujourd'hui (*i-in*).

PEYROLA, sf. 13. Chaudron, chaudière ; dph. *peyróu, peyrol. peyrolo*.

PICCARE, v. 16. Battre ; dph. *pichà, picà* ; *canapum* —, battre le chanvre.

PICHA, sf. 6, 13, 19. Bêche, pic, pioche.

PICHERIUM, sn. 16. Pot ; dph. *bichié, peichié* ; vfr. *pechier*.

PICHERIA, sf. 15. Grand vase, urne ; dph. *bicheiro*.

PICHETA, sf. 11. Petite bêche, piochon ; dph. *picheto*. batte ; dim. de *picha*.

PISSUM, sn. 17. Pois ; dph. *pese* ; du lat. *pisum*.

PITALPHUS, sm. 17. 18. Gobelet.

PLANOTJA, adj., fém. Plane ; mappe —, nappe unie suppose une forme blat. *planotica*.

PLANTATORIUM, sn. 17. Plantoir de jardinier.

PLATONUS, sm. 8. Petit plat ; dph. *platou(n)* ; dim. de *plat*.

POARES, adj. 18. Qui sert à tailler, *gladium* —, serpette à tailler la vigne ; dph. *pouà, poudà* ; lat. *putare*, tailler.

POLITRIGERIUM, sn. 13. Pilon de mortier.

PONTILLUM, sn. 17. Pontil, sommier de cave ; dph, *plounti* ; *dim.* lat. de *pontem*, pont.

Q

QUICENIUM, sn. 17. Fourneau de cuisine ; du lat. *cucina*, fourneau, cuisine.

R

RAMUS, sm. Mesure pour la toile : ? largeur du métier de tisserand ; dph. *rem* ; vpr. *ram* ; lat. *ramus*, rameau, baguette.

RASCLA-MAYT, sf. 17. Râcloir, râpe de pétrin. Voy. *magida*, maie.

RASDOYRA, sf. 11. Râpe ; var. *rasdayra*, 11; *raydayra*, 19.

RASORARIUM, sn. 19. Ratissoire.

RASUM, sn. 6, 8, 10. Mesure plate, pour les noix, etc.; dph. *ras* ; du lat. *rasus*, ras.

RELHA, sf. 16. Règle de la charrue ; var. *rilia*, 15.

ROSOYRA, sf. 18. Racloir ; formé sur le lat. *rosus* ; pp. de *rodere*, râcler.

ROSSETA, sf. 6. Etoffe, toile rousse.

ROYRE, sm. 6. Chêne rouvre ; dph. *roure* ; lat. *robur*.

RUGATUS, adj. 22. Rayé ; du lat. *ruga,* ride, raie.

S

SAFFRATUS, a, um, adj. 22. Orné, brodé.

SALERIA, sf. 13, 17. Salière.

SALLA, sf. 16. Selle.

SALLADA, sf. 24. Salade, casque ciselé ; du lat. *cœlata*, ciselée.

SAURUS, a, um, adj. 17. Saur, brun jaune.

Scagnum, sn. 11. Escabeau, chevalet à scier; var. *scanum*, petit siège ; lat. *scamnum*, escabeau.

Scamellator, sm. 11. Menuisier, boisselier ; formé sur le lat. *scamellum*, escabeau.

Scirouc, sm. 17. Loquet ; dph. *eichiróu, chirol* ; lat. *scuriolus*, écureuil (Du C.).

Scuyla, sf. Ecuelle ; dph. *escuello* ; lat. *scutella*.

Scrinhium, sn. 6, 11. Coffre ; var. *scripneus*, 15, placard, écrin ; lat. *scrinium*.

Scuylus, sm. 18. Petite écuelle.

Sedas, sm. 17. Tamis de soie ; dph. *seas, sias* ; lat. *setacium*, m. s ; de *seta*, soie.

Seleta, sf. 11. Sellette, petit siège, trépied.

Selhetum, sn. 23. Sceau ; dim. de *selha* ; lat. *situla*.

Serra, sf. 8, 16, 20. Faucille ; lat. *serra*, scie.

Siveria, sf. 17. Civière, portoire.

Sonalha, sf. 8. Sonnaille.

Sonalhonus, sm. Sonnette ; dph. *sounalhou(n)* ; dim. du précédent.

Superlicium, sn. 22. Surplis.

T

Tabularium, sn. 18. Etabli de menuisier ; dph. *taulier*.

Talhayre, sm. Tranchoir, ciseau, couperet.

Taravella, sf. 2, 8, 19. Tarrière ; dph, *tarvello, taravello* ; lat. *terebella*, m. s.

Tarayre, sm. 13. Foret, tarrière ; lat. *teretrum* pour *terebrum*, perçoir.

Targia, sf. 20. Bouclier ; dph. *tarjo*.

Taula, sf. 13. Table ; dph. *taulo* ; lat. *tabula*.

Taulerium, sn. 17. Banc, établi. Voy. *tabularium*.

Tauleta, sf. 11. Tablette, planchette ; dph. *tauleto*, dim.

Tauleyronus, sm. 17. Petit établi ; dim. de *taulerium*.

Tenebrum, sn. 16. Tarrière ; lat. *terebrum*.

Tersonum, sn. 22. Torchon ; tiré du lat. *tersus*, pp. de *tergere*, essuyer.

Tesoyra, sf. 11. Ciseau de tondeur, tondeuse ; vpr. *to-*

soira ; piém. *tesoira* ; vfr. *tezoire* ; du lat. *tonsoria (ferramenta)* (Diez, 319 — Kœrting, 8234).

TESTU, sm. 16. Marteau à grosse tête ; dph. *testu*, m. s.

TIBLA, sf. 16. Truelle ; dph. *triblo, tiblo.*

TIRA-BRASA, sm. 17. Tisonnier, pique-feu ; var. *tira-brasier.*

TORQUESAS, sf. pl. Tenailles ; dph. *tricouasas* ; fr. *tricoises* ; probablement du lat. *torquere*, tordre.

TRALLIA, sf. 7, 12. Bac ; dph. *tralho* ; lat. *tragula.*

TRENCHAYRE, sm. 8. Tranchoir.

‥ TRESLIS, sm. 17. Treillis, grosse toile.

TUALIA, sf. 15. Nappe ; var. *tuela*, 17 ; dph. *toualho* ; vfr. *toaille.*

U

UYSERIA, sf. 17. Porte, portail, entrée ; du lat. *ostiarius, a, um* ; dér. de *ostium*, porte. Cf. fr. *huis* et *huissier.*

V

VACHIA, sf. 12. Vache.

VANOYA, sf. 18. Courte pointe ; blat. *vanoa* (Du C.).

VEGES, sm. 12. Baquet, cruche ; it. *veggia*, portoire ; du lat. *vehes*, chose transportée.

VELACIA, sf. 13. Gros veau femelle ; prov. *vedelasso* ; du lat. fictif. *vitelacia.*

VEYLACIUS, sm. 8, 13. Gros veau ; dph. prov. *vedelas* ; pejor. de *vedel*, répond à *vitelacius.*

VIGINUNUS, a, um, 17. Portatif ; *Balestonum* —, cuveau, baquet qu'une personne peut porter seule ; voy. *veges.*

L. MOUTIER.

ESSAI

DE

BIBLIOGRAPHIE ROMANAISE

(Suite. — Voir les 102ᵉ à 136ᵉ livraisons).

332. — *A Monseigneur, Monseigneur Boucher, sei-gneur d'Orsay, Intendant de la province de Dauphiné.*
Ce qui suit est en caractères ordinaires et fait corps avec le texte :
Supplient humblement les sieurs sindic du Chapitre de S. Barnard de la ville de Romans ; Estienne Aymon, Ecuyer, Portemanteau ordinaire du Roy, Pierre Aymon, Ecuïer, Trésorier général de France, et Adhérans.
In-fol. de 26 pp. s. l. n. d. ni signatures. (sept. 1716).
Ce mémoire est une réponse à la pièce mentionnée ci-dessus. Pierre Aymon, trésorier de France, s'en déclare l'auteur (p. 2). Charles Boucher d'Orsay venait de succé-der, comme intendant du Dauphiné, à Prosper Bauyn d'Angervillers, qui avait quitté la province avant d'avoir eu le temps de se former une opinion sur cette affaire, ou du moins de l'exprimer. Aymon accuse Chaléat d'avoir contribué par ses manœuvres, à en détourner l'attention de l'intendant. « Ledit sieur Chaléat, dit-il, débiteur de la ville en sommes considérables, par ses détours et éloi-gnements a empêché que M. d'Angervilliers ait pu donner son avis au conseil... Ce qui a obligé les Supplians de s'y

pourvoir et obtenir arrêt, le 16 mars dernier (1716) qui subroge votre Grandeur pour le donner. »

Notre rapporteur qualifie en ces termes la dernière requête du susdit : « Le sieur Chaléat, en écolier étourdi, l'a fait signifier aux supplians le 9 novembre 1715, ensuite l'a fait corriger, imprimer et donné au public entièrement travestie, sans l'avoir fait signifier aux supplians et sans s'être aperçu que les traits dont son Pédant a prétendu orner son ouvrage font le même effet que les mouches de la parure sur une femme hydeuse. »

Chaléat accuse le Chapitre de n'avoir pas contribué pour un sol au payement des dépenses de la ville, et de ce chef, il récuse son intervention. A quoi le rapporteur répond : « S'il avait plû au sieur Chaléat de diminuer un peu de sa sotte vanité et de son orgëuil (sic), il se seroit dit que ses entreprises ne pourroient au plus luy attirer que le mépris d'un corps considérable, qui a l'avantage d'être conseigneur de la ville avec le roy, que ce n'a donc esté que l'intérest du public, de la veuve et de l'orphelin qui l'ont animé. «

Il y a aussi des aménités à l'adresse du sr Aymon. Chaléat lui reproche ironiquement d'avoir dégénéré de ses précédents sentiments. « Ce n'est plus, dit-il, le défenseur de la patrie; tout à coup cet illustre citoyen dégénère de sa première vertu, ne rougit point de prendre des sentiments plus bas : c'est aujourd'hui un intérest réel, sensible qui le fait agir. »

« Si le sieur Chaléat, réplique l'interpellé, avoit plus consulté le bon sens que les fleurs de rhétorique et les termes ampoulez de son Pédant, il se seroit aperçu que l'intérest réel et sensible des sieurs Aymon et Adhérans est malheureusement confondu dans celui d'un public qui est en proie, depuis plus de cinquante années, à l'avidité des sieurs Chaléat.

« Le sieur Aymon, trésorier de France, ne désavouant

pas d'être l'auteur de la requête imprimée des supplians, en soutiendra toutes les parties d'un stil simple et naturel, établira la vérité de ses allégations, et à quel point celles du s^r Chaléat sont infidelles, et ses réparties puérilles, basses et mal conçûës ; aussi retenu et modéré que le sieur Chaléat est violent et emporté, il ne se servira pas des termes de fureur outrée, de calomnie, d'imposture, de mensonge ; mais il tâchera de l'en convaincre. »

Après cet échange de compliments réciproques, on trouve l'historique du procès, que nous avons reproduit dans le préambule de ce paragraphe ; puis on passe à la réfutation des arguments de l'adversaire, qui sont reproduits, au nombre de neuf, d'après le texte de son factum, sur une colonne, avec la réponse en regard. C'est toujours la question des archives enlevées qui domine le fond du débat. Pour le surplus, ce sont des répétitions et des redites déjà ressassées dans les précédents mémoires.

333. — *A Monseigneur, Monseigneur Boucher, seigneur d'Orsay, Intendant de la Province de Dauphiné, — supplie humblement Maître Louis Chaléat, avocat au Parlement, héritier sous bénéfice d'inventaire de Me Charles Chaléat, son père.*

In-folio de 26 pp., s. l. n. d., *signé :* Chaléat le fils.

Note manuscrite : *Soit communiqué, 23 décembre 1716.*

Ce nouveau Mémoire, fort instructif s'il n'est pas mensonger, débute ainsi : « Le profond silence dans lequel ont resté pendant neuf mois entiers le sieur sindic du Chapitre... et autres prétendus adhérans sur le procès dont il s'agit, donnait lieu de croire au supliant que sa dernière requête imprimée, signifiée le 9 décembre 1715, avait mis un frein à la passion qui les anime. Il commençoit à se persuader que les raisons solides et les preuves évidentes, toutes fondées sur l'expresse teneur des actes dont elle est remplie, leur avoient enfin ouvert les

yeux sur l'injustice de leurs poursuites, lorsqu'on lui a
signifié un nouveau libelle diffamatoire, qui est sans doute
le dernier éfort de l'aveugle ressentiment du sieur trésorier Aymon. »

Dans les quatre premières pages sont exposées les origines du procès et les faits qui y ont donné lieu. Le requérant entre ici dans des détails intéressants, qui peuvent
nous donner une idée de ce qu'était autrefois cette grosse
affaire de la fourniture de l'étape. L'auteur s'attache à y
disculper son père; mais il reste dans son récit plusieurs équivoques qui laissent planer encore quelques
ombres sur sa mémoire. Les adversaires sauront en tirer
parti.

Charles Chaléat, élu second consul de Romans par
l'assemblée du 25 mars 1655, fut chargé en même temps
de remplir les magasins de la ville des denrées nécessaires
pour la subsistance des troupes de passage et de leur faire
distribuer l'étape. On lui permet, à cet effet, d'emprunter
au dix pour cent. Chaléat remplit ces diverses fonctions
jusqu'au 15 mai suivant. « Fatigué de l'embarras de cette
fourniture, il voulut ensuite s'en décharger, et, à cet effet,
il fit faire les proclamations d'usage pour l'adjudication. »
Dans l'assemblée du 13 mai 1655, Gabriel Lavis offrit de
faire l'adjudication à raison de 40 sols par cavalier et de
12 s. par fantassin, et de la payer comptant aux habitants
qui logeraient, à condition que la ville lui en payerait
l'intéret au dix pour cent. Chaléat remontra qu'il avait
fait des achats considérables de denrées, et qu'il n'était
pas juste de l'en laisser chargé. Il fut arrêté en conséquence que Lavis prendrait lesdites denrées, et l'assemblée nomma sept commissaires pris dans son sein pour
examiner les offres et passer le bail. — Lavis refuse de
prendre les denrées de Chaléat; il finit par y consentir,
à condition que Chaléat continuera le service de l'étape
jusqu'au 1er juin, et il fut convenu que, pour ce qui res-

terait, il en serait passé société entre eux. Chaléat continue la fourniture jusqu'au 2 juillet. Ce jour-là, les commissaires nommés passèrent bail à Pierre Budilhon, proposé par Lavis, qui se porta caution à raison de 40 s. par cavalier et de 11 sols par fantassin, avec l'intérêt au 10 pour cent. Ce bail fut approuvé pour le quartier d'hiver par l'assemblée générale du 20 novembre.

En 1657, le parfournisseur de l'étape fit la demande aux consuls des frais de ses fournitures ; mais ceux-ci se pourvurent au parlement en rescission de bail contre Budilhon, Lavis, Chaléat et autres intéressés, et par arrêt du 14 février 1658, il fut ordonné que ceux-ci rendraient compte de leur gestion, que les fournitures leur seraient comptées à raison de 37 s. par cavalier et de 10 par fantassin, « l'ustancile compris. » Cet arrêt fut ratifié par l'assemblée générale du 24 mars 1658.

Le compte de l'étape fut arrêté le 19 août suivant, et, le 2 avril 1659, Chaléat remit à Budilhon 34,283 livres, 19 sols, dont 7,256 liv. 3 s. 6 den. pour intérêts.

Le 20 févr. 1663, Chaléat rendit compte de son administration consulaire, et on lui tint compte de la somme payée à Budilhon en capital, mais on lui contesta les intérêts, en même temps que plusieurs autres articles. Là commence le procès. Chaléat recourt au parlement ; les consuls s'y pourvoient de leur côté contre l'arrêt conventionnel du 14 février 1658. Après plusieurs contestations, ces derniers sont déboutés de leur requête (12 juin); les intérêts devaient être payés à Chaléat, et les consuls étaient condamnés à la moitié des dépens, « et aux épices, entrées et levation dudit arrêt, lesdites épices et entrées taxées 1,604 liv. 10 s. »

Chaléat, étant créancier de la ville pour d'autres causes, fait procéder à la vérification de sa créance par le subdélégué de l'intendant Dugué, et celui-ci, par procédure du 1er mai 1672, déclare Chaléat créancier de la ville pour la somme de 3,287 liv. 7 s. 8 den. en capital, et 1,339 liv. pour intérêts, contre plusieurs autres sommes mises en souffrance. »

Chaléat père attribua cette somme à son fils (le suppliant), lors de son mariage avec Anne Chonet (17 janvier 1682). L'intendant Bouchu procédant à la liquidation des dettes de Romans, le suppliant produisit par devant lui son contrat de mariage pour se faire adjuger la somme à lui due par la ville. Mais le subdélégué Brenier, lieutenant au baillage de St-Marcellin, « ennemi déclaré de feu Mᵉ Chaléat, inspira aux consuls de le faire citer, » pour qu'il eût à assister à la vérification des comptes, « attendu qu'il s'agissait purement de son fait ; » ce qui lui fut accordé par acte du 13 janvier 1687. Bouchu, sur le rapport qui lui fut fait, non seulement anéantit les créances de Chaléat, mais le déclara encore débiteur envers la ville de 10,639 liv. 9 sols, par jugement du 7 avril. Chaléat se rend opposant à ce jugement. Par arrêt du conseil du 22 juin 1688, il est décrété qu'il y aurait débat contradictoire des parties devant l'Intendant. Chaléat répond à la signification qui lui en est faite qu'il satisferait à cet arrêt lorsque les consuls l'auraient muni des pièces que, tant lui que le suppliant, son fils, avaient remises par devant ledit seigneur Bouchu. Il réitère sa sommation pour avoir ses pièces, le 12 octobre ; mais sans que jamais il y ait été satisfait. En attendant, Brenier se saisit de tous les actes, titres et papiers produits tant de la part de Chaléat que de la ville, et les garde secrètement chez lui pendant sa vie. Après sa mort, ses héritiers en donnent avis aux consuls. Beguin, l'un d'eux, et Romanet, procureur du roi, sont députés pour les retirer. Le suppliant requiert l'assemblée du 14 juin 1699 qu'on eût à lui restituer ceux qui avaient été produits de la part de son père : ce qui lui fut refusé. On lui en rend seulement une partie le 10 décembre 1705.

Le 8 juin 1706, le syndic du Chapitre et les s^{rs} Aymon obtinrent arrêt du Conseil par lequel il leur fut permis de poursuivre par devant M. d'Angervilliers, intendant, l'exécution de celui de 1688 contre le suppliant, aux frais, périls, risques et fortunes des officiers de la ville. Par un autre arrêt du 16 mars dernier (1716), la connaissance de cette instance a été attribuée à Mgr Boucher d'Orsay.

Suivent des paragraphes sans numéros portant les titres suivants :

Les poursuites du sieur sindic et dudit s^r Aymon contre le supliant sont le pur éfet du ressentiment et de la vexation.

Ce premier paragraphe est développé comme il suit :

Quoique le trésorier Aymon ait été créé premier consul en 1692, et ensuite conseiller de la ville pendant trois ans ; que le Chapitre ait toujours eu deux députés dans les assemblées ; cependant, depuis 1688 que l'arrêt du Conseil avait été rendu, ils n'ont fait aucune poursuite et sont demeurés ainsi dix-huit ans dans le silence. Ce n'est que lorsque Chaléat eut protesté contre certains agissements d'Aymon, qui, en qualité de trésorier de France, autorisait ses commis à recevoir les baux d'adjudication des octrois de la ville dans le bureau de l'élection, et à la suite d'une autre affaire personnelle au suppliant, qu'il se mit en campagne contre lui. De même le Chapitre de St-Barnard ne s'est avisé de commencer ce procès « qu'après que ledit suppliant eût soutenu contre lui avec chaleur celui de la ville au sujet des écoles, et découvert au public que led. Chapitre n'avoit jamais été favorable aux intérêts de ladite ville. »

L'Assemblée du 8 juillet 1714 ayant délibéré d'en finir par voie d'arbitres, et le Chapitre ayant pris une délibération dans le même sens, le s^r Aymon s'y oppose, pour que le suppliant ait à essuyer plus de frais, de fatigues et d'embarras. — Lui et le syndic du Chapitre se sont toujours opposés à ce que le maire et les consuls fussent partie dans cette instance, pour exposer le suppliant à un nouveau procès avec la ville, comme partie non ouïe, quand celui-ci serait terminé.

Les autres chefs ou titres de paragraphes sont :

Au sujet du prétendu enlèvement des Papiers des Archives de la Ville.

Au sujet du jugement des subdélégués de la Chambre de Justice établie à Valence, du 25 septembre 1664.

Que ledit jugement a été connu au seigneur Bouchu. (Exposition et réfutation de neuf objections à propos du jugement de Bouchu.)

Au sujet de la Requête en réparation d'injures du sieur Chaléat contre le sieur Trésorier Aymon.

Chaléat termine son plaidoyer par les conclusions suivantes : « Dire que ce procès a été suscité au dit suppliant de la part dudit Chapitre et desdits sʳ Aymon par des purs motifs de vengeance et de vexation... et nullement pour l'intérêt du public... Les griefs cottés par le suppliant contre le jugement du seigneur Bouchu doivent être réparés ; ce faisant, l'hoirie dudit feu Mᵉ Chaléat doit être déchargée des 10,639 liv. 9 d. dont il avait été déclaré débiteur de ladite ville de Romans par ledit jugement ; et de plus, ladite hoirie créancière de ladite ville en la somme de 4236 liv. 12 s. 5 d... Que le sʳ trésorier Aymon comparaîtra en tel lieu public que le roi et nosseigneurs de son Conseil voudront présiger, pour déclarer au suppliant, en présence de tel nombre de ses parents et amis qu'il sera jugé à propos, que faussement et calomnieusement il a couché et inséré dans sesdites requêtes les injures et calomnies ci-devant articulées, tant contre lesdits feu Mᵉˢ Chaléat père et fils que contre le suppliant ; qu'il les reconnoît pour des personnes d'honneur, de probité et d'une conduite irréprochable, et qu'il demande pardon audit suppliant de toutes ses diffamations... Que lesdites

injures seront raïées, tant dans l'original que dans les co-
pies...; que led. s^r Aymon doit être condamné en l'amende
de 1,000 liv. en faveur de l'hôpital général de ladite ville
de Romans, et qu'il doit être permis au suppliant de faire
lire, publier et afficher dans tous les lieux de la Province
où besoin sera le jugement qui sera rendu à ce sujet... et
que lesdits s^{rs} sindic et Aymon doivent être condamnés
en leur propre et privé nom solidairement à tous les dépens de l'instance... Et l'arrêt qui interviendra déclaré
commun et exécutoire contre les s^{rs} Maire, Consuls, Corps
et Communauté de ladite Ville. Et sera justice. »

Tout cela est fort édifiant, mais où est la vérité ?

334. — *Précis des raisons du sieur sindic du Chapitre
St-Barnard de la Ville de Romans, Estienne Aymon,
Ecuyer, Porte-Manteau ordinaire du Roy, Pierre
Aymon, Ecuyer, Trésorier général* (1) *et Adhérans. —
Contre sieur Louis Chaléat, Avocat et Secrétaire-
Greffier de ladite Ville, comme héritier de sieur Charles
Chaléat, Notaire et Procureur, son père.*

Petit in-fol. de 19 pp. s. l. n. d.

Note manuscrite : *Signifié copie à Me Reynaud, procureur, le 19 février 1718.*

---

(1) On a ajouté à la plume : *de France.*

(A continuer.)   C<small>YPRIEN</small> PERROSSIER.

UN TORRENT
LA DROME

(SUITE. — Voir les 127ᵉ à 136ᵉ livr.)

IX

LA VILLE DE CREST. — SES COMMENCEMENTS. — LES ARNAUD, LES POITIERS, LES ÉVÊQUES DE DIE. — LE CHAPITRE DE SAINT-SAUVEUR. — LES LIBERTÉS MUNICIPALES. — MŒURS ET CHOSES CRESTOISES, LES ILLUSTRATIONS, LA LITTÉRATURE PATOISE. — LA TOUR ET LES CURIOSITÉS DE LA VILLE. — LE COMMERCE ET L'INDUSTRIE.

Rien que pour sa vision si personnelle, si imposante de quelque côté qu'on l'aborde, j'aurais voté pour Crest Préfecture de la Drôme, si j'avais été des commissaires de 1790 (1). Plus petite que Montélimar et Valence, ses concurrentes, en revanche elle était plus centrale (argument de poids si l'on songe à la *fièvre concentrique* qui régnait alors), et elle trempait ses pieds dans le cours d'eau patronymique du département nouveau-né. Pour-

(1) Cette commission qui siégea du 19 au 29 mai 1790, avait été réunie à Chabeuil, chef-lieu de canton de l'arrondissement de Valence, et cela dans le but de ne pas augmenter les chances de l'ancienne capitale du Valentinois.

tant, Valence l'emporta après trois tours de scrutin. Quand on a des recommandations.....

Ma pensée, d'ailleurs, ne comporte pas de regret. Loin de là. Il est infiniment probable, au contraire, que sa promotion au rang de chef-lieu eût gâté notre ville. Il en coûte toujours de paraître et plus la cité se hausse, plus on en veut à son passé. Agrandir, embellir, mais surtout abattre, les hommes de nos jours saisissent toutes occasions de faire parler d'eux. Crest, en demeurant petite, mais hautaine, avec le cube énorme de sa tour énonçant tout d'un trait une époque, et totalisant le paysage, avec ses maisons blanches ou dorées, ses volets gris, ses volets verts, ses toits plats aux tuiles couleur feuille morte comme ceux de la Toscane ou de la Grèce, son quai si clair le long de la Drôme charriant du soleil, a mérité de n'être confondue avec aucune autre dans le souvenir.

La ville, appuyée contre une singulière roche coquillière, dernier contrefort d'une chaîne roide et droite courant vers le nord, sert d'heureux amortissement à cette montagne appelée si simplement et si justement la Raye — raie ou sillon formidable, en effet, de l'immense plaine de Valence. Ce décor symbolique de jadis, ce joyau presque intact, enté sur l'Alpe architecturale, crée dans le paysage une harmonie dont l'œil ne se lasse de jouir. Et il est le fait de gens qui ne songeaient qu'à batailler !

Les hauteurs voisines couvertes de bois font à la ville une ceinture agreste et mouvementée. En face, ce sont les chênaies de Divajeu, maigres et comme inquiètes des ressauts tempêtueux de la Forêt de Saou. Les mûriers, quand ils ne font l'exercice en sections irréprochables dans la plaine menue, pomponnent de touches rudes le vert pâle des vignes sur les côteaux, et de hauts cyprès bronzent de mélancolie les jardins suspendus où se plaît l'humeur capricante d'une population vive et hardie. Il y a aussi dans le cadre même de la cité, entre Lozière et Saleine (1), des terrains incapables où profite l'amandier. et là où la roche semble maîtresse et jusque dans ses anfractuosités, on peut voir suspendue aux branches tourmentées de l'arbre biblique, une figue sucrée dont les formes turgescentes déjà remarquées par le vieux Rigaud, un poète-drapier du cru, furent chantées par lui en un couplet trop significatif pour que je me risque à le reproduire. Avec cela un ciel limpide, bleu comme ne l'oserait pas toujours un peintre, un air d'une transparence telle que l'œil détaille les plus négligeables broderies de l'horizon. Les paysages baignent dans une lumière caressante et blonde, déjà voisine de celle des golfes latins.

Au temps où les Dieux fréquentaient chez les hommes, Saturne, allant fonder la Rochelle, eut la fantaisie de passer par le Dauphiné. Chemin faisant,

> *Il veoit et Serre et Die, et le Crest qui se vante*
> *De tirer de Crestos le grand roy sa descente.*

C'est ce qu'on peut lire dans un poème du XVIᵉ siècle, récemment exhumé de sa poussière et de sa nuit. N'en rions pas. Kronos, en ces temps fortunés, semait volontiers l'innocence et laissait tomber l'âge d'or en manne des plis divins de son manteau. Il faut regretter seulement que l'auteur — un Dauphinois, vous l'avez deviné — ait embouché une trompette d'airain au lieu d'une trompette de bois.

Crest (*Crista, crête*), est un de ces noms qui parlent à

---

(1) Deux minuscules affluents de droite de la Drôme. La Saleine en amont de Crest, la Lozière en aval.

l'imagination, comme en trouvaient d'instinct nos ancêtres, à force de regarder dans la nature. Le Crest en
Auvergne, le Crestet dans le Comtat, et quelques analogues
ne signifient pas autre chose. En particulier, notre roche
crestoise, dont la haute tour festonne et double en quelque
sorte le caroncule, coquerique avec un rare bonheur. Et
cela, à tout prendre, vaut mieux que la fuligineuse mémoire
du roi Crestos.

Il est singulier qu'avec une position si avantageuse,
Crest n'ait pas fait parler de soi avant le xii° siècle. Le
pape Calixte II s'étant avisé d'y écrire une lettre aux évêques de Coïmbra et de Salamanque, « ses vénérables
frères », l'écrit est demeuré jusqu'à nos jours le plus au-
thentique extrait de baptême de la ville. Il porte la date du
2 mars 1120, *Apud castrum Cristam.* Aouste la romaine,
y avait-elle, comme on l'a insinué, un poste d'observation,
d'avant garde ? Cela n'est pas certain, mais ce qui est hors
de doute, c'est la fortune rapide de la cité dans la seconde
moitié du moyen âge.

Crest s'appela longtemps Crest-Arnaud ou le Crest-
Arnaud. Même, l'infidélité au souvenir de ses premiers
seigneurs ne date guère que de la fin du xvi° siècle. Plus
constantes, Montélimar *(Montilium Adhemari)* (1) et
nombre d'autres localités ont reculé devant l'amputation.

L'obscurité règne sur ces Arnaud. Un les veut roturiers,
un autre alliés aux anciens comtes de Diois. D'ailleurs
dès 1145, ils abandonnent la suzeraineté de Crest, *moyennant 1200 sols* et *le pardon de leurs fautes*, entre les
mains des évêques de Die. Prudence crestoise. Peut-être,
on leur eût pris le gâteau sans autre compensation pour
leur fortune et pour leur conscience.

---

(1) Monticule ou colline d'Adhémar.

Sorte de petit Etat indivis entre les évêques et les Poitiers, — l'enclume comtale et le marteau épiscopal — Crest devait être un perpétuel objet de querelle. Egales et furibondes, les deux ambitions ne pouvaient longtemps, sans se mordre, palpiter sous même toit, et on aime à se représenter les Arnaud, dépossédés mais philosophes, nombrant les coups. Ce n'est qu'en 1356 que les comtes de Valentinois finirent par être seuls maîtres de la place, moyennant la cession de leurs droits sur Bezaudun, terre âpre et pauvre. La possession de Crest constituait pour eux un si grand, un si évident triomphe, que l'évêque Pierre de Chatelus, la mitre basse, eut toute sa vie dans les oreilles ce dicton, issu de la gloriole locale :

> *Fallait avoir le sens perdu*
> *Qui laissa Crest pour Bezaudu.*

La cité des Arnaud devenue leur capitale, les comtes y étayèrent aussitôt leur pouvoir de cette forteresse, dont le donjon seul debout aujourd'hui, symbolise si orgueilleusement leur pensée volontaire. Ils avaient lutté près de deux cents ans pour arriver à ce résultat, deux siècles d'histoire touffue, bourrés de combats, de conquêtes, de revers, de trêves, de traités, d'artifices diplomatiques. Ces Poitiers, qui ne tiennent pas en place, qui montrent des dents carnivores et haussent parfois jusqu'à l'épique leurs tailles avantageuses, savent être bons et généreux quand il le faut. On les voit accorder à leurs vassaux une charte d'affranchissement qui est, si je ne me trompe, la plus vénérable de la province (1). Un moment hérétiques avec les Albigeois et assiégés à ce titre dans Crest par

---

(1) Elle date de 1188

Simon de Montfort, ils rentrent ensuite dans le giron de l'Eglise et sèment autour d'eux les fondations pieuses. Après cela on comprend leur amour pour cette ville au beau visage ensorceleur comme celui d'une dame de pensée. Là, ils battaient monnaie, là ils avaient leur cour majeure de justice — transformée depuis par l'ombrageux Dauphin (Louis XI) en visénéchaussée forte de cinquante-six paroisses, là surtout, depuis 1225, ils avaient leur sépulture chez leurs bons amis les Cordeliers, comblés par eux de toutes sortes de faveurs.

De leur côté, « n'ayant que les comtes en teste » les prélats avaient essayé de se rendre également populaires parmi les Crestois. Amédée de Roussillon, ce pontife auguste et hirsute que ses biographes comparent à saint Maur sortant du désert, fondait ici en 1276 un chapitre ou collégiale, composé de chanoines pris mi-partie dans les diocèses de Die et de Valence. Mais les chanoines ne furent pas toujours selon le cœur des évêques. En 1467, l'institution, purement nominale, ne répondait plus suivant l'expression du Prévôt, à la grandeur et à la beauté de la paroisse. Louis de Poitiers intervint une première fois, d'accord avec l'évêque, pour la restauration de la collégiale. Mais deux siècles plus tard la discipline s'était relâchée.

Lous chonoineis, que d'ordinaire
Soun plus gras que lou necessaire,

comme le chante cette mauvaise langue de Boissier, avaient pour cette raison ou pour d'autres, besoin d'une réforme. Séraphin de Pajot de Plouy (1) leur imposa des

----

(1) Evêque de Die dans la seconde moitié du xviie siècle.

statuts et règlements qui ont subsisté jusqu'à la Révolution. A cette époque le chapitre de St-Sauveur est encore composé d'un doyen, d'un chantre et de sept chanoines.

Crest n'a pas joué de rôle prépondérant dans les événements de la Réforme. La ville connut sans doute l'occupation huguenote, les tribulations anarchiques, la sauvagerie des sièges de l'époque, aussi funestes aux assaillants qu'aux défenseurs. Mais Die, travaillée de bonne heure par Farel et quelques-uns des plus fougueux apôtres de la foi nouvelle, était, on le conçoit, l'espoir du parti, la capitale rêvée peut-être par la dictature théocratique des pasteurs. Comme le remarque M. J. Brun-Durand — *le savant de Crest* — pour qualifier en passant sa mentalité féconde, on connaît assez mal l'histoire sociale du protestantisme dans notre province. Tentés par la peinture facile des guerres de religion, des dragonnades, du sang et du feu, la plupart des écrivains spéciaux ont négligé les faits considérables qui agitent la société protestante sous Henri IV et sous Louis XIII, et ils nous servent la sempiternelle histoire-bataille, ce plat réchauffé et insipide. Franchement, nos appétits en ont soupé. Après l'apparition de l'édit de Nantes, la cause de la Réforme n'étant plus en péril, les passions se font jour. La noblesse, qui a été à la peine veut être à l'honneur et c'est dans cet esprit qu'elle prétend exclusivement à la conduite des affaires convoitées de même par les synodes aux tendances rigoristes et génevoises. Et chacun de tirer la couverture à soi. Il faut la forte main de Lesdiguières pour faire cesser le scandale.

Comparativement, ce petit peuple crestois fut heureux. Je veux dire qu'il n'eut jamais trop à souffrir, même dans ses plus lointaines racines. Rien n'est instructif à cet égard comme la charte de 1425. Ses quarante-six articles, en même temps qu'ils constituent une sorte de code des codes, et redorent le bel âge du vieux droit, nous soulagent de bien des préjugés. A les parcourir on a l'illusion de se mêler à la foule naïve du Crest-Arnaud, de vivre sa vie de tous les jours. Sans doute cet habitant du xve siècle descend environné encore de mystère dans le demi-jour de notre pensée recueillie, mais il a tournure libre, mais il est homme, et s'il émeut notre pitié lointaine, c'est surtout à cause de ces fatalités rugissantes : invasion, peste ou famine, qui alors dominent le monde et courbent les nations comme la tempête un champ de blé. Tout est déconcertant dans ce moyen âge pour nos idées modernes de pénétration, d'assimilation, d'unification économique et de concorde universelle. Souvent, la communauté la plus indépendante, la moins foulée, palpite dans l'organisme le plus étroit, le plus cuirassé contre l'extérieur et c'est à travers le particularisme et le protectionnisme que filtrent les conditions de la vie les plus acceptables. De fait, par un de ces paradoxes, dont l'histoire sociale n'est pas chiche, le bien-être crestois, ira diminuant, ce semble, de la Renaissance à la Révolution, c'est-à-dire en raison inverse du mélange et de la diffusion des races, de la marche des idées humanitaires.

Outre ses libertés et ses franchises précieuses, l'ancêtre crestois peut « sans empeschement d'aulcune personne, « chasser cerfs, ours, sangliers, renards et autres bestes « sauvages, pescher en la rivière de Drôme et autres « rivières du territoire, de jour et de nuit, en payant seu- « lement au seigneur, des grosses bestes : la teste du

« sanglier, l'espaule du cerf et la patte de l'ours. » Quels temps nouveaux restitueront ces passe-temps ?

Deux consuls sont à la tête de la cité érigée en commune. Ils se montrent si pleins de leurs devoirs, si désintéressés de soi et si ambitieux pour leur ville, qu'un jour le Crest enthousiaste les saluera du beau nom de *Pères de la Patrie*. Ils sont assistés de personnages choisis parmi le clergé, la noblesse, la magistrature et le peuple. L'ensemble forme le conseil, élu chaque année, et qui travaille dans la *Maison de la Confrérie*, titre aussi honorable et aussi significatif que celui d'Hôtel-de-Ville. Le Comte ne gêne guère ses délibérations, car, au moindre mécontentement l'évêque pourrait surgir. La crainte de l'améthyste est le commencement de la sagesse. Et la petite république, parmi le moyen-âge qui crépite et qui fume, traverse ainsi des époques de repos et de douceur. Non contents de donner aux écoles — la petite ou l'on enseigne *l'arfabet* et la grande où l'on enseigne à peu près tout, y compris la *didactique* — des recteurs et des maîtres de leur choix, les consuls ne s'avisent-ils pas d'établir jusqu'à l'horaire des classes ? Rien n'échappe à leur puérile et touchante sollicitude.

Le Conseil, déjà bien timide sous le grand Roi, ne comprenait plus au xviiie siècle qu'un maire, deux échevins et douze membres choisis parmi les notables.

Félix GRÉGOIRE.

(*A continuer*).

BIBLIOGRAPHIE

Notice historique sur la baronnie de La Voulte,
par A. Mazon. — Privas, 1900. In-8° de 388 pp. avec gravures.

Tantôt sous le pseudonyme de docteur Francus, tantôt
sous son véritable nom, M. A. Mazon ne se lasse pas de
publier de beaux et bons livres sur son département natal,
celui de l'Ardèche ; les uns accompagnant de renseignements historiques et de réflexions philosophiques, une description des lieux traversés, comme dans ce qu'on appelait
autrefois des souvenirs et impressions de voyage ; les autres
purement historiques ; ceux-ci témoignant irrécusablement
de l'érudition de leur auteur et de ses patientes recherches,
ceux-là prouvant sa bonne humeur, en même temps que son
rare bon sens et son esprit délié ; tous étant d'une lecture
agréable et fort instructifs. Or, le volume par lequel cet
infatigable travailleur a clos l'année et le siècle derniers est
d'autant plus intéressant pour les Drômois qu'il est consacré
à La Voulte, petite ville si voisine de notre département,
qu'on n'a pas toujours été d'accord sur la limite de leurs
territoires respectifs ; et c'est pour cela que je me fais un
devoir d'en entretenir les lecteurs de ce Bulletin, et, par
cela même, de leur signaler les excellents travaux de M. A.
Mazon.

Bien que fort déchue depuis l'abandon des hauts four-
neaux qui en firent pendant longtemps une des grandes
ruches industrielles de la région, La Voulte doit encore une
certaine importance aux deux grandes lignes ferrées qui s'y
croisent, et au chemin départemental qui, partant de cette

ville, relie la vallée du Rhône à celle de la Loire, à travers
un pays des plus montagneux. Quant à son passé, il est tout
à fait de ceux qui tentent les historiens, et le présent et le
passé ont si bien tenté M. A. Mazon, que c'est avec le plus
grand soin et toujours en s'appuyant sur les documents,
qu'il raconte l'un et l'autre dans son nouveau volume ; mais
suivons-le plutôt, à si grandes enjambées que ce soit.

Quelques restes d'éléphants trouvés dans les parages de
La Voulte prouvent-ils réellement que c'est en cet endroit-là
qu'Annibal, ou tout au moins une partie de son armée conduite par Hannon, à moins que ce ne soit l'armée d'Asdrubal,
traversa le Rhône, deux siècles avant J.-C. ? Certains
auteurs le prétendent, et M. Mazon enregistre leurs dires,
mais en observant que « des ossements d'éléphants ont été
trouvés sur d'autres points de l'Ardèche, où les Carthagi-
nois n'ont certainement jamais pénétré » ; et, pour le surplus, c'est de La Voulte qu'il s'agit, c'est-à-dire d'un centre
de population qui n'existait certainement pas du temps
d'Annibal, attendu qu'il n'en est pas question avant le VIIIe
siècle, date à laquelle on sait qu'il dépendait de l'évêché
de Viviers, dont l'un des titulaires, ayant nom Léger, plaça
la chapelle du *castrum* appelé *Volta* dans la dépendance du
prieuré de Rompon.

Quant aux seigneurs de ce lieu, les premiers connus sont
les barons de Clérieu, qui obtinrent, en 1151, de l'empereur
Conrad III la confirmation ou la concession d'un droit de
péage sur le Rhône, à La Voulte, et dont une fille porta la
seigneurie et le péage de ce nom aux Fay. Des Fay, La
Voulte passa, de la même façon, aux comtes de Valentinois ;
puis, c'est encore par le fait d'un mariage que les Bermond
d'Anduze l'acquirent vers 1260, et, remarque à faire, leur
premier soin fut de chercher querelle à l'évêque de Valence,
seigneur de Loriol et de Livron, à propos des limites de
leurs terres, le Rhône, qui était leur limite naturelle, vaga-
bondant alors assez, pour que le domaine de l'un se trouvât

plus d'une fois rogné au profit de l'autre. Il paraît même que cette querelle dégénéra en guerre, les Bermond d'Anduze étant aussi batailleurs que querelleurs, et tellement l'un et l'autre que leur histoire, à La Voulte au moins, est pleine de leurs difficultés, tantôt avec l'archevêque de Vienne, qui les accusait, en 1296, d'opprimer les paysans et de faire du tort au prieuré ; tantôt avec le seigneur de Grignan, à propos d'une dot; tantôt avec leurs vassaux; d'où l'on peut conclure que la fondation qu'ils firent d'un couvent d'Augustins à La Voulte, en 1325, et, dix-neuf ans plus tard, d'un couvent de religieuses à Charmes, fut tout simplement le résultat d'un peu de repentance chez eux.

Trop puissants seigneurs pour avoir d'aussi petites querelles et d'ailleurs trop occupés en cent autres lieux pour cela, les Lévis, qui se disaient cousins de la Sainte Vierge, si l'on en croit une légende, ayant hérité des Bermond d'Anduze en 1408, la baronnie de La Voulte qu'ils laissèrent aux Rohan-Soubise en 1717, ont une place d'autant plus large dans l'histoire de cette baronnie, que c'est eux qui firent construire le château, « aussi remarquable par ses dimensions que par sa situation », et qu'en ayant ensuite fait une de leurs principales résidences, ils furent par cela même plus ou moins mêlés à tous les événements locaux pendant trois siècles, c'est-à-dire pendant une époque tellement touffue en événements de toutes sortes que je ne saurais les résumer, si succinctement que ce soit, ici. Partant, je me bornerai donc à constater que des sept chapitres de cette histoire se rapportant aux Lévis, il en est un que M. A. Mazon dit n'avoir pas été écrit pour tout le monde, et cela parce qu'il y a condensé la vie d'une duchesse de Lévis-Ventadour, née Montmorency, autrement d'une très grande dame qui renonça, toute jeune encore, aux richesses et aux honneurs, voire même à un mari, qui suivit du reste son exemple, pour embrasser la vie religieuse. Or, si de semblables actes d'héroïsme ne sont pas, j'en conviens bien volontiers, à la portée de beaucoup de gens, il faut cependant croire qu'il est encore des âmes capables de les comprendre.

Arrivé au XVIIIe siècle, l'historien de La Voulte a cru devoir donner à son travail la forme d'annales, c'est-à-dire se borner à enregistrer les faits sous la date à laquelle ils se produisirent ; mais cette partie de son livre n'en est pas moins fort intéressante quand même, à cause de tout ce qu'on y trouve d'utiles renseignements sur cette petite ville ardéchoise et sur les hommes qui l'ont illustrée. Ajoutons que ce mérite est celui de l'ouvrage pris dans son ensemble, notre érudit collègue ne s'étant pas contenté de recueillir soigneusement tout ce qui se rapporte directement à son sujet, mais ayant encore saisi toute occasion de donner sur les hommes et sur les choses des détails aussi curieux qu'instructifs ; témoin ce compte du receveur du péage de La Voulte en 1399 et 1400, à propos duquel il précise la valeur des différentes monnaies de l'époque, indique les mesures alors usitées et leur contenance, comme aussi le prix de certaines choses, et finalement fournit au glossaire de la basse latinité des mots inconnus à Du Cange et à ses continuateurs. Pour tout dire, le nouveau volume de M. A. Mazon, bien qu'écrit surtout pour les compatriotes ardéchois de l'auteur, sera lu avec profit et plaisir par tous ceux qui s'intéressent à l'histoire locale, parce que c'est, je le répète, un beau et bon livre.

J. B.-D.

NÉCROLOGIE

PELOUX (Jules-Charles-Antoine)

Inspecteur général honoraire des Ponts et Chaussées,
Vice-Président de la Société
Décédé à Ceyzériat (Ain), le 30 janvier 1901

Je ne me rappelle plus qui a dit de nos deuils qu'ils sont comme des déracinements partiels de notre être ayant pour but de préparer et de faciliter notre déracinement final. En tout cas, cette comparaison, qui me revient à l'esprit toutes les fois que la mort m'atteint dans quelqu'un de mes amis ou de mes proches, ne manque pas de justesse ; car c'est bien comme une portion de nous-mêmes qui se détache de la vie, lorsqu'un de ceux que nous aimons s'égrène dans la tombe. Et quand celui qui nous quitte ainsi était une personne de valeur en même temps qu'une personne aimée, un sentiment moins personnel et par cela même plus généreux, si l'on peut ainsi parler, s'ajoute à ce déracinement partiel de notre être, qui est le fait d'une affection meurtrie : le regret de ce qu'il pouvait faire encore d'utile et de bon, s'il s'en va dans la force de l'âge ; le chagrin de voir finir une vie noblement remplie, s'il s'éteint plein de jours.

Or, bien que n'étant pas encore d'une extrême vieillesse (1), M. Jules Peloux comptait, depuis quelque temps

---

(1) Il naquit à Bourg le 9 juillet 1823.

déjà, parmi les vétérans à cause de la délicatesse de sa santé. On peut même dire qu'il était tout à fait croulant, sous le rapport physique, depuis la perte de la sainte et vaillante femme qui fut la compagne de sa vie; tellement que lorsqu'il est mort dans ce pays de Bresse, qui l'avait vu naître et où il passait toujours la belle saison, cela n'a surpris personne; mais le coup n'en a pas moins été douloureux pour tous ceux qui l'appréciaient et l'aimaient comme il méritait de l'être. Pour ce qui me regarde personnellement, j'en ai été d'autant plus affecté, que la sympathie dont M. Peloux m'honorait, depuis que nous nous étions rencontrés dans cette Société d'Archéologie et de Statistique de la Drôme, à la fondation de laquelle nous participâmes l'un et l'autre, s'était transformée en un sentiment beaucoup plus vif dans ses dernières années. « La seule chose qui me sépare de vous », m'écrivait-il en effet, le 26 novembre 1898, à propos d'un article nécrologique sur Tamizey de Larroque, le grand érudit du Sud-Ouest, que je lui avais envoyé, « c'est quand vous dites qu'on ne fait plus d'amis à notre âge; car, plus heureux que vous, mes sentiments d'affectueuse sympathie et de profonde estime m'ont révélé que j'avais pour vous une sincère amitié. » Et cette sympathie et cette estime, il me l'avait d'ailleurs déjà prouvée en manifestant l'intention de suivre mon exemple, quand des convenances personnelles me firent donner ma démission de vice-président de notre Société après la mort du président M. de Gallier. Ce n'est même pas sans quelque peine que je le dissuadai de cela faire. Partant, il m'aurait été doux de joindre ma voix à celles qui ont dû s'élever au bord de sa tombe pour saluer sa dépouille, et, ne l'ayant pu à cause de l'éloignement et des rigueurs de la saison, c'est en quelques lignes dictées par un reconnaissant souvenir que je viens rendre hommage à sa mémoire.

On dira certainement ailleurs ce que fut et ce que fit

M. Peloux en tant qu'ingénieur, c'est-à-dire quels sont les grands travaux auxquels il participa ou qu'il dirigea après les avoir préparés, et comment il arriva par la seule force de son mérite à une haute situation dans le corps d'élite auquel il appartenait et où il pouvait monter plus haut encore sans être jamais au-dessous de sa tâche. Moi qui ne saurais traiter un semblable sujet à cause de mon incompétence, c'est de l'homme seulement que je veux parler ici, autrement de ce qu'il y avait peut-être de meilleur chez notre collègue, si remarquable que fut l'ingénieur; car telles étaient la supériorité de son intelligence largement ouverte à toutes les manifestations de l'esprit humain, la justesse de son coup d'œil et la rectitude de son jugement, qu'il n'avait pas besoin d'être officiellement classé dans l'élite intellectuelle pour en faire partie, et ce serait fait, pour ainsi dire partout, une place à part. Et cela d'autant mieux qu'à ces qualités essentielles, M. Peloux joignait celles qui font aimer l'homme, c'est-à-dire de l'affabilité et de l'accueillance, avec quelque chose de bienveillant et d'une douceur un peu mélancolique — reflet d'une santé délicate — contrastant avec la raideur que certains hommes de son art contractent, dit-on, dans la familiarité des figures géométriques, comme les militaires dans le commandement. Bon par nature, il ne se rappelait l'inflexibilité de la ligne droite que dans la pratique de ses devoirs, et encore mettait-il dans cette pratique tous les ménagements pour autrui, qu'autorisaient les circonstances.

En un mot, M. Peloux était un homme de grande valeur aux dehors séduisants, et ce que je tiens à constater avec cela, c'est qu'il était un beau caractère, ce qui est plus rare encore; car, alors que d'autres brûlent si volontiers les idoles qu'ils ont adorées, leur grand souci étant de mettre leur attitude en harmonie avec celle des maîtres du jour, pour s'attirer leurs faveurs, lui ne déserta jamais aucune de ses convictions ni de ses amitiés, et l'on prétend même que sa carrière en souffrit. Par contre, il eut l'estime et le respect de tous, cette récompense suprême de l'homme de cœur.

Pour ce qui regarde ses croyances religieuses, sa foi de chrétien, aussi bien que pour tout ce qui touche à la générosité du caractère et à la dignité de la vie, notre collègue savait du reste de qui tenir, étant le fils d'un brave officier dont la conduite fut toujours droite comme son épée, et le frère de cet Adrien Peloux qui, étant bâtonnier de l'ordre des avocats, marié et père de famille, s'engagea sous les drapeaux à la nouvelle de nos premiers revers, en 1870, et périt glorieusement à l'attaque du plateau de Montretout, le 19 janvier 1871. Conduite héroïque dont la ville de Valence s'est fait un devoir de perpétuer le souvenir en donnant le nom de Peloux à l'une de ses rues, et qui emprunte un caractère particulier à ce fait qu'une *Imitation de Jésus-Christ* et les portraits des siens furent trouvés sur le héros, lorsqu'on le déshabilla pour sa toilette funèbre ; enfin, au récit de laquelle j'ajouterai ce détail, non moins caractéristique et généralement inconnu, que peu de temps avant sa mort, Adrien Peloux écrivait à son frère Jules : « Demain ou dans peu de jours, nous allons « nous battre et je sais que je resterai « sur le champ de bataille. J'ai prié Huz, de Chaptal, de « Sièyes, le docteur Blanc et mon ordonnance de me faire « enterrer où bon leur semblerait, mais de bien retenir le « lieu et l'endroit où mon corps sera enfoui. Après la « guerre, quand le calme sera revenu, tu t'adresseras à « l'un d'eux, et tu viendras chercher mes restes pour les « faire ensevelir à Bourg, au lieu du rendez-vous que « nous nous sommes donnés. Je veux que ceux qui m'aiment « aient la consolation de pouvoir prier sur ma « tombe ; car je sais que c'est un grand soulagement et « un grand soutien que de pouvoir prier sur la tombe de « ceux qui nous ont quitté.

« Depuis le 14 septembre, date après laquelle je n'ai
« plus reçu de nouvelles de vous tous et d'Emilie
« (Mme Adrien Peloux), je ne lui ai plus écrit que par les
« ballons montés et des lettres très courtes, lui donnant
« simplement des nouvelles de ma santé, sans lui parler
« de nos reconnaissances ni de nos campements à Til-
« mont, à Montreuil et à Asnières, pour lui éviter ces
« émotions successives, qui donnent une fièvre continuelle
« sans jamais reposer l'esprit. N'est-ce pas déjà trop pour
« elle que la résolution que j'ai prise. Consoles-la, mon
« cher ami, soutiens-la dans sa douleur et fais en sorte
« que, par ta bonne affection, elle sente après moi, au
« près d'elle, comme un reflet de moi-même.

« ... Je n'ai rien à dire de particulier sur Jean (son fils),
« je t'ai assez entretenu de lui, qu'il soit honnête homme,
« qu'il console sa mère, c'est tout ce que je lui demande.
« Rappelle à tes chers enfants que je les ai priés de traiter
« toujours Jean comme un frère...

« Adieu, ma dernière pensée sera pour Emilie et pour
« toi. C'est à vous deux que je laisse le soin de ma mé-
« moire et de me garder une constante et fidèle affection...
« Je t'attendrai près de ma mère et de mon père. »

Une semblable lettre ne comportant pas de commentaires, je me bornerai à dire que les deux frères, qui se
trouvent maintenant réunis, étaient d'autant plus capables
de se comprendre qu'ils se valaient; et c'est bien là le plus
bel éloge qu'on puisse faire de l'un et de l'autre, de celui
qui s'est éteint, il n'y a que peu de semaines, après une
longue vie de travail et d'honneur, aussi bien que de celui
qui tomba, il y a trente ans, jeune encore, en défendant,
soldat improvisé, sa patrie contre l'étranger.

J. B.-D.

Crest, le 28 février 1901.

SÉANCE DU 4 FÉVRIER 1901

Lecture est donnée d'une lettre de M. le Ministre de l'Instruction publique fixant au 9 avril prochain l'ouverture à Nancy du 39e congrès des Sociétés savantes, et d'une lettre de M. Vallentin, président, exprimant ses vifs regrets de ne pouvoir assister à la Séance pour cause de santé.

M. Caprais-Favier envoie l'empreinte sur cire d'un poids ancien qu'il croit du xvie siècle et demande des renseignements à ce sujet.

M. le Président annonce la perte récente et regrettable de M. Peloux, vice-président de la Société, et fait l'éloge de ses connaissances, de son urbanité, de sa droiture et de ses qualités éminentes d'homme de bien.

Il est procédé ensuite à la réception, à l'unanimité, comme membre titulaire, de M. le marquis DE GAUDEMARIS, ancien officier au régiment étranger, membre de la Société des Artistes français et de celle des Agriculteurs de France, demeurant au domaine de Massillan, près Orange, présenté par M. Vallentin, président, et par M. Lacroix, secrétaire.

M. Villard rend compte de ses recherches sur les illustrations militaires de Valence, et M. Nugues, de la publication de ses dessins sur les vieilles maisons de Romans.

Sur l'observation de plusieurs membres que la suppression des convocations individuelles aux Séances est la cause unique de leur absence, il est décidé de revenir à l'ancienne coutume.

A. LACROIX.

CHRONIQUE

M. le chanoine Perrossier veut bien nous communiquer le dessin et le texte d'une inscription romaine découverte ce mois-ci par un de ses amis, à Venejean sur Montbrun, au pied du Mont Ventoux. Nous la donnons en attendant un estampage et des renseignements complets sur ce monument curieux :

```
    D   E   O
VOLKANO
SACRVM
VALERIA
SEXTIA ET
ICCIVS. CRA
TION EX
IVS. SV.
```

OUVRAGES REÇUS DU MINISTÈRE DE L'INSTRUCTION PUBLIQUE.

Bulletin du Comité des travaux historiques et scientifiques.

Section des Sciences économiques et sociales, année 1899. Imprimerie nationale, 1 vol. in-8°, 115 pp.

Congrès des Sociétés savantes de 1900 tenu à Paris. Même imprimerie, 1901, 1 vol. in-8°, 334 pp. Il y a là un Mémoire de M. de Beylié, notre collègue, sur *l'Esprit d'association dans les Alpes dauphinoises.*

Bulletin historique et philologique, 1899, nᵒˢ 3 et 4. Même imprimerie, 1901, in-8°. On y lit une lettre de Barnave, publiée par M. de Beylié, et une autre du général Championnet à Jacomin, du 23 ventôse an VII, relative aux accusations portées contre lui, communiquée par M. Brun-Durand, et le testament d'un barbier de Crest, en 1427, envoyé par notre confrère.

— *Le même Bulletin*, année 1900, n°s 1 et 2, signale une communication de M. de Manteyer, et une autre de M. Fillet sur le Vercors, et renferme une publication par M. de St-Genis des *plaintes, doléances et remontrances de la paroisse de St-Beury en Bourgogne.*

Romania. Janvier 1901.

Journal des Savants. Novembre et décembre 1900; janvier et février 1901.

Dons des Auteurs.

— *Le Chant liturgique dans le diocèse de Grenoble : ce qu'il est, ce qu'il doit être,* par Charles-Félix Bellet, protonotaire apostolique, bibliothécaire de l'évêché. Grenoble, Baratier, 1900, broch. in-8°, 36 pp. Travail intéressant à cause de la compétence de l'auteur.

Le droit de traiter considéré dans ses rapports avec la forme de l'Etat et avec la forme du Gouvernement (Théorie de droit public moderne), par Henri Ebren, docteur en droit. Valence, Ducros, 1900, 1 vol. in-8°, 391 pp.

Il y a dans ce travail important beaucoup de recherches et un style excellent.

— *Le passage en Piémont et en Savoie d'Henri III, roi de France et de Pologne* (août, septembre 1571), par François Mugnier, conseiller à la Cour d'appel à Chambéry. Paris, Champion, 1899, broch. in-8°, 60 pp. La liste des ouvrages historiques du même érudit rend témoignage de son mérite et de ses fructueuses recherches.

— *Rapport sur les archives départementales, communales et hospitalières de l'Isère* en 1899, présenté à M. le

Préfet, par M. A. Prudhomme, archiviste. Grenoble, Baratier et Dardelet, 1900, broch. in-12, 38 pp. Indépendamment de l'intérêt qui s'attache aux travaux consciencieux de notre savant collègue, ce rapport indique sommairement les documents versés depuis peu dans le dépôt départemental ayant appartenu à l'évêché de Grenoble, et ceux de la collection de Verna, restitués par jugement du tribunal de Lyon.

En annonçant, dans la dernière livraison, la mort de M. Meynot, un de nos excellents collègues, nous n'avons, faute d'espace, pu rendre compte des libéralités de son père, de son frère, ancien maire de Donzère, et des siennes ; elles méritent cependant d'être connues et nous en trouvons le détail dans le volume du Conseil général de la Drôme, session d'avril 1888.

« M. Meynot a affecté une rente annuelle de 250 fr. à la création de prix à distribuer à des élèves des écoles primaires et supérieure de Montélimar ; il a versé la somme de 70,000 fr. à l'académie de médecine pour la fondation de deux prix; 20,000 fr. à la société d'encouragement à l'agriculture ; 20,000 fr. à la société d'encouragement pour l'industrie, en vue de la fondation de deux prix, et une rente annuelle de 1,200 fr. destinée à venir en aide à un ou plusieurs jeunes gens se destinant à l'agriculture... ou déjà subventionnés par le département soit pour les lettres, soit pour les sciences, soit pour les arts. »

Dans les publications reçues des Sociétés savantes, on remarque une étude très documentée sur les *lunettes*, donnée par le *Bulletin de l'Académie de Vaucluse*, et une autre sur la géologie de nos contrées, par le *Bulletin de la Société de Statistique de l'Isère*.

— Il existe aux archives de la Drôme une note sans date paraissant remonter à la Restauration où les difficultés de voyager de Marseille à Lyon sont ainsi exposées :

« De Marseille à Aix, les diligences sont excellentes et le prix des places est très modéré ; d'Aix à Avignon, le luxe des voitures diminue et le prix augmente légèrement ; d'Avignon à Orange, le transport reste bien supportable ; mais à Orange, il faut prendre des carrioles où les voyageurs sont entassés en plein air et les pieds souvent dans le vide. A la Palud, nouveau changement de véhicule ; la patache remplace la carriole et souvent des enfants la conduisent. Sans la singularité de sa construction presque rez terre, elle verserait très souvent. »

Le document n'indique pas les changements ultérieurs jusqu'à Lyon et se borne à réclamer une réglementation du service, afin de préserver les voyageurs des insolences des cochers et de multiples dangers de blessures et de mort.

— On ne connaît pas très exactement les artistes du moyen âge qui, sous le nom d'enlumineurs, illustraient les manuscrits. Un volume de *notes* brèves d'Arnoux, notaire à Valence, en signale un de l'an 1315, du nom de Jean François, d'Etoile, à propos de la vente d'un livre appelé *Tractoyra* (missel) sur parchemin, consentie à Gonon Lambert, prêtre de Valence, par noble Albert Lagier, d'Etoile, au prix de seize florins, d'après un acte de 1410 et du 26 juin. Nul autre renseignement n'est donné sur l'artiste ; mais les Lagier (*Lagerii* et *Latgerii*) d'Etoile doivent être de la famille qui donna son nom à Monteléger (*Mons Latgerii*), à l'origine de la féodalité.

A. LACROIX.

LE SARCOPHAGE DE SAINT FÉLIX

Il existait, encastrées dans les murs Nord et Est de la cour intérieure des bâtiments du Bureau de Bienfaisance de Valence, autrefois couvent de St-Félix, deux pierres sculptées, qui y avaient été scellées de temps immémorial : elles étaient placés à hauteur d'homme, leurs bords affleurant le parement de ces murs. La patine noire dont le temps a recouvert les parties saillantes atteste leur antiquité ; l'archaïsme des compositions, le modelé particulier des sujets, avaient depuis longtemps attiré notre attention ; aussi soignions-nous particulièrement la conservation de ces deux pièces que nous sentions être de valeur.

Appelé récemment, par notre situation professionnelle, à faire exécuter des réparations aux murs précités, nous avons constaté avec peine que, malgré nos recommandations, les ouvriers employés étaient, pour ne pas dire plus, très peu soigneux, et qu'ils avaient déjà dégradé en partie les bas-reliefs objets de nos soins ; craignant des mutilations irréparables nous avons, sans tarder, et avec l'autorisation de la Municipalité, ordonné leur enlèvement et leur transport au Musée de la ville.

Nous avons pu alors nous rendre un compte exact des dimensions et de la nature de ces pierres, et l'étude à laquelle nous nous sommes livré, et les conclusions que nous en avons tiré, nous ont déterminé à porter cette trouvaille à la connaissance de la *Société d'Archéologie de la Drôme.*

I

DESCRIPTION DES PIERRES

Les deux pierres A et B, dont nous donnons la photographie, sont toutes deux en marbre blanc statuaire, très fin, et d'une contexture calcaire homogène : il provient sûrement d'un pays étranger, car aucune carrière de marbre semblable n'a jamais été connue dans notre région.

La pierre A (à gauche), a 0^m50 de hauteur totale, et 0^m30 de largeur ; le parement de derrière est bien dressé et taillé à la fine pointe, en laissant sur le côté et en bas une saillie de 9 à 10 centimètres de hauteur destinée à se raccorder avec d'autres dalles de même épaisseur, ainsi que le prouvent les traces d'ancien mortier encore adhérent, de telle sorte que l'épaisseur de la pierre A est de 124 millim. sur les bords, et seulement de 85 millim. sur la partie centrale. La composition comprend deux grands personnages et deux enfants ; sur la tranche de côté on voit nettement des ornements taillés en creux qui se continuaient sur une autre pierre ; enfin des trous de scellement sont percés sur la tranche supérieure.

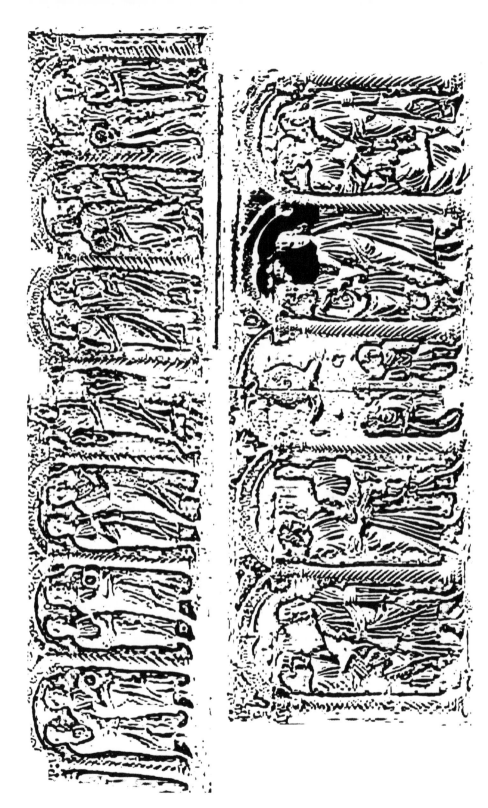

La pierre B (à droite), a 0ᵐ60 de hauteur totale, et 0ᵐ70 de largeur ; le parement de derrière, dressé et taillé comme à la pierre A, laisse au bas un rebord saillant de deux centimètres sur dix de hauteur, auquel l'ancien mortier adhère, de sorte que les épaisseurs de cette pierre sont respectivement de 125 millim. à la base d'appui, de 95 millim. au sommet, et de 60 millim. sur le nu central. Des trous de scellement existent sur les quatre côtés de la pierre, et ce sont eux évidemment qui, par affaiblissement, ont amené les cassures cause de la ruine du monument, lors de son ou de ses déplacements. La composition était divisée en panneaux : dans celui de gauche, on voit un soldat romain assis, les mains appuyées sur son bouclier ; sur le nu de la pierre se voient distinctement les traces de soudure des autres parties de la décoration qui complétaient ce panneau. — Dans celui de droite, le plus important par sa conservation, se voient, entre deux colonnes torses espacées de 0ᵐ40 d'axe en axe, à droite un personnage le mains liées derrière le dos, et à gauche un soldat tirant son glaive hors du fourreau ; une lampe funéraire (?...) est sculptée entre les deux personnages : Nous discuterons plus loin le sens que nous attribuons à cette composition.

Enfin, dans la même brèche de mur, ont été trouvés deux fragments, de même marbre et de même taille, restes certains du même monument : l'un donne la croupe d'un cheval et a été cassé à la jonction du cavalier ; l'autre montre les pattes et les griffes d'un animal apocalyptique indéterminé, mais qui pourrait bien être un griffon : les griffons étaient les animaux gardiens des sépultures (E. Le Blant, p. 57). — Ces deux fragments sont d'une excellente facture, d'un modelé parfait, et dénotent un ciseau exercé.

L'examen attentif de ces pierres, leurs dimensions, leurs épaisseurs, leur taille, démontrent qu'il ne s'agit pas là de bas-reliefs décoratifs entrés dans la construction du gros œuvre d'un monument quelconque : tout indique, au contraire, que ce sont là les débris précieux d'un sarcophage destiné à contenir les restes mortels d'un personnage important, et à en transmettre la mémoire aux générations suivantes.

Les *sarcophages* ornementés, toujours édifiés en l'honneur de personnages de distinction, étaient tantôt formés d'un seul bloc de pierre, creusé en son milieu, lorsqu'il s'agissait d'y inhumer un seul corps, ou lorsque le monument devait être conservé à peu près sur la même place où il était fabriqué ; ou, autrement, formés de dalles ajustées et cimentées entre elles, lorsque le monument était destiné à recevoir les corps de plusieurs personnages, ou devait être érigé loin du lieu de fabrication. Souvent le sarcophage était à deux ordres de bas-reliefs superposés, comportant alors des compositions séparées.

« L'usage des bas-reliefs (anaglyphie) s'introduisit de « bonne heure dans les documents d'iconographie. La « principale application s'en fit sur les sarcophages. » (Ch. Didelot, *Études d'anaglyptique sacrée*, p. 5).

« Les sarcophages du iiiᵉ siècle et du ivᵉ siècle imi-« tent souvent un temple avec des colonnes ; quelque-

« fois ils étaient partagés en plusieurs arcades, sous
« chacune desquelles il y avait une figure ou un groupe.
« Ce genre de distribution remonte au plus ancien
« temps de l'art. » (*Dictionnaire Larousse*, mot : *Sar-*
cophage).

    « Aux grands chrétiens les belles tombes : telle était
« autrefois la règle, et, après le triomphe de l'Eglise,
« on affecta aux saintes dépouilles les vieux sépulcres
« de marbre, souvent amenés de contrées lointaines...»
(Ed. Le Blant, *Les sarcophages chrétiens de la Gaule.*
Paris, 1886, p. 11)

    « .....Ces marbres nus et mutilés, devant lesquels
« l'antiquaire s'arrête presque seul aujourd'hui, ont eu
« leurs siècles de splendeur ; la plupart étaient, je
« viens de le dire, affectés à la sépulture des saints, et
« Grégoire de Tours avait songé à composer un livre
« avec leur seule histoire. » (Id., p. xv).

    La conviction du lecteur, sur l'attribution de nos
pierres A et B à un sarcophage, égalera certainement
la nôtre, s'il veut bien suivre notre démonstration.

    M. le chanoine Didelot, curé de la cathédrale Saint-
Apollinaire de Valence, avait formé, avec un goût parfait et une érudition sérieuse, un véritable musée iconographique des premiers âges chrétiens, remarquable
non seulement par le nombre, mais surtout par le choix
des types ethniques, recueillis un peu partout ; c'est à
cette collection que nous emprunterons les types com-
paratifs dont nous avons besoin.

    Voici d'abord, figure C, la face antérieure du *Sarco-*

phage de Saint-Honorat, îles de Lérins. Cette face a 2ᵐ32 de longueur, et 0ᵐ63 de hauteur, La composition est divisée en sept panneaux séparés par des colonnes torses, dont l'hélice va en sens contraire de l'une à l'autre ; ces colonnes et les arcatures qu'elles supportent sont semblables à celles de notre pierre B, ainsi que la corniche horizontale du panneau central formant niche ; en un mot, même facture hiératique, mêmes dispositions architecturales ; seul le thème iconographique est différent.

Edmont Le Blant, dans l'ouvrage déjà cité, a donné sous le n° 216 (p. 160, pl. LIX) la description et la photographie de ce remarquable monument.

La figure D donne le sarcophage dit : *Tombeau de Saint-Sidoine*, dans la crypte de l'église de St-Maximin (Var) ; ses dimensions, qui dépassent l'ordinaire, sont de 2 mètres de longueur, 1 mètre de largeur et 78 centimètres de hauteur, et il était fait pour recevoir deux corps ; sa composition architecturale est pour ainsi dire identique à celle de notre pierre B : non-seulement les colonnes torses à hélices alternées et les arcatures, mais même et surtout les voussures en coquilles qui supportent ces arcatures sont absolument semblables ; les personnages eux-mêmes présentent le même modelé, et on est tenté en rapprochant ces deux œuvres de les attribuer au même artiste : elles sont sûrement du même atelier et de la même école. Ajoutons enfin que ce sarcophage qu'on fait remonter au IVᵉ siècle, ou commencement du Vᵉ, est également en marbre blanc. Signalons surtout le panneau central représentant un sujet fréquemment reproduit sur les monuments chrétiens des bords du Rhône : la croix surmontée du monogramme et dominant les gardes du Saint-Sépulcre ; c'était la Résurrection symbolisée (E. Le Blant, *loc. cit.* n° 213).

Nous ne faisons que citer, comme autre type, le *Sarcophage à l'église Saint-Trophime d'Arles* (n° 45 du musée Didelot et xxxii de Ed. Le Blant. *Les Sarcophaphages d'Arles.* Paris, 1878), lequel est à deux étages, présentant chacun sept panneaux historiés : là, mêmes colonnes torses, mais surmontées alternativement d'arcades et de frontons ; c'est bien la même tradition d'exécution que notre pierre B, mais ce n'est plus la même génération d'*Imagiers*, l'atelier a créé de nouveaux modèles.

Le n° 56 du musée Didelot est le sarcophage dit : *de Sainte Madeleine*, également dans la crypte de l'église de Saint-Maximin (Var). E. Le Blant l'a donné sous le n° 212, et dit « Son premier bas-relief de gauche repré-
« sente le martyre de saint Paul ; les mains de l'Apô-
« tre sont garottées, à côté de lui l'exécuteur tenant
« le glaive. Au fond est un roseau rappelant le lieu dit
« *Ad Aquas Salvias*, où le Saint a été décapité, c'est
« sans doute dans la même pensée que l'on y a de plus
« sculpté la proue d'une barque. Au milieu entre les
« deux colonnes, était un groupe familier aux sculpteurs
« chrétiens : une couronne tenue par un aigle enca-
« drait, ainsi que l'indiquent les points d'attache des
« images disparues, le monogramme supporté par une
« longue croix ; au pied étaient deux soldats préposés
« à la garde du sépulcre de Jésus-Christ, tous deux

« armés de la lance, du bouclier, et assis l'un à terre,
« l'autre sur un siège, etc...»

Or, tous ces sarcophages, du marbre le plus pur, proviennent authentiquement des célèbres ateliers d'Arles
qui, aux époques gallo-romaines, jouissaient d'une
grande renommée, et fournissaient non-seulement la
province, mais presque tout le monde chrétien, tant la
valeur de leurs artistes était incontestée. Il y a peu de
temps encore, il fut trouvé à Mende (Lozère), des débris de sarcophages provenant selon toute apparence,
de ces mêmes ateliers (*Revue de l'Art chrétien*). Le Musée de Vienne (Isère) contient aussi quelques types que
M. E. Le Blant (p. 20) apprécie ainsi : « Ils appartien-
« nent à la bonne époque de la sculpture chrétienne, et
« si ces monuments ne sont pas venus d'Arles, amenés,
« comme on peut le penser, par la voie du Rhône, leur
« style est toutefois identique à celui des marbres de
« cette ville. »

Il est donc hors de doute que nos pierres A et B,
qui épousent les traditions, revêtent les formes, s'iden-
tifient de dessin et d'exécution avec les œuvres gallo-
romaines que nous venons de citer, ont appartenu à un
sarcophage du IVᵉ ou du Vᵉ siècle, sorti lui aussi des
ateliers d'Arles. Si ce sarcophage était à un seul étage,
alors la pierre B était celle formant la partie centrale de
la face, qui comportait ainsi cinq panneaux, donnant
une longueur totale de plus de deux mètres avec les
motifs d'angles, et la pierre A devait former l'un des
côtés latéraux. Si ce sarcophage était à deux étages,
alors la pierre A est une fraction d'angle de la composition de l'étage supérieur.

II

RÉSUMÉ HISTORIQUE

Colligeant les divers auteurs qui ont écrit sur ce sujet, nous avons dit, dans nos *Annales Valentinoises*, p. 8 :

« 202. 23 avril. — Ensuite d'un édit de Septime-
« Sévère, une nouvelle persécution sévit dans la Gaule,
« contre les chrétiens. Félix, prêtre, Fortunat et Achil-
« lée, diacres, envoyés par saint Irénée, évêque de
« Lyon, prêchaient alors la doctrine chrétienne dans
« Valence. Le préfet Cornélius, qui venait de faire son
« entrée en grande pompe dans cette ville, apprit que
« la publication des édits ne leur avait pas fait cesser
« leurs prédications : ils furent saisis et subirent le
« martyre le 23 avril de l'an 202, à l'orient de la ville,
« où de pieux fidèles recueillirent leurs restes et édifiè-
« rent plus tard une chapelle, qu'on croit avoir été le
« premier temple chrétien de Valence.

« Saint Félix est considéré comme le fondateur de
« l'Eglise de Valence et son premier évêque. »

L'empereur Constantin ayant publié, en 313, l'édit de tolérance en faveur des chrétiens, la nouvelle religion triomphante convertit en églises les vieux temples païens que Valence devait à la munificence romaine : tel le *Panthéon* qui reçut le nom de *Notre-Dame-de-la-Ronde*. C'est à ce moment-là aussi que fut édifiée la chapelle en l'honneur de saint Félix et de ses compagnons, sur l'emplacement compris actuellement entre le faubourg Saint-Jacques et la rue Baudin, immédiatement à l'Est de l'avenue Sadi-Carnot.

Grâce aux libéralités des fidèles, la modeste chapelle de saint Félix fut vite transformée, et elle était devenue une abbaye florissante lorsque, en 860, les pirates normands qui remontèrent le Rhône en portant partout le fer et la flamme, saccagèrent entièrement Valence, et détruisirent l'abbaye de Saint-Félix « *hors-les-murs* », et celle de Saint-Pierre du Bourg.

Cette tourmente passée, les religieux relevèrent leur abbaye de ses ruines, mais éclairés sur les dangers continuels que leur créaient les invasions périodiques que notre pays eut à subir pendant plusieurs siècles, ils se donnèrent bientôt un autre établissement dans l'intérieur de la ville et à l'abri des remparts : il y eût donc, à partir du x° siècle, « *l'abbaye de Saint-Félix hors les murs* », et le « *Prieuré de Saint-Félix* » qui était situé où se trouve actuellement le Bureau de Bienfaisance, dans l'ancienne rue Saint-Félix.

L'histoire complète de ces deux établissements nous entraînerait dans de grands développements : nous n'en retiendrons que ce qui a trait à notre sujet.

Le 29 septembre 1363, le pape Urbain V réunit à l'ordre de Saint-Ruf le prieuré de Saint-Félix ; quant au titre abbatial, pour en conserver le souvenir, on l'unit à un canonicat du chapitre cathédral, dont il fut dès lors la troisième dignité.

L'abbaye de Saint-Félix « *hors les murs* », fut définitivement ruinée lors des guerres de religion, car le « *vray portraict de la ville et cité de Valence* » de 1572, nous la

montre comme telle : ces ruines, encore parfaitement
visibles en 1724, d'après M. de Catellan, sont très bien
indiquées sur le *plan Nègre,* de 1727, c'est sur leur
emplacement que fut créé, en 1775, le cimetière de
Sainte-Catherine, et, curieuse coïncidence, c'est au lieu
même où, selon la tradition, saint Félix subit le martyre, que fût *provisoirement* inhumé, le 30 janvier 1800,
le pape Pie VI, décédé à Valence le 29 août précédent !.....

Ainsi finit l'antique abbaye de Saint-Félix, dont la
place est aujourd'hui recouverte par les dépendances
de l'hôtel du Grand-Saint-Jacques, et par la manufacture de pâtes alimentaires Blanc et fils.

Quant au *Prieuré* du même nom, établi dans l'intérieur de la ville vers le x° siècle, et qui fut compris dans
l'union à l'ordre de Saint-Ruf en 1363, le cadastre de
1547 nous le montre entouré des habitations des religieux :

« La seizième Isle commence en la rue St-Phelix.....

« 9 — Mre Gillibert de Bonnevaud, prebstre, puis
« Mre Manuel, prebstre de Saint-Phelix.

« 10 — Monsieur de Saint-Phelix.

« 15 — Mre Pierre Olivier, prebstre et moyne du
« monastère de Saint-Phelix.

« 16 — Le priouré Saint-Phélix.

« 17 — Monsieur de Saint-Phelix.

« 19 — Jean Hugon, campanier. »

Cet établissement paraît avoir traversé les guerres de
religion sans grands dommages, du moins il n'en est
signalé nulle part.

L'Inventaire de Saint-Apollinaire, dressé par Valette, notaire, en 1680, le mentionne ainsi :

« Le prieur ou prieuré de Saint-Félix. — Maison, jardin, et l'église. »

Enfin, ce prieuré disparut à son tour, lors de la suppression de l'ordre de Saint-Ruf en 1773, et l'évêque de Valence, Mgr de Grave, attribua aux Sœurs de Saint Vincent de Paul, dites « *Sœurs Grises* », qu'il fit venir dans notre ville, la propriété des bâtiments du prieuré Saint-Félix et des revenus de quelques domaines en dépendant, à charge d'assurer l'instruction gratuite des petites filles. Les « *Sœurs Grises* » furent installées dans ce local le 10 novembre 1778, et Michel Forest à raconté dans ses *Annales*, les démêlés qui eurent lieu entre l'évêque et le dernier chanoine qui occupait alors la maison.

Saisis par la nation comme biens nationaux, l'ancien prieuré de Saint-Félix et ses dépendances formèrent en 1802 la dotation du Bureau de Bienfaisance, qui les possède encore aujourd'hui. Cette propriété, dont l'église et le bâtiment principal sont en bordure sur l'ancienne rue Saint-Félix, aujourd'hui rue Madier-de-Montjau, a d'autres accès sur l'impasse des Sœurs Grises, et sur les rues Jonchère et Jeu-de-Paume.

En dehors des deux pierres A et B qui font l'objet de cette étude, l'ancien prieuré de Saint-Félix ne montre plus d'intéressant que quatre arceaux de l'ancien cloître, au-dessus desquels est encastrée une pierre portant l'*obiit* de *Guigues de Montelz*, chanoine de Saint-Félix, dont l'écriture onciale bien arrondie révèle le XIIᵉ ou XIIIᵉ siècle (*Bulletin d'Arch. relig.*, II, p. 141).

Outre l' « *Abbaye-hors-les-murs* » et le « *Prieuré à l'intérieur de la ville* », pourvus chacun d'un hôpital du même nom, et de fondation fort ancienne, Valence avait encore :

La *Paroisse Saint-Félix,* connue dès 1199 par la pièce LXXIX du « *Codex diplomaticus Sancti Rufi* » de M. le chanoine Chevalier, paroisse qui, alors, s'étendait de la *Porte Tourdéon,* et d'une *Porte Saint-Sulpice,* qui pourrait bien être celle que l'on appela plus tard « Porte Saint-Félix », jusques vers le Cognier, Parlanges et la Ruelle, et dont le territoire comprenait par suite une partie des communes actuelles d'Alixan, Montélier, Chabeuil, Malissard et Valence.

La *Confrérie des trois Martyrs,* établie à Saint-Apollinaire, par Guillaume de Montchault, en 1475, (*Ann. Val.* p. 42).

La *Rue Saint-Phelix.*

Le *Puys Saint-Phelix,* existant au carrefour formé par ladite rue Saint-Félix et la rue Chaufour actuelle, à l'angle de laquelle se trouvait « *le grand four Saint-Phelix d'anticquité* », appartenant à « *Giraud Frère, pour sa mère, Françoise Lamberte, habitante de Lyon* ». (Cad. de 1547. 16ᵉ Isle).

« La *Porte Saint-Félix, dans la première courtine.* »

« *La seconde Porte dudit Saint-Félix et tour apelée des trois martirs.* » (Plan Drevet, 1570).

La rue n'a changé de nom qu'en 1894 ; le puits a servi jusqu'en 1855, époque de la création des fontaines publiques ; la première porte Saint-Félix a été démolie en 1786 avec l'enceinte exté-ieure des remparts ; la deuxième porte a été démolie en 1847 ; enfin, *la tour des martyrs*, qui lui était contiguë, n'a fini de disparaître qu'en 1870, lors de la création des grands boulevards.

Mais, ce qui mieux encore que ces nombreuses appellations, démontre que nos ancêtres avaient en profonde vénération, saint Félix et ses compagnons de martyre, ce sont les « *jeux ou mystères des Trois Martyrs* » dont il est si souvent question dans les registres des délibérations consulaires.

« 1469. — 9 florins pour la despense de maistre Jean « Demont, qui a fait l'istoire des trois martirs, saint « Felix, saint Fortune et saint Achille, lequel a demoré « à la faire quatre mois ». Ce mystère fut représenté le 25 mai 1473, et la ville alloua 50 florins pour les frais.

13 janvier 1499, délibération pour préparer une nouvelle représentation du mystère des trois martyrs ; le 26 juin suivant il fût décidé que le livret original serait remis à un « *fatiste* », qui tâcherait de le mettre en un meilleur langage, plaisant mieux aux auditeurs : Jean de Beauchastel et François Sextre, chanoines, furent choisis pour revoir et corriger au besoin le travail.

Le 3 janvier 1500, Assemblée dans laquelle il fut conclu qu'on confierait la composition de l'histoire ou jeu des trois martyrs à M. Aymard du Chêne, qui recevrait 12 florins pour son salaire ; moyennant le paiement de ce prix, il promit par serment de tenir secret l'original qui lui fut confié, et qui était composé de 102 feuillets écrits, en quatre cahiers ; il s'engagea, en outre, à rendre son travail dans douze jours. La délibération se termine par la mention des engagements juridiques pris respectivement à ce sujet par les membres présents. Le 19 du même mois, assemblée dans la maison de Christophe de Saillans, des syndics et notables de la ville, qui nomment les députés chargés de distribuer les rôles « de l'histoire des trois martyrs à représenter avec l'aide de Dieu, par personnages ».

En avril, délibération de l'Assemblée convoquée par les consuls et syndics : « Les consuls ont proposé de
« délibérer de faire montrer et jouer par personnages
« le mystère et l'histoire de trois saints martyrs Félix,
« Fortunat et Achilée, qui ramenèrent de la foi payenne
« à la foi catholique les habitants de ladite ville, que
« leurs successeurs ont fermement tenue, tiennent et
« tiendront à perpétuité, et ce aux fêtes solennelles
« prochaines de la Penthecôte, sur la place des Clercs,
« et, comme il sera besoin de couvrir de toiles ou
« bouras ladite place, il a été délibéré qu'on chargera
« les consuls, ainsi que Marcial Farnier et François
« Barbe, et les autres qu'ils voudront choisir, de se
« procurer des gens qui veuillent couvrir cette place à
« leurs frais et dépens, de la meilleure manière possible,
« en se pourvoyant des toiles ou boras et cordages
« nécessaires, etc... »

Le 3 juin, nouvelle délibération : « Et primo, comme
« le temps approche de la sainte Penthecôte où l'on
« espère représenter l'histoire et le mystère du martyre
« glorieux des trois saints martyrs Félix, Fortunat et

« Achilée, publiquement sur la place des Clercs, il a
« été délibéré de requérir MM. de l'Eglise, pour ren-
« dre plus respectable et honorable le spectacle, de
« faire porter pendant ces jours la *châsse des reliques*
« *des trois Saints*, sur la scène, et d'y faire célébrer
« chacun de ces trois jours, avant de commencer ledit
« spectacle, une messe par un des chanoines, et de ne
« point sonner les vêpres avant la fin du mystère de
« chaque jour ; et pour cela ont été commis.....

« Item, que l'on fera garder l'enceinte où sera re-
« présenté le mystère.

« Item, que l'on fermera les portes de la ville, à l'ex-
« ception de celle de Saint-Félix et de Pompéry ; que
« la porte de Saint-Félix sera gardée par des portiers
« payés, et que les habitants du Bourg feront garder la
« leur.

« Item, que durant le mystère on fera des patrouilles,
« et que le manillier (sonneur de cloches) de Saint-Jean
« ne sortira pas du clocher pendant ce temps. »

Enfin, la représentation du « *mystère* » eut lieu les 7,
8, et 9 juin 1500 ; tous les documents constatent que
ce fût un événement mémorable pour l'époque. Les
délibérations qui précèdent et celle qui suit, nous en
font suffisamment connaître tous les détails.

17 juin 1500. Délibération faite dans la maison de
François de Genas, où le conseil était rassemblé :
« Comme l'hôte du Mouton qui a fait les dépenses de
« Mᵉ Claude Chivallet fatiste du mystère des Trois
« Martyrs, n'a pas voulu se contenter de la monnaie
« faible qui n'avait plus cours, comme l'un et l'autre

« disaient, il a été déclaré que pour les dépenses aux-
« quelles la communauté est tenue, il sera payé à l'hôte
« 27 florins petite monnaie.

« Item, comme il a été tendu et placé des toiles sur
« la place où a été fait le mystère, et que plusieurs se
« sont déchirées, sont commis pour voir à qui incombe
« et estimer la perte.....

« Item, pour entendre les comptes des dépenses
« faites pour la représentation du mystère, sont com-
« mis... (*Inv. Valence*, par Lacroix, et *Ann. Val.*, par
« Villard). »

Les consuls de Valence, alors réfugiés à Château-
neuf-d'Isère, à cause de la peste, délibèrent, le 13 mai
1522 : « Item, que l'on fasse dans la ville dire tous les
« jours une messe à l'onneur des glorieux trois martyrs,
« patrons d'icelle, oultre l'autre ordinaire et journelle-
« ment par cy devant ordonnée, pour prier Dieu le
« créateur voloir pacifier sa justice et à nous donner
« santé, et que l'on fasse extrême diligence de metre
« sus pour jouer l'estoire desdits glorieux martirs le
« plus tost que fere se pourra. »

Le 10 août suivant, nouvelle délibération sur le même
sujet, encore prise à Châteauneuf-d'Isère.

Le 10 avril 1533, autre, prise à Valence : « Et pre-
« mièrement, en suyvant la délibération et conclusion
« faicte au conseilh général de jouer le mistère des
« sainctz Trois Martirs, et pour icelle commencer du
« commandement de Valence et des commis soit venu
« maistre Meresole, factiste, pour fere ledit jeu, ont été
« commis les nobles... »

Enfin, le 10 février 1524, la reine-mère, régente en France, accorde des lettres patentes pour le passage en franchise de tout péages et leydes des bois nécessaires « pour jouer l'istoire des glorieux sainctz martirs « Félix, Fortune et Archilles. »

La représentation du mystère eut lieu, en grande pompe, au mois de mai 1524. La ville dépensa 753 florins ; Meresote dirigea le spectacle dont il avait fait le livret, et il reçut 150 florins d'honoraire (*Inv. Valence*, par Lacroix, et *Ann. Val.*, Villard).

Le « *Mystère des Trois Martyrs* » fut de nouveau représenté solennellement les 20, 21 et 22 mai 1526 ; les membres du Parlement y assistèrent ; les principaux du clergé et de la bourgeoisie concoururent au succès du spectacle ; madame de Dorne représenta Notre-Dame, et Suzanne de Genas, sainte Colombe. On lira avec intérêt la relation de cette fête, célèbre pour l'époque, dans les « *Mémoires de Joubert* ».

D'après le compte consulaire de l'année les frais des fatistes, peintres, charpentiers, trompettes, arquebusiers, etc, pendant les trois jours que dura la représentation, arrivèrent à 2629 florins, somme considérable pour le temps. Il est vrai que certains employés avaient falsifié les billets et gardés les prix des places ; il fallut recourir aux monitoires et à l'excommunication jusqu'à la malédiction contre les coupables (*Inv. Val*, Lacroix. — *Bull. arch. Relig.* V. — *Ann. Val.*, Villard, p. 56).

Les graves événements du siècle ne permirent pas le retour de pareilles cérémonies ; la dernière en date eut lieu le 17 septembre 1606 : « Fut faict et représenté à

« la place aux Clercs, l'histoire des trois martirs Felix,
« Fortunat et Achilles, laquelle avoit longtemps que
« n'avoit esté representée. » (*Mémoires de Joubert.*)

Les comptes consulaires constatent une dépense de
226 livres « pour représenter sur le tealtre la mort et
« histoire trajicque des bienheureux martirs saincts
« Felix, Fourtunat et Achilles que, par l'effuzion de
« leur sang, gravarent dans les murailles de ceste ville,
« ou plus tost dans les cœurs des habitants d'icelle
« l'évangille de Jésus-Christ. »

Pareille cérémonie suspendue pendant les guerres
civiles, méritait d'être renouvelée, aussi l'offre de Pierre
Moysson, principal des écoles d'humanité, avait-elle été
accueillie. Celui-ci avec d'autres acteurs, ayant fort di-
ligemment rempli sa promesse, réclamait les 60 écus
promis et le paiement de quelques frais ; il lui fut alloué
45 livres, à condition « qu'il remettrait dans la maison
« consulaire le livre où est la poysie de ladite histoire,
« tous les tableaux, peinctures et ornements qui ont
« servy à ladicte représentation. » Le manuscrit de
cette tragédie comprenant un prologue, cinq actes et
un épilogue, conservé encore en 1831, a disparu depuis
des archives de la ville, pour aller enrichir la bibliothèque de Grenoble.

Il ne nous reste plus, pour étayer notre thèse, qu'à
relater ici ce qui a trait aux reliques de saint Félix et de
ses compagnons.

D'après une « *Ancienne chronique des évêques de Valence* », publiée par M. l'abbé Chevalier, dans ses
« *Documents inédits relatifs au Dauphiné* », les osse-

ments et reliques des saints Félix, Fortunat et Achillée,
auraient été recueillis par le bienheureux Rémégaire,
évêque de Valence de 907 à 924, qui les aurait transfé-
rés avec ceux de saint Apollinaire, dans l'antique église
St-Etienne, où reposait déjà le corps de sainte Galle :
c'est là la première mention des précieux restes de
nos martyrs ; or, à ce moment, l'*abbaye de Saint-Félix
hors les murs* venait d'être détruite par les hordes
barbares, et ses débris jonchaient encore le sol, et le
prieuré à l'intérieur de la ville n'était peut-être pas en
core édifié.

Nous croyons qu'on doit combler ainsi les lacunes
de l'histoire : au ive siècle, au moment où triomphe
l'Eglise, la mémoire des saints martyrs est exaltée, leurs
précieux restes sont pieusement recueillis et déposés,
selon l'usage constant, dans un riche sarcophage qui
orne le temple chrétien édifié sur le lieu même de leur
sanctification, et y sert probablement même d'autel.

Les Normands et les Sarrasins qui envahirent plusieurs fois notre contrée, ruinèrent l'*Abbaye* de Saint-
Félix au ixe siècle : le sarcophage des saints dut, évidemment, subir le premier les effets de leur fureur ico-
noclaste, et ce n'est qu'un demi siècle plus tard que
l'évêque Rémégaire recueille à nouveau les reliques des
martyrs, cachées par les fidèles au moment de la tourmente, et les dépose solennellement dans l'église Saint-
Etienne, qui était alors la cathédrale.

Renchérissant sur son prédécesseur, l'évêque Lambert, qui occupa le siège de Valence de 997 à 1012,
fit placer les ossements de saint Félix et de ses compa-

gnons dans une chasse d'argent, et institua une fête en l'honneur de ces reliques (*Bull. d'Archéologie, Drôme*, XIV, p. 33).

Enfin, l'évêque Gontard ayant terminé la superbe église Saint-Apollinaire, que nous admirons encore de nos jours, et qui fut solennellement consacrée le 5 août 1095, l'ancienne chronique déjà citée, constate que Gontard y fit transporter les reliques de saint Cyprien, de saint Apollinaire, et celles des saints martyrs Félix, Fortunat et Achillée.

Ce dernier dépôt, objet de la vénération publique, resta intact jusqu'en 1372 : à cette époque, le célèbre Geoffroy le Meingre de Boucicault, maréchal de France et gouverneur du Dauphiné, en obtint la majeure partie qu'il fit transporter à Arles, dans l'église des religieuses trinitaires (*Hagiol.* NADAL, p. 17).

Nous avons déjà signalé que « pour rendre plus respectable et honorable le spectacle », la « châsse des reliques des trois saints » figura dans la représentation du « mystère » qui eut lieu sur la place des Clercs, les 7, 8, et 9 juin 1500 ; les autres cérémonies que nous avons notées (*Ann. Val.*, pp. 52, 54, 60) sont les suivantes :

« 29 septembre 1515. — MM. du Chapitre font une « procession générale aux Cordeliers, portant les corps « des saints Félix, Fortunat et Achillée, accompagnés « des confréries et des habitants, pour remercier Dieu « de la victoire remportée sur les Suisses, le 13 sep- « tembre, à Sainte-Brigitte, à huit lieues de Milan. » (*Inv. Valence,* LACROIX, p. 95.)

« 1519. — Comptes consulaires : 2 gros pour une
« crie que chacun se prépara de suyvre les processions
« pour impétrer de pluye et que l'on portât les lumi-
« naires des confrairies pour faire honneur ès sainctes
« reliques, laquelle pluye nous heusmes en grande ha-
« bondance le jour qu'on porta les précieux corps des
« saints martyrs Félix, Fortunat et Achillée, qui fut
« chouse miraculeuse. » (*Invent. Valence*, LACROIX,
CC 33.)

« 25 avril 1550. — Délibération sur le vote de 50
« livres à la demande de l'église Saint-Apollinaire,
« pour la caisse des trois martyrs, à la charge d'y faire
« apposer les armes de la ville. » (Id. p. 121).

Lors du sac et de la ruine de l'église St-Apollinaire
par les protestants en 1562, les riches trésors qu'elle
contenait furent pillés, et les reliques brisées et jetées
aux flammes, ensuite aux quatre vents. Néanmoins, il
existe encore à Valence deux parcelles des reliques des
saints Martyrs : l'une chez les religieuses Trinitaires,
l'autre dans la modeste église des Sœurs Grises ; elles
proviennent l'une et l'autre du couvent des Trinitaires
d'Arles, d'où elles ont fait retour, la première en 1697,
la seconde en 1787 (*Hagiol.* NADAL, p. 17. *Annales
Valentinoises*, pp. 106 et 141).

III

ATTRIBUTION DES PIERRES

En nous inspirant des ouvrages cités de M. E. Le Blant, il est facile de déterminer les compositions de la pierre B.

Le panneau à gauche, formant niche, et qui nous l'avons déjà dit, était la partie centrale du sarcophage, contenait la « *Résurrection symbolisée* », sujet fréquemment reproduit « sur les monuments chrétiens des bords du Rhône » ; les deux soldats, gardiens du St-Sépulcre, étaient assis au pied d'une croix surmontée du monogramme constantinien, inscrit dans une couronne qu'un aigle tenait dans son bec. Il ne reste plus, à notre pierre, qu'un soldat assis, appuyé sur son bouclier, la lance dépassant sa tête ; mais on voit distinctement encore les points d'attaches des autres parties de cette composition, et aucune erreur d'attribution n'est possible.

Le panneau de droite, entier et bien conservé, se détermine facilement aussi : c'est la *scène du martyre* ; le saint ayant les mains liées derrière le dos, l'exécuteur tirant le glaive, et entre deux, ce que nous croyons être une lampe funéraire, mais qui pourrait bien être aussi la proue d'une barque, au sommet d'un roseau, selon la description donnée par M. E. Le Blant, de la scène du martyre de saint Paul représentée sur plusieurs sarcophages qu'il a étudiés. Ici l'*Imagier* s'est inspiré, pour simplifier son travail, du même type qui lui était familier, mais c'est évidemment le *Martyre de saint Félix* qui lui avait été demandé et qu'il a représenté.

Quant à la pierre A, nous n'avons pu la déterminer par comparaison avec des types connus ; le sujet représenté ne serait-il pas la traduction du *Laissez venir à moi les petits enfants !...* symbolisation des conversions opérées à Valence, par les disciples du Christ ?...

— Nous avons établi dans le cours de cette étude, que le sarcophage dont faisaient partie nos pierres A et B avait été sûrement exécuté à Arles. Quant à son âge, il ne saurait être antérieur à la deuxième moitié du IVe siècle, époque de l'épanouissement de la nouvelle religion à Valence, ni postérieur au VIe siècle, puisque, d'après les auteurs, l'école de sculpture qui produisit nos célèbres tombes provençales s'éteignit alors.

Enfin, les pierres A et B, encastrées dans les murs du vieux « *prieuré de Saint-Félix* », ont dû y être apportées dans le cours même du Xe siècle, après la ruine de « *l'abbaye-hors-les-Murs* », qu'elles ornaient depuis plusieurs siècles : aucune autre provenance ne peut leur être attribuée logiquement, et nous n'hésitons pas à conclure que c'est là tout ce qui nous reste du sarcophage que les premiers chrétiens de Valence avaient consacré aux précieuses reliques des saints martyrs Félix, Fortunat et Achillée, dont l'histoire se déroulait sur les panneaux de ce monument, et dont le culte s'est maintenu si vivace à Valence pendant plus de douze siècles. Nos deux pierres A et B sont donc, on peut l'affirmer, les plus anciens témoins de l'histoire chrétienne de notre antique cité.

MARIUS VILLARD

Valence, le 30 avril 1901.

MÉMOIRES

POUR SERVIR A L'HISTOIRE

DES

COMTÉS DE VALENTINOIS ET DE DIOIS

(Suite. — Voir les 122ᵉ à 137ᵉ livraisons.)

Louis de Poitiers, évêque de Valence et de Die, s'était trouvé mêlé de très près aux événements de 1456. Il n'ignorait pas que sa conduite avait été signalée. Il était maintenant accusé d'avoir été le principal instigateur des manœuvres frauduleuses qui avaient détourné de l'obéissance les sujets du dauphin, l'âme de cette « conspiration » de laquelle faisaient partie Antoine Bolomier, Louis de Laval, alors gouverneur du Dauphiné, Gabriel de Bernes et Nicolas Erland. Son cas paraissait même plus grave : on disait qu'il avait usé d'une politique à double face, lorsque les Etats réunis à Grenoble le déléguèrent auprès de Charles VII pour engager ce prince à ne point enlever à son fils le Dauphiné ; il aurait alors promis aux Etats d'employer tous les moyens pour atteindre ce but, pendant qu'en secret il minait cette œuvre et s'efforçait d'amener le roi à placer sous sa main le gouvernement du pays (1). Quoi qu'il en soit, l'évêque, voyant venir l'orage,

---

(1) Archives de l'Isère, B, 3182, fᵒ 111. Nous avons publié de longs extraits de l'arrêt de saisie prononcé par le parlement de Grenoble le 8 novembre 1462, contre Antoine Bolomier ; les griefs contre l'évêque s'y trouvent mentionnés. Cf. notre *Essai hist. sur Die*, t. II, p. 316-7.

s'était hâté de quitter ses diocèses et d'aller demander un asile sur les terres papales, où il possédait le château de Sérignan. Là, protégé contre son ennemi, il pouvait attendre et négocier, au mieux de ses intérêts, les conditions du retour.

Louis XI en voulait surtout aux biens des victimes de sa haine. L'évêque n'avait en propre que la baronnie de Sérignan, dans le Comtat, et une maison à Avignon, Ces immeubles ne pouvaient être confisqués ; mais on saisit les revenus de ses évêchés. N'espérant pas obtenir davantage par les moyens violents, le roi voulut, du moins, exploiter la situation et arracher au prélat, en échange d'un pardon, une grosse somme d'argent. Il lui fit donc entendre par un affidé qu'il était prêt à lui rendre ses bonnes grâces et à le laisser revenir à Valence, moyennant le sacrifice de 6,000 francs. La somme était forte. Que faire ? Un perpétuel exil à Sérignan n'était point dans les goûts du prélat. Il se montra résigné à payer. Mais voici que le négociateur secret ne revint pas et ne donna aucune réponse. Les mois s'écoulèrent. L'évêque était troublé et inquiet. Se trouvant un jour à Avignon, il y rencontra le seigneur de Beauveau, un des familiers du roi ; il lui fit part de toutes ses craintes, se recommanda à lui et s'abaissa à de telles supplications que son attitude dut paraître peu noble et peu digne. Rendant compte de son entrevue avec le prélat, le seigneur de Beauveau écrivait au roi, le 3 mai 1462. « Au surplus, sire, j'ai trouvé en ceste ville
« l'évesque de Valance bien triste et déplaisant de ce qu'il
« cognoist non estre en vostre grace et m'a fort parlé de son
« faict et comment il est traicté par vos officiés, et en con-
« clusion m'a dit que si c'estoit vostre plaisir de laisser aller
« le temps passé et l'avoir en vostre bonne grace, qu'il sera
« content de bailler les VI mille francs que vous ly avés faict
« demander par vos dicts officiés, et en oultre faire tout ce
« qu'il vous plaira luy commander, et dut-il jeusner et enga-
« ger, vendre ou arrenter ses bénéfices. Et à ce que puis con-
« noistre rien ne ly seret chier qu'il puet faire pour rentrer en

« vostre bonne grace. Je vous en advise et qu'il vous plaise
« me faire scavoir vostre bon plaisir. Et me semble que quand
« on trouve telles adventures qu'on les doit prendre. S'il
« vous plait, sire, vous m'en ferez scavoir si vostre volonté
« est de y entendre ou de ly en rompre la broche... » (1).

L'autorisation de rentrer à Valence ayant été donnée, Louis
de Poitiers se préoccupa de trouver la somme exigée. Par
malheur, il n'avait pas d'argent, et il dut s'adresser à Jean
Plovier, riche bourgeois de Valence, trésorier et receveur de
ses diocèses, qui consentit à lui prêter 5,011 florins 15 gros
et 17 deniers contre un billet, dâté et signé à Sérignan, le
17 mars 1463 (2).

De retour à Valence, l'évêque y trouva une bourgeoisie
hostile et soulevée contre son autorité. Entre les habitants
de cette ville et le prélat, seigneur temporel, l'entente n'avait
jamais pu régner : d'un côté, on cherchait toujours à étendre
les libertés municipales ; de l'autre, on défendait le vieil
édifice d'une puissance féodale, qui avait grand'peine à résister aux attaques incessantes d'esprits surexcités et indépen-
dants. L'évêque n'avait jamais pardonné à ses sujets de s'être
placés sous la sauvegarde delphinale et, plus tard, d'avoir
fait des démarches pour le maintien du traité de pariage.
Aussi, pendant les années d'exil du dauphin, avait-il usé du
pouvoir que lui laissait la confiance de Charles VII pour remettre en vigueur les anciens droits de son siège, annulant
ainsi les concessions faites naguère aux Valentinois. Ceux-ci
endurèrent tant bien que mal les vexations de ses officiers de

---

(1) Voir notre *Essai hist. sur Die*, t. II, p. 422-5. L'évêque mourut
sans avoir remboursé la somme, et les Plovier eurent à cette occasion
un procès avec ses héritiers, procès qui ne fut terminé qu'en 1510.
Franci. Marci, *Decisionum... Pars prima.* (Lugduni, 1579, in-f°.*Quœst.*
430-9, 442, 451.

(2) Ollivier (Jules). *Essai hist. sur la ville de Valence.* Valence, 1831,
in-8°, p. 284-9.

justice et autres, jusqu'au jour où le dauphin, leur protec-
teur, devenu roi, ils comprirent que la délivrance pour eux
était arrivée. Ils se hâtèrent de lui adresser une supplique
pour lui demander son appui dans la revendication de leurs
privilèges. La réponse de Louis XI ne se fit pas attendre, et
comme il traitait alors l'évêque en sujet rebelle, il fut bien
aise de l'humilier encore en prenant hautement la défense
des habitants de la ville épiscopale. Le 12 octobre 1461, il
mandait de Tours au gouverneur du Dauphiné ou à son lieutenant d'avoir à maintenir les Valentinois dans la pleine et
entière jouissance de leurs privilèges et de leurs libertés,
« en faisant ou faisant faire, ajoutait-il, expresses inhibitions
« et défenses de part nous, sur certaines et grosses peines à
« nous à appliquer, audit évesque, ses officiers ou tous autres
« qu'il appartiendra, et dont requis serés, que en iceulx ne
« troublent, n'empêchent, ne fassent troubler ou empêcher
« lesdits suppliants en aucune manière... » (1). Il n'oublia pas
l'université de Valence qu'il avait fondée, et le même jour, il
en confirma les privilèges, voulut qu'elle fût assimilée aux
anciennes universités royales d'Orléans, de Toulouse et de
Montpellier, et que les maîtres et élèves fussent exempts de
tous « trehers, coutumes, passages et autres aides et subven-
« tions » pour les livres, habillements, vins et toutes choses
nécessaires soit à leurs études, soit à leur nourriture ou entretien, qu'ils feraient venir du royaume à Valence, tant par
eau que par terre (2).

Plusieurs actes faits par l'évêque de Valence, pendant l'absence du prince, furent cassés et annulés, un entre autres
signalé en ces termes dans des lettres royales du 1er mars
1462 (n. s.) : « Comme nous avons entendu que despuis
« nostre dernier partement dudit pays de Daulphiné, et du-

---

(1) OLLIVIER (Jules), *Essais hist. sur la ville de Valence*, Valence,
1831, in-8°, p. 284-9.
(2) PILOT, n° 1308. — OLLIVIER, op. cit., p. 187.

« rant nostre absence · d'iceluy, au prochas des habitants
« d'Alixan qui requerroint que certaines bornes qui auroieut
« esté mises et posées par advent nostre partement par plu-
« sieurs de nos officiers... pour le département, séparation...
« d'aulcunes terres situées... en la paroisse... dud. lieu
« d'Alixan, appartenant tant à nous, à cause de la terre et
« seigneurie de Pisançon, que au seigneur de Chevrières (1),
« fussent ostées et mises sur les terres que nous auroient esté
« adjugées par la première assiette desdites bornes, icelles
« bornes, en la fabveur de l'évesque de Valence, frère dudit
« de Chevrières, pour le grand port qu'il avoit lors au con-
« seil dud. Dauphiné auquel il présidoit, ont esté par sen-
« tence ou appoinctement dud. conseil arrachées dud. lieu
« où elles avoient esté premièrement mizes et reculées en
« certain aultre lieu fort advantageux pour led. sieur de Va-
« lence et les habitants d'Alixan, et à nous tres dommageable
« et prejudiciable... » Il ordonne en conséquence que ces
limites seront replacées là où elles étaient antérieurement (2).

Parmi les nombreuses personnes qui furent poursuivies
par Louis XI, à son avènement à la couronne, et qui, comme
Jean Guillon et son frère Etienne Guillon, Guy Pape, seigneur de Saint-Auban, Gaubert des Massues et tant d'autres (3), obtinrent, à prix d'or, remise totale ou partielle de
leurs peines, nous regretterions de ne pas signaler les juifs
de Valence. Il fallait bien saisir l'occasion de leur extorquer

---

(1) Jean de Poitiers, seigneur de Chevrières. Nous avons sous les
yeux l'original d'un testament de ce seigneur, daté de Valence, le
19 mars 1458, (n. st. 1459), par lequel il institue pour héritier universel son neveu, Aymar de Poitiers, seigneur de Saint-Vallier.

(2) Archives de l'Isère, B, 3509. — Le 29 mars 1462, Jean, bâtard
d'Armagnac, gouverneur du Dauphiné, ordonna l'exécution desdites
lettres et députa à cet effet Jean de Marcoux. Celui-ci subdélégua Jean
Forest, « commis à la châtellenie de Châteauneuf-d'Isère, estant la
temporalité de l'évesché de Vallance en la main dud. seigneur...»

(3) PILOT, n° 1374.

quelque argent. On fit leur procès, et dans les charges relevées contre eux, outre celle d'avoir exercé l'usure jusqu'à exiger l'intérêt des intérêts, on ne manque pas de leur faire un grief de s'être mis en relation avec des gens odieux au dauphin, d'avoir mal parlé de ce prince, lorsqu'il était en Flandre et en Brabant. Une transaction intervint ; le 22 juillet 1463, leurs fondés de pouvoir tombèrent d'accord avec Humbert de Bathernay, seigneur du Bouchage, d'une somme de 1,500 écus d'or, moyennant laquelle on abandonnerait l'action intentée contre eux (1).

Cependant, le produit de ces multiples amendes, qu'adjugeaient au monarque des juges complaisants et vendus, ne suffisait pas à solder ses dettes ; il engageait encore à ses créanciers les terres du domaine. Ayant confisqué sur Gabriel de Bernes, son ancien conseiller et maître d'hôtel, coupable d'avoir prêté serment à Charles VII, le château et la seigneurie de Pierrelatte, il en fit don, par lettres datées d'Amboise, le 21 juin 1462, à Charles des Astars, connétable de Bordeaux et bailli du Vivarais, qui venait d'épouser Ysabeau Gossies, fille de Bertrand Gossies, écuyer de Bordeaux. Les motifs de cette cession sont exprimés dans l'acte. C'est, dit le roi, « en faveur, contemplation et accroissement dud. ma« riage, et aussi pour aulcunement le récompenser de plu« sieurs grans mises et dépenses qu'il a convenu faire en « plusieurs voyages et ambassades qu'il a eus de nous, pour « aler tant ès parties de Romme, Ytallie que ailleurs, nous « estant audict païs de Daulphiné, et aussy ès païs de Flan« dres et de Brabant, où il nous a tousjours servy et conti« nuellement demouré avec nous pendant le temps que y

---

(1) Arch. de la Drôme, E, 2544, f° 230. «... illis imponebatur frequentasse nonnullos exosos ipsius domini nostri regis ..... et quod multas improbas colloqutiones et verba illicita protulissent de ipso domino nostro rege, tempore quo in partibus Flandrie seu de Breban residebat ... »

« avons esté ; pour lesquels voyages et ambassades et aussi
« pour deux coursiers cecilians que autrefoiz avons eus de
« luy, l'un de poil bay et l'aultre grison, et argent qu'il nous
« a reallement presté a nostre besoing audit païs de Flan-
« dres, luy estions et sommes tenuz en grans sommes de de-
« niers, montant la somme de quatre mils escus et plus...» (1).
Le lecteur se souvient peut-être encore de ce Pierre Troyhon
ou Troignon, qui détroussait les voyageurs sur les routes du
Comtat, faisait prisonniers les sujets du pape et les menait à
son château d'Ezahut, d'où on ne les relâchaît que contre
forte rançon (2) : ce singulier personnage figure parmi les
créanciers de Louis XI, qui lui avait donné, n'étant encore
que dauphin, la terre de Saou pour un prêt de 5oo écus
d'or. Cette terre lui avait été enlevée en 1456; à son avènement à la couronne, le roi qui n'avait point oublié sa dette,
lui engagea le fief de la Laupie (3).

Mais, la première année de son règne, Louis XI fit une
aliénation de domaines d'une toute autre portée. Nous abor-
dons une des pages les plus intéressantes de l'histoire du Valentinois ; nous voulons parler de l'abandon des droits de
souveraineté sur les comtés de Valentinois et de Diois revendiqués, comme nous l'avons vu, par le Dauphiné et par la
Savoie, acquis enfin par le Dauphiné, et maintenant réclamés
par l'Eglise romaine (4). Cette cession eut lieu dans des cir-

---

(1) *Revue des sociétés savantes.* Sixième série, t. I, (1875), p. 524-33.

(2) Voir plus haut, p. 203-4.

(3) PILOT. 1389. Archives de l'Isère, B, 2904, f° 230.

(4) On a vu plus haut (t. Iᵉʳ, p. 463) que, par une clause de son testament, le dernier comte de Valentinois et de Diois avait transmis à
l'Eglise romaine la pleine et entière propriété de ses comtés, au cas où
le roi de France ou le duc de Savoie, substitué à celui-ci, ne voudrait
accomplir les conditions imposées à son héritier, notamment celle de
poursuivre en justice le seigneur de Saint-Vallier, coupable de l'atten-
tat de Grane, et de ne jamais transiger avec lui. Pendant l'exil du dauphin, le pape Calixte III, dont l'attention avait été éveillée sur les
droits de l'Eglise en Valentinois par l'hommage que le prince fugitif

constances qui n'ont jamais été bien étudiées ; elle fut une
manœuvre politique, accompagnant l'abrogation de la fameuse Pragmatique Sanction de Bourges et destinée à peser
sur la volonté du souverain pontife, en vue de l'amener à
favoriser les projets de la France en Italie.

Le pape Pie II, diplomate habile, avait compris tout ce
qu'il y avait à gagner pour l'avenir, à se mettre directement
en relation avec le dauphin, pendant que ce prince demeurait
à la cour de Bourgogne. Il se servait, comme intermédiaire,
de l'évêque d'Arras, Jean Jouffroy, prélat rusé et ambitieux (1), qui occupait à Rome la charge d'ambassadeur de

---

venait de lui prêter, réclama l'exécution du fameux testament et demanda à Charles VII de lui laisser prendre possession des comtés.
Mais le roi ne répondit pas à cette démarche. Avant qu'elle eût fait
valoir ces nouveaux droits de propriété, l'Eglise romaine avait déjà
des droits de suzeraineté, non seulement sur les châteaux et les terres
de la maison de Poitiers qui lui avaient été hommagés par le comte
Aymar VI en 1374, mais encore sur l'ensemble des territoires compris
entre l'Isère et la Durance et formant ce qu'on appelait autrefois le
marquisat de Provence. Par le traité de Paris de 1229, qui mit fin à la
guerre des Albigeois, ces droits avaient été solennellement reconnus,
car on attribua alors à l'Eglise romaine cette portion des domaines qui
relevaient de la maison de Toulouse et que l'on enlevait à Raymond VII
pour crime d'hérésie. Innocent III prenait ces terres sous sa garde, se
promettant de les rendre au jeune Raymond, si celui-ci se montrait
un jour digne de cette faveur (voir plus haut, t. Ier, p. 205). L'acte le
plus ancien sur lequel l'Eglise romaine fondait ses droits de suzeraineté sur toute la Provence était celui par lequel Bertrand, dernier
comte de Provence de la race de Guillaume Ier, soumit en 1081 son
comté à l'Eglise et au pape Grégoire VII. (Baronius, ad an 1081, n° 33 ;
— Bouche, Hist. de Provence, t. II, p. 83 ; — Hist. gén. de Languedoc,
t. V, col. 670.) A quelle époque la Provence fut-elle partagée, et comment le marquisat ou la portion septentrionale de ce pays entra-t-elle
dans les domaines de la maison de Toulouse ? Ce sont des questions
qui ont donné lieu à de longues controverses (Histoire générale de
Languedoc, t. IV, p. 57-75).

(1) Jean Jouffroy, successivement prieur d'Anegray, professeur de
droit-canon à Pavie, doyen de Vergy, prieur de Château-Salins et d'Ar-

France. A la suite de négociations peu connues, Louis promit alors au pape, et s'y engagea même par un vœu, qu'une fois arrivé au trône, il abolirait la Pragmatique, œuvre de prélats et de légistes hostiles à la curie romaine, imbus des doctrines du concile de Bâle : elle n'était pas de tout point mauvaise ; elle corrigeait certains abus du régime bénéficiaire ; mais elle en maintenait, en introduisait d'autres, autorisant par exemple l'intervention des parlements dans les matières ecclésiastiques ; depuis vingt-trois ans, elle plaçait la France à l'égard du saint siège dans une attitude demi schismatique (2). La mort de Charles VII était à peine connue, que Pie II écrivait le 18 août au nouveau roi pour lui rappeler sa promesse, et, en même temps, accréditait auprès de la cour de France l'évêque d'Arras, qui partit aussitôt de Rome, revêtu du titre de légat *a latere* en France, en Angleterre, en Ecosse et en Bourgogne, avec la mission de négocier cette grave et délicate affaire (3). Jouffroy faisait depuis quelque temps mouvoir divers ressorts pour obtenir le cardinalat. Dans l'accomplissement de son mandat, il vit moins l'intérêt de la religion que le moyen assuré d'arriver à la fortune et aux honneurs. L'accueil qu'il reçut du monarque fut celui d'un homme dont on appréciait la valeur et les services. Habile courtisan, il sut plaire à Louis XI et le rendre favorable aux désirs du pontife ; mais, il faut bien le dire, pour atteindre le but, la délicatesse, la loyauté furent plus d'une fois mises à l'écart. Pendant qu'il présentait au roi l'abolition de la Pragmatique comme le gage attendu par le

---

bois, abbé de Luxeuil, évêque d'Arras (1453-10 déc. 1462), cardinal, évêque d'Alby (1462-11 déc. 1473). FIERVILLE, *Le cardinal Jean Joufroy et son temps. Etude historique.* Coutances, 1874, in-8°.

(2) PII II, *Commentarii*, p. 164 : « ... id jampridem facturum se beato Petro apostolorum principi voverat, si paternum solium aliquando conscenderet... »

(3) PASTOR, t. III, p. 127.

pape pour suivre désormais en Italie une politique ouvertement française, il assurait au pape que le roi se montrait disposé à abolir la Pragmatique sans condition. Pie II, dans ses *Commentaires*, reproche à Jouffroy cette diplomatie à double face.

Ravi des espérances que lui faisaient concevoir les rapports de son légat, le pape se hâta d'adresser à Louis XI une lettre dans laquelle il se répandait en louanges sur sa piété et l'exhortait à mettre au plus tôt à exécution ce qu'il avait résolu. Cette lettre est datée du 26 octobre (1). Le roi, ayant exprimé le désir de voir revêtus de la pourpre cardinalice Jouffroy et le prince Louis d'Albret, le pape, malgré de sérieuses objections formulées par le sacré collège, se crut obligé de céder. Le 18 décembre, paraissait une liste de nouveaux cardinaux, parmi lesquels figuraient les deux prélats français. C'est alors que parvint à Rome la nouvelle officielle de l'acte depuis si longtemps attendu : le roi, par une lettre donnée à Tours le 27 novembre, informait le souverain pontife, dans des termes dignes d'un prince très chrétien, que l'abolition de la Pragmatique était accomplie (2). En donnant communication de cette lettre aux cardinaux, Pie II ne put retenir des larmes de joie ; il fit aussitôt partir pour la France Antoine de Noceto, porteur d'une lettre autographe de remerciement, ainsi que d'une épée bénite, sur la lame de laquelle était gravée un distique latin invitant le roi à la guerre contre les Turcs (3).

Mais la joie qui avait salué cette sorte de retour de la France à l'unité fut tout à coup assombrie par une dépêche de Jouffroy. « Une fois ancré dans le port du cardinalat, dit « Pie II dans ses *Commentaires*, Jouffroy articula ce qu'il

---

(1) PASTOR, t. III, p. 129.

(2) RAYNALDI, *Annales*, ad an. 1461, n° 118.

(3) PASTOR, t. III, p. 131. Antoine de Noceto était frère de Pierre de Noceto. *Atti della R. Acad. Luchese*. Lucca, 1882, t. XXI, p. 27. — *Arch. Storia ital.*, 1889, p. 34 et suiv.

« avait eu soin de taire jusque-là, à savoir qu'on pouvait te-
« nir pour certain que la Pragmatique Sanction ne serait pas
« abrogée, tant qu'on ne se serait pas plié aux vœux du mo-
« narque par rapport à Naples (1). » C'était dire en termes
assez clairs qu'en échange d'un bon procédé, le roi exigeait
du pape l'abandon de Ferdinand d'Aragon et la défense des
droits de la maison d'Anjou au trône de Naples. Une ambassade française était annoncée. Qu'allait répondre le pape à
cette demande des Français ? Il fut un moment très inquiet,
très perplexe. Les cardinaux étaient divisés. Enfin, il prit le
parti qui seul convenait à la dignité du saint siège, et quand,
le 16 mars 1462, il donna audience aux ambassadeurs français qui lui présentèrent l'acte d'abolition de la Pragmatique
et les demandes du roi, il fut prodigue de remerciements et
d'éloges pour le fils aîné de l'Eglise, mais garda sur la question napolitaine une attitude très réservée, se contentant de
dire qu'on pourrait examiner les droits des deux compéti-
teurs (2).

Cependant, les ambassadeurs français, Jouffroy le premier,
redoublaient d'intrigues auprès des membres influents du
sacré collège, mettaient en mouvement tous les ressorts
plus ou moins nets et purs de la diplomatie, pour décider le
pontife à embrasser la cause de René d'Anjou. Ils parlaient
du zèle que le monarque déployait en France pour triom-
pher des obstacles que mettaient les parlements, les universités à l'abrogation de la Pragmatique ; l'impossibilité où il
serait bientôt de soutenir cette lutte, s'il ne pouvait présenter
aux opposants une compensation au sacrifice qu'on leur
imposait. Ils employaient tour à tour les menaces et les
témoignages d'une conscience pleine de délicatesse et de pré-
venance à l'endroit du siège apostolique. C'est au cours de
ces négociations que Jouffroy fit part un jour au pontife du

---

(1) Pii II, *Commentarii*, p. 186.
(2) Pastor, t. III, p. 141.

consentement que donnerait le roi de France au mariage d'une de ses filles avec un des neveux du pape, comme aussi de la résolution qu'il avait prise de céder en toute propriété à l'Eglise romaine les comtés de Valentinois et de Diois, ayant reconnu qu'ils appartenaient réellement à cette Eglise en vertu des clauses du testament de Louis II de Poitiers. Comment le pape pourrait-il demeurer insensible à de telles avances ? Nous n'avons pas à nous occuper ici de la façon dont fut accueillie la première de ces propositions ; quant à la seconde, il va sans dire que le pape l'accepta de grand cœur.

Les lettres royales, qui autorisaient Jouffroy à faire cette cession, sont datées de Tours le 7 janvier 1462 (n. s.) (1). Le retard qu'on mit à en faire usage ne serait-il pas déjà un indice qu'il n'y avait en tout ce beau zèle qu'une manœuvre de l'astucieux monarque ? En abandonnant les comtés, Louis XI demandait humblement au pape, comme une sorte de faveur, qu'il voulût bien lui laisser la portion du Valentinois située sur la rive droite du Rhône, dans le royaume, ainsi que le fief d'Etoile dont se trouvait alors investi Louis de Crussol ; il demandait encore de déclarer nuls tous les traités faits par son père avec la branche cadette des Poitiers et de la condamner à restituer les terres et l'argent qu'elle avait reçus pour renoncer à ses prétentions à l'héritage du dernier comte. Pie II tint à donner le plus de solennité possible à l'acceptation du don magnifique qui venait si heureusement compléter les possessions de l'Eglise dans la vallée du Rhône : cette acceptation eut lieu dans un consistoire, et, non content de mentionner dans ses *Commentaires* un événement si glorieux pour son pontificat (2), il voulut, par une

---

(1) PILOT, n° 1934.

(2) PII II, *Commentarii*, p. 220 : « Atrebatensis, cum esset in Viturvio pontifex, Ludovici Franciæ regis litteras in consistorio dederat, quarum vigore procurator constitutus, comitatus in Delphinatu duos citra Rho-

bulle du 3o juillet 1462, en transmettre à la postérité les
moindres détails. Ce document, d'une si haute importance
pour l'histoire de nos pays, doit, malgré son ampleur, trouver place dans ce travail.

Pius, episcopus, servus servorum Dei, ad perpetuam rei
memoriam. Ea justicia pontificem romanum esse oportet ut
quod audacia hominum atque fraus eripit, equitatis apostolice presidio, restituatur, illa quoque per nos laudari corro-
borarique decet per que et testandi facultas hominibus libera
illesaque suppetat, et cuncti mortales non in doli impres-
sione sed innocentia probisque studiis et omni officio discant
provocare erga se testatorum affectus. Cum itaque ultimus
comes Valent. Diensisque comitatus, qui partim ab ecclesie
romane feudo dependere dinoscitur, et in Galliis Delphinatui
Viennensi circumfronditur, ideo suos consanguineos ab omni
successionis compendio et utilitate in testamento suo exclusit, quod ab ipsis captus, ne libere testamentum faceret, vin-
cula, sordes squaloremque carceris tulit, ipsorum quidem
consanguineus princeps et senex, tanto a nobis ultimum
ejusdem comitis judicium omni ope juvari convenit quanto
ad omnes homines pertinere videtur penam pro tanto male-
ficio sumi. Etenim tam juste illos exclusit quam flagitiose
ipsum vexaverant, atque nimium indignos prefata successione
ostendens eos, qui tam improbe et violenter hereditatem cap-
tabant, ut ultimam dispositionem suam prefatus comes po-
pulosque dictorum comitatuum muniret firmis presidiis,
carissimum in Christo filium Carolum Francie christianissi-

---

danum Valentinensem ac Diensem Romanæ donaret ecclesiæ : Pius
acceptaverat : ob quam rem placuit Antonium Noxetanum ad regem
mittere, qui donatarum rerum promissionem et promissi fidem exige-
ret. Ultimus terrarum dominus a suis olim nepotibus in carcerem fue-
rat conjectus : ille moriens ultima voluntate Franciæ regem, ea sibi
conditione nuncupavit hæredem ut si quid unquam ad ingratos nepo-
tes ex suis bonis sineret pervenire, hæreditas ad Romanam Ecclesiam
devolveretur. Carolus qui tunc regnabat, opida quæ testatoris fuerant
pleraque exhæredatis nepotibus dederat testamentumque violaverat.
Ludovicus, ad regnum sublimatus, quod esset Ecclesiæ restituendum
censuit, data potestate Atrebatensi, qui, retenta hereditatis parte ultra
Rhodanum sita, reliquum Pio traderet. Idque factum habuit ratum,
quamvis præfecti locorum primas ejus jussiones neglexerint.

mum regem heredem scripsit. Secundo vero loco Ludovicum ipsius regis primogenitum, Delphinum Viennensem, non adeunte patre, substituit. Testamentum vero predictum eo fine clausit ut, non implentibus heredibus prefatam dispositionem ultimam, predicti comitatus, cum omnibus juribus et pertinentiis, ad ecclesiam Romanam pertinerent ejusque dominio plene concederent. Ipso autem Carolo rege illustri nolente interea vel differente prefatam hereditatem adire, idem Ludovicus Delphinus adiit et predictorum comitatuum dominium atque possessionem plena potestate complexus, tamdiu tenuit quousque ipso ad remota loca profecto, prefatus rex Carolus ingressus Delphinatum et comitatus predictos, illos usque in ultimum vite diem retinuit (1). Verum cum idem Carolus, bellicosissimus princeps, multitudine negociorum distringeretur, nacti occasionem fraudis, consanguinei predicti comitis, quod jure non poterant, dolis et artificiis extorserunt, atque ut mens voluntasque testatoris eluderetur ipsamque restringerent et mutilarent, calida importunitate, a dicto rege in certis castris, villis et dominiis ebranditi sunt illaque possident. Ceterum carissimus in Christo filius Ludovicus, rex Francorum christianissimus et religiosissimus princeps, postquam, patre suo Carolo rege vita functo, felicissime regni Francie coronam ac Delphinatus comitatuumque predictorum dignitatem et dominium plenum auctore Domino recepit, pro luce, zelo et consciencie puritate, minime passus est eludi, restringi vel in aliquo ledi ultimam voluntatem predicti comitis, diversissimum namque ab animo testantis fore putavit, si vel tanti flagitii pena quoquo modo remitteretur vel recompensam assequerentur illi quos non ad commodum sed ad penarum acerbitatem vocari et defuncti voluntas et ratio publice discipline suadent. Sive igitur quod a prefato Carolo rege minus paritum fuit voluntati prelibati comitis, data illis presertim recompensa qui in ipsum defunctum comitem tam inhumane sevierant, sive quod comitatus predicti, ab ecclesie romane directo dominio magna et parte, devoluti alioquin ab aliquibus existimabantur, sive quod ecclesiam Romanam, omnium christianorum matrem, christianissimus ipse rex munificentia regali honestare omnibus juribus certat atque augere, tanto dignioribus laudibus excellentiam suam dignam censemus, quanto sua sponte comitatus predictos, cum omnibus juribus, nobis et apostolice sedi resignat donatque atque largitur, et quanto ferre non potest fraudari animum et voluntatem testatoris.

---

(1) Il y a dans ce récit quelques détails qui ne sont pas exacts.

Dilectus nempe filius noster Johannes, Sancti Martini in
Montibus S. R. E. presbyter cardinalis et apostolica dispen-
satione episcopus Atrebatensis, plenissimo ipsius Ludovici
regis mandato litterisque munitus, coram venerabilibus fratribus nostris S. R. E. cardinalibus, comitatus predictos,
cum omnibus civitatibus, castris, villis, feudis, hominibus,
juribus, mero et mixto imperio, juridictione, territorio, et
pertinentiis universis citra Rodanum consistentibus in nos et
Romanam Ecclesiam, ipsius Ludovici christianissimi regis
nomine, transtulit, donavit et resignavit, eorumdemque comitatuum possessioni civili, ipsius regis nomine, ad nostrum
commodum cessit, nobisque adipiscende possessionis predictorum omnium liberam facultatem largitus est, proviso
quod castra et dependentia ex comitatibus predictis trans
Rodanum et in Francie regno consistentia in dominio
ipsius regis heredumque suorum cum juris plenitudine re-
maneant, quodque ab ipsis consanguineis accepta recompensa, tanquam ab indignis, cassa et irrita fuisse et esse
declaretur omnibus atque eluceat. Nos igitur, predicto mandato examinato diligenter atque re tanta in consistorio nostro
secreto attentissime cum venerabilibus fratribus nostris antedictis deliberata, resignationem sive donationem predictam
laudavimus, acceptavimus et approbavimus, ac laudamus,
acceptamus et approbamus per presentes, omnemque solem-
nitatis defectum, si quis intervenerit in premissis, de supremo
apostolice sedis plenitudine et ex certa scientia nostra, sup-
plevimus supplemusque per presentes. Volentes igitur studia
tam religiosi principis, erga apostolicam sedem, benignis
prosequi favoribus, eidem regi, non obstante donatione et
translatione premissis, omne jus qualitercunque nobis com-
petens in castris antedictis, que in regno Francie clauduntur
et consistunt, permittimus simulque integrum et illibatum
illi quoque ad ipsius regis suorumque commodum renun-
ciamus et cedimus, ac regem prefatum ab omni feudo, vassalagio ligio et homagio ac fidelitatis juramento, quod alias
super premissis nobis et Ecclesie Romane prestitit, absolvimus et liberavimus, absolvimus et liberamus per presentes.
Preterea facinus, tam atrox quantum notorie commissum fuit
in sepedictum comitem consanguineum et clarissimum principem eumdemque senem, qui nec alium ledere poterat nec
se defendere, aut se impune perpetraturum videatur aut dissi-
mulatione latius manans exemplo serpat ad perniciem poste-
ritatis, auctoritate Dei omnipotentis et beatorum Petri et
Pauli, tam atroces homines indignos fuisse et esse judicamus
et declaramus qui, predicte successionis obtentu, aut recompensam aut premium caperent : decernentes nichilominus
predictum Carolum regem sine causa qualemcunque recom-

pensam ratione predictorum dedisse, dictamque recompensam injustam nullamque fuisse declaramus, nec solum ipsi
Ludovico regi ut dictam recompensam omniaque castra, villas et bona propterea data recuperet, assentimur, sed nichilominus ad subsidium juris consequendum venerabili nostro
fratri Archiepiscopo Vien. et dilecto filio archidiaconi Lug-
dun. ac eorum cuilibet in solidum, per apostolica scripta,
mandamus ut dictam recompensam nullam fuisse et esse
denuncient, et occupatores illius ecclesiastico muctone, si
oportebit, ut dicta bona restituant, conjunctim seu divisim,
compellant. Preterea ut nostro et ecclesie Romane nomine
possessionem et tenutam dictorum comitatuum..., per se vel
alium..., acquirant et adipiscantur, eidem venerabili fratri
nostro archiepiscopo et dilecto filio archidiacono supradictis
mandatum speciale et potestatem prestamus atque concedimus. Mandantes nichilominus eisdem ut ab incolis habitato-
ribusque locorum predictorum, seu eorum sindico, vassalis
quoque aut ligiis solitum juramentum fidelitatis exigant et
recipiant, quodque servicia comitibus prestari consueta, red-
ditus quoque et proventus, jura regalia si que sunt, census
et vectigalia, ac jura omnia consueta exhibebunt. Contradictores quoslibet et rebelles cujuscunque dignitatis, status,
gradus, nobilitatis vel preeminencie fuerint, per excommunicationis, suspensionis, et interdicti, privationis feudorum et
dignitatum quaruncumque, necnon pecuniarias camere appli-
candas et alias formidabiliores, de quibus eis videbitur,
penas, sententias et censuras, sublato cujusvis appellationis
obstaculo, eadem auctoritate, compescendo, invocato ad hoc,
si opus fuerit, auxilio brachii secularis. Non obstantibus
consuetudinibus... Nulli ergo omnium hominum liceat... Si
quis autem hoc attemptare presumpserit... Datum in abbacia
Sancti Salvatoris Clusin. diocesis, anno incarnationis dominice millesimo quadringentesimo sexagesimo secundo, tertio
kalendas Augusti, pontificatus nostri anno quarto (1).

---

(1) Archives de l'Isère, B, 3509. Original parch., 36 lignes. — Cette
bulle se retrouve en partie dans : RAYNALDI, ad an. 1462, n° 12 ; —
FANTONI CASTRUCCI, *Storia della citta d'Avignone*. In Venetia, 1678,
in-4°, t. I⁰, p. 338-9.

(A suivre)   JULES CHEVALIER

LES IMPRIMEURS ET LES JOURNAUX

A VALENCE

(Suite. — Voir les 133ᵉ à 137ᵉ livraisons)

Discours prononcé par Forest cadet, membre de la Société populaire de Valence, du 5 messidor an II (23 juin 1794). In-4°, 8 pp. (1).

Liberté, égalité ou la mort. Au nom du peuple français. Valence, département de la Drôme, 4 fructidor an II de la R. F. U. I. (21 août 1794). Le représentant du peuple, Nion, chargé de l'inspection des ports et arsenaux de la montagne, Lorient, Rochefort et dépendances. Le citoyen Poncet, ingénieur, est chargé de faire transporter tous les bois de marine qui se trouveront équarris dans les forêts.

Extrait du registre des délibérations du Conseil d'administration du district de Valence. Séance publique, 9 fructidor, an II de la R. F. (26 août 1794). Le Conseil du district vient de procéder à la répartition du contingent pour les besoins de l'armée d'Italie, à 16,000 quintaux de foin, à 7,000 de paille et à 5,000 d'avoine, entre les communes du ressort, à raison de leurs facultés agricoles.

Extrait du registre des arrêtés du Conseil d'administration du département de la Drôme, 2 brumaire an III, l'agent national, etc. Suit l'arrêté qui ordonne que Pierre

(1) *Bibliographie* de M. E. MAIGNIEN.

Trouiller aîné, Jean Trouiller, Labreyné et François Roman, de la commune de Mivalon, ci-devant Château-neuf-d'Isère, seront arrêtés comme suspects et traduits par la gendarmerie nationale dans la maison de détention, à Valence, pour refus de déférer à la réquisition à eux faite de 18 quintaux de blé ou seigle.

L'agent du district Royannez, aux officiers municipaux et agents nationaux des communes. Valence, 25 frimaire an III de la R. F. U. I. (15 décembre 1794)

Recueil des actions héroïques et civiques des républicains français, présenté à la Convention nationale, au nom de son Comité d'instruction publique, par Léonard Bourdon, in-12, 129 pp. — P. 7. Maximes pour régler sa conduite..... — P. 11. Hymne à la liberté....

Lois de la République française, an III, in-8°.

Les anciens membres du Comité révolutionnaire de Valence à leurs concitoyens. Adresse signée : Tourrette, Gallet, Rolland, Bérenger, Leclerc. Valence, 28 ventôse an III de la R. F. (28 mars 1795), au sujet du rapport de l'agent national dans lequel il traite les membres du Comité révolutionnaire de gens sans moralité. Suivent diverses pièces relatives à l'envoi de dons patriotiques.

Proclamation. Jean Debry, représentant du peuple français dans les départements de la Drôme, l'Ardèche, Vaucluse, la Lozère, l'Aveyron, aux citoyens et aux autorités constituées, an III de la R. F., 28 ventôse. Arrêté de l'administration du département qui ordonne que cette proclamation sera imprimée au nombre de 600 exemplaires placard et 400 in-4°, 8 pp.

Séance publique du directoire du département de la Drôme, 9 prairial an III (28 mai 1795). Délivrance de secours alimentaires aux familles des citoyens défenseurs de la patrie, partant pour Toulon.

Invitation aux citoyens aisés de faire des dons alimentaires, à distribuer aux femmes et enfants des ouvriers, artisans, canonniers, gardes nationaux marchant sur Toulon. In-folio placard à deux colonnes.

Procès-verbal de l'assemblée électorale du département de la Drôme, dès le 10 vendémiaire (1er novembre 1795), conformément à la loi du 1er vendémiaire an IV (23 octobre 1795), in-4°, 36 pp., portant convocation des Assemblées électorales.

Valence, 1er ventôse, 4e année républicaine (8 mars 1796), circulaire relative au mode de perception de l'emprunt forcé de l'an IV et des moyens à prendre pour atteindre les citoyens dont la fortune a échappé à la surveillance. In-4°, 16 pp.

Catéchisme des droits et des devoirs d'élection, pour les Assemblées primaires et électorales de l'an V de la République, par J. D., citoyen français. In-12 de 29 pp.

Célébration de la fête de la paix ; des honneurs seront rendus à la famille de Martin Vinay, volontaire au 30e bataillon. Une gravure représente les traits héroïques de Martin Vinay.

27 mai 1797. Célébration de la fête de la paix ; cérémonial. Discours, divers jeux d'exercice. Le vainqueur aura pour prix un chapeau castor ombragé du panache national.

Recueil de chants civiques, composés à Valence, pour la célébration de la fête de la paix, quatre chants dont un en l'honneur de Martin Vinay, in-8° de 13 pp. — Musique d'Herquenne, 1er et 2° la marseillaise pacifiée. 3e hymne à la paix. 4e chant funèbre en l'honneur de Vinay. Relation de l'action héroïque de Vinay, volontaire au 3e bataillon de la Drôme (20 novembre 1793). Vieux style.

Copie de la lettre du Directoire exécutif, signée Barras, relative à Vinay qui envoie au 31e bataillon de la Drôme, actuellement 13e demi-brigade, armée d'Italie, deux exemplaires de la gravure, la note historique, qui sont relatives à Vinay, tirée des fastes du peuple français.

25 messidor an IX (14 juillet 1801). Discours du maire de Valence, Planta, sur la pierre fondamentale de la colonne du département de la Drôme.

Un ancien militaire (peut-être M. Vallenet) (1), secrétaire général du département de la Drôme : L'Ami de la cour, comédie en 5 actes, en vers, in-8° de 77 pp.

Préfet de la Drôme (Marie Descorches). Lettres au Conseil général sur la situation administrative du département (*Anonymes dauphinois*, p. 263).

Regrets (les), comédie en un acte, en vers, de l'auteur de l'Ami de la cour (Jean-Denys de Montlovier), ancien officier des gendarmes de la garde du roi, de Marsanne (Drôme). Chez Marc-Aurel, an IX, in-8° de 34 pp., 1 f. n. chiff. (*Anonymes dauphinois*, p. 288).

Joseph-Marc-Emmanuel Aurel (suite) (2).

1810. Heures nouvelles, prières choisies, in-12, réimpression de Mousse et des frères Garignan.

2 avril 1810. Fables de la Fontaine avec gravures, grand in-18. — Petit catéchisme historique de Fleuri, format in-12.

18 avril 1810. 1ᵉʳ numéro du journal de la Drôme, à 300 exemplaires, paraissant le mardi et le vendredi.

21 avril 1810. Grands exercices de voltige (affiches).

Moyens de perfectionner l'exercice de la médecine dans les campagnes, par le docteur J. Salet, médecin à Tournon, in-8°.

Traité des partages faits en justice, par M. Vitalis, greffier de la justice de paix de St-Vallier, in-8° de 400 pages.

Le cabinet d'éloquence, par un colporteur, brochure in-12.

Abécédaire figuratif, avec beaucoup de figures d'animaux. S. n. d., 96 p. in-12.

Fables de Florian, in-18, 208 p., petit texte.

---

(1) *Dictionnaire des anonymes et pseudonymes dauphinois*, par Edmond MAIGNIEN.

(2) T. 809, aux archives de la préfecture.

Recueil des plus belles fables de la Fontaine, orné de gravures, 100 pages in-12.

1812. Histoire archéologique de Jovinzieux, de nos jours St-Donat, et notice de Peyrins, par M. Martin (Jean-Claude), un volume in-8°.

Notice historique sur le général Championnet, par J.-M. Savoye, dépositaire des papiers du général, in-8°.

Grammaire française de Lhomond.

Abrégé de la vie et des miracles de J.-F. Régis, in-32.

Abrégé de l'Histoire-Sainte et du Catéchisme chrétien, par J.-F. Osterwald, pasteur à Neufchatel, in-12.

1814. Précis des événements qui se sont passés à Romans, pour servir de suite au procès-verbal de la mairie, qui a été publié par la voie de l'impression au mois de mai dernier (par J. Lambert, jurisconsulte de Romans) (1), in-8° de 23 pp.

1817. Réflexions sur le projet de loi contre la liberté individuelle, en discussion à la chambre des députés, par J.-J. Baude ; diverses réflexions sur le rejet d'une loi relative à la liberté individuelle.

Essai historique sur le monastère et le chapitre de St-Barnard de Romans, par M. Dochier, ancien maire de cette ville.

Le portefeuille des troubadours, en quatre parties, deux volumes in-8°, par M. Magallon.

1818. Les crimes d'Avignon depuis les cent jours, par Victor Augier, avocat à Valence.

Petite bibliothèque des enfants, en huit parties, in-18.

1819. Histoire-Sainte. — Trois ouvrages de piété.

Cadet Batteux, électeur à Lyon, vaudeville politique, par MM. Victor et Charles.

Abrégé de la vie de saint Venance ; notice sur sainte Galle. — Le bon père ou le chrétien protestant. —

---

(1) *Anonymes dauphinois*, p. 262.

Histoire-Sainte. — Histoire ancienne des Egyptiens et des Assyriens. — Histoire romaine jusqu'à la fin de l'empire d'Occident. — Lettres édifiantes.

1820. Notice sur le général de Pouchelon et sur M. Rigaud de l'Isle, de Crest, par M. Victor Augier.

Mémoire en vers, contre les mauvais chicaneurs, par J.-J. Pupat, professeur au collège de Valence.

Appel à l'honneur et recours à l'opinion publique, par M. Devallois, domicilié à Valence, contre le comte André Suzanne d'Albon, maréchal de camp, ancien maire de Lyon.

Sermons pour les enfants, traduits de l'anglais, in-16.

L'Eglise renouvelant ses promesses, sermon sur Josué.

1821. Portraits de Mgr de La Tourrette, évêque de Valence, Jacques Marot, Théodore de Bèze, de Corneille et de Voltaire. — Collection des auteurs français. — Lithographie, vue de Valence et des environs, paysages, titres de fantaisie, romances.

Avril 1821. Modèles d'écriture et de dessin. — Portraits de Bayard, de Calvin, de J.-J. Rousseau et de Rabaut de St-Etienne.

La religion chrétienne, par M. Enfantin, chanoine à Valence.

Les muses du midi, choix de poésies aux dames, par M. Dourille.

1822. L'aérolithe de Juvinas, par Acrophile, Lausanne (Meinadier).

1822. 6 avril. Mémoire pour la ville de Valence, en rétablissement de son université.

Notice sur la maison de refuge établie à Valence.

Etat religieux et légal des protestants en France.

1823. Recueil de cantiques.

Projet d'une école spéciale pour les arts et métiers, par M. Dupré de Loire, juge au tribunal civil de Valence.

Abécédaire tiré des fables d'Esope. Nouvelle édition.

1824. Principaux faits de l'Histoire-Sainte et de l'histoire de l'Eglise chrétienne, par M. Chenevière, pasteur et professeur à Genève.

1825. Divers ouvrages pour la Société biblique de Vallon.

Voyage du chrétien, par Brunian.

Bases fondamentales de l'économie politique, par de Cazaux, ancien élève de l'école polytechnique.

Cri d'humanité en faveur des Grecs, par M. Dochier.

1826. Essai sur l'influence des Sociétés bibliques, par Meinadier.

Critique du livre de M. de Cazaux, par Charles Comte, avec notes de M. de Cazaux.

Mémoire pour la ville de Valence, poursuites et diligences de M. Forcheron, maire, chevalier de l'ordre royal de la légion d'honneur, contre l'université de France, en restitution des bâtiments de l'université.

1827. Liturgie des familles.

Histoire de Lucie Clare, traduit de l'anglais.

Société industrielle du département de la Drôme. Liste des fondateurs. Statuts.

Psaumes de David avec musique.

1828. 2 août. Bleizac, propriétaire, habitant de la ville de Valence, à Messieurs les membres du conseil municipal.

Vade-mecum du jeune homme réfléchissant, ou les anciens ont tout dit, par M. Dupont.

La journée du chrétien.

Les aventures de Télémaque, par Fénelon. — Livres classiques. Ecoles des frères.

1829. Aventures de Télémaque, nouvelle édition.

Procédés de la méthode Jacotot.

Arithmétique, par M. Johanys, ancien élève de l'école polytechnique.

Le catéchisme d'Osterwald.

1830. Annuaire du département de l'Ardèche.

Remerciement de M. Bérenger à ses électeurs.

Réflexions sur le Nouveau Testament, par Osterwald (réimpression).

Psaumes de David en quatre parties avec des cantiques sacrés pour les principales fêtes.

1831. Histoire-Sainte et Catéchisme, par Osterwald. Profession de foi des Eglises réformées.

Histoire de la Passion, par Francillon, pasteur. — Réveil des gens de bien contre les faux pasteurs.

1831. Règlement de service de la garde nationale, par Delacroix.

1832. Mémoire sur l'emploi des troupes pour les travaux d'utilité publique, par Bouvier.

1836. Conseil général. Session de 1836, quelques mots de réponse au mémoire de M. de Montrond, relatif à la direction à donner à la route de Romans à Beaurepaire, comprise entre Montchenu et Lens-Lestang, par Payan-Dumoulin, in-4° de 12 pp.

Quelques mots au Conseil général pour la commune de Venterol, tracé de la route de Montélimar à Carpentras, in-12 de 12 pp.

1837. La Sœur de charité à l'école, par Bonnelier. — Ouverture de l'école gratuite d'enseignement mutuel.

Ecole primaire des Frères de la doctrine chrétienne, par Bonnelier.

Procès du sr Masson, se disant évangéliste, avec introduction et notice historique, par G. André, pasteur, in-8° de XI et 96 pp.

Nouveau choix de lettres de Mme de Sévigné. Spécialement destiné aux petits-séminaires, par l'abbé X***, directeur des études dans un petit-séminaire (l'abbé Allemand) (1).

---

(1) *Anonymes et pseudonymes dauphinois*, par E. MAIGNIEN.

Psaumes de David, suivis de cantiques et prières, nouvelle édition.

Commentaires sur l'épître de l'apôtre Paul aux Galates, avec commentaires, par Sardinoux, pasteur au collège de Tournon. In-8° de XXIII et 320 pp.

Extrait des saintes écritures, à l'usage des catholiques romains.

Histoire générale de l'établissement du christianisme dans toutes les contrées où il a pénétré depuis Jésus-Christ. D'après l'allemand de Blumhardt, par Bost. L'ouvrage formera quatre volumes.

Abécédaire tiré des fables d'Esope, nouvelle édition.

Lettre à M. le curé X***, par A. Douesnel.

1838. Ouverture de la classe d'adultes de Valence. Discours de M. Robert, inspecteur de l'instruction primaire, en présence de M. le Maire de Valence et du Conseil municipal.

Lettres à différentes personnes. Suite de la lettre à M. le curé X***, par Douesnel.

1839. Le disciple de l'évangile et le disciple de Rome, in-12 de 39 pp. Napoléon Roussel.

1840. Essai sur la législation municipale de France, par Théodore Morin.

Histoire de la maison de Grignan, par M. Aubenas, un volume in-8°.

1841. Recueil de formulaire de prières, par Duvernoy.

L'inondation du Rhône. — Guide pratique du cultivateur de muriers, par Michel, in-8°.

Extinction de la mendicité, par Deville.

Bulletin de la Société d'Agriculture de la Drôme.

Grammaire française, par David. — Vie de G. Tarel, par Giguel. — Catéchisme protestant.

Etat actuel des juifs et leurs espérances. — Nicodème ou la crainte de l'homme.

1841. Nouveaux vitraux de la cathédrale de Valence, par l'abbé Jouve.

Biographie des premières années de Napoléon Bonaparte, par le baron de Coston, 2 volumes in-8°.

Histoire des pasteurs du désert, par Napoléon Peyrat.

Catéchisme du docteur Watts.

Recueil de prières, par l'abbé Lemonier.

Notice sur le collège de Tournon.

Rapport de la commission chargée de l'établissement de fontaines jaillissantes dans la ville de Valence.

1842. Vie de Bodo.

Entretien religieux, par Fraissinet.

Leçons sur les actes des apôtres.

Vie de Mme Boisson, in-12.

Essai sur l'histoire du Christianisme, par Brunel, pasteur.

A cette date l'imprimerie est transférée de la maison des Têtes, Grande-Rue, dans la rue de l'Université, n° 1. Elle est dirigée par Jules Marc-Aurel.

1843. Imitation de Jésus-Christ, in-12.

Deuxième volume de l'histoire des pasteurs du désert, par Osterwald.

Vie du révérend Leigh.

Psaumes de David en musique.

1844. L'inamovibilité des curés desservants, considérée sous le rapport de l'opportunité, au milieu du XIXe siècle, par un desservant, brochure de 16 pp. in-8°.

1845. Du régicide en France, par Jules Coston, in-8°. — La Bible, sermons par M. Monod, pasteur.

Projets d'agrandissement de la ville de Valence.

1846. Discours et autres, à l'occasion d'un discours de M. l'abbé Morret.

1847. Réplique à M. le prêtre Vincent, ou suite de

la discussion entre un prêtre catholique romain et un pasteur catholique apostolique, in-8°, 61 pp. (1).

1848. Histoire de la chute de la monarchie et de l'établissement de la République, par M. de Mortillet.

Rapport sur les secours à organiser pour les pauvres dans la commune de Valence, par M. Dupré de Loire.

Quelle est la bonne confession et quelle est la bonne absolution ? Seconde édition revue et augmentée de l'opinion des Pères, par Eugène Lacroix, in-8° de 40 pp.

1850. Exposition canonique des droits, des devoirs, dans la hiérarchie ecclésiastique, par M. l'abbé Jouve, chanoine de Valence, in-8°.

Imitation de Jésus-Christ.

Le bonheur de la France, à MM. les représentants du peuple, in-8°.

Cantiques, par l'abbé Veyrenc.

Un pasteur de l'église réformée (Meinadier). — Almanach protestant historique (2).

1851. Premier numéro d'une revue ayant pour titre : Le commerce hebdomadaire de la Drôme, de l'Ardèche, de Vaucluse, de l'Hérault, des Hautes-Alpes.

Terrains militaires, délibération du conseil municipal.

Psaumes de David. — Le gai cantateur pour 1851.

Synode des cinq églises consistoriales de la Drôme.

Almanach protestant historique et statistique.

1852. Questions de physique, par l'abbé Eynard.

Portefeuille d'un jeune poète dauphinois (1), par M. l'abbé Souchier, in-8°, 2 ff. non chiff.

Conférences ecclésiastiques de l'évêché.

La mairie, mémorial des fonctionnaires municipaux. Recherches archéologiques sur St-Romain-de-Lerp et ses environs, par l'abbé Garnodier, in-8°.

---

(1) *Anonymes dauphinois*, p. 292.
(2) *Anonymes dauphinois*, p. 247, en note.

Coup d'œil géologique et historique sur Aubenas-Vals, le pont de la Beaume, Neyrac, Thueyts et Montpezat, par J.-B. Dalmas, de la Société académique du Puy.

1853. Description de la ville de Valence avec l'indication raisonnée de ses établissements publics, religieux, scientifiques, par l'abbé Jouve.

Notice historique sur Etoile, par l'abbé Vincent, membre de l'Institut historique de France.

Almanach-indicateur de la Drôme, administratif, statistique, agricole, commercial.

1853. Traité d'agriculture, par Antelme.

Notice historique sur Grane, par l'abbé Vincent.

Synode des églises réformées.

Guides Valentinois.

1854. Notice historique sur Livron, par M. l'abbé Vincent.

1855. Un aumônier de religieuses (l'abbé Nadal) (1). Manuel des adorateurs du Cœur de Jésus. Excellence de la pratique de la dévotion du Sacré-Cœur.

1856. Notice nécrologique sur M. Blanchet, in-8°.

Conférences du R. P. Montjardet, de l'ordre des Frères Prêcheurs, in-18.

Suzette Trincolier, comédie en un acte, en vers, par Roch Grivel, tisserand à Crest (Drôme).

Notice historique sur Aoste, par l'abbé Vincent.

Notice historique sur Charpey, par le même.

1857, Annuaire de la Drôme.

Notice historique sur Donzère, par l'abbé Vincent.

Du Bay en Vivarais, seigneur du Cros, avec armes et fac-similé, in-8°.

- (1) *Anonymes dauphinois,* p. 168.
  (1) *Anonymes et pseudonymes dauphinois.*

(A continuer.)   Léon EMBLARD.

ESSAI

DE

BIBLIOGRAPHIE ROMANAISE

(Suite. — Voir les 102ᵉ à 137ᵉ livraisons).

X. — Procès Chabert.

Le sieur Chabert était poursuivi par le Chapitre pour un triple objet : 1° en payement de trente-neuf ans d'arrérages de deux censes, l'une de trois et l'autre de neuf deniers, sur une maison par lui acquise du sieur Bouvier, où il avait établi un moulin, et pour l'usage des eaux du Tortorel, appelé aussi *la Saone* dans quelques pièces du dossier; et de plus, pour les lods de cette acquisition (exploit du 14 octobre 1732); la chapelle St-Maurice avait aussi des droits sur cette maison ; 2° pour une rente de trois sétiers froment à raison dudit moulin (écritures du 24 janvier 1733) ; 3° pour lods et arrière-lods dus au Chapitre pour une autre maison acquise des héritiers de M. Duchon (écritures du 13 juin 1733).

Pour ce qui est de la maison sur l'Isère, les trois redevances dont elle était grevée avaient chacune leur raison d'être : celle de neuf deniers était pour la maison ; celle de trois, pour l'usage des eaux, et celle de trois sétiers de blé, pour le moulin. Tout cela avait été réglé et convenu par acte du 7 février 1516 entre le Chapitre et Humbert Odoard, bourgeois de Romans. L'un des Mémoires du Chapitre nous fait connaître que la rente de trois sétiers, qui paraît faire double emploi avec celle de trois deniers, puisqu'elle frappe le même objet, « est pour l'indemniser de la perte qu'il souffre par la pluralité des moulins. C'est pourquoi il est stipulé que la rente de trois sétiers se percevroit seulement, pendant que le moulin subsisteroit, parce que l'exercice du moulin, produisant un profit au propriétaire pour payer la rente de trois sétiers, diminuoit en même temps le droit du Chapitre par la pluralité des moulins. » (n° 338, p. 6).

Les pièces du dossier que nous allons analyser donneront quelques autres détails sur ce procès. Comme la plupart des autres, ce dossier est incomplet. Nous n'avons que cinq mémoires, et il nous serait difficile de dire combien il en manque.

335. — *Extrait*, parte in quâ, *de la transaction du 7 février 1516*. — In-fol. de 3 pp. non chiffr., s. l. n. d.

Ce titré est en petits caractères sur la marge droite. C'est le texte latin de la pièce sur laquelle roule tout le procès, publié par les soins du Chapitre. Les passages les plus favorables à sa cause sont imprimés en italique. En voici l'analyse :

Transaction survenue entre les chanoines de St-Barnard et noble Humbert Odoard, châtelain de Pisançon, tant en son nom qu'en celui de Ponson Odoard, son cousin, pour régler un litige pendant devant le parlement de Dauphiné, au sujet d'un moulin et d'une molière (*moleriæ*), existant sous (*subtus*) la maison de la chapelle de Notre-Dame du Clocher *(beatæ Mariæ de Clocherio)*, sise à Romans, rue des Clercs (*in carreriá Clericorum*), près la maison abbatiale de Romans, dont elle est séparée par une rue tendant à l'Isère. Le requérant occupait cette maison, et en avait obtenu provision de manutention contre Antoine Charrière, ancien recteur de la susdite chapelle, qui s'en prétendait le possesseur. Celui-ci avait formé opposition, et après lui, ses héritiers. Le Chapitre était intervenu dans ce procès, comme haut justicier et seigneur direct, à l'occasion du moulin, mais non de la molière. Il est convenu que le moulin et le cours d'eau appartiendront, pour le domaine utile, à Humbert Odoard, mais que, pour reconnaître le domaine direct du Chapitre, il lui payera un cens annuel de 3 deniers, plus trois sétiers de froment, mesure de Romans, à la Saint-Julien, tant que lui ou ses successeurs possèderont le moulin. — Acte signé : Scoferii (Escoffier), notaire.

C'est à commenter ce document que s'appliquent les mémoires des deux partis, chacun s'efforçant de l'interpréter en sa faveur.

336. — *Mémoire pour le Chapitre de St-Barnard*, présenté par le syndic le 7 septembre 1733.

Nous ne connaissons cette pièce que par la mention qui en est faite dans le *Mémoire* publié en réponse à l'*Avertissement* de Chabert (ci-après, n° 337) où il y a des renvois aux pp. 33, 34 et 35.

337. — *Requête* de Chabert du 18 février 1734. Cette pièce, qui nous manque pareillement, est mentionnée dans la suivante.

338. — *Avertissement pour le sieur Chabert, marchand de Romans, contre le sieur syndic du vénérable Chapitre de Saint-Barnard de ladite ville.*

Dans un bandeau : *De l'imprimerie d'André Faure* (à Grenoble).

In-fol. de 29 pp. s. l. n. d., *signé :* Bernon, Monsieur Vial d'Alais, rapporteur, Troulliet, procureur.

Date manuscrite : 12 mars 1734.

Chabert se plaint d'être l'objet des vexations du Chapitre, qui le poursuit injustement. Il oppose aux demandes du syndic, sur le premier chef, que son acquisition de la maison Bouvier n'a été ferme qu'à partir du 7 janvier 1727, jour où le vendeur atteignit sa majorité. Le recteur de la chapelle St-Maurice a été payé « sans figure de procès » pour la part de lods qui lui revenait; mais, ajoute le défendeur, il n'a pas été aussi facile de se libérer de celle due au Chapitre ; le syndic Delacour a renvoyé Chabert jusqu'à ce qu'il l'a fait assigner, le 14 octobre 1732. Celui-ci, pour éviter toute espèce de litige, exhiba de nouveau l'acte de sa première acquisition, du 3 mars 1724, qui portait un prix plus élevé, et il offrit au syndic de lui payer immédiatement tout ce qui pourrait être dû pour arrérages de cens et pour lods ; et comme le syndic s'y refusait, il lui offrit 288 livres, avec promesse de compléter cette somme, si elle était insuffisante. Delacour refusa de les accepter (5 décembre 1732).

Sur le second chef, Chabert observe que pendant 218 ans, la rente de trois sétiers stipulée par l'acte du 7 février 1516 n'avait pas été exigée et qu'elle était prescrite.

Quant au troisième chef, Duchon avait acquis, le 17 juillet 1704, la maison dont il s'agit de la dame du Vivier, son épouse, dans la discussion des biens du sieur de Rochechinard, dont celle-ci était héritière. Le Chapitre réclama les lods; Duchon répondit qu'il n'avait acquis qu'au nom de sa femme, et d'après son contrat de mariage, s'il survivait à son épouse, il devait retenir les immeubles en en payant le prix. Or, il mourut avant elle ; il ne devait donc aucun lods. C'est de sa veuve que Chabert a acheté. Les héritiers de Duchon ont payé les lods et rentes arriérés, et Chabert les autres.

Chabert déclare qu'en payant les lods, il a entendu payer aussi les frais accessoires. Désirant en finir amiablement, il fait présenter au Chapitre une consultation à laquelle il lui est répondu, cinq jours après, que le syndic est parti pour poursuivre le procès à Grenoble.

(A continuer.)   Cyprien PERROSSIER.

NOTE HISTORICO-CRITIQUE

SUR

LES PREMIERS POITIERS DU VALENTINOIS

La présence des Poitiers dans le Valentinois soulève trois questions importantes correspondant à la triple origine de leur famille, de leur droit au titre de comte et de leur pouvoir sur une partie de la ville de Crest. Les savants historiens, qui ont étudié ou, pour être plus juste, qui ont approfondi leurs annales, MM. Lacroix (1) et Jules Chevalier (2), ont jeté un jour nouveau et précieux sur les premiers Poitiers, mais, laissant la question ouverte, ils n'ont pas cru devoir émettre à leur égard une opinion définitive. Nous n'avons pas assurément la prétention d'être mieux renseigné qu'eux, mais nous nous sommes modestement demandé si, en serrant de plus près les témoignages anciens, il ne serait pas possible de formuler des conclusions plus fermes que les leurs. Nos lecteurs en jugeront.

Voici d'abord ces témoignages que nous rangeons dans l'ordre des trois questions sus-énoncées.

---

(1) *Essai histor. sur la Tour de Crest*, dans le *Bullet. de la Soc. départ. d'Archéologie et de Statistique de la Drôme*, t. XV-XVII.

(2) *Mémoires pour servir à l'histoire des comtés de Valentinois et Diois*; Paris, 1897, in-8°.

I. — Origine de la famille des Poitiers.

Aynart Chabert, écuyer, capitaine de la Tour de Crest et demeurant dans cette ville, déclara, dans une enquête faite à Romans en 1421, qu'il avait ouï-dire à des personnes âgées du Valentinois et du Diois que les évêques de Valence et de Die firent « une forte guerre » à une dame veuve, qui était comtesse de Marsanne en Valentinois ; qu'un « surnommé de Poitiers, accompagné de « plusieurs gens, » passant par la ville de Montélimar, lui prêta, sur sa requête, aide et assistance ; qu'il lui reconquit « plusieurs châteaux et villes » du Valentinois et du Diois, et qu'en récompense de ses signalés services elle lui donna sa fille unique en mariage et toute sa terre (1).

Aymar du Rivail (2) parle aussi du mariage d'un Poitiers, qu'il appelle Louis, avec l'unique héritière des comtés de Valentinois et Diois, dont il ne donne pas le nom, non plus qu'Aynart Chabert, et qu'il dit avoir été en guerre ouverte avec le chef de la maison des Arnaud, qui voulait la forcer à l'épouser, après lui avoir enlevé ses terres et ses châteaux.

Me Bertrand Rabot, notaire impérial à Crest, âgé de 46 ans, confirme, dans la même enquête de 1421, le fait du mariage d'un Poitiers, qui passait dans le Valentinois, avec « la fille, dit-il, d'une comtesse de Valentinois et de « Marsanne. »

Dom Vic et dom Vaisette, auteur de l'*Histoire de Languedoc* (3), assurent de leur côté que les Poitiers du Valentinois étaient originaires du Languedoc, et il ressort d'un grand nombre de leurs témoignages (4) qu'il y avait,

---

(1) André Duchesne, *Preuves de la généalogie des comtes de Valentinois* (Paris, 1628, in-4°), p. 5.

(2) *De Allobrogibus* ; Viennæ Allobrogum, 1844, in-8°, p. 417 et 418.

(3) T. III, p. 800.

(4) *Idem*, t. V, col. 1085, 1122, 1072, 1153, 1185, 1214, 1265, 1271, 1274.

en effet, dans les diocèses de Nîmes et de Narbonne, une famille de Poitiers, qui occupait une haute position et chez laquelle le nom de Guillaume était très répandu. Aynart Chabert, dans l'enquête de Romans, dit aussi que les Poitiers étaient cousins et parents des comtes de Toulouse, qui leur firent « grand honneur et secours. »

Parmi les autres auteurs, qui se sont occupés des Poitiers, Aymar du Rivail (1), déjà nommé, Chorier (2) et l'avocat Chaste (3) croient, il est vrai, que ces seigneurs descendent des ducs d'Aquitaine, mais, en leur assignant une origine un peu différente, ils n'en admettent pas moins qu'ils étaient étrangers au Valentinois et qu'ils venaient du midi de la France (4).

II. — Origine du droit des Poitiers à s'appeler comtes.

M⁰ Bertrand Rabot, dont nous avons rapporté plus haut le témoignage, à propos du mariage du « surnommé de Poitiers » avec la fille unique de la comtesse de Marsanne, déclare que c'est par ce mariage que le comté de Valentinois échut aux Poitiers.

Il est juste de reconnaître que les chartes connues ne donnent qu'en 1150 le titre de comte aux Poitiers, mais, à dater de cette époque, ceux-ci prennent fréquemment ce titre dans leurs actes publics.

D'autre part, le titre de comte de Valentinois était tombé, en quelque sorte, en déshérence et devint vacant, si l'on peut ainsi parler, en 1058, puisque c'est à cette date que s'éteignent les comtes de Valentinois de la pre-

---

(1) *Idem*, p. 417, 418.
(2) *Hist. de Dauphiné*, t. II, p. 24.
(3) *Mémoire pour les officiers du siège principal.....de la ville de Crest*; Grenoble, 1764, in-4°.
(4) CHEVALIER, *Idem*, t. I⁰ʳ, p. 162 et 168.

mière race dans la personne de Geilin II ou tout au
moins qu'on perd complétement leurs traces.

Il est vrai que quelques années plus tôt, entre 1107 et
1141, Eustache, évêque de Valence, est appelé comte de
cette ville dans une charte de Léoncel, mais on sait,
d'après la sévère lettre d'admonestation que lui adressa le
célèbre saint Bernard (1), que c'était un prélat fort peu
scrupuleux, qui a bien pu s'arroger un titre auquel il
n'avait pas droit.

Il est vrai encore que l'évêque Guillaume de Roussillon prit, en 1310, dans ses actes administratifs, ses
sceaux et ses monnaies, le titre de comte de Valence et de
Die ; mais l'empereur d'Allemagne, Henri VII de Luxembourg, sur la plainte d'Aymar IV de Poitiers, lui défendit
de le faire à l'avenir, tant à lui qu'à ses successeurs, par
une bulle du 18 février 1311, où il disait que le titre de
comte appartenait aux Poitiers « de temps immémorial. »

Enfin, le capitaine Aynart Chabert, déjà cité, affirma
tenir de son père que le fils, que le « surnommé Poitiers »
eut de la fille de la comtesse de Marsanne, » se porta
comte de Valentinois et Diois » et que, depuis ce temps,
« les dits comtés avaient continuellement été tenus par
ceux du nom et armes de Poitiers, qui s'étaient toujours
nommés et appelés comtes de Valentinois. »

III. — Origine du pouvoir des Poitiers sur Crest.

Un géographe anonyme du Diois (2), qui vivait vers
l'an 1450 environ, affirme que les Arnauds, au temps
de leur splendeur, étaient comtes de Marsanne, et Co-
lumbi (3) partage son sentiment. Peiresc (4) ajoute qu'ils

---

(1) *Œuvres*, édit. Migne, t. CLXXXII, col. 347.
(2) U. Chevalier, *Choix de documents inédits*, p. 272.
(3) *De rebus gest. episcop. Valent. et Diens.*, p. 104.
(4) De Pisançon, *Etudes sur l'allodialité*, p. 220.

se rattachaient aux anciens comtes du Diois, et Guy Allard (1) dit qu'ils étaient partagés en plusieurs branches.

Le comte de Marsanne, mari de la comtesse de ce nom, mentionné dans l'enquête de 1421, devait être un Arnaud ou mariée à un Arnaud. Dès lors, on peut supposer sans témérité qu'à la suite de quelque mariage, partage, échange, prêt d'argent ou même de quelque guerre, les comtes de Marsanne devinrent les propriétaires d'une partie de la ville de Crest, qui appartenait tout entière aux Arnauds primitifs, fondateurs de la cité, et que leurs droits à cet égard furent transmis aux Poitiers par le mariage de l'un d'eux avec l'unique héritière des dits comtes de Marsanne.

Corollaires.

Nous croyons pouvoir conclure de ces trois séries de témoignages, sinon avec une entière certitude, du moins avec une grande probabilité :

1° Que les Poitiers sont venus du Languedoc et étaient parents des comtes de Toulouse ; — 2° que l'un d'eux, appelé Guillaume, épousa la fille unique de la comtesse de Marsanne et hérita de tous ses biens ; — 3° que cette comtesse était une Arnaud ou mariée à un Arnaud, de la famille des Arnauds de Crest ; — 4° que c'est en cette qualité qu'elle a pu avoir sur Crest des droits de propriété, qui ont passé, par sa fille et héritière unique, à son gendre Guillaume de Poitiers ; — 5° que ce dernier, devenu comte de Marsanne et mis à la tête de grands biens situés dans le Valentinois, s'est cru autorisé à se faire appeler comte de ce nom, prétention ou plutôt usurpation favorisée par l'esprit du temps et par l'extinction de la première race des comtes de Valentinois ; —

---

(1) *Dict. hist.*, t. Iᵉʳ, p. 351.

6° que si le fait n'est pas prouvé pour Guillaume, le premier en date probablement des seigneurs de Poitiers, puisqu'aucun document ancien et connu ne le donne comme revêtu du titre de comte, le fait est certain pour ses successeurs, dont la puissance ne cessa de grandir.

Ces conclusions rendent raison d'un double fait, qui nous paraît inexplicable en dehors d'elles :

1° La rapidité extraordinaire de la fortune des Poitiers dans un pays où ils étaient naguère étrangers et inconnus, à ce point que, dès 1189, nous les voyons octroyer souverainement et seuls à « leurs gens de Crest, » une charte de franchises, au bas de laquelle l'évêque de Die ne figure que comme témoin ;

2° La protection toute spéciale que les comtes de Toulouse ne cessèrent de leur accorder, à ce point encore qu'en 1175, ils leur donnèrent l'investiture, en qualité de marquis de Provence, des comtés de Valentinois et de Diois.

Nous n'ignorons point qu'une charte de Cluny, n° 3779, parle d'un *Castrum Pictavis*, situé dans les Baronnies, qui, en 1023, faisait partie des domaines des deux frères Léger et Pons, mais on ne peut fonder un grand espoir, pour le moment, sur ce simple fait pour élucider la question de l'origine familiale des Poitiers, car ici *Pictavis* est un nom de lieu et non un nom de famille, ou bien un nom de fief devenu par la suite un nom de famille, mais lors même que ce dernier fait se serait produit, on pourrait toujours supposer qu'à cette époque, un Poitiers du Languedoc entra dans une famille des Baronnies, tombée en quenouille, et lui donna son nom ; toutefois, le lien entre ce Poitiers et ceux du Valentinois nous échapperait complétement à cette heure.

E. ARNAUD.

L'ANCIENNE STATION ROMAINE

DE

VÉNEJEAN SUR MONTBRUN

Le *Bulletin* a publié, dans sa dernière livraison, l'inscription d'un autel votif à Vulcain trouvé au quartier de Vénejean, sur Montbrun, et obligeamment communiqué à l'un des membres de la Société par M. le curé de Montbrun. M. l'abbé Gourjon accompagnait son dessin des explications suivantes : « Ce petit monument a été découvert à très peu de profondeur ; il était couché sur un socle plus grand, et on dirait que les pierres taillées sur lesquelles il reposait portent la trace de barres de fer, qui l'auraient entouré comme une balustrade. Le sommet présente une petite cavité en forme de cuvette, qui était peut-être destinée à recevoir le sang des victimes. Quant à l'inscription très lisible, elle n'a pas été endommagée, vu que la pierre est très dure. Le cippe est élevé sur un soubassement formé de quatre petits gradins, dont deux à moulure creuse. Le sommet présente aussi quatre rangs de moulures faisant saillie l'une sur l'autre, et se termine par trois antéfixes, celui du milieu arrondi et les deux d'angle en forme de cornes tumulaires portant chacun une des trois lettres du mot D E O. Le tout mesure 0,98 cent. de hauteur et 0,45 de largeur au sommet.

« Le quartier où cet autel votif a été trouvé renferme de nombreux objets d'antiquités, tels que médaïlles romaines, ou plutôt monnaies, statuettes, lampes funéraires, etc. Le col était traversé par une ancienne voie romaine, et lors des guerres de religion, on y envoyait souvent des éclaireurs pour voir ce qui se passait de l'autre côté. »

M. l'abbé Gourjon veut bien nous envoyer de nouveaux détails sur cet intéressant quartier de Vénejean, où a été faite cette découverte. Ce lieu, comme on va le voir, se recommande à l'attention des archéologues, et il mériterait d'être exploré à fond.

« Vénejean est le nom d'une vallée située au nord-ouest de Montbrun, descendant de l'ouest à l'est jusqu'au Toulourenc ou torrent d'Aulan. Le faîte des collines qui bordent la vallée ne dépasse pas 80 mètres au-dessus de la plaine. C'est au faîte même que passait l'ancienne voie romaine qui venait du Buis par le torrent et le col d'Enfer. Au bas de la vallée, elle se bifurquait en deux branches : l'une se dirigeait vers le sud, dans la plaine de Montbrun, et l'autre, suivant le Toulourenc, remontait au nord-est, vers Aulan. On en a retrouvé la trace dans cette combe si pittoresque, lors de la construction de la nouvelle route ; et, particularité fort remarquable, on mit à découvert, en coupant les rochers, un canal artificiel taillé dans le roc, mesurant environ 0,30 centim. de largeur sur une profondeur de 40 à 50 centim. Ce canal, comblé de terre et de pierres, existe encore, et on peut le suivre facilement. Il prenait naissance à la source de la Dame, dans le Toulourenc, et, de là, se dirigeait à niveau, en suivant les contours des collines, vers la vallée de Vénejean. C'est sur ce canal qu'avait été trouvée, en 1882, la pierre dite d'Aulan, portant une inscription de trois lignes, dont la première paraît être en caractères grecs (1); les deux autres ne portent que les syllabes suivantes :

C V R

SECES

« Pourquoi ce canal taillé à grands frais ? Ce ne pouvait être un simple canal d'arrosage, car le travail valait dix fois plus que la vallée. Il ne mesurait pas moins de cinq

---

(1) Au-dessus de la première ligne, on remarque un caractère de forme bizarre ressemblant à un Z tourné au rebours, avec jambages à angles très ouverts. Cette inscription bilingue est encore inédite. Elle est gravée sur une grande dalle, qui mesure plus d'un mètre de hauteur et environ 0,80 cent. de largeur. Ce monument fut transporté, lors de sa découverte, dans la cour du château d'Aulan, où on le voit encore.

kilomètres de longueur. L'unique hypothèse à laquelle on puisse s'arrêter, c'est qu'il était destiné à amener les eaux dans une agglomération qui ne devait pas être un simple village. Ce ne pouvait être qu'à Vénejean, dont l'importance nous est déjà révélée par ce seul fait.

« D'autres indices nous montrent qu'il y avait là une population considérable. Les nombreuses découvertes qu'on y a faites et qu'on y fait tous les jours en fouillant le sol dénotent une petite ville. Parmi les objets les plus intéressants qu'on y a trouvés, nous citerons une statuette de gladiateur, avec casque à double cimier, conservée chez M. Berthet. Il y a une dizaine d'années, on trouva dans une caisse en pierre, hermétiquement fermée, des urnes lacrymatoires en verre de grande dimension, et dans la même caisse, des glaces d'un métal noir, très bien conservées. Cette curieuse trouvaille a été recueillie par M. Bernard, inspecteur d'académie à Nîmes, originaire de Montbrun, qui la conserve précieusement.

« La vallée de Vénejean est fermée au sud par une colline assez élevée qui la sépare de la vallée de Vic, autre vallée intéressante qui touche à Vénejean par les côtés ouest et est, laissant la colline isolée. Une partie porte le nom de la Villette. Ce quartier a aussi ses monuments, ses ruines, ses antiquités, que l'on exhume de temps en temps en remuant le sol. Il était dominé au midi par un immense château fort, dont les ruines, en grande partie disparues, se voient encore sur le sommet qui domine la plaine de Montbrun et de Reilhanette. On l'appelle *le Chastelras*.

« Au sommet de la vallée de Vic, à environ cent ou cent cinquante mètres de la vallée de Vénejean, existait un ancien temple. On y trouva, il y a quelque temps, une statue privée de sa tête, qui a été déposée au musée de Sault. Il y avait plusieurs colonnes, et j'en ai vu moi-même les bases, assez bien travaillées ; avec ces bases, qui subsistent encore, on peut se rendre compte de l'étendue de ce temple et en reconstituer le plan. Dernièrement, un de mes paroissiens a mis à jour un Bacchus en bronze parfaitement conservé. On a trouvé, à différentes époques, des urnes funéraires embellies de dessins, des sceaux de médecins, des formules d'apothicaires gravées

sur pierres fines, avec légendes en caractères latins (1).
J'en possède un échantillon.

« Ces noms de Vic et de Villette indiquent une agglomération. Quoique importante, comme le prouvent les
découvertes dont nous venons de parler, elle n'aurait été
qu'un bourg (*vicus*) ou villette par rapport à Vénejean,
qui paraît avoir été la ville principale, dont Vic n'était
qu'une dépendance et peut-être un faubourg. Ce lieu est
sur la hauteur, mais sur le versant opposé de la colline,
et n'est guère qu'à deux cents mètres à vol d'oiseau de
Vénejean. La Villette est au-dessous, dans le bas de la
vallée.

« Il y aurait aussi beaucoup à dire sur la vallée de Montbrun, sur les eaux sulfurées calciques connues des Romains, sur quelques autres antiquités mises au pillage
par ces vandales qu'on appelle baigneurs, et qui, sous
prétexte d'emporter des souvenirs, ont fait disparaître
presque tout ce qui a été trouvé.

« La vallée de Vic et de la Villette et la forteresse du
Chastelras semblent former un tout complet. Les pierres
de taille qui formaient l'appareil de ses murs ont-elles
servi à la construction du château et des remparts de
Montbrun, ou à celle du fort Saint-André, appelé la
Citadelle, situé au nord de ce bourg, à une altitude d'environ 800 mètres ? Ce nom rappelle le célèbre Alexandre
du Puy-Montbrun († 1673), qui en a peut-être pris son
titre de marquis de Saint-André. C'est une simple pré-
somption, et sur cette hypothèse je m'arrête. »

E. GOURJON, *curé*.

---

(1) Le *Bulletin* a publié, dans sa livraison de juillet 1887 (t. XXI,
pp. 330-1), la description d'un cachet d'oculiste romain, trouvé à Vénejean. Sur son pourtour est gravée une légende latine portant le nom
de l'oculiste et la qualité de son collyre. M. Allmer en avait déjà donné
une savante explication dans la *Revue épigraphique du Midi de la
France*, livraison d'avril-juin 1887.

LES NOTAIRES PIÉMONT

ET LA

FAMILLE DE NULLI DE FRIZE

DE SAINT-ANTOINE

(Suite. — Voir les 133ᵉ à 137ᵉ livr.)

XIII. — Les Frize de St-Antoine. Pierre de Frize.

Au nom de Frize s'est attaché jusqu'à nos jours un renom de haine farouche contre la ville, mais surtout contre l'abbaye de St-Antoine au temps des guerres de religion. Ayant déterminé la chronologie des membres de cette famille et montré l'établissement de plusieurs d'entre eux à Montrigaud et à Chevrières, nous pouvons désormais attribuer, d'une manière certaine, à chacun des autres la part qui lui revient dans les pillages et les ruines accumulées à la fin du XVIᵉ siècle dans notre malheureuse ville.

Les *Mémoires* d'Eustache Piémont nous montrent successivement, sous le nom commun de « sieur de Frize », les deux auteurs de ces brigandages, comme ayant leur maison d'habitation à St-Antoine même. En effet, ils nomment une fois expressément l'avocat Pierre de Frize, emprisonné en l'année 1577 par les ordres de M. Dourches, comme étant l'un des principaux soutiens du parti de la Réforme (1). Plus tard, en 1585, ils signa-

(1) *Mémoires d'Eust. Piémond*, p. 49.

lent le zèle des « deux serviteurs du sieur François de Frize » (1).

Ainsi se trouvent tout d'abord écartés les deux hommes que leur nom ou leur âge auraient laissé confondre avec leurs proches : François (1ᵉʳ du nom), qui habitait Chevrières au commencement des troubles (1562), et dont le nom ne paraît plus dès l'année suivante; et son fils Antoine, établi à Montrigaud ; — et c'est bien à ces deux autres personnages, Pierre et François de Frize, père et fils, que revient la grosse part dans les faits que nous allons résumer (2).

De bonne heure, Pierre de Frize avait montré du zèle pour la religion nouvelle, et de l'acharnement contre tout ce qui se rattachait au catholicisme. Il fut un puissant auxiliaire du terrible baron des Adrets, qu'il renseignait sur les moyens d'envahir la ville. Pour exciter sa convoitise, il lui expédiait, le 14 mai 1562, un inventaire détaillé de tous les ornements de la grande église, « sans omettre les terriers trouvés encore dans les archives » de l'abbaye. Le lendemain, comptant sur l'appui du baron, il se déclare lui-même « gouverneur de la ville de St-Antoine » et renverse deux hôpitaux de la ville (3). La haine pro-

_____

(1) *Ibid.*, p. 177. — Les *Mémoires* imprimés nomment une fois (p. 279) « Jean de Frize. » Comme ce personnage n'est nullement connu par ailleurs, nous pensons qu'il serait encore préférable de lire simplement « le sieur de Frize. »

(2) Pour plus grands détails nous renvoyons le lecteur aux *Mémoires*, et à la brochure récente déjà citée : *Le Bourg et l'Abbaye de Saint-Antoine pendant les guerres de religion et de la ligue* (1562-1597), par Dom H. Dijon.

(3) C'est-à-dire vraisemblablement l'hôpital St-Jacques, situé non loin de la porte de Chatte, et dont on ne trouve plus dès lors que « le chazal », — et l'hôpital « des pauvres passants. » — *L'Armorial de*

fonde qu'il portait aux Antonins, et dont il donna des preuves en toute occasion, nous autorise à le rendre aussi responsable des ordres donnés pour le renversement de la grande église, ou du moins pour assurer sa ruine. Deux mois après, son dévouement à la cause de des Adrets, lui valait le titre de vibailli de St-Marcellin.

Les deux églises de l'abbaye avaient été pillées et saccagées. Les religieux, revenus de leur dispersion après les troubles de 1567, ne purent y rétablir le service divin pendant plusieurs années. Malgré l'état lamentable où elle se trouvait, la chapelle du grand hôpital remplaça, pour un temps, la grande église. Les huguenots ayant emmené les cloches à St-Marcellin, on en fit venir une de Dionay, que l'on plaça au clocher de l'hôpital pour servir aux offices des religieux et de la paroisse (1).

Les bâtiments de l'abbaye n'avaient pas été davantage épargnés. Les religieux, sans ressources, ne pouvaient ni les habiter, ni les réparer. Ils durent chercher un refuge dans leurs familles de la ville, ou louer fort cher un modeste logement. Les minutes d'Eustache Piémont con-

---

Dauphiné attribue à Pierre de Frize la démolition de « l'un des hospices contigus à l'abbaye ». Nous verrons bientôt que deux hôpitaux avaient été détruits à cette époque par les sieurs de Frize. Par Pierre, ou par son fils François ? aucun document contemporain ne le dit expressément.

(1) Le 10 avril 1602, Pierre Nublat, de Dionay, et Anth. Ysérable, fils à feu Urbain, de Chaponais, mandement de Montrigaud. « paroissiens de l'église de St-Jullien de Dionay, en quallité de commis de tous les paroissiens dudit St-Julien, ont confessé avoir retiré ce jourd'hui de Mrs du Chappitre.. de St-Anthoine.., scavoir une cloche qui auroit esté prestée auxd. sieurs du Chappitre en l'année des seconds troubles, par lesdits de St-Jullien, laquelle fust mise au cloché de l'hospital lorsque lesdits sieurs furent restablys ou commansserent à fere leur service... » *Minutes* d'Eustache PIÉMONT, petit vol. de 1602, fol. 185.

tiennent plusieurs baux de location passés par les habitants de St-Antoine aux religieux du monastère (1).

Ce n'était pas toujours dans des maisons amies qu'ils trouvaient un abri largement rétribué ; plusieurs se virent dans la dure nécessité de loger chez leurs pires ennemis (2). C'est ainsi que « noble frère Philibert de Montagud » avec six autres religieux ; puis, pendant 4 années (1573-77), frère Jean Bouchet, curé de Vinais, et enfin (1577-82), « noble frère Loys de Rochebaron » durent se résigner à habiter la maison même de Pierre de Frize.

Le 24 novembre 1579 (3), l'avocat louait de nouveau à ce cloîtrier trois chambres de sa maison avec leurs meubles, moyennant le prix annuel de « neuf escus d'or sol. » En vertu de la dernière clause du bail, le noble Antonin devait « bailher l'estrenne aux filles dud. sieur de Frize, à sa volunté. » Voilà donc le sieur de Frize, le principal auteur des malheurs de l'abbaye, qui ne rougit point, en outre du prix fort élevé de sa location, d'exiger à titre gracieux, du moine dont il a ruiné l'habitation, une étrenne pour ses filles ! Est-il possible d'insulter plus cyniquement au malheur ?

Pierre de Frize possédait, au mandement de St-Antoine, les deux granges de Joz et de Villeneuve. Il possédait également, dans le bourg même, la maison de ses pères (4).

---

(1) Petits vol. de 1575, fol. 419 ; 1576, fol. 145 et 512 ; 1584, fol. 249 ; 1585, fol. 177.

(2) Cf. dans *Le Bourg et l'Abbaye...*, p. 186-8, le Procès-verbal-enquête .. du 26 décembre 1568.

(3) Petit vol. de 1579, fol. 500. — En cette même année (9 février), le grand sacristain fr. André Buisson habitait également la maison du sieur de Frize.

(4) Cette maison était « assize en la grand rue de St-Anthoine, confrontant ladite rue tendant du grand hospital... à la porte neufve du midi et couchant, et à la maison de la cure dudit lieu de bize, la

Le plus souvent il la louait; mais il s'y réservait un logement pour les cas où il viendrait à St-Antoine. En effet, ses fonctions d'avocat au bailliage de St-Marcellin l'obligeaient à résider ordinairement dans cette dernière ville.

M. Brun-Durand nous dit que les « excès » qu'il commit contre les catholiques au commencement des guerres de religion « l'ayant contraint de s'expatrier, il fut en Suisse et s'y fit recevoir bourgeois de Genève le 11 septembre 1567 » (1). Dès le commencement de l'année 1575 (2), on le retrouve en Dauphiné, à St-Antoine et à St-Marcellin, où son zèle pour le parti huguenot le désigne « pour faire partie, à titre de conseiller, de la chambre mi-partie ordonnée, près le parlement de Grenoble, par les traités de Poitiers et de Bergerac; seulement de longs retards ayant été apportés à l'établissement de cette chambre, Pierre de Frize mourut sans avoir pris possession de sa charge » (3).

En effet, il testa le 22 décembre 1579, établissant pour « son héritier universel François, son fils aysné » (4).

---

maison des Anissons de levant. » *Min.* d'Eust. Piémont, pet. vol. de 1594, fol. 103. — Pour compléter cette topographie et préciser davantage l'ancien emplacement de l'un des hôpitaux de St-Antoine, mentionnons l'échange suivant qui eut lieu le 28 janvier 1596 : Echange entre le sgr Gaspard de Bourchenu et le sieur François de Frize, d' « un chasal ou gour » assis « en la ruette appelee de Bourchenu, descendant de la grand rue en l'alle du marché, confrontant ladite rue du levant, la maison dudit sieur de Frize du vent...» En retour, ledit sieur de Frize donne à Bourchenu « ung chasal, plassaige ou gour assis au mesme lieu que dessus..., contigu et joignant au chasal et gour donné cy dessus par ledit Bourchenu de bize, ladite ruette du vent .. » *Ibid.*, vol. de 1596, fol. 22.

(1) *Mémoires* d'Eust. Piémont, p. 450.

(2) Petit vol. de 1575, fol. 260 et 419.

(3) *Mémoires*, loc. cit.

(4) D'après l'acte du 15 juillet 1615, que nous analysons plus loin,

Mais, craignant peut-être son caractère dissipateur, il lui substitua, deux jours après, les enfants qui lui pourraient naître, lui laissant toutefois « la faculté de pouvoir disposer de ces biens et les partager entre eux, suivant sa bonne volonté. »

Pierre de Frize mourut peu après (1), laissant à lui survivante sa femme Gasparde Payn, et cinq (ou six) enfants, trois fils et deux filles : François, l'aîné, Pierre et Theaude ; Claude et Catherine.

Pierre de Frize — qu'il ne faut pas confondre avec son père, dont il portait le nom — apparaît encore en 1596 (2). Ce fut lui qui reçut des consuls de St-Antoine, le 17 septembre 1592, la dernière quittance des « unze cents escus d'or sol » versés par *son frère* François de Frize, pour obtenir l'enregistrement de ses lettres de noblesse.

Nous trouvons le nom de « noble *Theaude* de Frize, de St-Marcellin », dans quelques actes des années 1590, 1591, 1592 et 1594. Ces actes nous apprennent seulement qu'il était frère de François et beau-frère d'Antoine Jacquemin. Il vivait encore le 27 novembre 1613 (3).

Claude ou *Clauda* de Frize était déjà, en 1584, femme d'Antoine Jacquemin, dit « cappitaine », bourgeois de St-Antoine (1586), habitant à Chevrières (1594), barbier et chirurgien (4), qui mourut en 1617.

Catherine Frize, en 1587, était mariée à André Chabat (5).

---

(1) Le 12 janvier 1580, Eust. Piémont mentionne le « jardin des hoirs de *feu* M⁰ Pierre de Frize. » Petit vol. de 1580, fol. 30.

(2) Petit vol. de 1596, au 1ᵉʳ août et 4 novembre.

(3) Petit vol. de 1602, fol. 67, en marge.

(4) Petits vol. de 1594, fol. 168 ; 1601, fol. 134 ; etc. — Cf. les *Mémoires...*, p. 416.

(5) Petit vol. de 1587, fol. 349 v⁰.

Marie de Frize traite, le 31 décembre 1592, avec un habitant de Chatte (1). L'acte ne donne aucun détail sur cette « damoizelle » ; mais comme elle agit en son nom propre, il paraît impossible, en raison de la date de 1592, de la considérer comme la petite-fille de Pierre de Frize.

XIV. — FRANÇOIS DE FRIZE, IIe DU NOM.

Il nous reste à parler du fils aîné de Pierre de Frize, *François*, le membre le plus tristement célèbre de sa famille : c'est aussi sur lui que nous possédons le plus de détails.

Son nom se rencontre à peine avant l'année 1580 (2). Ce qui montre que tous les faits antérieurs, relatés dans les *Mémoires* de Piémont, doivent être rapportés à son père ; mais, à partir de cette année, il apparaît fréquemment sur la scène et se montre dès lors, en toute occasion, aussi fanatique que lui. Il était docteur en droit, avocat consistorial au bailliage de St-Marcellin (1581), et devint gentilhomme ordinaire de la chambre du roi. Sa vie publique peut se diviser en deux parties, dont la première fut marquée par les actes de violence et de barbarie qu'il exerça contre la ville, sa patrie, et contre l'abbaye ; la seconde fut remplie par les procès qu'il dut soutenir contre l'une et l'autre.

Rappelons à grands traits les exploits du « sieur de Frize » marchant à la tête des huguenots.

Le 4 juillet 1580, à l'heure où les religieux chantaient l'office de matines, l'église de l'abbaye est envahie : saisis de panique, les uns s'enfuient dans le clocher, d'autres

---

(1) Petit vol. de 1592, fol. 645.
(2) Nous l'avons signalé comme présent à un acte du 7 mars 1574. Voir plus haut, p. 150, note 2.

sont faits prisonniers et emmenés au château du Pont-en-Royans. Le père Charles d'Arzag, vieillard nonagénaire, qui achevait la célébration de la messe matinale, est entraîné, hors de l'église, encore revêtu des ornements sacerdotaux ; mais comme il n'avançait pas assez vite au gré de ces forcenés, le capitaine Muguet le tue d'un coup de pistolet à la sortie de la ville, vers la porte de Chatte.

Le jour de Noël 1586, le sieur de Frize envahit l'abbaye et l'église à la tête des huguenots qu'il tenait cachés dans sa maison, et emmène prisonniers plusieurs religieux et notables personnes de St-Antoine au château du Pont-en-Royans, où il commandait pour les protestants (1). Après avoir rapporté cet exploit de François de Frize, Piémont ajoute ironiquement ; « Voilla un bon patriotte ! », qui « a depuis, continue-t-il, faict faire deça par une formilliere de larrons dont il se servoit, des cour-

---

(1) Nous apprenons par un acte postérieur, du 15 février 1588, à la faveur de quelle négligence les ennemis purent entrer, ce jour-là, dans l'abbaye. Répondant au nom du Chapitre à certaines demandes exagérées des démembrés de l'hôpital, le grand sacristain disait entre autres choses : « Le maistre du pillon [Thibaud Prieur] est homme sans considération, car, par sa faulte, ayant laissé l'hospital ouvert, les adversaires entrerent au monnastère, pillairent l'église, prindrent les religieux prisonniers, les ont ranssonnés, et reduict le monnastère en si grande pauvretté que ilz... n'ont point de pain il y a plus de deux moys... Led. M⁰ du pillon a nyé estre la cause de la surprinse dud. monnastère, car cella ne luy a redondé qu'en partie ; d'ailheurs que la porte d'icelluy hospital estoit fermée du costé du cloistre. » Gr. vol. de 1588, fol. 5-6. Cf. *Mémoires*, p. 197. — Les deux Antonins frère Pierre Aubajoux et le sous-prieur Ant. de Reveyrolles restèrent deux mois en prison au château du Pont. Le 22 février 1587, ils écrivirent séparément à leurs frères restés à l'abbaye une lettre « signée de leur main » qui fut « réellement veue et leue cappitullairement, le tout en bonne forme », par laquelle l'un et l'autre demandait qu'on lui envoyât « pour payer sa ransson 55 escus d'or sol » : ce qui fut exécuté deux jours après. Petit vol. de 1587, fol. 79. Cf. *Mémoires*, p. 199.

ses de nuict pour susprendre et les uns et les autres » et les rançonner; enfin, « à guerre ouverte, il s'est rendu ennemy de la ville. »

Dans une course nocturne qu'il fit à Lens, en 1587, avec une bande de brigands, il se saisit du fils de M. de La Saulne, qu'il emmena prisonnier et tint « en une cave, sous sa chambre, au château du Pont, bien trois mois, et fallut bailler 4,000 francs » pour sa rançon (1). Pour l'année 1591, Piémont mentionne « plus de trente ravages du sieur de Frize contre nous (2) », et répète sa réflexion : « Voillà les faveurs de tels patriottes ! »

La ville de Saint-Antoine avait beaucoup souffert du voisinage du château du Pont, qui était le point d'appui et le refuge des huguenots de ces quartiers. Lorsqu'il fallut renverser cette forteresse, le sieur de Frize trouva le moyen d'accabler encore une fois sa patrie. « M. de Frize nous demandait à Saint-Antoine un pionnier pour feu, pour desmolir le chasteau du Pont-en-Roïans, qu'il avait faict bastir au grand préjudice du païs ; mais mons^r le colonel [d'Ornano] nous exempta de ceste contribution, au mescontentement dud. de Frize (3). » C'était au commencement de 1592. Cette exemption ne fut pas maintenue ; car, en janvier 1595, la communauté de Saint-Antoine dut lever une taille pour fournir au sieur de Frize la pension de 1,500 écus, assignée pour la démolition du château du Pont (4).

Aussi, après tous ces récits, l'on entend sans étonnement l'annaliste parler de « la malveillance que le

(1) *Mémoires*, p. 209.
(2) *Ibid.*, p. 279.
(3) *Ibid.*, p. 291.
(4) *Ibid.*, p. 376.

sieur de Frize nous portoit à tous », et l'on comprend
la satisfaction qu'il manifeste, lorsque, après la prise de
Grenoble, M. de Lesdiguières enleva (1591) au sieur de
Frize douze hommes de la garnison du château du Pont :
« c'estoit déjà, dit-il, lui rogner les ongles de bien
près » (1).

Mais le fanatique ne se contentait pas d'exercer lui-
même de telles violences envers ses compatriotes : ses
serviteurs rivalisaient avec leur maître, et l'un d'eux fut
pris et pendu à Romans, à cause des maux que la troupe
des voleurs dont il faisait partie avait causés dans les
bois. Sans se soucier des édits du roi, qui ne permettaient pas de « prescher ny faire aulcung exercice ny assemblée de ceulx de la prétendue relligion en la ville de
Sainct-Anthoine, pour estre l'ung des chefs d'ordre de
ceste province », il assemblait en sa maison les protestants du lieu, et même appelait des ministres pour les
présider (2).

Il finit par se faire détester de ses coreligionnaires eux-
mêmes, qui l'épièrent « à St-Antoine le propre jour de
Pasques 1599 [?] pour estre saisy prisonnier, et se saulva
à la fuite (3). »

Tels sont les titres peu glorieux par lesquels le nom de
François de Frize se recommande aux yeux de l'histoire.

Dom Germain MAILLET-GUY,
Chan. rég. de l'Imm.-Conc.

(A continuer.)

---

(1) *Ibid.*, p. 203 et 278.

(2) Gr. vol. de 1595, fol 25-6. — On peut voir aux *Arch. du Rhône*,
fonds de St-Ant., c. 36, une sommation faite au ministre Blanchard,
qui tenait des assemblées à St-Antoine en 1595. Piémont, *Mém.*,
p. 453-4, a raconté la fin émouvante de ce ministre.

(3) *Mémoires*, p. 198.

UN TORRENT
LA DROME

(Suite. — Voir les 127ᵉ à 136ᵉ livr.)

Il y a un esprit crestois comme il y a des mœurs et presque une cuisine crestoises. N'est-ce pas joli et piquant pour une aussi petite ville ? Mais nombre de vieilles cités causent de ces surprises à travers leur résignation et leur silence. Précisément, Crest, par sa manière d'être et de sentir, forme ce tout complet qu'agrémentent et illustrent pour l'observateur, les façons originales d'une race.

Donc, voyons un peu les hommes, après avoir effleuré les choses.

Quelle audace et quelle prescience chez ce *Nicolas Barnaud*, né ici vers 1530 et qui se met à courir l'Europe — le monde presque — autant par folie aventureuse que par crainte de *brûlement !* Médecin, il cherche la pierre philosophale. Cela fait rire aujourd'hui comme si notre science était définitive, comme si nous étions sûrs qu'on ne rira pas de nous demain. Mais l'alchimie est l'aïeule de notre chimie, aïeule vénérable et point tant radoteuse qu'on se l'imagine. Elle fut la première étincelle de la recherche : ce feu sacré qui brûle derrière tout front savant, et le grand œuvre, comme les travaux d'Hercule, a son sens merveilleux. Alchimistes, astrologues, sorciers même, tous disciples lointains et peut-être inconscients des initiés de Memphis et des collèges hiératiques de l'Orient, préparent dans leurs nuits mystérieuses, les miracles de la Microbiologie et les enchantements sidéraux de l'électricité. — Il faut leur en avoir de la reconnaissance.

Athée, auteur « d'un livre abominable dont le titre seul fait dresser les cheveux sur la tête », « membre pourri » dont les synodes dauphinois demandent le « retranchement », son temps n'a ménagé à Barnaud ni les accusations, ni les injures. Cela prouve seulement que notre philosophe, aussi loin de Genève que de Rome, planait de toute la hauteur de son indépendance, au-dessus de l'âme méchante des partis. Et c'est bien à cet esprit aux conceptions sans bornes, à cette âme égalitaire, que Socin, un des plus fiers et des plus purs révoltés du siècle, entendait rendre hommage en lui dédiant en 1595 une de ses œuvres.

Notre époque, trop dédaigneuse de la vieille science hermétique, eût sans doute complétement oublié *Barnaud* sans deux ouvrages qu'on lui attribue et où sa sagesse prophétique a pressenti nos destins et les formes sociales du pouvoir actuel. Rien n'égale la tranquille audace de l'auteur, qu'il traite de questions économiques ou politiques. Le roi, dit-il, est seulement premier et souverain serviteur du royaume qui n'a pour maître et seigneur que le peuple. Il faut vendre les biens du clergé, marier les prêtres, fondre les cloches. Et ce ne sont là que ses moindres vœux, car il demande encore l'accessibilité de tous aux emplois publics, l'impôt sur le revenu, le service militaire obligatoire... Que diront de plus les hommes de la Révolution ?

Selon les uns, *Barnaud* serait venu mourir en Dauphiné ; selon les autres, il aurait terminé en Espagne son inquiète et fiévreuse existence, entre 1600 et 1612.

Il faudrait, pour rendre ses véritables traits à cette curieuse figure, s'aider du xviᵉ siècle tout entier. Contentons-nous de dire que sur ce vaste champ de bataille de la pensée, Barnaud s'est montré champion intrépide, frappant d'estoc et de taille.

Toutes les célébrités crestoises ne sont pas, il s'en faut, aussi imprévues, aussi originales. Mais la capitale des Poitiers a le bonheur rare d'avoir produit dans tous les genres. Jugez-en. — Au xvᵉ siècle, *Jean Rabot,* né vers 1444, un des plus savants magistrats de son temps et que Louis XI, Charles VIII et Louis XII chargent de missions importantes. — Au xviᵉ et au xviiᵉ, les deux *Allian* (*Pierre* et *François*), l'un jurisconsulte « d'une capacité bien cogneue », l'autre supérieur des Missions Etrangères et traducteur du *Catalogue des saints de Lyon ; Gaspard Rolland,* secrétaire de Jean de Monluc, sorte d'Eminence grise du brillant homme d'Etat, et qui reçoit en récompense de ses services le titre recherché d'abbé de St-Ruf ; *Jean Dragon,* humaniste et pasteur, appelé quelquefois *évêque de l'Eglise de Crest ; Pierre Arnoux,* prieur de Plan-de-Baix et poète latin ; *Gaspard Benoît,* avocat et docteur en droit, auteur d'une *Déclaration contenant les justes causes de sa conversion à la foi catholique ; Michel Aubert,* autre huguenot converti au catholicisme, régent à l'Université de Valence et agent des trois ordres du Dauphiné près la personne du roi ; *Jacques Vincent,* auteur de plusieurs traductions, et *Jean Vincent,* avocat au Parlement de Grenoble, ardent défenseur du tiers dans le procès des tailles ; *Bovet d'Arier,* un des meilleurs élèves de Cujas, anobli en 1606 par Henri IV pour son courage et sa fidélité ; le chanoine *Guillaume Charency,* auteur de la *Clef du sens littéral et moral de quelques psaumes de David ; Antoine de Pluvinel,* l'un des plus

fameux écuyers de l'Europe et le créateur des manèges
en France; *Antoine Garcin* ou *Guercin*, traducteur de
Boccace et romancier à *l'instar* de l'Arioste; le médecin
Guy de Passis, d'une famille florentine alliée, dit-on, aux
Médicis, qui entrevoit la gloire de Vals et de Vichy dans
l'eau merveilleuse de Bourdeaux en Dauphiné; j'ai gardé
pour la bonne bouche ce drôlatique *David Rigaud*,
poète-drapier, parti de Crupies, son village natal, la balle
sur le dos, ce qui ne l'empêche pas de faire son chemin, tout au contraire. Etabli à Crest, il y fait fortune.
L'heureux homme et le gai philosophe! Des gentils-
hommes l'admirent et lui donnent de l'ami, en échange
peut-être — comme le note finement M. Brun-Durand —
de marchandises prises à son comptoir et qu'ils oublient
de payer, mais cela même sert sa réputation de drapier et
de poète.

Le XVIIIᵉ siècle semble quelque peu fatigué du grec et
du latin, de l'âpre et longue dispute théologique. Il est à
la fois moins subtil et plus pratique. A côté des avocats,
professeurs et administrateurs, toujours en assez grand
nombre : les deux *Sibeud (Jean-Louis)* et (*Lucretius*);
Brohard (Claude-François); *Dumont (Gabriel)* et *La
Bretonnière (Philippe-Esprit de*), c'est une satisfaction
d'y voir des agronomes tels que *Buffel du Vaure (Antoine*), *Faure-Biguet (Jean-Pierre)*, *Rigaud de L'Isle
(Michel-Martin)* et *Rigaud (Louis-Michel)*, deux descendants du poète-drapier. Il y a place aussi pour des personnages politiques : *Daly (Pierre-Laurent)*, ancien fabricant de mouchoirs, de reps et de nanquinets; *Curnier
(Jean-Charles-Antoine)*, commissaire du Directoire à
Valence, et *Gailhard (Marie-Charles-Antoine de)*, tour
à tour représentant du peuple et fonctionnaire administratif, plus tard anobli par les Bourbons qui blasonnent

ce Drômois : *d'azur au dromadaire effaré d'or* — armes parlantes s'il en fut. Un économiste aura l'idée des caisses de retraite pour la vieillesse et des premières assurances sur la vie, c'est *Joachim Lafarge,* mort en 1839. Des généraux, *La Tour-du-Pin Montaubau, marquis de Soyans, Berlier* et l'émule de Hoche, le brave *Digonnet,* soutiendront l'honneur des armées françaises.

Mais c'est surtout au XIXᵉ siècle que l'âme crestoise se dilate, qu'elle nous dévoile avec des poètes qui ont su rester de leur pays, ses grâces naturelles, les coins fleuris de son intimité. J'ai pour cette renaissance locale une faiblesse de cœur, car elle est bonne matière à décentralisation et elle fortifie la liaison nécessaire entre les êtres et les choses de commune origine. Aussi je me contente d'énumérer les noms qui suivent, tout à fait en dehors d'elle : *Dourille (Joseph),* journaliste et historien ; les frères *Dumont (Louis-Victor-Adrien)* et *(Aristide),* l'un magistrat érudit, l'autre habile ingénieur ; *Duseigneur (Edouard),* dit *Duseigneur-Kléber,* qui a laissé une savante monographie du cocon et de nombreuses études sur la sériciculture ; *Claire de Chandeneux,* pseudonyme d'*Emma Bérenger,* femme de lettres remarquable par la fantaisie et la sensibilité de ses dons, le délicat conteur aux fins morales du « Paris-Charmant » et du « Paris-Littéraire » ; le mathématicien *Bouchet,* du Bureau des Longitudes ; le général du génie *Bovet,* ancien gouverneur de Belfort, et plus près de nous : M. *Gustave Latune,* bibliophile éclairé, Mᵐᵉ *Nanny Adam,* dont le pinceau tendre sait si bien s'approprier les couleurs languides et comme évanouies des crépuscules, M. *Auguste Frizon,* sculpteur, à qui Valence est redevable du génie de sa fontaine monumentale. Et je regagne en hâte les bords de la

Drôme où, sous le regard complaisant et qui sait ? mystérieusement complice de la tour, germa et mûrit une littérature dont bientôt, dans les environs, chacun voulut avoir de la graine.

Il était temps. Le patois — car c'est du patois qu'il s'agit — n'en pouvait plus. Aussi, que de heurts, que d'assauts, que d'aventures sur le chemin du passé, ce chemin où l'histoire bronche à chaque pas contre des ruines ou des cadavres ! Jadis, les barbares, les révolutions, le latin — langue universelle. De nos jours, l'école, la caserne, le chemin de fer, la mode, la bêtise, géante qui ne connaît pas sa force, quand elle a fait ses classes. Montré au doigt, réduit à courir la montagne, ou bien à se galvauder dans la misère des quartiers louches, dans la fréquentation des pas-dengus (1), il roulait de pente en pente à l'égout argotique, menaçait de devenir *le charme de la canaille*, et ceux-là peut-être lui en voulaient le plus qui, feignant la tolérance, l'admettaient à leur table pour représenter la farce grasse ou la gaudriole salée. Juste à ce moment, des hommes, pour la plupart sortis du peuple, eurent pitié du vagabond, et de leurs bonnes, de leurs rudes mains de travail, lui préparèrent sa chambre au vieux logis du gai sçavoir. Un revirement s'est fait. Le patois a un domicile comme tout le monde et il arrive même que des dames à chapeau — alarmées naguère de ses allures et de son verbe haut — de loin, lui disent bonjour.

A Die, ce parler, chargé de substantifs en *ec*, a l'air bretonnant ; à Crest, il les a laissé choir dans la Drôme, mais il gronde encore, assourdi de tous les *o* qu'on a pu mettre à la place des *a* et partout, il roule des cailloux de

---

(1) Homme de rien dans le parler du pays.

ses torrents. Tel quel, il est souple pourtant, tout en images et parfois il rend des ondes mystérieuses et douces comme en ont le soir les cloches de campagne touchées par l'angélus...

Considérons dans son ensemble l'œuvre poétique des patoisants — *le cycle drômois*. Elle est saine et vigoureuse et rappelle par certains côtés la terre natale : sol difficile, mais où les noyers, hauts comme des temples, bombent par delà vignes et vergers leurs dômes majestueux, où dans les hermes, les frigolettes et les aspics, pâmés sous le soleil, exhalent leur âme excessive. Elle a des largeurs de vallée sur lesquelles passe en rafales la bise pénétrante et vive, de beaux pans de ciel où, à l'occasion se mutinent les nuées. Et les prairies aussi ne lui manquent pas, laculets de repos et de fraîcheur où l'on peut cueillir à brassées les fleurettes qui parlent d'amour : boutons d'or et marguerites.

Il y a là pour le moins deux douzaines de poètes ou chansonniers qui, s'ils ne sont pas tous de Crest ou de ses environs immédiats, regardent cette petite ville comme un foyer traditionnel de maintenance. Crest semble, en effet, avoir rayonné bien au-delà de son horizon, sur des terres d'où l'on tenterait vainement de l'apercevoir, et déterminé de la sorte, en faveur de la cause provinciale, bien des jeunes enthousiasmes, cela sans asservissement des personnalités.

Aucun de ces poètes, je pense, n'a voulu faire tort à la langue française. Comme le dit l'un deux : « est-ce une « raison parce que nous avons deux yeux pour nous cre- « ver l'un ? Qu'au moins le patois nous soit un lien de « race, ses contes et ses chansons un délassement d'esprit,

« en même temps qu'une raison d'aimer le terroir dau-
« phinois. Qu'il ait place au feu et à la table, et nous
« nous tiendrons pour satisfaits. » Aucun, non plus, n'a
voulu étonner, n'a cherché à faire de la science, pas même
le vénérable *abbé Moutier*, curé d'Etoile, chez qui pourtant le poète se double d'un philologue accompli. La surprise ne fut pas mince quand on vit un beau matin, fixés
sur le papier — comme du français — ces mots avec leurs
pièces et avec leurs trous, que beaucoup avaient pris jusque-là pour des bohémiens ou des parasites. — Le patois,
ça s'écrivait donc ! — Ainsi, des gens parlaient une langue
sans le savoir, comme M. Jourdain.

A l'heure présente, on s'occupe avec une certaine passion des « théâtres populaires. » De généreux esprits, en
réaction ouverte contre le mauvais goût et la niaiserie de
la plupart des spectacles offerts à la foule, calomniée, jugée
indigne, se font gloire d'aller au peuple et prétendent tirer
de ses intimités profondes de quoi rénover ses mœurs, de
quoi alléger sa peine par l'attrait d'une joie nouvelle. C'est
ainsi que sont nés, à l'exemple des nombreux « Wolks-
théater » de la rêveuse Allemagne où les paysans jouent
surtout des mystères, les théâtres de Plonjean, en Bretagne, de la Motte St-Héray, en Poitou, et dans les agrestes
Vosges, ceux de Ménil en Xaintois, de Gérardmer et surtout celui de Bussang, qui vient de rendre célèbre le nom
de Maurice Pottecher. Mais l'idée ne date pas précisément
d'hier et le crestois *Roch Grivel* la mettait en pratique
voici bien près de cinquante ans. C'est, en effet, le 6 avril
1856, qu'il fit représenter pour la première fois sur le
théâtre de sa ville natale : *Suzetto Trincolier*, comédie
en un acte et en vers. Tout de suite la foule fut prise,
charmée et naturellement voulut davantage. Alors, il

donna en 1857 : *Un moussu souquè fa* (un parvenu), qui offre quelques traits de ressemblance avec le Bourgeois gentilhomme ; en 1858 : *Lou rètour dè lo Colifournie*, dont la commune prend à sa charge les frais d'impression ; enfin, en 1863 : *Lou Sourcier dè Vaunaveys*, qui s'attaque aux mystérieuses puissances des jeteurs de sorts, et à la crédulité du peuple des campagnes. Mais, il semble que *Lo Carcovelado*, dont le titre rappelle un quartier lépreux du vieux Crest, ait fourni sa meilleure matière à cet instituteur d'art et d'idéal populaires. C'est un poème en deux chants où l'esprit et la gaieté débordent en des scènes surprenantes, en des histoires capables de faire oublier le boire et le manger. Enfant trouvé, né en 1816, *Roch Grivel*, dit M. Victor Colomb (1), n'avait reçu qu'une instruction élémentaire, mais grâce à un travail incessant et à des efforts inouis, il était parvenu à connaître et à apprécier non seulement les poètes grecs et latins, mais encore les poètes étrangers, tels Dante, Milton, Shakespeare. *Grivel* était ouvrier tisserand et maniait aussi bien la navette que la plume ce qui n'est pas peu dire. Un monument a été élevé dans le cimetière communal par ses compatriotes à ce génie modeste et heureux.

Laurent Mognat (1829-1883), lui, n'a pas fait de théâtre et ainsi s'explique l'insignifiance de son action sur la foule qu'il n'a point pénétrée. Il a ses dévots pourtant qui le déclarent supérieur à Grivel pour le maniement de la langue, l'abondance et la vivacité des images. Son bagage patois — car il a laissé aussi un certain nombre de chants, d'à-propos, de romances en français — consiste principalement en contes et en fables, en couplets de circonstance, en petites pièces satiriques.

---

(1) *Les poètes patois du Dauphiné. — Roch Grivel.*

A côté de ces précurseurs, rangeons sous le vert platane de la poésie des champs : — *Joseph Grivel*, cousin de *Roch*, né le 16 novembre 1816, et mort à Paris, dont les trop courts *Leisis Pouetiqueis*, font regretter le nonchaloir de sa muse. L'excellent homme était ouvrier tailleur ; — *Léopold Bouvat*, artisan comme lui et qui n'avait pas son pareil pour ciseler un sonnet ; — *Frédéric Jobert*, mort à Montélimar où il était secrétaire en chef de la mairie, ce qui n'empêchait pas ses rêves mélancoliques et doux d'habiter les bords de la Drôme ; — *L'abbé Blanc*, auteur d'une alerte comédie en vers, *Lou mestre d'escolo*.

En 1885, paraît l'*Armagna Doufinen*. C'est, un moment, le tambour public des dauphinois, de nos félibres, inquiets non sans raison, d'entendre toujours parler du Languedoc, de la Provence, de l'Aquitaine. Jusque-là, il faut bien le dire, le félibrige dauphinois, avec ses individualités brillantes, certes, mais sans lien entre elles, sans commun souci d'avenir, n'a fait que courir la prétentaine. *L'Armagna Doufinen* bat le rappel. Il connaît sa foule, il sait comment et en quels carrefours on l'attire et on l'amasse, ce qui l'amuse et la part de vérité qu'on peut lui faire entendre. Et pour la première fois le pays bouge. D'ailleurs il n'est plus question de Crest seulement et les parlers de Livron, de Loriol, de Chabrillan, de Dieulefit, de Puygiron, voire de Mens en Trièves, viennent se ranger sous la même bannière. C'est le beau temps d'impatience et d'enthousiasme ou l'*abbé Moutier*, *Ernest Challamel*, *Morice Viel*, *Maurice Champavier*, *Gatien Almoric*, d'autres encore, cueillent des palmes dans les concours et rêvent d'instaurer la renaissance littéraire partout ou fleurit le symbole du dauphin aurore et azur. Depuis, ah ! depuis... chacun a suivi sa chimère, et le bon almanach n'est plus, mais non pas le félibrige, comme vous l'allez voir.

Pour arriver à l'épanouissement complet de notre littérature dialectale, disait, en 1885, l'*abbé Moutier*, il nous manque ces trois choses : un dictionnaire, une grammaire et une épopée. Un jour viendra, ajoutait-il, où nous posséderons ces trois œuvres de maître. Et le malicieux et vaillant cabiscol avait l'air d'attendre sous l'orme cette triple éclosion. Or, la grammaire et l'épopée parurent, mais elles étaient de lui, et voici qu'il prépare le dictionnaire ! Entre temps, et pour ne rien avoir à envier aux Catalans et aux Provençaux, il composait un chant de la *Coupe*, la marseillaise du félibrige dauphinois.

Almoric, reprenant à son compte les idées de Grivel, fait du théâtre, et il puise tout bonnement comme ce dernier dans l'intarissable fonds populaire. Seulement, à la différence de Grivel, son théâtre tout rustique, se passe des artifices de la scène, et se trouve ainsi beaucoup plus près du peuple dont il a en vue l'éducation morale. Un dimanche, un jour de fête, soudain un tambour bat dans un village. C'est la *Joyeuse troupe félibréenne des rives de Granette* (1) qui s'annonce, qui va donner en plein air, avec des arbres pour de vrai sur la scène, un spectacle, une pièce de son répertoire, Les acteurs, des paysans, sont gens qui sentent ce qu'il disent et quelques-uns d'entre eux, hommes de rêve en même temps que de labeur terrestre, ont, comme cet *Almoric* — au nom d'une joliesse chimérique, n'est-ce pas — une réelle influence sociale. Il ont notamment développé, avec le concours d'un gentilhomme de haute valeur, qui ne craint pas d'afficher sa

---

(1) C'est le nom d'une rivière affluent de la Drôme et qui arrose Grane.

liaison avec la terre. *M. de Gailhard-Bancel*, le système des syndicats agricoles, si bien que le relèvement du sol et le relèvement des individus s'opère dans le même temps par des voies parallèles.

Ces courtes observations sur le mouvement littéraire dialectal m'amènent à rappeler pour finir les noms de deux crestois. Si *M. J. Brun-Durand* n'a rien écrit, que je sache, en langage vulgaire, et si *Maurice Champavier* n'a donné qu'un petit nombre de pièces patoises, ces deux écrivains n'en ont pas moins servi la cause provinciale aussi utilement que le plus obstiné mainteneur. Qui ne sait que *M. Brun-Durand* est un savant hors de pair, dont les ouvrages embrassent les connaissances les plus étendues et les plus variées ? A eux seuls ses dictionnaires topographique et biographique de la Drôme — deux monuments — rempliraient l'existence d'un bénédictin. Et comment les Dauphinois ne seraient-ils pas reconnaissants à *Maurice Champavier* d'avoir fréquenté dans ses contes, ses chroniques, ses rêveries, à peu près le même domaine, son Dauphiné ? Personne n'a mieux peint les gens de cette terre rude et magnifique, n'a mieux saisi le sens intime, la poésie des choses de la montagne. C'est tout à la fois un curieux et un poète, un vrai curieux et un vrai poète.

(A continuer.)   FÉLIX GRÉGOIRE.

DICTIONNAIRE BIOGRAPHIQUE

ET

BIBLIO-ICONOGRAPHIQUE DE LA DROME

PAR

M. J. Brun-Durand

Le deuxième volume du *Dictionnaire Biographique de la Drôme* (1) est paru, et voilà donc l'œuvre achevée, le monument dressé. Il fait honneur à notre pays qui en a fourni la matière abondante et diverse et à l'érudit qui l'a si bien mise en œuvre. Il serait oiseux de dire ici ce qu'un tel travail suppose d'érudition, de sagacité investigatrice, de patient labeur et même de désintéressement ou, si l'on préfère, d'amour pour le petit pays natal. Et puis ce serait faire l'éloge de l'auteur qui, vraiment peut s'en passer, ses travaux antérieurs, hautement appréciés du monde savant, l'ayant placé au-dessus de ce que l'on pourrait dire, surtout de ce que pourrait dire le médiocre disciple que je suis.

Voyons plutôt quelle est la valeur du nouvel ouvrage dont il vient d'enrichir notre bibliothèque drômoise.

Ce livre se présente sous une belle forme, en beau et bon papier, avec une impression sobre d'ornements mais nette, claire, douce et facile à lire. Il fait honneur au zèle et au goût de l'éditeur qui en a dirigé l'exécution.

---

(1) Grenoble. Librairie dauphinoise, 2 vol. grand in-8°.

Bien que forcément concis et comme ramassé sur lui-même pour exprimer le plus de choses dans le moins de mots, le style de l'écrivain est clair, précis et garde une certaine allure.

Si, maintenant nous examinons l'ouvrage dans son contenu, dans sa substance même, nous verrons, en le feuilletant, qu'il apporte à la biographie générale une importante contribution de faits nouveaux ou rectifiés et remis au point. Nous serons surpris du nombre de personnages restés jusqu'à présent dans les ténèbres de l'oubli ou les limbes d'un souvenir à demi effacé et qui sont rendus à la pleine lumière.

Au point de vue de la biographie particulière de notre département, nous serons étonnés de le voir aussi riche et aussi complet. On lui a même reproché, dès le premier volume paru, de l'être trop, de comprendre des individualités d'un trop petit mérite ou de telle ou telle catégorie qu'il eut mieux valu négliger. Ce reproche serait peut-être justifié si l'auteur eût entendu faire uniquement un Panthéon consacré aux génies supérieurs ; mais ce n'est pas cela qu'il a voulu et ce n'est pas cela que nous attendions de lui. Il a réuni dans une même galerie tous ceux qui dans quelque branche que ce soit de l'activité humaine ont produit quelque chose — si peu que ce soit — d'original et de personnel. Et nous avons, de la sorte, en même temps que le Panthéon des tout-à-fait illustres, que chacun pourra composer à son gré, une collection de types divers dont il était équitable de conserver la mémoire et qui au-delà de l'intérêt que peut offrir leur histoire personnelle nous permettront d'établir quelles sont les dominantes de notre caractère, de nos tendances, de nos aptitudes. Nous verrons, par exemple, que le drômois a au plus haut point l'amour et le culte de la patrie et préfère la servir les armes à la main, le nombre des hommes de guerre que notre département a produits l'emporte de beaucoup sur celui des autres catégories. Après les militaires ce sont les évêques, les ecclésiastiques réunis aux pasteurs qui dominent. Le drômois a plutôt l'esprit positif et pratique; nous n'avons pas de grand poète ni de grand artiste et si nous possédons de nombreux écrivains dont quelques-uns ont acquis une juste renommée, peu réussissent dans les ouvrages de pure imagination ; la plupart s'adonnent de préférence à l'étude de l'archéologie, de l'histoire, de l'économie politique ou des sciences exactes. Pourtant nous pouvons nous prévaloir d'un auteur dramatique de premier ordre, Emile Augier, et de quelques autres qui brillent au second rang. Nous pouvons aussi mettre en avant plusieurs artistes de mérite. Nous pouvons surtout montrer un nombre respectable de savants, de jurisconsultes, de médecins, d'administrateurs, d'hommes politiques.

On comprendra qu'omettre telles ou telles personnalités, ce serait donner un résultat incomplet et faux. Et d'ailleurs quel criterium choisir pour admettre celles-ci et exclure celles-là. Si nous écoutons les catholiques nous négligerons certains protestants de peu de conséquence et, réciproquement, si nous prennons conseil des protestants nous passerons sous silence maints ecclésiastiques auteurs de vagues *Mois de Marie.* Que pèseront au trébuchet des administrateurs, des ingénieurs les futiles poètes, les faiseurs de contes ? Et pour un archéologue habituellement plongé dans les choses du passé que vaudra l'inventeur d'un procédé insignifiant en apparence mais qui pourra dans l'avenir développer une industrie, modifier nos façons de vivre. Aurait-il fallu, par exemple, passer ce petit cordonnier de Romans qui, en adoptant de son initiative le système de la chaussure clouée, fit fortune et, mieux

encore, dota sa ville natale d'une industrie des plus floris-
santes. Il y a danger à faire un choix, surtout lorsqu'il
s'agit d'une œuvre ayant pour but d'être le plus utile
possible au plus de monde possible. Mieux vaut tout prendre : le lecteur choisira les siens.

Et, à cet égard, je crois, quant à moi, que M. Brun-
Durand aurait pu ouvrir encore plus largement les portes
de sa galerie, y laisser pénétrer de plus humbles gens et
même y donner une place aux vivants, une place réduite
au strict nécessaire (état-civil et liste d'œuvres) et non
pour les auréoler d'une gloire prématurée, mais simplement pour fournir une plus grande somme de renseignements utiles.

Tel quel, le *Dictionnaire Biographique de la Drôme* est
bien le plus complet et le mieux fait des dictionnaires du
même genre que l'on connaisse. Il laisse bien loin derrière
lui la *Biographie* de Rochas. Si Rochas a eu le mérite de
marcher, en quelque sorte, en pionnier dans une région
peu explorée et d'y faire une abondante moisson, il n'empêche qu'on y peut glaner après lui et rapporter de bonnes
gerbes. Il a, il est vrai, particulièrement soigné la partie
bibliographique et la biographie de certains personnages
auxquels il s'était spécialement intéressé, mais il a négligé
les autres. Il avait absolument besoin d'être rectifié, complété et mis à jour. C'est ce qu'à fait M. Brun-Durand
pour les hommes nés dans le département de la Drôme ;
mais son apport personnel a été si important et si décisif
soit en rectifications, corrections ou adjonctions, soit en
biographies inédites, et le tout a été tellement par lui re-
brassé et refondu, que l'on peut dire que nous sommes en
présence d'une œuvre parfaitement originale et nouvelle.

Les personnages dont M. Brun-Durand a précisé ou
complété la biographie sont nombreux et non des moin-

dres. C'est, par exemple, Adhémar de Monteil, légat de la première croisade que tous les biographes — Rochas compris, bien entendu — rattachent à la grande famille des Adhémar, seigneurs de Montélimar, Grignan et autres lieux, et qui était tout bonnement de la famille moins illustre des seigneurs de Peyrins et tire le nom de Monteil non de Montélimar mais de Montélier ; c'est le fameux Nicolas Barnaud, médecin et alchimiste du XVIᵉ siècle, personnage des plus curieux et des plus intéressants, trop peu étudié, dont la personnalité restait d'ailleurs enveloppée de quelque mystère ; M. Brun-Durand a découvert un coin du voile en révélant ses origines ; ce sont les premiers Blacons que Rochas confond un peu les uns avec les autres, tandis qu'ils sont parfaitement distingués par M. Brun-Durand ; c'est Louis de Blayn, à propos de qui Rochas s'est tout à fait mépris ; c'est le poète Jean Figon, que Rochas, appuyé sur les frères Haag, a confondu avec un apôtre du protestantisme, portant le même nom, qui prêchait la Réforme dans le Viennois, tandis que l'autre rimaillait à Montélimar ; c'est l'héroïne Margot Delaye, à qui la légende à fait assumer avec ses propres exploits, ceux de plusieurs autres femmes de ses compatriotes et dont M. Brun-Durand donne le véritable nom, ou tout au moins le nom de jeune fille, qui était Marguerite-Catherine Ponsoye dite Gandonne ; c'est une autre héroïne drômoise, Philis de la Charce, au sujet de laquelle on a quelque peu corsé l'histoire, et dont M. Brun-Durand a mis au point la part de gloire qui lui revient ; c'est la poétesse Anastasie Serment, que Valence peut revendiquer contre Grenoble ; c'est le riche marchand Romanet Boffin, le fondateur du Calvaire de Romans, dont Rochas ne fait qu'une brève mention et sur qui M. Brun-Durand donne une notice très circonstanciée ; c'est Abel Derodon, Claude Frère, Cazau-

bon, le mathématicien Fontaine, les Claveyson, le médecin Samuel Benoît, Gaspard de Saillans et son fils François,
qui a écrit divers ouvrages sous le nom de Bertrand de
Loque, Ysabeau Vincent, les deux Salomon de Merez,
sur chacun desquels M. Brun-Durand fournit des renseignements nouveaux ; c'est enfin les grandes familles
drômoises des Adhémar, des Blacons, des Clérieu, des
Clermont, des Mévouillon, des Montauban, des du Puy-
Montbrun, des Poitiers dont il a débrouillé les généalogies et clarifié l'histoire.

Tous les personnages que je viens de signaler figurent
dans Rochas. Si l'on recherche ceux qu'il a oubliés ou
négligés et que M. Brun-Durand a sortis, on verra qu'ils
sont nombreux et d'importance, et l'on comprendra le
surcroît d'intérêt que peut offrir le nouveau *Dictionnaire*.
Pour nous en tenir anx plus marquants je citerai : Cugie,
vaillant homme de guerre qui fut assez puissant pour se
poser en rival de Lesdiguières ; Bourjac, magistrat doublé
d'un soldat ; Grammont-Vachères, un de ces seigneurs
aussi habiles à rançonner qu'à combattre, qui récolta
assez de biens pour épouser l'une des plus belles femmes
de son temps et donner 250,000 écus de dot à une de
ses sœurs ; les deux Glandage, le père et le fils qui furent
de braves soldats ; Roysses, le gendre de Montbrun, dont
la belle conduite et la mort au siège de Livron étaient
tout ce que l'on savait de lui ; Montluc-Balagny, à propos
de qui l'on a commis bien des méprises ; l'évêque Jean de
Montluc, dont la biographie, étudiée à fond et purgée de
quantité d'erreurs, reste intéressante à consulter, même
après la savante étude de M. Hector Reynaud sur ce
médiocre évêque qui fut un grand politique ; l'évêque
Etienne Deodel dont le récit de la mort à l'abbaye de
Cruas est absolument saisissant ; Anne Ducros ; Madame de

Baix, une illuminée complètement oubliée ; Gabriel Astier, un chef de Camisards fameux ; Amos de Ferre, l'éducateur des petits prophètes, dont quelques historiens avaient mis en doute l'existence et que M. Brun-Durand a parfaitement identifié. C'est encore d'Aiguebonne, de la famille d'Eurre, qui fut lieutenant-général des armées, ambassadeur et gouverneur en Piémont et son frère Claude d'Eurre de Chaudebonne, qui fut le meilleur des amis de Madame de Rambouillet, qui fut aussi l'ami de tous les écrivains et beaux-esprits de l'entourage de celle-ci et auquel M. Brun-Durand a consacré à part une étude très complète et d'une haute valeur littéraire ; c'est Raymond d'Arces, qui après avoir fait la guerre et mené la vie de grand seigneur, se fit ermite dans la forêt de Sénart ; c'est les Clermont-Chatte, gens de cour et officiers de valeur ; Chabo de la Serre, officier général qui collabora à la réorganisation de l'armée française ; les évêques Caritat de Condorcet et Bocon de la Merlière ; Bruyère de Saint-Michel, officier général d'artillerie ; de Dubois Chatellerault, un mécanicien de mérite qui dirigea la monnaie du duc de Parme. L'époque de la Révolution est celle qui semble avoir été le mieux connue de Rochas. Eh bien ! aux biographies qu'il donne des hommes d'alors M. Brun-Durand a trouvé à en ajouter de nouvelles, par exemple celles de Curnier et de Daly, du général Argod, du général Fontbonne, de Hortal, juge de cassation, d'Arnaud de Lestang, un contre-révolutionnaire qu'on appela le Godefroy de Bouillon de son parti, de Barnave, père du célèbre constituant, dont la notice est une des plus curieuses pages de l'histoire de la fin du xviiie siècle, du général Chancel, le héros du siège d'Huningue, de Charles, un officier de fortune qui fut, un temps, l'amant de l'impératrice Joséphine, de Lafarge, un philanthrope qu'on peut considérer comme l'inventeur des caisses de retraite pour la vieillesse; de Descorches de Sainte-Croix, le véritable organisateur du département de la Drôme; de Dupré de Loire; du chimiste Lodibert, etc., etc.

J'ajouterai enfin qu'il fait connaître divers artistes de mérite qui n'avaient pas été cités par Rochas tels que Thévenot, Argoud, Reynaud, Grasson, Faverges, Brisiaux, etc.

Est-ce la peine de dire que ce livre est une œuvre de bonne foi et de loyauté, que l'auteur ne s'est pas préoccupé d'autre chose que de la vérité historiqne, qu'il a été aussi impartial que possible, qu'il a mis, d'aillleurs, le lecteur à même de le contrôler en indiquant après chaque notice les principales sources où il a puisé.

Il plaira à tous les drômois curieux de ce qui touche leur pays et rendra de grands services à tous ceux qui s'occupent de son histoire. Il y a là des indications précieuses de toutes sortes, des points de départ et des jalons sûrement établis pour des études ultérieures plus développées. Voilà un ouvrage qui, avec le *Dictionnaire de topographie* sera fréquemment mis à contribution et fréquemment consulté. Citera-t-on toujours l'auteur, lui gardera-t-on quelque reconnaissance? Oui, sans doute, l'homme est un animal si extraordinaire! Et qu'importe après tout? Nous nous réjouissons de posséder là, sous notre main, une somme de connaissances auxquelles nous pouvons facilement puiser ou confronter les nôtres, et ce plaisir, cette bonne aise que notre éminent compatriote nous a procurés, joints à la satisfaction personnelle qu'il a d'avoir fait une œuvre utile seront sa plus douce récompense.

MAURICE CHAMPAVIER.

BIBLIOGRAPHIE

Mémoires de Jacques Pape de Saint-Auban (1563-1587), publiés par Edmond MAIGNIEN, conservateur de la Bibliothèque de Grenoble. (Grenoble, H. Falque et Perrin, 1900, in-4° de 75 p. avec une photograv.).

Cette nouvelle source est précieuse pour notre histoire du Dauphiné. Ces Mémoires font connaître non seulement la vie politique du célèbre capitaine protestant dauphinois, mais encore des détails fort intéressants et inédits sur la période très mouvementée de notre histoire pendant les guerres de religion. Ils furent écrits seulement pour la famille de leur auteur, afin « de montrer à ses enfants *exemple de vertu* et pour se disculper de certaines accusations. »

Des deux parties de ces Mémoires de Jacques Pape, la première est consacrée à la généalogie de sa famille ; la seconde, aux événements auxquels il a pris part.

Avec cette généalogie sûrement exacte, il ne sera plus permis de confondre les trois Pape : Gaspard, Jacques et Hector ; le premier est le père des deux autres. Tous les trois ont joué un rôle important dans nos guerres religieuses du xvi⁰ siècle. Cette confusion est le fait de M. Petitot, dans la *Collection complète de ses Mémoires...* et de Michaud et Poujoulat, dans le premier volume de la *Nouvelle collection des Mémoires...* Ces trois savants ont confondu Gaspard avec son fils cadet Jacques. Gaspard mourut, à la prise de Montpellier (1567), dans les bras de Jacques et avait eu pour compagnon d'armes Hector, son fils aîné, commandant d'une compagnie de chevau-légers. Ce dernier, après avoir été mêlé aux batailles de Saint-Denis et de Montcontour, vint, une année après, expirer au château de Sahune (14 février 1571).

La seconde partie contient le récit chronologique des actions de Jacques Pape, de l'année 1563 à juillet 1587. Faits et dates y sont quelquefois confondus, et l'on y rencontre des lacunes. Le savant éditeur éclaircit les uns et complète les autres dans une préface érudite et dans des notes chronologiques, biographiques et topographiques.

Jacques Pape de Saint-Auban, seigneur d'Allan, baron de Sahune et Montréal, naquit, vers 1550, de Gaspard et de Blanche de Poitiers. Il devint page d'Antoine de Crussol et prit l'arquebuse en 1568. C'est à dater de ce moment qu'il commence son journal. On y lira avec une intense curiosité ses opérations militaires dans le Comtat-Venaissin et en Dauphiné; son voyage de Guyenne; la part qu'il prit aux sièges de Lusignan, de Poitiers, de St-Jean-d'Angély et de Saintes, où il reçut sept blessures; les dangers qu'il courut à la Saint-Barthélemy; ses voyages en Dauphiné; son émouvante narration du siège de Ménerbe (1577), sur lequel aucun historien ne donne des détails si complets. Il fournit, sur le capitaine Ferrier († 1579) et sur Jean de Rauque, ses deux ennemis mortels, des particularités biographiques inédites. Plus tard, nous le voyons assister à diverses assemblées politiques, à Nyons, à Gap, à Grenoble; puis surprendre Forcalquier, assiéger Sainte-Jalle, exercer le commandement du Rouergue (1586) où il fit la guerre aux catholiques; mettre le siège devant Milhau et Mérindol; enfin fournir le récit de l'assassinat de Rauque, qu'il tua ou fit tuer sous les murs du château de Bésignan.

Brusquement ici les *Mémoires* se terminent par une phrase suspendue, suivie d'un paragraphe où le fils de leur auteur semble annoncer qu'il les continuera. On ignore s'il fut donné suite à ce projet. En tout cas, M. Maignien produit quelques documents sur les dernières années du seigneur de Saint-Auban qu'il fait mourir vers 1594.

Ces *Mémoires,* dont l'existence a été ignorée jusqu'à ce jour, ont été retrouvés par le conservateur de la Bibliohèque de Grenoble à cette même bibliothèque, dans un cahier in-4° du xvii° siècle, écrit « probablement sur l'original que devait posséder Du Bouchet. » Celui-ci, selon M. Maignien, « les aura communiqués à son ami Chorier... Ils proviennent des *Recueils de documents sur l'Histoire du Dauphiné*, formés par l'historien Chorier, et passés ensuite dans le cabinet de Guy Allard. » Chorier qui les cite souvent dans son *Histoire du Dauphiné* et sa *Jurisprudence de Guy Pape*, les attribue à Gaspard Pape, comme en témoignent ces mots écrits en haut du premier feuillet : « Mémoire de Gaspar *(sic)* Pape, seigneur de Saint-Auban, » comme Guy Allard lui-même, dans sa *Table de Recueil factice* (fol. 197, v°).

« Quoique les *Mémoires de Saint-Auban,* disent ses biographes, soient écrits sans art, on les lit avec intérêt, parce qu'il y retrace rapidement les dangers qu'il courut à la Saint-Barthélemy et les opérations militaires auxquelles il prit part, et ils intéressent par les détails qui donnent une idée fort juste des ressources immenses que trouvaient les chefs protestants, soit pour faire subsister leurs troupes, soit pour réparer leurs défaites. »

Encore une source féconde pour l'histoire dauphinoise, ce sont les journaux locaux, les périodiques provinciaux. Pour nous en faciliter l'usage, M. Henry Rousset publie un travail que nous recommandons à toute l'attention des chercheurs et des autres. Il a pour titre : *La Presse à Grenoble* (1700-1900). (Grenoble, A. Gratier, 1900, in-8° de xix-100 p.).

Ravissant volume, sous un riche cartonnage rouge, blanc et or, sur papier de luxe, artistement imprimé, tiré seulement à 250 exemplaires numérotés. — Jules Dumas l'a *préfacé* avec le plus pétillant esprit du terroir, une originalité prime-sautière et un humour endiablé, si j'ose dire. C'est l'histoire très agréablement écrite de la Presse, dans la capitale du Dauphiné, depuis le commencement du XVIIIe siècle jusqu'au seuil du XXe. L'auteur ne saurait être trop félicité de préserver du mortel oubli ces collections de journaux, incomparables pour conserver le détail vécu, la chronique locale palpitante, au jour le jour, — « cette Presse grenobloise qui a su chanter les beautés de notre Dauphiné et le faire aimer au loin. »

Vous y trouverez, grenoblois et dauphinois, comme en une galerie, les portraits de tous les rédacteurs qui vous charment aujourd'hui, la caractéristique de leur style et souvent la cause de leurs tendances littéraires ou politiques. Pour les autres, hélas ! les anciens, ce sera presque une oraison funèbre, car beaucoup dorment côte à côte, oublieux des antiques luttes et des gloires d'antan, en leur étagère de la Bibliothèque municipale.

M. Rousset divise les journaux grenoblois en six groupes : 1° Journaux politiques ; 2° Journaux religieux ; 3° Journaux illustrés ; 4° Journaux littéraires ; 5° Journaux de théâtre ; 6° Journaux de Lyon (groupe dont je ne saisis pas la raison). Il nous conduit parmi ces collections, pour la plupart inconnues, en cicérone séduisant et informé. Son rêve serait de faire « collectionner, à quelques-uns des nombreux lecteurs des feuilles périodiques actuelles, les numéros qu'ils ont lus, au lieu de s'en servir pour plier du poivre ou *moult aultres commoditez*. » Pourquoi pas ? L'historien n'aurait plus tard qu'à relire les journaux d'une province pour en avoir sous les yeux l'histoire publique et la vie intime les plus colorées.

L'abbé Louis ROBERT.

SÉANCE DU 13 MAI 1901

M. le chanoine Jules Chevalier rend compte des recherches faites par M. le Curé de Châteaudouble dans les riches archives du château de M. Dubourg et signale notamment une statistique du prix des céréales et du vin de la fin du XVIᵉ siècle à 1700, que M. le Président réclame pour le *Bulletin* de la Société.

A son tour, M. le chanoine Perrossier donne des renseignements sur les antiquités de Vénejean près Montbrun, sur l'inscription dédiée à Vulcain, et sur une inscription d'Aulan qui devra être soigneusement estampée.

Mgr Bellet annonce la découverte de la charte des libertés de Tain, de 4 mètres de long, et sa prochaine réintégration dans le dépôt départemental. C'est en préparant une notice sur la ville et la publication de l'inventaire de ses archives qu'il a pu retrouver ce document.

Enfin, M. Villard, architecte-voyer de Valence, fait connaître en quelques mots l'importance d'un sarcophage trouvé récemment chez les Sœurs Grises, dont la livraison de juillet du Bulletin contiendra la description.

On lit dans le *Bulletin archéologique du Comité des travaux historiques et archéologiques* un curieux travail de M. J.-B. Giraud, de Lyon, sur Pierre Bergier, horloger et armurier du roi à Grenoble, sous Louis XIII, suivi d'une liste des horlogers grenoblois antérieurs au XVIIIᵉ siècle, dans laquelle figure, en 1561, un Serre (Antoine), de Valence.

Le *Bulletin archéologique et historique du Tarn-et-Garonne*, relève le menu du dîner de l'élection consulaire à Montauban en 1573. Pareille coutume existait au Bourg-lès-Valence où, au lieu de volaille, de lièvre, etc., on se contentait d'aloses, de carpes et de poissons, en 1739. Les affiches remplacent aujourd'hui ces agapes municipales.

A. Lacroix.

CHRONIQUE

Nous devons à l'obligeance de M. Héron de Villefosse, membre de l'Institut, conservateur du Musée du Louvre, la communication du *Journal de Monaco*, du 25 juin 1901, contenant le récit d'un voyage d'Honoré II à la cour de France en 1646-47, et la brève mention de son arrivée à Tain. « L'hôtelier de l'endroit, qui se trouve près du duché de Valentinois appartenant au prince, avait l'ordre de la ville de Romans, une des plus grandes du duché, de signaler le passage du prince, afin qu'on pût venir le visiter et lui rendre hommage, les habitants de cette ville et du duché faisant profession de lui devoir toute espèce de gratitude pour les exemptions et privilèges qu'ils avaient reçus de sa bienveillante protection. Cependant le prince ne permit pas à l'hôtelier de leur donner avis, et cela pour ne pas perdre de temps et retarder son arrivée à Monaco. »

Louis XIII, en 1644, avait cédé ses droits de juridiction à Romans au prince de Monaco, sous la réserve des cas royaux. Les officiers du siège, dit l'*Almanach général du Dauphiné*, pour 1789, sont présentés par le duc de Valentinois et pourvus par le roi ; ils ont la moitié de la justice ordinaire et la police et alternent, pour les cas ordinaires, avec le juge du Chapitre de St-Barnard et de l'archevêque de Vienne.

Ne quittons pas Romans, sans mentionner l'octroi d'une médaille d'or de 1,000 fr. à M. le chanoine Ulysse Cheva-lier, l'un de ses plus érudits enfants, par l'Académie des Inscriptions et Belles-Lettres, pour son « *Etude critique sur le Saint Suaire de Lirey-Chambéry-Turin* » et son « *Sacramentaire et Martyrologe de l'Abbaye de St-Remy.* »

Les *Annales dauphinoises* annoncent la mort, à Grenoble, de M. le chanoine Auvergne, auteur d'ouvrages dauphinois importants ; à Beyrouth, du Père Philémon, originaire de Colonzelle ; à Reims, de M. Ch.-Narcisse Farre, originaire de Marsanne, président de la *Société fraternelle du Gratin* ; à St-Vallier, de Mme Marie-Sylvie Champolléon, de la famille des savants dauphinois, et à Marseille, de M. Bergasse, beau-père de M. de Gailhard-Bancel, l'éloquent député de l'Ardèche.

OUVRAGES REÇUS PENDANT LE TRIMESTRE :

— Le *Journal des savants*, de mai 1901 ;

— Le *Bulletin archéologique du Comité des travaux historiques et scientifiques.* Année 1900, 3ᵉ livraison ;

— Les *Annales du Musée Guimet*, donnant la traduction d'un grand travail sur la vie future, par le Suédois de Sodesblom (Don du ministère de l'Instruction publique).

— Aristide Albert. *Madame Adolphe Rochas et la Biographie du Dauphiné.* L'auteur nous apprend que Mlle Anaïs Margaillan, devenue l'épouse du savant bibliographe dauphinois, ne fut pas seulement une musicienne distinguée, élève de Félicien David, mais de plus un écrivain de talent. « Je dois dire hautement, s'écriait M. Rochas en 1868, dans « un dîner d'amis, qu'elle est autant que moi, plus peut-être, « l'auteur de ma *Biographie du Dauphiné* ; elle a écrit avec « érudition sûre, ferme style la bonne moitié du livre, et en « a corrigé presque toutes les épreuves. » A cet aveu, il est possible d'ajouter une autre confidence, c'est que la notice sur Gaspard de Saillans lui est due tout entière.

— *Panégyrique du bienheureux François-Régis Clet, prononcé dans la chapelle de la Congrégation de la Mission à Paris, le samedi 26 juin 1900, suivi de la bibliographie relative au Bienheureux,* par Mgr Charles-Félix Bellet, protonotaire apostolique. Grenoble, Pons, 1901, petit in-4ᵉ de 72 pages.

. — Du même auteur : *Monsieur Andrieux, prêtre de la Congrégation de la Mission, supérieur de la maison de Tain (Drôme)*. Valence, 1901, Imprimerie Valentinoise, br. in-8°, 15 pages.

Le missionnaire Clet, né à Grenoble en 1748, martyrisé en Chine en 1820, a été dignement loué par son éloquent panégyriste et l'historien de M. Andrieux, d'Amiens, n'a pas été moins bien inspiré.

— Le *Bulletin* de la Société a publié la notice nécrologique consacrée à M. Peloux par M. Brun-Durand, et l'auteur a fait un tirage à part de cet éloge, écrit avec l'affectueuse sympathie que méritait le défunt.

— Victor Colomb. *Pie VI à Valence et le général de Merck*. Grenoble, 1901, Falque et Perrin, broch. in-8°, 15 pages. Résumé impartial du débat soulevé sur une question historique.

— *La correspondance d'un garde du corps de Louis XVIII (1814-1817)*. Extrait de l'*Université catholique*. Lyon, Vitte, 1901, br. in-8°, 47 pages. Publication intéressante par les détails qu'elle donne sur l'époque et sur la famille de Pierre Heurard d'Armieu, décédé en 1864. Elle fait honneur à Mlle Marguerite Malus, pour ses débuts littéraires.

— M. de Terrebasse. *Notes sur quelques livres rares, imprimés à Grenoble, lors du passage des ducs de Bourgogne et de Berry (1701)*, et, Guy Allard, *Relation de ce qui a été fait dans la ville de Grenoble pour la réception de Messeigneurs les princes (1701)*. Grenoble, Falque et Perrin, 1901. La première brochure de 16 et la deuxième de 20 pages, petit in-4°, confirment la réputation méritée acquise à M. de Terrebasse comme bibliophile, et celle de MM. Falque et Perrin, comme éditeur.

— Un décret du 22 juin autorise le legs fait à la Société par M. Pallias.

A. LACROIX.

TABLEAU DES MEMBRES

DE LA

SOCIÉTÉ D'ARCHÉOLOGIE

ET DE STATISTIQUE

de la Drôme en 1901

Président d'honneur:

M. le Préfet de la Drôme.

Président honoraire:

Mgr l'Evêque de Valence.

Membres titulaires:

MESSIEURS,

ARCES (le marquis D'), à Mercurol.

AURIC, ingénieur des ponts et chaussées, à Valence.

BABOIN (Henri), ancien député, au château d'Alivet, près Renage.

BELLET (Mgr), à Tain.

BELLIER DU CHARMEIL, ancien magistrat, avocat, à Valence.

BERNON (J. DE), docteur en droit, à Paris.

BONY (Mᵐᵉ), née de Gallier, à Tain.

BOUCOD (Auguste), à Saint-Vallier.

BOUFFIER (Amédée DE), à Livron.

BRUN-DURAND (Justin), ancien magistrat, à Crest.

CÉAS (Jules), imprimeur, à Valence.

CHABRIÈRES-ARLÈS (Auguste), à Lyon.

CHABRILLAN (le comte DE), à Paris.

CHABRILLAN (le comte Paul DE), à Saint-Vallier.

CHATENIER, directeur de l'Ecole supérieure, à Bourg-de-Péage.

CHEVALIER (le chanoine C.-U.-J.), membre non résidant du Comité des travaux historiques, à Romans.

CHEVALIER (le chanoine Jules), professeur au Grand-Séminaire, à Romans.

CLÉMENT (Emile), à Romans.

COLOMB (Victor), directeur de l'Assurance la *France*, secrétaire adjoint de la Société, à Valence.

DU PORT-ROUX, à Romans.

EMBLARD, ancien magistrat, à Valence.

FAURE-BIGUET, conseiller à la Cour de cassation, à Paris.

FAURE, ancien président du tribunal, à Valence.

FAVIER, pharmacien de 1ʳᵉ classe, à Pierrelatte.

FILLET (le chanoine), curé de Grignan.

FLORANS (le marquis DE), à la Roque-d'Anthéron.

FONTGALLAND (Anatole DE), à Die.

FORQUET DE DORNE, conseiller honoraire à la Cour de cassation à Angers.

FROMENT (l'abbé), curé de Mercurol.

GAILLARD, avoué, à Valence.

GAILLARD-BANCEL (DE), député, à Allex.

GALLE, agent-voyer d'arrondissement, trésorier de la Société à Valence.

GALLIER (Humbert DE), à Paris.

GAUDEMARIS (le Marquis de), au domaine de Massillan, par Orange.

GIRARDON, avocat, à Divajeu.

GUILLEMINET, ancien professeur, à Valence.

ISNARD (le chanoine), curé à Suze-la-Rousse.

LA BAUME (DE) marquis du Puy-Montbrun, à la Garde-Adhémar.

LACROIX (André), archiviste départemental, secrétaire de la Société, à Valence.

LATUNE (Charles), à Crest.

MAS (le comte Pierre DE), à Tain.

MAURIN (Alcide), docteur en médecine, à Crest.

MAZET (le chanoine), aumônier, à Valence.

MEAUDRE (Lodoïs), ancien magistrat, à Paris.

MELLIER, propriétaire, à Valence.

MESSIÉ, avocat, à Montélimar.

MONIER DE LA SIZERANNE (le comte), à Beausemblant.

MONTEYNARD (le comte DE), à Montelier.

MONTLUISANT (DE), capitaine d'infanterie, officier d'or-donnance du général au XVIIe corps d'armée, à Bordeaux.

MORIN-PONS, auteur de la *Numismatique féodale du Dauphiné*, à Lyon.

MORIN (Henri), à Dieulefit.

MOSSANT (Charles), conseiller général, vice-président de la Société, à Bourg-de-Péage.

NOYER (Charles), conseiller général, à Dieulefit,

NUGUES (Alphonse), vice-président de la Société, à Romans.

PERROSSIER (le chanoine Cyprien), archiviste diocésain, à Bayanne, par Alixan.

PROMPSAL (Emile), à Châteaudouble.

REBOUL DE LA JUILLIÈRE, ancien auditeur au Conseil d'Etat, au château de Vaire, par Roche-les-Beaupié.

REY, architecte, à Valence.

REYNAUD, Maître des Requêtes au Conseil d'Etat, maire de Die, à Paris.

SABATIER (Paul), à Crest.

SAYN (Gustave), à Montvendre.

SOUBEYRAN DE SAINT-PRIX, juge, à Paris.

TAVENAS (l'abbé), professeur à la Maîtrise de Valence.

THOMÉ, ancien notaire, à Lyon.

TRACOL, architecte, trésorier adjoint de la Société, à Valence.

URTIN (Marc), avocat, maire de Bourg-lès-Valence, à Valence.

VALLENTIN, ancien magistrat, président de la Société, à Montélimar.

VILLARD (Marius), architecte-voyer de la ville, à Valence.

Membres correspondants :

MESSIEURS,

ADHÉMAR (le comte Victor D'), à Toulouse.

AUTANE (le comte D'), au prieuré d'Ardènes, à Mane (Basses-Alpes).

BATTENDIER (le chanoine), directeur de la *Semaine religieuse*, à Viviers.

BAUME-PLUVINEL, (Mⁱᵉ la marquise DE LA), à Paris.

BELMONT, à Lyon.

BENOIT D'ENTREVAUX, à Lyon.

BENOIT D'ENTREVAUX, au château d'Entrevaux, près Privas.

BERNARD, conseiller à la Cour d'appel, à Grenoble.

BERTHIN (Eolde), à Beaurepaire (Isère).

BERTRAND (l'abbé Isidore), à Bar-le-Duc.

BÉTHOUX (l'abbé), à Saint-Michel-en-Beaumont (Isère).

BEYLIÉ (Jules DE), ancien magistrat, à Grenoble.

BLANCHET (Augustin), manufacturier, à Rives.

BLANCHET (Victor), à la papeterie, à Rives.

BOISGELIN (le marquis DE), à Aix (Bouches-du-Rhône).

BOISSIEUX (Maurice DE), à Lyon.

BOURG (Gontran DU), au château de l'Ile-Vieille, près Montdragon.

BROSSET-HECKEL (Edward), à Lyon.

BOYER DE BOUILLANE, avocat, à Paris.

CAIZE (Albert), membre de la Société des gens de lettres, au Havre.

CHAPER, à Grenoble.

CHAMPAVIER (Maurice), à Paris.

CHAPON (Jules), à Paris, (agence Parisienne de la *Gironde* et la *Petite Gironde*).

CHENAVAS, député, conseiller général de l'Isère, à Saint-Etienne-de-Saint-Geoirs.

COLAS DE LA NOUE, ancien magistrat, à Angers.

DUPRÉ-LATOUR, ancien magistrat, avocat, à Paris.

FALAVEL, notaire, à Saint-Marcellin.

FAUCHER (Paul DE), à Bollène.

FAURE (Maurice), député de la Drôme, à Paris.

FAYARD, ancien conseiller à la Cour d'appel de Lyon, à Lyon.

FLACHAIRE DE ROUSTAN (Marcel), à Lyon.

FRANCLIEU (Mlle Aimée DE), au château de Longpra-sur-Saint-Geoirs.

FUZIER (Louis), à Lavoulte.

GAP (Lucien), instituteur, à Aubignan (Vaucluse).

GAUDUEL, ancien greffier à la cour de Grenoble, à Grenoble.

GRÉA (R. P.), supérieur des chanoines réguliers à Saint-Antoine.

GRÉGOIRE (Félix), publiciste à Paris.

GUILLAUME (le chanoine), archiviste des Hautes-Alpes, à Gap.

GUILLEMIN (Paul), inspecteur de la navigation et des ports de la Seine, à Paris.

JOUFFROY (A.), chef d'escadron d'artillerie, sous- directeur de la manufacture d'armes, à Saint-Etienne.

JUIGNÉ DE LASSIGNY (DE), à Lyon.

LAGIER (l'abbé), curé de Saint-Antoine (Isère).

LAVAUDEN, ancien préfet, avocat à Grenoble.

MAIGNIEN (Edmond), bibliothécaire de la ville, à Grenoble.

MENTEYER (Georges DE), membre de l'Ecole française, à Rome.

MARBEL DE GOOMENS, pasteur, à St-Fortunat (Ardèche).

MASIMBERT, avocat, à Grenoble.

MAZON, publiciste, à Paris.

MIRIBEL (comte DE), à Villard-Bonnot (Isère).

MONTCLAR (le marquis DE), consul général à Caracas.

MONTALIVET (Georges DE), à Paris.

MONTRAVEL (le vicomte DE), à Joyeuse.

MONTS (le comte DE), au château d'Armanais, à Balbin, près la Côte-Saint-André.

MOREL (Louis), à Chazay-d'Azergues (Rhône).

MOULIN (Martial), à Paris.

PARISOT DE LA BOISSE (Jules DE), à Montpellier.

PERRIN (Félix), libraire, à Grenoble.

PERROSSIER (Ernest), colonel en retraite, à Toulouse.

PERROT, chef de division en retraite de la préfecture de l'Isère, à Grenoble.

POIDEBARD (William), à Lyon.

PONCINS (le comte DE), à Feurs.

PRUNIÈRES (le comte DE), au château de la Baume-Seyssins, près Grenoble.

REYNAUD (Horace), avocat, ancien magistrat à Lyon,

ROBERT (l'abbé Louis), à Paris.

ROMAN (Joseph), avocat, à Gap.

SAGNIER, de l'Académie de Vaucluse, à Avignon.

SAINT-GENIS (Victor DE), ancien conservateur des hypothèques, délégué cantonal du 2ᵉ arrondissement, à Paris.

SAINT-VICTOR (Ch. DE), à Lyon.

SAUREL (le chanoine), trésorier à l'Académie de Montpellier, à Montpellier.

SOLLIER (Léon), docteur-médecin à Aspres sur Buesch.

TERREBASSE (DE), à Ville-sous-Anjou.

TOUR-DU-PIN-CHAMBLY (marquis DE LA), au château d'Arrency par Festieu.

TOUR-DU-PIN-LA-CHARCE (Humbert, comte DE LA), au château de Bezonville, par Sermaize.

TOUR-DU-VILLARD (marquis DE LA), à Nîmes.

TRUCHET (l'abbé), curé de Four (Isère).

VACHEZ, secrétaire de l'Académie de Lyon.

VALLENTIN DU CHEYLARD (Roger), receveur de l'enregistrement, à Saint-Péray.

VASCHALDE, directeur de l'établissement de Vals.

VELLOT (A.), avocat, à Grenoble.

Communes abonnées :

ANNONAY (Bibliothèque). — AOUSTE. — BARBIÈRES. — BOURG-DE-PÉAGE. — CREST. — GRENOBLE (Bibliothèque). — MONTÉLIMAR. — MONTRIGAUD. — ROMANS (Bibliothèque). — Châteauneuf-de-Galaure.

ARCHIVES DÉPARTEMENTALES DE L'ISÈRE.

LES NOTAIRES PIÉMONT

ET LA

FAMILLE DE NULLI DE FRIZE

DE SAINT-ANTOINE

(SUITE. — Voir les 133ᵉ à 138ᵉ livr.)

XV. — UNE RÉPARATION IMPOSÉE ; LES PROCÈS DE FRANÇOIS DE FRIZE.

Cependant, cette série de méfaits ne devait pas toujours durer. Si François de Frize était odieux aux huguenots eux-mêmes, il était plus encore abhorré des habitants catholiques de St-Antoine. Nous ne parlons pas, en ce moment, des religieux de l'abbaye ; les sujets de plainte ne leur manquaient certes pas, mais, dans le monastère abandonné de son abbé et où tout était dans un état lamentable de désolation et de ruine, aucune voix ne pouvait alors s'élever pour demander réparation.

Il n'en était pas de même dans la communauté de Saint-Antoine. Sans doute, les consuls chargés des intérêts de la ville avaient consenti, après de longs délais, à l'entérinement des lettres de noblesse obtenues par François de Frize ; mais la nécessité la plus pressante les avait seule déterminés à accepter les mille écus qu'il leur offrait. Dans tous les siècles, il s'est trouvé des gens peu honorables mais assez habiles pour s'enrichir au milieu d'un peuple réduit à l'extrême misère. Pendant que la ville entière, au moyen d'impositions fort onéreuses, recueille quelques centaines d'écus pour éloigner de ses murs l'ennemi commun, un de ses habitants offre à lui seul un trésor, non point tant pour dégrever ses concitoyens opprimés que pour se parer d'un titre depuis longtemps convoité !

A la suite des guerres, de la disette et de la peste qui avaient fait à diverses reprises leur apparition et dont les rigueurs s'étaient fait cruellement sentir, Saint-Antoine avait vu sa population notablement diminuée. De grandes misères réclamaient des secours urgents. Les Antonins, contraints à vivre hors de leurs demeures dévastées, sans ressource aucune, réduits eux-mêmes en diverses fois à passer des semaines entières sans pain, étaient pour longtemps incapables de reprendre leurs anciennes charités. Il fallait pourtant songer à abriter les infortunes, plus nombreuses que jamais, et dont la charge retombait naturellement tout entière sur la communauté.

Nous avons dit plus haut que les sieurs de Frize avaient renversé deux hôpitaux de la ville. En 1594, les huguenots n'étaient plus aussi puissants, et François de Frize paraissait moins redoutable. Aussi les consuls de Saint-Antoine crurent-ils le temps arrivé de lui faire payer la démolition des hôpitaux exécutée par son père et par lui-même. L'état de ruine où se trouvaient ces hospices ne permettait pas de les réparer sans des dépenses excessives, qu'il eût été insensé d'exiger du sieur de Frize. En conséquence, et pour arriver plus sûrement et plus promptement au but poursuivi, il fut décidé que deux autres maisons seraient mises en état et affectées à cette nouvelle destination. C'est ce que nous apprennent les conventions et le prix-fait établis, le 16 mai de cette année 1594, entre

« Pierre Arthaud, consul moderne, assisté du chastelain
M⁰ Claude Anisson et de leurs conseillers, d'une part, et
Pierre Philibert Chappuis et Jacquemin Sallard Chappuis..., d'autre part. » Ceux-ci devront « reffaire tous les
planchers des maisons qui furent des Genevez de la Ri-
donne, assises en la rue du Millieu, et toutes les portes et
fenestres d'icelles maisons... pour bastir icelles maisons
et rendre logeables pour servir après d'hospital pour retirer, loger et heberger les pauvres passantz et autres
pauvres et mallades de lad. ville »; ils devront encore
« reffaire et ramener tous les couverts desd. maisons...;
le tout dans la Toussainctz prochaine, pour le prix de six
vingts seize [136] escus ». Toutes ces réparations se feront
aux frais de « noble François de Frize », auquel, « suyvant le contract de transaction faict entre led. sieur de
Frize et la communaulté », on abandonne « l'attraict »,
c'est-à-dire les matériaux « des deulx hospitaulx » en
ruines, qui ont « esté cedit jour estimez à la somme de
huict vingtz cinq [165] escus ». Il donnera encore quinze
écus aux maçons qui « referont la murailhe de lad. maison, entre cy et la St-Michel ». Les quatorze écus du
reliquat seront employés « à l'achept des barres de fer et
serrures qui faudra pour les portes et fenestres desdictes
maisons » (1).

Dès lors, dans les longues années qui lui restent à vivre,
le nom de François de Frize ne se rencontre plus guère,
comme dans le document que nous venons d'analyser,
qu'à l'occasion de ses longs procès.

Citons maintenant un autre acte de la même époque :
il confirmera ce que nous disons de la mésintelligence

---

(1) Petit vol. de 1594, fol. 126.

persistante entre le sieur de Frize et ses concitoyens. De plus, il nous fera connaître les nombreuses alliances de l'avocat de St-Marcellin avec les membres du parlement, et les facilités qu'elles pouvaient lui offrir pour entraver le résultat des procès intentés contre lui.

Le 14 décembre 1599, les consuls de St-Antoine, Antoine Lavis et Antoine Jasserme, assistés du châtelain Claude Anisson et du vichâtelain Pierre Bernard, donnent procuration à Mᵉ André Chaboud, procureur au parlement de Dauphiné, absent, « au nom desd. constituantz..., *en tous les procès* que Monsʳ Mᵉ François de Frize, advocat, a contre la communaulté de St-Anthoine, soit en demandant, soit en deffendant, par devant la souver. Cour du parlement de ce dit pays, ou à present par evocation par devant nos sgrs de la Chambre de l'Ecdict, et soit en cas civil ou aultrement, recuzer en la cognoissance et jugement desd. procès, Monseigneur le president d'Estables, frere à Mʳ le conseillier du Vache, et oncle paternel de Mᵉ Audicteur de Rue, cousin et grand amy dud. de Frize, à cause de leurs mères ; — aussy recuzer Mʳ le conseillier de Gilliers, aussy cousin dud. sieur de Rue et dud. conseillier du Vache, conseil et advocat cy devant dud. de Frize ; — item, Mʳ le conseillier de Callignon, pour les interestz que Monsʳ le chancellier, son frere, a en ce procès et pour estre allié dud. sieur du Vache, et par consequent dud. sieur de Rue. Et pour monstrer la consanguinité qui est entre lesd. sieurs de Rue et de Frize, la grand mere dud. de Frize et la mere dud. sieur de Rue estoient sœurs de mere... (1). »

Nous avons vu plus haut que François de Frize avait

(1) *Min.* d'Eust. Piémont, gr. vol. de 1599, fol. 277.

été évincé de la jouissance du moulin de Frize le 17 avril 1600. En remettant ce domaine à l'abbé Tolosain, il avait payé la somme de 350 écus. Mais il restait encore à devoir diverses sommes importantes pour arrérages de rente . et droits de lods ou demi-lods envers le seigneur. En 1604, l'abbé fit, dans le but d'obtenir le payement du reliquat, des poursuites devant le vibailli de St-Marcellin ; mais ce fut inutilement. De longues années se passèrent. Antoine de Gramont reprit l'assignation lancée contre le débiteur de l'abbaye, et, le 23 juillet 1619, il obtint adjudication de la somme dont il réclamait le payement. Mais les fonds mouvants de la directe de l'abbaye sur lesquels les arrérages et les lods étaient dus, avaient été cédés, pour la majeure partie, quatre ans auparavant, en 1615, par François de Frize à sa fille Marguerite et à son gendre Gédéon Peccat. L'abbé les somma donc de payer, et, à leur refus, il les traduisit devant le juge de St-Marcellin. Ils appelèrent de la sentence du vibailli au parlement ; la Cour, par ses arrêts des 11 mars et 23 juillet 1621, confirma les droits revendiqués par l'abbé de St-Antoine.

Le lecteur nous fera grâce de plus longs détails. Le 12 avril 1622, Gédéon Peccat et sa femme renonçaient à leurs appellations devant le parlement, pour « terminer et mettre fin à tous les procès et differends » qu'ils avaient contre l'abbaye, et dont l'origine remontait à plus de trente ans. Mais cette renonciation demeurant sans effet, il fallut prendre une mesure plus radicale, qui fut exécutée le 29 janvier 1625. Ce jour-là, en présence du chef de la police locale, le châtelain Antoine de Gérente, les consuls Antoine Vivier et Isaac Durand, assistés des autres commis et députés de la communauté, vendirent à Antoine et Gabriel Lavis, marchands de St-Antoine, douze maison, pièces de terre, vigne et bois, saisis par l'abbé Antoine de Gramont, par sentence rendue « contre *deffunt* François de Frize, avocat, Gédéon Peccat, son gendre, et Marguerite de Frize, sa femme, pour paiement d'arreraiges, laouds et autres debvoirs seigneuriaux ». On vendit, en même temps, une treizième pièce de terre, saisie contre les mêmes par « noble Antoine Yzerand de Lemps, seigneur du Mouchet et de Montagne », pour le même motif d'arrérage de paiement. Le tout monta à la somme de 1,668 livres 4 sols. Ainsi se terminèrent ces longs procès dont on peut voir l'historique dans les minutes du notaire Annibal Piémont (1).

XVI. — LA CONVERSION DU SIEUR DE FRIZE.

Avant de parler de la postérité de François de Frize, nous ne saurions passer sous silence, sans l'examiner, un fait merveilleux raconté par certains historiens de Saint-Antoine.

Jean de Loyac, dans sa vie d'Antoine Tolosain, raconte comment le miracle de la bonne odeur répandue par le corps du saint abbé après sa mort (12 juillet 1615) opéra une conversion bien admirable. Ce prodige, dit-il, « convainquit si parfaictement un gentilhomme de la Religion pretenduë, que la curiosité avoit amené à St-Antoine, qu'il se declara, dès lors, deserteur du party de l'heresie, et disposa, en fort peu de jours, tous ceux de sa famille à faire le mesme » (2).

---

(1) Particulièrement dans ses vol. F-1615, fol. 95-9 ; T-1621, fol. 64-84 et 141-53 ; T-1622, fol. 8 ; et Q-1625, fol. 16-25.

(2) *Le bon prelat ov Discovrs de la vie... de R. P... Messire Anthoyne de Tholosany, abbé et sup. gen. de l'Ordre sainct Antoine de Viennois,* composé par Messire Iean de Loyac..., abbé de Gondon. In-12, Paris, M.DC.XLV, p. 384.

L'auteur de la *Vie de Messire Antoine de Tolosani* (1), s'inspirant du récit de Jean de Loyac, raconte, à son tour, la conversion du « gentilhomme », qu'il appelle le « sieur de Frize » (2). Au commencement de sa biographie, en promettant d'en parler plus au long, il avait déjà désigné d'une façon plus claire le personnage qui aurait été l'heureux sujet de cette conversion. Après avoir mentionné les cinq invasions de l'abbaye par les huguenots en 1562, 1567, 1580, 1586 et 1590, il ajoutait : « Ils avoient pour chef, en 1586, Antoine de Frize, qui étoit du lieu même de St-Antoine. L'on verra dans la suite de la Vie de M. Tolosain comme il se convertit avec toute sa famille au miracle de l'odeur que rendoit le corps de ce grand prelat aprés sa mort » (3).

Examinons un peu le fait dont il s'agit, en comparant les données que nous présente sa narration avec ce que nous savons par ailleurs de la famille de Frize.

(1 Dans *Histoire de l'établissement de l'Ordre de St-Antoine*, ms. U-917 de la Biblioth. de la ville de Grenoble, p. 233-316.

(2) « Entre ceux qui reçurent la grace de leur conversion fut le sieur de Frize, gentilhomme du bourg de St-Antoine, qui, surpris du merveilleux parfum que rendoit le corps du saint abbé, jugea qu'un homme dont la sainteté paroissoit avec tant d'éclat, ne pouvoit pas avoir vécu dans l'erreur ; et touché d'un salutaire repentir d'avoir si violemment persecuté et maltraité les religieux de l'abbaye, ainsi qu'on l'a dit cy-devant, et d'avoir si souvent resisté à la doctrine de cet illustre prélat, se convertit et se rendit aux merveilles qui confirmoient si glorieusement les vérités qu'il avoit prêchées. Toute sa famille suivit son exemple, et ses descendans sont jusques à present bons catholiques. » *Ibid*, p. 311. — Dassy reproduit, à son tour, le même récit en ces termes : « *Un fait frappant*, c'est la conversion de la famille des Frize, calvinistes de Saint-Antoine, enfants ou neveux des deux huguenots qui se signalèrent, à l'époque des invasions, par leur haine contre les Antonins. Les Frize attribuèrent leur retour à l'intercession de l'abbé Tholosain. » *L'Abbaye...*, p. 290, note.

(3) Ms. U-917 cité, p. 235.

D'après les deux biographes, la conversion d' « Antoine de Frize » eut lieu dans les jours qui s'écoulèrent entre la mort de M. Tolosain et sa sépulture, c'est-à-dire entre le dimanche 12 et le jeudi 16 juillet 1615. Or — nous avons eu soin de le noter plus haut (1), — Antoine de Frize, frère de Pierre et de Clément, mourut avant le 29 mars 1591. En outre, il n'est rien moins que certain qu'Antoine eût embrassé le parti de la Réforme; et — nous l'avons dit encore — il passa les dernières années de sa vie à Montrigaud. Il ne saurait donc être question d'Antoine de Frize, mais bien de son neveu, François, que nous avons vu à la tête des huguenots en 1580 et 1586, et qui vécut longtemps encore après l'année 1615.

On nous dit ensuite que « toute sa famille suivit son exemple, et ses descendans sont jusques à present bons catholiques ». Le biographe écrivait en 1705. François de Frize, comme nous le verrons bientôt, ne laissa pas d'enfants mâles. Les petits fils de sa fille Marguerite peuvent avoir professé la vraie religion que suivait leur père catholique, Antoine Piémont, sans que l'on doive nécessairement en conclure au retour de François de Frize au catholicisme.

La conversion, vraiment étonnante de ce persécuteur des catholiques et des moines, dut opérer en lui un changement complet : c'est bien, du reste, ce que nous font entendre les divers textes que nous avons cités. Or — nous le savons (2) — en ces jours-là même (15 juillet 1615), François de Frize était forcé de subir des conditions assez dures, que ses filles lui imposaient pour obtenir

---

(1) P. 151.

(2) Par l'acte du 15 juillet 1615, que nous allons citer en parlant de la postérité du sieur de Frize.

réparation de ses injustices et mettre un terme aux dila-
pidations de leurs biens. La conduite et les propos tenus
par lui, en cette circonstance, ne sont point ceux d'un
homme qui éprouve en son âme le changement profond
qu'on veut bien lui prêter. — L'on ne voit pas non plus,
dans les années qui suivirent, que le prétendu converti ait
cherché à réparer le mal qu'il avait fait aux Antonins ;
loin de là : l'on voit plutôt et d'une manière expresse, en
l'année 1621, que l'abbé de St-Antoine le poursuivait en
justice, lui, sa fille Marguerite et son gendre, pour obtenir
une tardive réparation des injustices causées par leur famille.

Nous oserons donc conclure — et sans dommage pour
la vénération que nous professons à l'endroit du saint
abbé Tolosain — que la conversion prétendue de François
de Frize manque de fondement vraiment historique. Ce
récit est de l'invention de Jean de Loyac, comme plusieurs
autres épisodes dont il a émaillé la vie de son héros ;
l'Antonin du XVIIIe siècle les a acceptés de bonne foi et
s'est efforcé d'en démontrer l'exactitude au lieu de les examiner à la lumière infaillible de l'histoire.

Dom Germain MAILLET-GUY,

Chan. rég. de l'Imm.-Conc.

(A continuer.)

MÉMOIRES

POUR SERVIR A L'HISTOIRE

DES

COMTÉS DE VALENTINOIS ET DE DIOIS

(Suite. — Voir les 122ᵉ à 138ᵉ livraisons.)

Quelques jours après, le 7 août, la chancellerie pontificale publiait une seconde bulle, par laquelle le souverain pontife, relatant encore tous les faits concernant la cession du Valentinois, chargeait Antoine de Noceto, celui-là même qui avait naguère porté au roi une épée bénite, de se transporter de nouveau auprès de Louis XI pour lui exprimer, dans les termes les mieux choisis, toute la reconnaissance de l'Eglise romaine ; il le chargeait aussi d'obtenir du monarque des lettres pour le gouverneur du Dauphiné et les autres officiers, afin qu'aucun obstacle ne fût mis à l'accomplissement des libéralités royales. De plus, Noceto avait la mission de procéder à toutes les formalités de la prise de possession des comtés, au nom de l'Eglise, et de recevoir le serment de fidélité des nouveaux sujets du saint siège (1). Le délégué ponti-

---

(1) Archives de l'Isère, B, 2988, fᵒ 269 : « Quocirca tibi, presentium serie et tenore, comittimus et mandamus quathenus ad prelibatum carissimum in Xpo filium nostrum Ludovicum Francorum regem illustrem te quamprimum transferas eique, nostro et ecclesie ac sedis apostolice nomine, quod non minus liberaliter quam religiose comitatus predictos cum omnibus juribus et pertinentiis quibus supra... nobis et

fical se mit aussitôt en devoir d'exécuter les ordres du pape.
Il fit au roi les éloges que méritait une conduite si digne du
fils aîné de l'Eglise ; il l'assura de la reconnaissance du sacré
collège et en obtint les lettres demandées. Louis XI, comme
nous l'apprennent les documents qu'on va lire, n'avait pas
attendu jusqu'à ce jour pour informer les gens de son parlement et de la chambre des comptes du Dauphiné de la cession faite au pape, et ceux-ci, à leur tour, en fidèles défenseurs
des intérêts de la province, avaient déjà commencé à rédiger
de copieux mémoires pour remettre en lumière les raisons
alléguées tant de fois contre ces projets de démembrement.
Mais, sans tenir compte d'une opposition qui était prévue,
il leur enjoignit, par lettres données à Amboise le 30 novembre 1462, d'avoir à se conformer à ses ordres et à délivrer
les comtés de Valentinois et de Diois à Antoine de Noceto,
représentant du pape. Voici le texte des lettres adressées à
Aymon Allemand, seigneur de Champs (1), lieutenant du

---

ecclesie predicte transtulerit... quibus pluribus et acommodabilioribus
verbis poteris gratias agas et referas, postulesque insuper et petas ab
ejus regia celsitudine ut, per suas ad hoc efficaces litteras vel nuntios,
curare et facere velit ut prefate liberalitas et renunciatio ac resignatio
laudabiliter facte plenarie sortiri valeant effectum, ita quod eorumdem
comitatuum jurium, rerum et bonorum predictorum tibi, nostro et
ecclesie romane prefate nominibus recipienti, realis, actualis et corpo-
ralis possessio tradetur, assignetur, concedatur, quodque omnes homines et persone utriusque sexus comitatuum et territoriorum predictorum... esse et sint deinceps totaliter liberi et immunes ab omni servi-
tute, homagio ligio, vassalagio et vinculo juramenti quibus eidem
regi propter ea obligabantur... Datum Picarie, anno incarnationis Dominice millesimo quadringentesimo sexagesimo secundo, septimo idus
Augusti, pontificatus nostri anno quarto.

(1) Aymon Alleman, seigneur de Champs, fils de Guigues Alleman et
de Marguerite Aynard, avait été nommé, le 30 janvier 1462, lieutenant
général en Dauphiné par Jean bâtard d'Armagnac, nomination que
confirma Louis XI, par lettres du 26 juin suivant. Il fut remplacé dans
cette charge, en 1466, par Soffrey Alleman, seigneur de Châteauneuf-
de-l'Albenc et d'Uriage.

gouverneur, et à Pierre Gruel, président de la chambre des comptes.

« Nos amés et féaux, parce que nous avons fait et faisons
« scrupule de conserver, tenir et posséder la comté de Valen-
« tinoys en tant qu'il y a oultre la rivière du Rosne, parce
« que le feu comte de Valentinoys la donna a nostre sainct
« père, nous avons remis icelle comté audit sainct père,
« pourveu que ce qu'il y a en nostre royaume d'icelle comté
« nous demeurast et aussy que toute la récompense que par
« feu nostre seigneur et père, que Dieu absoille, ou aultres
« nos prédecesseurs et nous en a esté baillée nous soit des-
« livré et mis en nos mains, comme ces choses et aultres
« pouvez plus a plain voir par la bulle que nostre saint père
« nous en a envoyée, laquelle nous vous envoyons par
« Estienne le Noir, clerc de nos comptes de Daulphiné, afin
« que, en ensuyvant la teneur d'icelle bulle, vous delivrés à
« maistre Antoine de Noxeto, au nom de nostre dict saint
« père, lequel va pardela lad. comté de Valentinoys, réservé
« la seigneurie et péage d'Estoille que le sire de Crussol
« grant temps avant nostre partement dud. Daulphiné avait
« acquise et payée de ses deniers, ensemble tout ce que par
« cy devant nous en pourrions avoir transporté et aussy tout
« ce qu'il y a d'icelle comté en nostre dit royaume, lequel
« nous doit demourer. Si le faictes ainsy, pourveu toutesfois
« qu'il vous baille et délivre, pour et en nostre nom, toutes et
« chascune les places, terres et seigneuries, rentes et revenus,
« argent et aultres choses quelconques qui, par nostre dit
« seigneur et père ou aultres de nos prédecesseurs et nous,
« ont esté baillées en récompense de toute lad. comté ou de
« parties d'icelle, en quelque manière que aulcune chose en
« ait esté baillé. D'aultre part, pour ce que l'aide nous a esté
« octroyée par les gens des troys Estats de nostre pays de
« Daulphiné, en laquelle est comprinse la part et portion de
« ladite comté de Valentinoys et que nous en avons ja faict
« nostre estat et assigné tous les deniers, nous entendons

« que, pour ceste foys, l'aide et don a nous faict par ceux de
« lad. comté et dont nous avons ja faict estat ait son cours, et
« que nostre trésorier du Daulphiné la recoipve et recouvre
« à nostre proufict, pour ceste année, commençant à la sainct
« Jean Baptiste dernièrement passé, ait lieu jusque à la saint
« Jehan Baptiste prochainement venant. Si y faictes en tout
« et partout, comme nous en avons en vous parfaite confiance,
« en nous avertissant de tout ce qui faict y aurez. Donné à
« Amboise le dernier jour de novembre. Loys. J. Bourré.
« A nos amés et féaux conseillers le sieur de Champ, lieu-
« tenant de nostre gouverneur, et Mᵉ Pierre Gruel, nostre
« président des comptes du Daulphiné (1). ɔ

Devant des ordres aussi formels, Antoine de Noceto ne
doutait pas un instant que le lieutenant du gouverneur, le
président de la Chambre des Comptes et les autres officiers
delphinaux ne le missent en possession des comtés. Mais il
ne tarda pas à s'apercevoir que les gens de lois et les officiers
du prince, bien loin de faciliter sa mission, y apporteraient
toute sorte d'obstacles. La cession du Valentinois au pape
venait, en effet, détruire l'unité politique de la province, diminuait le ressort du parlement et offrait tant d'autres inconvénients qu'on ne pouvait comprendre comment le roi s'était
laissé entraîner à y donner son consentement. Les raisons de
conscience sur lesquels le monarque se fondait pour justifier
cet acte ne leur paraissaient ni sérieuses, ni légitimes. Ils
crurent qu'il était de leur devoir de différer l'exécution de
ses ordres et de l'instruire de ses droits. Peut-être aussi,
ayant vu de près leur maître et connaissant bien son esprit
rusé et pratique, soupçonnèrent-ils de sa part quelque manœuvre habile? Quoi qu'il en soit, la lenteur des procédures
aurait l'avantage de leur permettre de régler leur conduite
sur la marche des événements. Mais s'ils faisaient des difficultés pour céder le Valentinois au pape, ils se montrèrent

---

(1) Archives de l'Isère, B, 3249, fᵒ 13.

beaucoup plus résolus à réclamer aux Poitiers-Saint-Vallier les terres et les revenus qui leur avaient été octroyés par Charles VII, en vertu du traité de 1426, qui régla l'affaire de la succession du dernier comte.

Pierre Gruel, devenu depuis peu président du parlement (1), accompagna Antoine de Noceto à Vienne, pour lui faciliter auprès de l'archevêque l'accomplissement d'une partie de sa mission. Cet archevêque était Antoine de Poissieu, qui, durant l'exil du dauphin, avait été écarté du siège métropolitain, mais qui, sous le nouveau règne, vit s'aplanir toutes les difficultés et obtint de la cour romaine la confirmation de son élection. Le délégué pontifical lui présenta la bulle de Pie II du 30 juillet 1462, par laquelle le pape le chargeait, de concert avec l'archidiacre de Lyon ou même sans lui, de contraindre les Poitiers-Saint-Vallier, détenteurs de quelques terres et revenus provenant de la succession de leur cousin, le comte Louis II de Poitiers, à s'en dessaisir immédiatement, comme notoirement indignes de rien posséder de l'héritage de leur parent, tant à cause du crime commis à Grane par le chef de leur maison, qu'à cause du testament de 1419 qui les déclarait déchus de tout droit. L'archevêque prit connaissance de la bulle, puis, sur la demande d'Antoine de Noceto et de Pierre Gruel, il cita à comparaître devant lui, à Vienne, dans la chapelle de son palais, à un jour déterminé, Aymar et Guillaume de Poitiers, fils de feu Charles de Poitiers, seigneur de Saint-Vallier, pour s'entendre condamner à restituer la compensation à leurs prétendus droits sur les comtés que le roi Charles VII leur avait indûment accordée.

_____

(1) Pierre Gruel, juge de la cour commune de Valence, conseiller et maître des requêtes du dauphin en 1451, devint président en la Chambre des Comptes, puis, vers le commencement de 1463, président du parlement. Il fut chargé avec Soffrey Alleman de poursuivre ceux qui avaient abandonné le dauphin, fut envoyé en ambassade à Rome et remplit diverses missions délicates, notamment celle de juger Jourdain Faure de Vercors, originaire de Die, accusé d'avoir empoisonné Charles de Valois, duc de Guyenne, frère de Louis XI.

Les Poitiers ne répondirent point à la citation. On les attendit vainement quelques jours encore après le terme prescrit. Le notaire de Vienne, Antoine Julliat, à qui Noceto et Gruel avaient confié le soin de poursuivre l'affaire auprès du tribunal de l'archevêque, sollicita et obtint de celui-ci un monitoire pour contraindre les Poitiers-Saint-Vallier, par les censures et autres peines canoniques, à vider les biens qu'ils détenaient. Nous possédons une copie de ce monitoire, document fort curieux pour l'étude des mœurs de cette époque, et qui permet d'entrevoir les désordres qu'entraînaient le mélange de questions spirituelles et temporelles, l'abus des excommunications. Antoine de Poissieu, faisant droit à la requête du notaire, lança donc un monitoire le 21 mai 1463, adressé à tous les abbés, prélats, doyens, archidiacres, chanoines, curés, clercs, notaires et tabellions des diocèses de Vienne, de Valence, de Viviers et de Grenoble, pour leur enjoindre, sous peine d'excommunication, d'avoir, par eux-mêmes ou par un délégué, à se transporter là où se trouveraient Aymar, Guillaume et Jean de Poitiers, et à les prévenir, sans toutefois encore les menacer de l'appel au bras séculier, de l'ordre intimé par le pape de restituer, dans les neuf jours, à qui de droit les terres et les revenus qui leur avaient été alloués par le feu roi. Si les Poitiers refusaient d'obéir, l'archevêque les déclarait excommuniés et ordonnait de publier cette sentence d'excommunication dans toutes les églises et chapelles de la province, un jour de dimanche et à l'heure où les fidèles s'assemblent pour assister à la messe. Six jours sont encore donnés aux coupables pour rentrer en eux-mêmes ; passé ce délai, s'ils demeurent endurcis, une faute plus grande appelant un plus grand châtiment, on en viendra contre eux à l'excommunication majeure, avec les rites usités en pareil cas : on allumera et éteindra les cierges, on sonnera les cloches, on élèvera et abaissera la croix, on fera des aspersions d'eau bénite pour mettre en fuite les démons qui tiennent la volonté des coupables ; enfin, pour

inspirer au peuple une salutaire terreur, les prêtres jetteront
des pierres dans la direction de la demeure de ces endurcis,
en signe de malédiction, et pour bien marquer que leur sort,
s'ils ne se repentent, ne peut être que celui de Datan et
d'Abiron que la terre engloutit vivants. Si, après cela, ils ré-
sistent encore, il sera enjoint à tout chrétien de cesser avec
eux toute relation, et ils seront livrés au bras séculier (6).

---

(6) Archives de l'Isère, B, 3249, f° 19. « Anthonius de Poyssaco, mise-
ratione divina archiepiscopus et comes Viennensis, abbasque Sancti
Theuderii et de Romanis, Vien. diocesis, ac Sancti Petri foris portam
Vienne, judex ac exequtor ad infra scripta..., universis et singulis do-
minis abbatibus, prelatibus, decanis, archidiaconis, canonicis... salutem
in Domino... Litteras sanctissimi in Xpo patris... Pii pape secundi...
nobis per egregium et nobilem virum d. Anthonium de Noxeto, prefati
d. n. pape scutiferum, ipsarum portitorem, coram notariis publicis et
testibus ad finem et effectum exequtionis presentatas, nos cum ea qua
decet venerancia noveritis recepisse, quarum que sequitur continens...
(Suivent les lettres de Pie II, du 30 juillet 1462, publiées ici.) Quarum
quidem vigore, ad instantiam... Anthonii de Noxeto... et... d. Petri
Gruelli, in utroque jure licenciati, presidentis venerabilis curie parlamenti... procuratoresque... Francorum regis..., quosdam nobiles dominos Aymarum et Guillelmum de Pictavia fratres, dominos Sancti
Valerii, filios et heredes defuncti... Caroli de Pictavia quondam domini
dicti loci, et Johannis de Pictavia, baronis, domini Caprillarum, ut
heredes et bonorum possessores nobilis... Ludovici de Pictavia quondam domini Sancti Valerii, recompensam de qua in premissis litteris
apostolicis fit mentio tenentes et possidentes, visuros et audituros, si
vellent et sua putarent interesse, per nos denunciari dictam recompensam fuisse et esse nullam et alias, juxta formam et tenorem dictarum litterarum, peremptorie citari mandamus et fecimus ad certos
diem, locum et horam competentes et inferius annotatas præfato... Dno
Anthonio de Noxeto... necnon Anthonio Julliati... notario... coram
nobis in capella nostra domus archiepiscopalis Viennensis, hora vesperarum consueta, ad... causas audiendas..., et litteras nostras citato-
rias... earumque exequtionem... Et usque ad sufficientem horam debite
expectatos reputamus merito, prout erat justicia exigente, contumaces
et in eorum contumaciam, habita super dictis litteris apostolicis et
omnibus premissis matura deliberatione, dictam recompensam in pre-
fatis litteris apostolicis mentionatam ac juxta formam et tenorem

Toutes ces censures ecclésiastiques, que l'on ne considérait guère plus que comme des formalités juridiques, laissèrent les Poitiers bien indifférents. Ils ne répondirent à aucune citation et gardèrent leurs terres et leurs revenus. Du reste,

---

dictarum litterarum apostolicarum, alta et intelligibili voce et publice denunciavimus fuisse et esse nullam et per presentes denunciamus. Que omnia et singula... vobis universis... inthimamus... — Hujusmodi denunciatione sic ut premittitur facta..., Anthonius Julliati... litteras monitorias... usque ad invocationem auxilii brachii secularis exclusive contra dominos Aymarum, Guillelmum et Johannem de Pictavia citatos et contumaces, dictam recompensam detinentes, ut illam restituant. . postulavit. Nos igitur Anthonius, archiepiscopus... vos omnes et singulos... monemus primo, secundo, tertio et peremptorie, communiter et divisim, vobisque nichilominus et... cuilibet in virtute obedientie et excommunicationis pena, quam in vos et unumquemlibet, canonica monitione premissa, feramus in his scriptis, nisi feceritis que mandamus, quatinus infra tres dies post presentationem presentium... prefatos Aymarum, Guillelmum et Johannem... in eorum propriis personis, si eorum presentias commode et tute habere poteritis, alioquin in domibus et hospiciis habitationum suarum ac in parochia et parochialibus ecclesiis sub qua vel quibus degunt et larum fovent, aliisque ecclesiis, monasteriis, capitulis..., ubi, quando, et quotiens opus fuerit et, ut supra, fueritis requisiti... moneatis... quatinus infra novem dies... recompensam... restituant et reddant. Quos, si forte recompensam... non restituerint, nos ipsos et eorum quemlibet... ac illis dantes auxilium... in his scriptis excommunicamus... Quos nos, ex nunc prout ex tunc, dicta novem dierum canonica monitione premissa in his scriptis excommunicamus, excommunicatos in vestris ecclesiis, monasteriis, et aliis locis publicis, ubi, quando et quocunque expeditum fuerit, et super quod, ut premittitur, fueritis requisiti seu alter vestrum fuerit requisitus, infra missarum solemnia, singulis diebus dominicis et festivis, cum missarum celebrabuntur solemnia et fidelium populus convenerit ad divina audienda, campanis pulsatis, candellis accensis et demum extinctis, publice nuncietis et ab aliis faciatis denunciari et a Christi fidelibus evitari, donec aliud a nobis super his habueritis in mandatis. Et si hujusmodi excommunicationem suam... per sex dies, animis, quod absit, sustinuerint induratis, nec recompensam predictam restituerint et ad gremium sancte matris Ecclesie redire curaverint, nos tunc attendentes et considerantes quod, eorum cres-

ils se sentaient encouragés à la résistance par l'attitude du parlement, qui s'opposait énergiquement à l'exécution de la bulle et des lettres royales. Antoine de Noceto avait prévenu le pape de l'inutilité de ses démarches, de ses efforts pour se

---

cente contumacia et inhobedientia, merito crescere debet et pena, ipsos Aymarum, Guillelmum et Johannem, recompense predicte detentores omnesque alios contradictores et rebelles sic excommunicatos et denunciatos, sententiam ipsam duximus aggravandam... vobis omnibus et singulis supradictis, sub pena excommunicationis prefata, committimus et mandamus quatenus, singulis diebus dominicis et festivis, in vestris ecclesiis..., infra ipsarum horarum solemnia, dictam excommunicationis denunciationem iterando... Aymarum, Guillelmum et Johannem de Pictavia, prefate recompense detentores... excommunicatos nominatim, campanis pulsis, candellis accensis et demum extinctis et in terram projectis, cruce erecta et religiose inducta, aquam benedictam aspergendo ad fugandos demones qui eos detinent ligatos et suis laqueis cathenatos, orando ipsum d. n. Jesum Christum ad catholicam fidem et s. matris ecclesie gremium redducere dignetur, nec eos in tali perversitate vitam finire permittat, dum decantantur responsaria *Revelabunt celi iniquitatem Jude*, etc. et psalmi *Deus laudem meam ne tacueris*, cum antiphona *Media vita*, et hoc facto et finito ad januas ecclesiarum vestrarum, una cum clericis et parochianis, accedendo et ad terrorem, ut per nobiles Aymarum, Guillelmum et Johannem de Pictavia ac contradictores... ad obedientiam reddant, lapides versus domos habitationum suarum projiciendo, in signum maledictionis eterne, quam Deus dedit Dathan, et Abiron, quos terra vivos absorbuit. Etiam post missam et in vesperis ac aliis quibuscunque horis canonicis et etiam in predicationibus publice excommunicatos et aggravatos solemniter publicetis et denuncietis et ab aliis, quantum in vobis fuerit, publicari et denunciari faciatis, donec aliud a nobis... super hoc habueritis in mandatis... Verum si prefati nobiles... sustinuerint indurati, ex tunc processus nostros reaggravando, vobis... mandamus quatinus moneatis et requiratis omnes et singulos Christi fideles... quemlibet ipsorum desistat nec cum eisdem nobilibus... aut eorum altera serviendo, loquendo, stando... Datum et actum Vienne, in capella domus nostre archiepiscopalis Vien., sub anno a nativitate Domini millesimo quadringentesimo sexagesimo tertio, indictione undecima, die vero sabbati vicesima prima mensis maii, hora vesperarum, pontificatus prefati d. n. pape anno quinto.

mettre en possession des comtés : les officiers delphinaux ne voulaient rien livrer. On peut croire que Pie II dut soupçonner la vraie cause de cette opposition. Ses relations avec le roi étaient alors assez tendues. Il avait constamment refusé de favoriser les prétentions de la maison d'Anjou à Naples, comme le roi l'en avait souvent prié; il sentait que le monarque était mécontent et accentuait tous les jours, par des lettres de plus en plus violentes, sa mauvaise humeur à l'égard de la curie romaine (1). Rien pourtant n'était encore brisé. Le pape, très désireux d'augmenter les possessions de l'Eglise dans la vallée du Rhône, essaya de mettre en œuvre l'intervention du cardinal de Foix, son légat d'Avignon, personnage qui jouissait, à la cour de France, d'un grand crédit, tant à cause de ses qualités personnelles qu'à cause de la haute situation de sa famille. Le cardinal écrivit donc au roi pour le prier d'imposer un terme aux résistances des officiers delphinaux. Il y eut alors, entre la chancellerie royale et le parlement de Grenoble, un échange de lettres et de mémoires, qui ne paraît n'avoir eu d'autre but que de ménager d'une part quelques relations avec Rome et de sauvegarder de l'autre l'intégrité de la province. Voici, par exemple, le texte d'une lettre de Louis XI à Pierre Gruel, en date du 21 novembre 1463 :

« De par le Roy. Nostre amé et féal, ja par plusieurs fois
« vous avons escript touchant la conté de Valentinoys, affin
« que vous la délivrassiés a nostre tres chier et tres amé cou-
« sin le cardinal de Foix, si vous mandons de rechief et
« commandons que verrés ces lettres, et toutes choses lais-
« sées, vous transportiés par devers nostre dit cousin, et
« bailliés et mettiés en les mains ladite conté de Valentinoys
« et la possession d'icelle luy delivriés, si jà par vous n'a esté
« délivrée, reservé toutefoys, comme vous avons mandé, ce
« qui est à la part du royaume et ce que le sieur de Crussol,

---

(1) Pastor, t. III, p. 145.

« grand temps avant nostre partement dud. Dauphiné, avoit
« acquis et payé de ses deniers, et aussy Châteauneuf-de-
« Mazenc, pour ce que ont dit estre d'acquest, et en ce faisant
« recouvrer par nous les terres qui furent baillées à ceux de
« Saint-Vallier et aultres, pour la recompense· de ladite
« conté. Si gardés que ainsy faictes, surtout que nous doub-
« tés desplaire, et tellement que ne soit pas besoing que nous
« en escripvions, et avec ce vous informiés bien et diligement
« quelles places il y a que sont d'acquest en ladite conté et
« nous en certifiés le plus tost que bonnement faire ce pourra
« et qu'il n'y ait point de faulte. Donné a Abbeville en Pon-
« thieu, le 21 jour de novembre. Loys. Et plus bas : DE LA
« BARRE. A nostre amé et féal conseiller et président de nos-
« tre court de parlement a Grenoble, Mᵉ Pierre Gruel » (1).

Malgré ces ordres réitérés, les comtés de Valentinois et de
Diois demeurèrent en leur premier état. Ils continuèrent à
être régis par les officiers delphinaux (2). Ceux-ci firent pourtant quelque chose, mais ce fut contre les Poitiers. Aux sentences d'excommunication prononcées par le métropolitain,
avait succédé l'action du bras séculier, et un rapport adressé

---

(1) Archives de l'Isère, B, 3249, f⁰ 14.

(2) Au mois d'octobre 1462, une enquête fut faite par ordre de Soffrey
Alleman, seigneur de Châteauneuf et d'Uriage, et de Pierre Gruel,
président en la Chambre des Comptes, délégués du dauphin, sur les
droits que Léonette de Crussol, abbesse de Soyons, pretendait avoir
sur le péage de Valence : « ... Exigendi annis singulis in et super emolumentis · pedagii Valentinensis quatuordecim sextaria salis, scilicet
septem sextaria in quolibet festo beatorum Philippi et Jacobi apostolorum, et alia septem sextaria in quolibet festo omnium sanctorum. »
Archives de l'Isère, B, 3509. — Une autre enquête de la même année,
faite par Pierre de Montaigne, lieutenant de Geoffroy Heurard, écuyer
de l'écurie du roi-Dauphin, sénéchal du Valentinois et Diois, porta sur
les droits que l'économe de l'Eglise de Valence percevait sur le péage
de Valence : « Centum solidos bone monete.,. Item, decanus ipsius
ecclesie septem sextaria salis mensure bonne ; item, sacrista... Archives de l'Isère, B, 3509.

au roi, le 14 août 1464, par Pierre Gruel, l'informait de ce
que son délégué avait fait contre eux : « Nous sommes trans-
« porté au Pont-Saint-Esprit, y lisons-nous, et après notifi-
« cation des bulles..., avons prins les 1,265 florins, 7 gros,
« 3 quarts, lesquels avoient esté assignés audit de Saint-
« Vallier sur les emoluments du grenier a sel du Pont-Saint-
« Esprit, pour parti de la recompense desdits comtés... et
« défendu aux employés de rien donner dans la suite auxd.
« Saint-Vallier » (1).

Mais bientôt les événements se chargèrent eux-mêmes de
démontrer ce qu'était en réalité le beau zèle pour les droits
du Saint-Siège, dont Louis XI avait tenu à donner deux
éclatants témoignages, l'abrogation de la pragmatique et la
cession du Valentinois. Les Angevins ayant subi une défaite
qui anéantissait leurs espérances en Italie et Pie II ne s'étant
point départi de sa ligne de conduite à l'endroit de la maison
d'Aragon, le roi qui voyait de la sorte les manœuvres de sa
politique échouer, n'eut plus d'autre souci que celui de satisfaire ses rancunes, d'humilier la papauté par des procédés
hautains et violents, de publier une série d'ordonnances pour
remettre en vigueur, sinon le texte, du moins l'esprit de la
pragmatique : c'est ainsi que le 10 septembre 1464, il fit défendre à toute personne de son royaume d'aller à Rome pour
y solliciter quelques grâces expectatives sur les bénéfices,
pour y obtenir un évêché, une abbaye ou un prieuré. Il parlait de réunir un concile et de divers autres projets menaçant
pour la liberté de l'Eglise (2). « Une opinion très répandue
« à la cour de Rome, lisons-nous dans un rapport de diplo-
« mate italien, est que Louis XI, en compensation de l'appui
« que le duc de Milan a donné à ses intrigues pour obtenir
« la couronne impériale, lui a promis de le faire faire *Re*
« *d'Italia* » (3). Ce qui est bien certain, c'est qu'il contre-

---

(1) Archives de l'Isère, B, 3249, f° 24.
(2) Pastor, t. III, p. 331 et t. IV, p. 93.
(3) Pastor, t. III, p.

carrait de toutes ses forces les projets de croisade que le pontife romain cherchait alors de faire accepter aux princes de l'Europe. Pie II, exaspéré de la conduite indigne du roi de France, songea un moment à l'excommunier. Il mourut sur ces entrefaites le 15 août 1464, et quelques semaines plus tard, le cardinal de Foix le suivait dans le tombeau. De longtemps, il ne fut plus question de céder le Valentinois à l'Eglise romaine. Du reste, les relations de la France avec la papauté, sous le successeur de Pie II, continuèrent à être fort pénibles. Un traité composé, vers la fin de 1464, par Thomas Basin, évêque de Lisieux, nous donne un reflet des idées de la cour à cette époque. Le serment d'obédience, prêté par le roi au pape Pie II, ne l'engageait, y est-il dit, qu'envers ce pontife, et à partir de la mort de celui-ci, il n'était plus lié par rien. Basin insiste sur la nécessité de convoquer à bref délai un synode français (1).

Brouillé avec la cour romaine, Louis XI ne tarda pas à se voir aux prises avec les maisons princières de son royaume, toujours à cause de ses procédés violents et autoritaires. Ici, du moins, l'historien doit lui rendre justice, reconnaître la portée de ses vues politiques, l'utilité du but qu'il cherchait à atteindre. Durant les dix années de son séjour en Dauphiné, il avait accompli, en usant parfois de moyens qu'une conscience de diplomate peut seule justifier, une œuvre qui n'en était pas moins en elle-même excellente et pour laquelle le peuple ne lui marchanda pas sa reconnaissance : il fit disparaître la plupart des abus et des maux qu'engendrait le morcellement féodal ; il créa l'unité de notre province. Parvenu au trône, il voulut, sur un plus vaste théâtre, réaliser ce qu'il avait fait avec succès en Dauphiné. Une bonne moitié de la France appartenait alors à quelques grands feudataires de la couronne, les uns issus de la race royale, les autres descendus des vieilles maisons féodales ou venus de l'étranger :

_____

(1) PASTOR, t. IV, p. 93.

détruire cette redoutable féodalité et faire de ces innombra-
bles domaines un seul domaine obéissant à un seul maître,
fut la constante préoccupation de Louis XI. Cette unité politique de la France était réclamée par les vœux de la nation,
comme une condition de sa sécurité et de sa grandeur, tant à
l'intérieur que vis-à-vis des états étrangers, qui étaient souvent pour nous de dangereux voisins.

Il s'y prit mal tout d'abord. Ses procédés violents et hautains à l'endroit des grands de son royaume, nous n'avons
pas à les raconter ici ; qu'il nous suffise de dire qu'il mécon-
tenta tout le monde, jusqu'au petit peuple, à qui on avait fait
espérer une diminution d'impôts et qui dut subir une augmentation de trois millions de tailles. Ce mécontentement
général aboutit à une ligue formidable, qui se donna le nom
de *ligue du bien public* (1465). Le roi n'était pas homme à se
laisser intimider, ni déconcerter par cette levée de boucliers.
Il saurait bien diviser ses ennemis et réunir les troupes suffisantes pour tenir tête à ceux qui voudraient affronter la lutte.
Il écrivit de tous les côtés pour réchauffer le zèle de ses amis
et obtenir des secours. Le 8 mars 1465 (n. s.), il mandait de
Poitiers à son fidèle chambellan, Soffrey Alleman, chevalier,
seigneur de Châteauneuf et d'Uriage, de se transporter de
suite en Dauphiné et de faire commandement, en son nom,
aux nobles et aux gens de traits de s'armer et de s'équiper
jusqu'au nombre de 200 lances, pour venir au plus tôt le
rejoindre (1). Il ordonnait en même temps aux milices de la
province de se tenir prêtes à s'opposer aux entreprises de
Jean II, duc de Bourbon, un des chefs ligueurs. Des instructions très précises étaient données à François de Tiercent, à
Guillaume Picart et à d'autres commissaires pour hâter la
levée de troupes, pour les fournir de vivres et de vête-
ments (2).

---

(1) PILOT, n° 1412.
(2) PILOT, n° 1412ᵇⁱˢ.

La noblesse dauphinoise et le peuple manifestèrent le plus grand zèle pour soutenir la cause du roi. Du reste, celui-ci, toujours fort habile, ne négligea rien pour susciter, maintenir ou récompenser les dévouements. On a vu plus haut que Lancelot de Poitiers, bâtard du dernier comte, avait été dépouillé de la terre de Châteauneuf-de-Mazenc, aussi bien par la violence de Louis de Poitiers, seigneur de St-Vallier que par une sentence du parlement. Lancelot avait vainement protesté. François, son fils et héritier, était mort jeune, sans avoir rien pu obtenir ; mais par testament, il avait eu soin de transmettre tous ses droits à sa sœur Gérentonne de Poitiers, qui s'était alliée à une puissante famille du Languedoc, et dont le mari, Pons Guillem, seigneur de Clermont-Lodève, chevalier, conseiller et chambellan du roi, exerçait la charge de lieutenant du gouverneur en Languedoc. Gérentonne crut le moment favorable pour réclamer l'héritage paternel, dont elle se prétendait injustement privée. Elle ne se trompait pas. Faisant bon accueil à sa supplique, le roi lui fit délivrer à Tours, le 24 avril 1465, des lettres patentes, où il relate les faits qui donnèrent lieu au procès soutenu devant le parlement de Grenoble par Lancelot et ses héritiers, au sujet de Châteauneuf, et déclare abandonner en toute propriété à Gérentonne de Poitiers cette terre, ne se réservant que l'hommage (1). Dès le 7 juin 1465, Claude de Clermont, seigneur de Montoison, qui, par arrêt du parlement, avait été condamné, comme d'autres, au bannissement et à la confiscation de ses biens, rentrait en grâce et recouvrait les terres de Montoison et de Montmeyran (2). Louis XI avait des amis en Italie, qui ne le laissèrent pas sans secours. François Sforza,

---

(1) Archives de l'Isère, B, 3509. — Le parlement de Grenoble refusa d'entériner les lettres du roi et rendit, à cet effet, un arrêt le 3 juillet 1465, où se trouvent relatées lesdites lettres. *Mémoire sur la Domanialité de la terre de Châteauneuf-de-Mazenc*. Grenoble, 1787, in-4°, 44 et 22 pages.

(2) Archives de la Drôme, E, 462.

duc de Milan, en faveur de qui il avait fait bon marché des droits que prétendait la maison d'Orléans sur ce duché, lui envoya son fils Jean-Galeas-Marie Sforza avec 500 hommes d'armes et 3,000 hommes de pied. Pour témoigner sa reconnaissance, le roi nomma le fils de ce duc lieutenant général en Dauphiné et Lyonnais (27 juin 1465) (1).

Tout le monde sait la part glorieuse que prirent les dauphinois à la bataille de Montlhéry : cinquante-quatre d'entre eux, appartenant aux meilleures familles de la province, y perdirent la vie au service du roi (2). Dès le 22 juillet, cinq jours après cette grande journée, Louis XI commençait à distribuer des faveurs à ceux qui lui avaient été fidèles et dévoués. Humbert de Bérenger, écuyer, seigneur de Morges, accusé lors de l'avènement du prince, pour crime de lèse-majesté, avait été condamné, après avoir subi une dure captivité dans la tour de Crest, à la peine du bannissement et à la confiscation de ses biens : il obtint, au mois d'août, des lettres de grâces, en considération de ce que Guy Bérenger, son fils, était allé à l'armée royale « en estat et habillement de homme « d'armes » (3). Le roi donna l'office de capitaine et châtelain de Saou à Martin de Mons, « son bien aimé frutier ordinaire » (26 juillet) ; la châtellenie de Mens en Trièves à son panetier Guigues Alleman d'Uriage (août), et l'office de contre-garde

---

(1) Pilot, n° 1418.

(2) Chorier, t. II, p. 471. Jacques, baron de Sassenage, y commanda l'arrière-ban du Dauphiné, qui formait l'avant-garde de l'armée. A son retour dans la province, il voulut honorer la mémoire des braves qui avaient succombé, et « il les fit peindre armés, avec les escussons de « leurs familles à leurs pieds, dans la chapelle que François, baron de « Sassenage, son aïeul, avait fondée dans l'église des Frères Prècheurs « de la ville de Grenoble, et leur y fit faire un service célébré avec « toutes les solennitez dont ces devoirs funèbres sont capables. » Guy Allard (*Dictionnaire*, t. II, 188-9) donne les noms de tous ces gentils-hommes. Voir : Aymarii Rivallii, *De Allobrogibus*, p. 527.

(3) Pilot, n° 1426. Archives de l'Isère, B, 3048.

de la monnaie de Montélimar à Jean d'Ameysin (2 octobre) (1). Après le traité de Saint-Maur (29 octobre) qui mit fin à la guerre du bien public, signalons le contrat de mariage de Jeanne, fille naturelle de Louis XI et de Félize Reynard, avec Louis, bâtard de Bourbon, à qui le roi assura en dot la somme de 40,000 écus d'or : le contrat fut signé à Paris le 7 novembre 1465, et le 25 février suivant, Jeanne obtenait des lettres de légitimation (2). Dans ce même mois de novembre, Raymond du Lyon, écuyer, en considération de ses services à l'armée et à titre d'indemnité d'une somme de 4,000 écus d'or dépensée par lui pour l'entretien des gens de guerre, recevait du monarque les seigneuries de Montélimar et de Savasse, avec leurs revenus, rentes, amendes, droits de justice, péage, pour en jouir lui et ses successeurs jusqu'au remboursement intégral de cette somme de 4,000 écus (3).

Les récompenses prodiguées aux fidèles serviteurs eurent comme contre-partie les peines infligées à ceux qui firent défection ou dont le zèle ne fut point jugé assez grand au

---

(1) PILOT, nᵒˢ 1423, 1430.

(2) PILOT, nᵒ 1437. Jeanne de France, devenue veuve de Louis, bâtard de Bourbon, le 19 janvier 1486 ou 1487, mourut, le 7 mai 1515, dans son château de Coudray.

(3) PILOT, nᵒ 1444. Archives de l'Isère, B, 3048, fᵒ 361. — Ce Raymond du Lyon, frère de Gaston du Lyon, ne jouit pas longtemps de ces seigneuries ; elles firent retour au domaine par suite de son décès, arrivé en octobre 1469. Le 22 novembre suivant, Louis XI en fit don à Jean de Beauvoisin, écuyer, seigneur de Fontaine-Riant, originaire de la Guerche. Par acte passé à la Guerche, le 8 février 1478, celui-ci donna à ferme à Jean et Duron Roure, frères, marchands de Montélimar, les revenus de la seigneurie de Montélimar, pour une durée de trois ans et pour le prix de 1,000 livres tournois, plus une somme de 50 livres tournois, payable à un nommé Jean Damondon, dit le Grec, et sous la réserve toutefois des amendes et de la garde du château, et aussi des amendes du péage supérieures à 10 livres tournois. (Archives de l'Isère, B, 2984, fᵒ 169.) Jean de Beauvoisin fut tué en août 1479 devant Thérouanne, et dès le 4 et le 5 septembre suivant, la terre de Montélimar était mise sous la main du roi. PILOT, nᵒ 1528, note.

moment de la lutte. L'évêque de Valence et le seigneur de
Monteynard s'étant rendus auprès du roi pour lui porter certaines doléances de la province, leur démarche fut très mal
accueillie. Le 6 mars 1466, Louis XI donna commission à
Soffrey Alleman, son conseiller et chambellan, et à maître
Jean Heybert, pour se transporter en Dauphiné et y ouvrir
une enquête : les délégués devaient, entre autres choses, s'informer de ceux qui avaient poussé l'évêque et le seigneur à
venir auprès de lui ; ils avaient encore pour mission de ré-
primer les exactions et malversations commises au sujet des
impôts, examiner les comptes des tailles, des aides et emprunts levés depuis quatre ans. Comme les religieux de Saint-
Antoine avaient à se plaindre des violences de leur abbé,
Benoît de Montferrand, ils l'accusèrent « d'avoir fait certains
« vœux et aulcuns maléfices et sorceries à l'encontre » de la
personne du roi : les commissaires furent encore chargés de
savoir la vérité de ces accusations (1).

Au mois de février 1467, les Etats du Dauphiné, réunis à
Grenoble, allouèrent au roi un don gratuit de 81,000 florins,
mais y mirent pour condition que tous les sujets de Dauphiné et des comtés de Valentinois et de Diois y contribue-
raient, même ceux qui se prétendaient allodiaux, comme les
habitants de Montélimar et de Crest; ils n'exemptaient de
cette imposition, conformément à la coutume, que les gens
d'Eglise, les nobles vivant noblement, les clercs vivant cléri-
calement, les pauvres et mendiants (2). Depuis l'année 1447,
époque où le dauphin Louis était devenu souverain de toute
la ville de Montélimar, les Etats de la province avaient souvent tenté de comprendre dans le rôle des tailles les habitants de cette ville, contrairement à un privilège d'exemption
dont ils jouissaient sous la domination de leurs anciens sei-

---

(1) LEGEAY, *Hist. de Louis XI*, t. Ier, p. 481. — *Lettres de Louis XI*,
t. III, p. 102. — PILOT, n° 1453.

(2) PILOT, n°s 1478, 1503.

gneurs, en vertu d'une charte de 1198, privilège que le dauphin avait dû formellement reconnaître et confirmer : non
seulement ce prince s'était engagé à les laisser jouir de leurs
antiques libertés, mais encore il leur avait accordé de n'avoir
pas à envoyer leurs représentants aux assemblées de la province, leur conservant une situation politique indépendante (1). Les Montiliens ne manquèrent pas de se plaindre
des atteintes portées à leurs droits. Le roi les maintint dans
leurs privilèges, mais ce ne fut pas sans de grandes difficultés
qu'ils obtinrent du parlement de Grenoble l'entérinement
des lettres royales : il fallut des ordres réitérés du monarque
pour que l'enregistrement eût lieu. Le 28 décembre 1468,
rien n'étant encore fait, le roi écrivait la lettre suivante au
gouverneur de la province :

« Très chier et très amé cousin, nous tenons que vous
« savez assés les libertez, exemptions et franchises que nous
« avons despieca donnez et octroyez aux manans et habi-
« tans de nostre ville de Monteilhemart, et les lectres paten-
« tes que depuis leur avons octroyées pour les en faire joir,
« ainsi que l'avions promis et juré dès les temps que les pris-
« mes en nostre main. Et combien que vous ayons ja escript
« par trois payres de lectres a vous et aux gens de nostre par-
« lement du Daulphiné que vous feisiés joir lesdits manans
« et habitans desdites libertés, exemptions et franchises, se-
« lon le contenu de nosdites dernieres lectres patentes a eulx
« sur ce octroyées, et aussi que le vous eussions dit ou fait
« dire, quant dernierement avez été devers nous, neantmoins
« nous avons entendu que de ce n'avez encore rien fait, mais
« que pis est avez tolleré et souffert que iceulx manans et
« habitans feussent assis et imposés aux payemens de la taille
« que darreniement nous a esté octroyée audit pais de
« Daulphiné, jasoit que vous feussiez bien informé que nos-
« tre intencion n'estoit pas qu'ilz y feussent comprins. Et

(1) *Cartulaire de Montélimar*, p. 283.

« pour ce que nous voulons entretenir ce que nous avons
« octroyé et accordé auxdits manans et habitans touchant les
« choses dessus diies, nous vous mandons bien expressement
« que incontinent vous enterinez et faites enteriner par nos-
« tre dicte court de parlement nosdites lettres patentes
« octroyées auxdits manans et habitans de Monteilhemart,
« en les faisant joir desdictes libertés, exemptions et fran-
« chises dont en icelles est faicte mencion, sans les souffrir
« asseoir ne imposer auxdictes tailles ; et sur ce imposez si-
« lence au procureur des Estats du pais, en manière qu'il ne
« nous soit besoing de plus en escripre, ne de leur donner
« sur ce autre provision. Donné au Montilz, le xxviii° jour
« de decembre. Loys. Et plus bas : Bourré. A nostre très
« chier et amé cousin, le comte de Comminge, gouverneur
« de nostre pays de Daulphiné.» (1).

_ (1) *Lettres de Louis XI*, t. III, p. 3o5-7. Archives de l'Isère, B, 2983,
f° 792.

(A suivre)   Jules CHEVALIER

LES IMPRIMEURS ET LES JOURNAUX

A VALENCE

(Suite. — Voir les 133ᵉ à 138ᵉ livraisons)

Souvenirs historiques de St-Donat, par Léon Gontier.

Lettre circulaire à MM. les Vicaires généraux du diocèse de Valence, en réponse à la lettre de l'abbé Chapot.

Réponse de M. Clément, ancien curé de St-Michel et de Montmirail, à la lettre de M. Chapot, curé de Bourg-de-Péage, in-4°.

Oraison funèbre de Mgr Chartrousse, évêque de Valence, par l'abbé Nadal, in-8°.

Notice historique sur St-Vallier, par l'abbé Vincent.

Galerie des saints, in-12.

Notice historique sur Sauzet, par l'abbé Vincent.

Les saints de l'Algérie, par Bérard.

Grammaire des Français qui veulent s'instruire en peu de temps, par Mathieu.

1858. Notice historique sur le Buis, par l'abbé Vincent. — Lettre de l'abbé Chapot.

Angoisses et espérances de la société contemporaine, par l'abbé Bonnefoy, in-18.

Les caisses d'épargne, historique et législation, par M. Auguste de Boudard.

Notice historique sur Montélier, par l'abbé Vincent.

Ordo divini officii recitandi, in-12.

Mois de Marie, par l'abbé Charignon.

Vie de saint Venance, évêque de Viviers.

1859. Rivarol, sa vie et ses œuvres, par Léonce Curnier, ancien député. — Compte-rendu de cet ouvrage, par l'abbé Jouve.

Notice historique sur Montélimar, par l'abbé Vincent.

Notice historique sur la ville de Crest, par le même.

Sanctuaire de Notre-Dame de Fresneau à Marsanne.

Les abeilles d'or, chants impériaux, par Stephan Liégeard.

1860. Le mouvement liturgique en France, par l'abbé Jouve, in-8°.

Vie de saint Gens, laboureur et solitaire, par l'abbé Ollivier.

Notice historique sur Suze-la-Rousse.

Vie de sainte Galle, par l'abbé Nadal ; litanies et prières. —Vie de la Sainte Vierge, par le même auteur.

Grammaire des Français qui veulent s'instruire, par Mathieu. 3° édition.

Notice historique sur Saou, par l'abbé Vincent.

1860. Mme X***, directrice d'un pensionnat ; Mme Vincendon, sœur Stanislas ; le livre des jeunes filles ; conseils aux jeunes personnes qui ont terminé leur éducation. In-12, xiv-443 pp. (1).

1861. Ordo divini officii recitandi et missa celebrandæ diocesis Valentiniensis.

Mois de saint Joseph, par l'abbé Dabert.

Annuaire du département de la Drôme.

Les secrets de l'ébéniste, par Dessaignes. — Publication nouvelle.

Œuvres médico-philosophiques, par G.-E. Sthal, professeur à l'université de Halle, traduites par Blondin.

Bibliothèque des écoles e] des familles. — Histoire du martyre de saint Félix, saint Fortunat et saint Achillée, apôtres de l'église de Valence.

---

(1) *Anonymes dauphinois*, p. 196.

Fables, par l'abbé Veyrenc.

Notice sur la chapelle Notre-Damé des Vignes (Vaucluse), par H. Sauvajon.

Rêves à Charli, par Testenoire.

Histoire de l'université de Valence et des autres établissements d'instruction de cette ville, avec de nombreuses pièces justificatives, par l'abbé Nadal. In-8°.

Etudes médico-philosophiques, par Sthal (tome IV et tome II), traduites par Blondin.

JULES CÉAS ET FILS

A cette date (1861), M. Marc-Aurel céda son imprimerie à M. Jules Céas. Elle se trouvait alors dans la rue de l'Université. Le brevet est du 18 décembre 1861. Cette imprimerie a été transférée rue du Tunnel, où elle se trouve actuellement dans un bâtiment construit pour cet usage en 1887 (1).

Bibliographie :

1862. Histoire du Vivarais, par l'abbé Rouchier.

Rapport au conseil municipal, chemin de fer de Valence à Grenoble. Séance du 11 janvier. In-8°, 1,200 exemplaires.

Conseil municipal, discours de M. de Lacheisserie après son installation comme maire de Valence.

Commune de Bourg-lès-Valence. Chemin de fer de Valence à Grenoble, rapport au conseil municipal. 200 exemplaires, in-8°.

Livre de prières et d'offices à l'usage des sœurs de la Nativité. 1,000 exemplaires, in-8°.

Annuaire du département de la Drôme pour 1862. 300 exemplaires, in-18.

Mandement de Mgr l'Evêque de Valence pour le carême de 1862. 800 exemplaires, in-4°.

---

(1) Archives de la Drôme, t. DCCCII. — Note de M. Abel Céas.

Lettre de Mgr l'Evêque de Valence sur le culte de la Sainte Vierge. 500 exemplaires, vol. in-4°.

Sauvajon de Valence. Ferro-ioduration des vers à soie. 500 exemplaires, petit in-8°.

Lettre circulaire de Mgr l'Evêque de Valence au sujet des conférences. 600 exemplaires, in-4°.

Chambre des notaires de l'arrondissement de Valence sur le projet de loi relatif à l'affirmation de la sincérité des prix de ventes, soultes d'échanges et de partages, dans les actes notariés. 400 exemplaires, in-8°.

Les eaux salines, iodo-chlorurées du Miral, près Luc (Drôme), par le docteur Chevandier. 500 ex. in-18.

Abbé Raymond, curé à St-Agnan-en-Vercors ; offices pour les sœurs du Saint-Sacrement.

Association générale des médecins de France. — Société de prévoyance et de secours mutuels des médecins de la Drôme. 200 exemplaires, in-8°.

Notice sur la couleuse de béton imaginée par M. Fombarlet, ingénieur secondaire des ponts et chaussées.

Rapport sur le litige pendant entre la ville et divers propriétaires, aux abords du pont suspendu. Délibération du conseil municipal.

Rapport adressé par M. Dumas, professeur de mathématiques en retraite, sur les opérations de sériciculture de M. Sauvajon de Valence. 100 exempl. in-8°.

Lettre pastorale de Mgr David. évêque de St-Brieuc et Tréguier, à l'occasion de son entrée dans le diocèse. 500 exemplaires, un vol. in-4°.

Etablissement d'une condition publique des soies, rapport par MM. Lambert Daruty et Chenevier. 1,000 exemplaires, in-8°.

Juillet 1862. Lettre de Mgr l'Evêque de Valence à l'occasion de son voyage à Rome.

Le palais de justice et l'hôtel de ville de Montélimar.

Pensionnat des religieuses de la Nativité à Roussillon (Drôme).

Chroniques, par Ferdinand Chicornas, professeur de sciences physiques et naturelles au lycée de Tournon. 100 exemplaires, in-8°.

1863. Ordo divini officii, etc. 750 exemplaires.

Secrets du menuisier-ébéniste, par Dessaignes. Manuel de poche de l'artiste et de l'amateur. 4° édit., un vol. in-32, 1,000 exemplaires.

Acquisition de l'ancienne commanderie de Ste-Croix, pour servir de retraite aux prêtres âgés ou infirmes. 600 ex. — Mandement de Mgr l'Evêque de Valence. 800 exempl. in-4°.

Réforme sur l'enseignement agricole, par Léouzon, propriétaire à Loriol.

Vie intérieure des couvents en Italie. In-18, 1,500 ex.

Saint Venance, évêque de Viviers, ses miracles, ses reliques, par l'abbé Champion, chanoine honoraire de Valence. In-16, xi-185 pp.

Pieuses lectures pour le temps de l'Avent, par l'abbé Nadal. — Ordo divini officii, etc. In-8°.

1863. Petit guide de l'étranger à Nice.

Mélanges littéraires, extraits des pères latins, ouvrage posthume de l'abbé Gorini.

Les fugitives, poésies, par G. de Montlovier.

Affaire des terrains militaires. Jugement du tribunal civil.

1864. Indicateur paroissial. — Petit guide de l'étranger dans le département de la Drôme.

Œuvres médico-philosophiques de Sthal, traduites par Blondin, tomes II, V et VI.

Tableau méthodique de l'histoire de France, iv° et v° siècles, par M. Dorsay.

Annales de l'abbaye d'Aiguebelle, de l'ordre de Cîteaux, depuis sa fondation jusqu'à nos jours, 2 vol. in-8° (Marie Ségalon) (1).

─────────

(1) *Anonymes dauphinois*, p. 290.

Méditations pour la fête de la Toussaint, par l'abbé Nadal.

Quelques pensées de Mgr l'Evêque de Valence à propos de l'agrandissement et de l'embellissement du cénotaphe de Pie VI à la cathédrale.

1865. Canal de la Bourne, rapport de la Commission municipale.

Mélanges littéraires, extraits des pères latins, nouvelle édition, par Monier et Boudard.

Bulletin de la société départementale d'agriculture. Vol. in-8°.

1866. Histoire de la Sainte Vierge, par l'abbé Nadal.

Le sanctuaire de saint Joseph et ses principaux autels à Paris. — Caroline, par le même auteur.

1867. Statistique monumentale de la Drôme ou notices archéologiques et historiques sur les principaux édifices de ce département, par M. l'abbé Jouve (Valence).

Notice chronologiquo-historique sur les évêques de Valence, par l'abbé C.-C.-J. Chevallier.

Congrès général des catholiques à Malines, discours, etc., par l'abbé Jouve, in-8°.

1868. M. Coulvier-Gravier, sa vie et ses œuvres, in-4°.

Le trésor spirituel, par l'abbé Garnier.

1869. Essai sur la vie du père Vigne, par l'abbé Veyrenc, in-18.

1,440 heures à l'ombre, par Lesserteur, lieutenant d'infanterie à St-Etienne.

L'abbé Veyrenc, in-12, 12 pp. (César-Antoine Colomb, négociant à Valence) (1).

1870. Manuel des pèlerins au sanctuaire de saint Joseph, par l'abbé Nadal.

---

(1) *Anonymes dauphinois*, par E. MAIGNIEN, et *Dictionnaire biographique*, par M. BRUN-DURAND.

JOLAND et BONNIOT

Avant d'être imprimeurs à Valence, Joland et Bonniot avaient exploité de compte à demi une imprimerie que le sʳ Martignat, plus tard notaire à Lens-Lestang, avait installée à Romans.

Puis, ils vinrent s'établir à Valence dans les bâtiments occupés actuellement par la préfecture, en face de la maison commune. Bonniot vendit sa part à Joland. Celui-ci, compromis par la découverte chez lui de caractères qui avaient servi pour des imprimés tendant à la subversion du gouvernement, fut enfermé à Bicêtre. Sa femme faisait marcher l'imprimerie avec des ouvriers empruntés au personnel d'Aurel et de Montal. Joland n'avait qu'une presse d'imprimerie avec une presse à presser le papier et une presse à rogner. Il avait commencé par tenir un café. Il avait 32 ans, quand il débuta comme imprimeur. En 1836, il donna sa démission et son fils lui succéda. Au mois d'août 1852, celui-ci étant décédé, sa veuve le remplaça. En 1859, Chaléat prit la direction de l'imprimerie.

Après avoir été installée dans les bâtiments de la préfecture, l'imprimerie fut transférée dans la Grand'Rue, puis, en 1840, rue Briffaut, 12ᵇⁱˢ, et de là, rue Saint-Félix, aujourd'hui rue Madier de Montjau, où elle se trouve actuellement.

Chaléat avait travaillé comme apprenti chez Borel.

Gallet, notre compatriote, librettiste et poète, a été employé, en 1859, chez Chaléat comme correcteur d'imprimerie ; le 10 juin 1859, il fit imprimer, pour son compte, 125 exemplaires d'un journal intitulé *Roger Bontemps*.

Quelque temps avant, il avait fait imprimer un petit volume de poésies.

En 1862, la femme Chaléat s'occupait seule de l'imprimerie qui fut cédée, le 6 janvier 1878, à M. Teyssier auquel succédèrent, en 1893, le 1ᵉʳ janvier, MM. Granger et Legrand.

Bibliographie :

1810. Affiches et réclames.

Règlement pour les enfants qui fréquentent l'école des frères, pour M. Dumas, libraire à Valence.

Cabinet d'éloquence ou modèle épistolaire, affiches, réclames. — Chansons.

Cantiques spirituels pour honorer le Saint-Rosaire.

1811. Affiches, réclames. — Cantiques et chansons.

Faits curieux et intéressants, par M. Moutier, ex-maire. — Nouvelles officielles de l'armée d'Espagne.

Mémoire sur l'enseignement public, par M. Augier-Faras, ex-oratorien.

1814. Nouvelle lanterne magique.

Cantiques, par M. Robin, vicaire de la cathédrale.

Recueil de prières pour les sœurs Trinitaires.

Ma journée d'hier, avec cet épigraphe : « J'observai, j'écrivis », par M. Boirayon, de Romans.

1818. Les vrais amis des pécheurs. — Association au Cœur de Jésus. — Livre de prières.

1819. Devoirs des frères et sœurs de la Très Sainte Trinité, et rédemption des captifs, par M. Duxio.

Dissertation historique sur le pardon de saint François, le tout extrait fidèlement des annales de l'ordre de saint François, par le R. P. Wadington, historiographe de l'ordre.

1820. Débats publics sur la procédure instruite contre les prévenus de l'assassinat de Neyret, ancien militaire, s. n. d.

Cantiques spirituels. — Chansons diverses.

Extrait du drapeau blanc et de la quotidienne : « L'Europe a les yeux sur nous. »

1821. Le médecin des pauvres.

Recueil de prières. — Les sept péchés capitaux, par le R. P. Enfantin, missionnaire. — Dévotion à la Sainte Vierge.

1822. La peste à Barcelonne.

1823. Relation d'un crime affreux commis à Erôme, canton de Tain, arrondissement de Valence.

1827. Association en faveur de Mgr le duc de Bordeaux.

1828. Affaire d'assassinat, cour d'assises de l'Hérault, condamnation à mort de Montpellice.

Essais de morale pour l'enfance, par M. Laurens, juge de paix à Châtillon.

Assassinat; affaire Joseph Bonneaud, cour d'assises de la Drôme.

Fête donnée au 2ᵉ régiment d'artillerie.

1829. Catéchisme du diocèse de Valence.

1832. Notice sur le choléra-morbus, par M. Jacquin.

Exercices spirituels pour les religieuses de Sainte-Claire, à Valence.

Evénements de Grenoble. — Chansons diverses.

Détails curieux sur la vie de Louise Dumien.

1833. Mémoire sur l'incompatibilité des fonctions civiles avec l'exercice de la médecine, par M. Bodin, docteur à St-Donat.

Pétition à la chambre des pairs.

1834. Le procureur du roi contre Napoléon Chancel. — Evénements de Lyon, 10, 12, 13 et 14 avril, documents officiels.

1835. L'empirisme dévoilé.

Cantiques.

Etudes sur les difficultés grammaticales.

JOLAND Fils aîné

1836. Mes systèmes en médecine, par Jacquin.

Le comte de Chabrière au *Courrier de la Drôme*.

1837. Chansons et romances.

La médecine et l'homéopathie.

1838. Exercices de piété pour les religieuses Trinitaires. — Affaires d'Espagne.

Grandeurs de Dieu, t. I⁢ᵉʳ et II, nouvelle édition.

Itinéraire des principales villes de France.

Nouveau chansonnicr.

Nouveau catéchisme pour le diocèse de Valence.

1839. Nouvelle topographie du département de la Drôme, par Dubois.

Description du département de la Lozère, par le même auteur.

Arrêt de la cour d'assises des Basses-Pyrénées qui condamne à la peine de mort trente brigands. Les débats ont duré quinze jours.

Réponse à M. Odilon-Barrot, président du comité de réforme électorale.

1840. Maladie des vers à soie.

La profession de notaire, par M. Perret, notaire à Aubenas.

Le Ménestrel, chansonnier parisien.

Catalogue des livres de prière qui se trouvent chez Ferrand, à Tournon.

Chansons diverses. — Almanach nouveau.

Lectures des jeunes cultivateurs, par Mathieu.

Le flambeau littéraire ou l'abrégé de toutes les sciences, à l'usage des écoles primaires, par Mathieu, à Romans.

L'Annonéen, écho de l'Ardèche, journal hebdomadaire.

Quelques mots sur la cathédrale de Valence et sur les travaux qui y ont été exécutés depuis 1837.

1842. Grammaire française, par Mathieu.

Réflexions de Mgr l'Evêque de Valence sur le nouveau projet de loi concernant l'instruction primaire.

Cantiques à l'usage des missions.

Grammaire française, 2ᵉ édition. — Auxiliaire grammatical, par Mathieu.

1843. Cantiques, nouvelle édition.

Almanach nouveau.

Esquisse de voyage à Nîmes. Reboul, par M. de Pradel.

1844. Abrégé de la doctrine chrétienne.

Vie de Championnet. — Almanach pour 1844.

1845. Relation de la translation des reliques de sainte Victoire au monastère de la Visitation de Romans, le 8 septembre 1845, par l'abbé Nadal, in-8°, 16 pp. (*Anonymes dauphinois*, p. 288).

1846. Chansons nouvelles.

Institut des sœurs de la Visitation de Romans.

1847. Le Furet, nouvelle revue des 86 départements.

1848. Les trois braconniers, vaudeville en un acte, par M. J. Laman et E. L*** (prix : 75 centimes).

1849. Abrégé de la vie des quatre neveux de l'empereur Napoléon, suivi d'une notice sur Ledru-Rollin.

1850. Chansons nouvelles.

Le bonheur de la France, par M. Fin.

Affaire d'empoisonnement à Paris.

Cour d'assises de la Drôme. Condamnation d'un parricide, Jean-Victor Monge.

Représentation de charité, par des artistes militaires amateurs. Placard.

Dernières nouvelles de Californie.

Cour d'assises du Pas-de-Calais. Condamnation à mort d'un élève en médecine.

185. Nouvel Alphabet. — Affaire des chauffeurs.

Nouvelle méthode pour transformer presque tous les mots français en italien, par M. Planchon, professeur au collège de Valence. Ouvrages classiques.

(*A continuer.*)   Léon EMBLARD.

ESSAI

DE

BIBLIOGRAPHIE ROMANAISE

(Suite. — Voir les 102ᵉ à 138ᵉ livraisons).

339. — *Mémoire pour le sieur sindic de l'Insigne Eglise collégiale Saint-Barnard de la Ville de Romans, servant de Réplique à l'Avertissement du sieur Chabert, signifié le 15 mars 1734.*

(Dans un bandeau : *Ex officinâ Petri Faure*).

In-fol. de 88 pp., *signé* Piémond de Frise, Monsieur Vial d'Alais, *Rapporteur*, Armand, *Procureur*.

Le syndic accuse Chabert d'avoir travesti les faits. « Bien loin, dit-il, qu'il y ait aucune vexation, le sieur sindic, avant que de former sa demande par l'exploit du 14 octobre 1732, a plusieurs fois invité Chabert à un règlement, et même à lui faire gagner le tiers des lods, que le Chapitre veut bien relâcher aux acquéreurs qui, se présentent dans le mois, exhibent leur véritable contrat d'acquisition et payent sans souffrir assignation, ce que Chabert n'a jamais voulu faire. »

L'offre de 288 livres faite par Chabert pour les cens et dépens était insuffisante, et de plus, il laissait le Chapitre dans l'incertitude du chiffre exact de ses droits en refusant d'exhiber sa convention privée de vente, qu'il avait pris soin de faire contrôler à Vienne, « sans doute pour cacher le changement de titre de Chabert, qui, de simple locataire, était devenu propriétaire. » Dans l'offre qu'il faisait des arrérages, il n'entendait pas payer les 39 années qui étaient dues. « Comment ose-t-il donc soutenir que son offre étoit suffisante, et qu'elle donnoit entière satisfaction au Chapitre ? Il n'y a ni vérité, ni bonne foy dans un pareil discours. »

Quant à la question des eaux, qu'il objecte, et pour lesquelles était due la rente de trois sétiers, « on lui a fait voir qu'il jouissoit de toutes les eaux, et même de plus qu'Humbert Odoard, lors de la transaction du 7 février 1516. » Changeant de système, Chabert prétend que cette rente est due non au Chapitre, mais au Recteur de la chapelle St-Maurice, et qu'il a payé celui-ci. Or, outre que le droit du Chapitre sur cette rente est incontestable, il s'est fait pareillement assigner par le Recteur pour les lods qui lui étaient dus. Tout cela est de la pure chicane de sa part.

Dans sa seconde proposition, Chabert oppose la prescription, sans faire attention que cet argument se tourne contre lui, « parce que, si la non exaction de la rente peut être opposée au Chapitre, la non existence du moulin doit aussi être un obstacle contre la nouvelle réédification. Le Chapitre consent volontiers à ne pas exiger la rente de trois sétiers ; mais Chabert doit aussi convenir qu'il doit ôter son moulin ; et si Chabert veut avoir un moulin, il ne peut pas s'exempter de payer l'indemnité qui est duë au Chapitre, telle qu'elle a été réglée par la transaction du 7 février 1516. On laisse à Chabert l'option de payer la rente de trois sétiers ou d'enlever son moulin. Le Chapitre ne sçauroit dissimuler qu'il aime mieux la non existence du moulin que de percevoir la rente de trois sétiers. »

Suit la réfutation de sept objections de Chabert, dont la dernière est qu'il a été trompé dans son acquisition, vu qu'on lui réclame une rente de trois sétiers, lorsque l'acte passé par lui ne fait mention que d'une cense de trois deniers. On lui répond qu'il n'avait qu'à laisser les choses dans l'état où elles étaient lors de son acquisition ; il ne tient qu'à lui de les y remettre et il ne payera que trois deniers.

Dans ses conclusions, le syndic demande que Chabert soit condamné à passer nouvelle reconnaissance ou à détruire son moulin ; à payer les lods dus au Chapitre pour l'acquisition de cette maison, à raison du dix pour cent sur le prix de vente, qui était de 5,583 livres, avec les intérêts échus depuis le 14 octobre 1732, plus les dépens.

340. — *Précis pour le sieur Chabert, servant de Réplique au Mémoire imprimé du sieur syndic de l'insigne Eglise collégiale Saint-Barnard de Romans, signifié le 29 mars 1734.*

Petit in-fol. de 57 pp. *signé* : Bernon, Monsieur Vial d'Alais, *Rapporteur ;* Trouillet, *Procureur.*

Date mss. : 29 mai 1734.

Dans un bandeau : *De l'imprimerie d'André Faure.*

Les trois chefs du procès sont débattus dans ce Mémoire, et principalement le second, au sujet de la rente de trois sétiers sur des artifices à filer la soie et sur un pressoir à huile. C'est l'origine et la valeur de cette redevance qui sont discutées en premier lieu, comme formant l'objet principal du litige. Le Mémoire tend à prouver que la rente dont il s'agit a été établie pour une fausse cause, et que, quand même sa constitution aurait été légitime, elle serait prescrite ; car le Chapitre, en ayant reconnu la fausseté, s'en était départi.

La directe que le Chapitre s'arrogeait sur la molière,

le moulin et ses dépendances, était sans fondement; car le sol sur lequel ils étaient construits relevait de la directe des recteurs de la chapelle St-Maurice ; or, le domaine direct du sol entraîne la directe de tout ce qui y est construit dessus. Le Chapitre n'avait droit que sur les eaux. « C'est parce qu'Odoard a reconnu, dans la suite, la fausse cause de la transaction qu'il n'a pas voulu l'exécuter et qu'elle est restée inutile pendant 200 ans. » Il conste par une reconnaissance du 2 avril 1547, passée par François Reymond-Merlin au profit de la chapelle St-Maurice, que « dans le dessous de la maison reconnue par ledit Merlin était le moulin, appartenant à Ponson Odoard, de sorte que ce moulin, qui est celui dont il s'agit, existait encore en 1547. »

Le rapporteur invoque aussi la nullité pour cause de suspicion légitime; et il ajoute : « Enfin, cette transaction ayant été trouvée en original au pouvoir du Chapitre, sans qu'elle paraisse avoir été expédiée dans l'espace de plus de 200 ans, et sans être énoncée ni rappelée dans aucun acte postérieur, c'est une preuve bien claire que les parties en ont reconnu l'inutilité. »

Au grief formulé par le Mémoire du Chapitre sur le préjudice que le moulin de Chabert lui cause, on répond : « On diroit, à voir le Mémoire du sieur sindic, que le Chapitre est maître de tous les moulins qui sont dans Romans; cependant, de sept moulins qu'il y a dans cette ville, le Chapitre n'a qu'un moulin et la moitié d'un autre, qu'il possède par indivis avec les s^rs recteurs de la chapelle St-Maurice, de sorte que le profit qu'il retire des lods qui sont dus à chaque mutation est plus considérable que le préjudice qu'il allègue.

« Il n'est pas même vray que le Chapitre souffre aucun préjudice par rapport au moulin du s^r Chabert, parce que les moulins de Romans ne suffisent pas pour faire moudre tout le bled qui se consomme dans Romans ; de sorte qu'une partie de l'année, les habitans sont obligés de porter leur bled aux moulins qui sont situés hors la ville... »

Le syndic allègue le droit de banalité. « Il est notoire qu'il n'y a point de moulin bannal dans Romans, et que les habitans font moudre leur bled où bon leur semble, même hors de la ville. »

Ce plaidoyer est très habile et il réfute les prétentions du Chapitre par des arguments plausibles, présentés avec calme et parfois avec beaucoup d'esprit.

341. — *Réponse du sieur sindic du Chapitre Saint-Barnard au Précis du sieur Chabert.*

In-fol. de 18 pp. s. l. n. d., *signé :* Piémont de Frise, Monsieur de Moydieu, *Rapporteur ;* Armand, *Procureur.*

Dans un bandeau : *Ex officinâ Petri Faure.*

Nous relèverons, dans cette réfutation, les arguments et renseignements suivants.

Chabert donne à entendre que le Chapitre est en litige avec les recteurs de la chapelle St-Maurice pour la directe du moulin. Or, jamais il n'y a eu de contestation entre les deux copropriétaires, la directe de la maison appartenant à la chapelle St-Maurice, mais non celle du moulin.

La directe sur le moulin a pu et dû être stipulée sans blesser le droit de la chapelle ; les recteurs ne s'en sont jamais plaints, convaincus que le seigneur haut-justicier peut stipuler la directe sur un moulin construit sur un sol qui n'est pas de sa directe, et que rien n'est plus commun dans l'usage.

Aucun règlement ne s'oppose à ce qu'un notaire ne puisse recevoir les actes d'un Chapitre, du moment qu'il en est le secrétaire. La Cour est parfaitement instruite de l'usage des Chapitres à cet égard. Quant au défaut de signatures, ce n'est que depuis 1539 que François Ier a porté une ordonnance exigeant que tout acte public fût signé par les témoins et les parties. Enfin, il est faux de dire que l'acte n'a pas été expédié : l'original porte en marge *Grossoyé.* Il convient d'autant moins à Chabert d'impugner la transaction du 7 février 1516 que lui-même a extrait du même protocole l'expédition de la transaction du 12 mars, qu'il produit au procès pour prouver qu'il doit jouir des eaux de la Saune.

Dans une *seconde proposition*, on réfute les arguments par lesquels l'adversaire invoque la prescription. « S'il n'y avait pas dissimulation de la part de Chabert, il conviendrait qu'on lui a donné deux raisons auxquelles il n'a rien répondu et qu'il élude. » On les lui sert de nouveau.

Le Chapitre n'a jamais refusé de traiter à l'amiable avec Chabert pour le payement des lods, et c'est son fait si la liquidation n'a pas été faite; « car Chabert n'a pas présenté les actes nécessaires dans le temps pour cela. Il est vray qu'il les a présenté icy à Grenoble, dans la procédure faite devant Reynard, en laquelle le sindic dit qu'il ne pouvoit faire la liquidation qu'à Romans, et si Chabert avoit eu une volonté efficace de payer les lods, il auroit requis le sindic ou le Chapitre à Romans de liquider lesdits lods à l'amiable, il en a bien eu le temps depuis ladite procédure du 4 septembre dernier. »

Le surplus du *Précis*, au dire du syndic, ne mérite pas une réfutation particulière.

342. — *Mémoire pour le sieur Chabert contre le sieur syndic du Chapitre de Saint-Barnard.*

Petit in-fol. de 18 pp. s. l. n. d., *signé :* Bernon, Monsieur de Moydieu, *Rapporteur*, Trouillet, *Procureur.*

Dans un bandeau : *De l'imprimerie d'André Faure.*

Date manuscrite, 30 juillet 1734.

Chabert reconnaît qu'il doit au Chapitre une rente de 3 deniers pour l'usage des eaux de Tortorel et le droit d'avoir un moulin, conformément à quatre reconnaissances de ses antécesseurs, en 1577, 1605, 1665 et 1706 ; mais il conteste la rente de trois sétiers froment, « cette rente n'ayant jamais été payée, ni demandée, ni reconnue, non pas même pendant le temps que les devanciers du sieur Chabert ont eu un moulin à moudre du bled, comme ils l'avoient encore lors de la reconnoissance du 2 avril 1547, qui énonce le susdit moulin. » Chabert revient sur un argument déjà réfuté, au sujet de la transaction de 1516, qu'il dit entachée de suspicion, en ce qu'elle n'a point été lue ni publiée aux parties ; elle contient plusieurs ratures non approuvées, et n'est souscrite ni par les parties, ni par les témoins, quoique les uns et les autres sussent lire ; de sorte que toute la foi de cet acte repose sur l'attestation de M⁰ Escoffier, notaire et secrétaire du Chapitre, fort suspect en cette qualité, puisqu'il était aux gages de ce corps (1).

Gloses sur le texte de la fameuse transaction, qui est reproduit en partie. Ce Mémoire présente un résumé exact de tous les précédents.

Nous ignorons quelle fut l'issue de ce procès, dont les dernières pièces nous ont échappé.

_____

(1) La réfutation si précise de cet argument dans la *Réponse du syndic*, analysée dans le numéro précédent, nous porterait à croire que ce *Mémoire* de Chabert l'a précédé, si ladite *Réponse* ne répondait au *Précis* du même, dont la date (29 mai 1734) est antérieure de deux mois à ce *Mémoire*, signifié le 30 juillet. Il y a cependant encore lieu de douter si ce dit *Mémoire* n'a pas précédé la *Réponse* du syndic, qui est sans date.

(A continuer.)   Cyprien PERROSSIER.

LES EAUX MINÉRALES DE LA DROME

Notes historiques et bibliographiques

————

Le département possède à la fois des stations élevées pour respirer à l'aise pendant les fortes chaleurs et des sources bienfaisantes pour les malades.

Il se divise, on le sait, du nord au midi, en montagnes et en plaines, et si les dernières sont peu riches en fontaines minérales, elles peuvent cependant offrir des eaux limpides, fraîches et légères, comme à Ste-Apollonie sur St-Sorlin en Valloire, à Mureils, à St-Pierre sur Hauterives et sur Loriol (1) ainsi qu'à Ste-Juste sur St-Paul-Trois-Châteaux, sans parler d'autres en nombre, non signalées encore.

D'autre part, la vallée du Rhône nous offre plusieurs sources renommées, véritablement minérales.

Selon les auteurs spéciaux, les eaux de cette nature se divisent en chaudes et froides et ensuite en sulfureuses, acidules, alcalines, ferrugineuses et salines. On reconnaît les sulfureuses à leur odeur d'œufs couvis, les acidules à leur gaz acide carbonique, les alcalines à leur richesse en bi-carbonate de soude, les ferrugineuses à leur carbonate, sulfate ou crenate de fer, et enfin les salines, à la soude, à la chaux et à la magnésie qui en forment la base avec adjonction parfois de brome et d'iode (2).

———

(1) AIMAR DU RIVAIL, *de Allobrogibus*, leur attribuait, au XVI° siècle, de l'efficacité contre les fièvres.

(2) Dr PATISSIER, *Rapport fait, au nom de la Commission des eaux minérales, à l'Académie de médecine pour 1847-48*, in-4°, p 13.

La Drôme ne présente que des sources froides, mais, en revanche, elle a toutes les variétés de la seconde catégorie. Faute de connaissances médicales suffisantes, il ne sera question ici ni de maladies, ni de cures, ni de réclames, la saison thermale étant close d'ailleurs, mais de simples indications historiques.

M. S. Gras, dans sa *Statistique minéralogique de la Drôme*, publiée en 1835, range dans les alcalines les eaux de Barcelonne, près de Chabeuil et celles d'Upie, dans le même canton. Simple filet, déjà à cette époque, la fontaine de Barcelonne a cessé de couler, ou perdu le renom qu'elle avait en 1810. Celle d'Upie n'est guères plus connue. Quant à celle de la Gardette sur Loriol, dont les voisins faisaient grand usage, d'après la *Statistique de la Drôme* en 1835, elle a dû disparaître ou à peu près. Aussi faut-il descendre à Condillac pour trouver une minéralisation bien constatée.

En 1845, lors de l'inauguration d'une chapelle à Lachamp, un fidèle constata l'agréable saveur d'une source isolée au pied du mont Givode sur Condillac, et après la cérémonie, chacun en ayant goûté, la trouva délicieuse. Le nom de St-Régis lui fut donné alors en souvenir de la fête ; mais, devenue propriété de M. Mathieu de la Drôme, elle prit celui de *Reine des eaux de table*. Les deux fontaines Lise et Anastasie, approuvées en 1852, acquirent promptement un tel renom qu'en 1862, il s'en vendait de 175 à 180,000 bouteilles par an et 800,000 bientôt après. MM. Bonnet (1), Socquet (2) et Tampier (3) les qualifient

---

(1) *Rapport à M. le Préfet de la Drôme sur l'eau minérale de Condillac*, par M. le docteur BONNET. — Valence, 1872, broch. in-8°.

(2) *Notice sur l'eau minérale, alcaline et gazeuse de Condillac*, par SOCQUET. — Valence, 1872, broch. in-8°.

(3) *Rapport général sur les eaux de Condillac*, par le docteur TAMPIER.

alcalines et fortement gazeuses (1). Comme elles n'exigent pas d'établissement pour les malades, elles continuent à se vendre en bouteilles.

. De Condillac à Allan, le chemin de fer de Paris à Marseille abrége la distance ; mais à Montélimar, il faut prendre la direction du sud-est. Les Romains avaient créé à Bondonneau un établissement balnéaire, révélé par d'antiques substructions et par la découverte de nombreuses antiquités. Au moyen âge, à cause d'une chapelle voisine, les malades y accouraient et donnèrent aux sources le nom de Saintes-Fontaines. Expilly, dans son *Dictionnaire des Gaules*, et Guettard, dans sa *Minéralogie du Dauphiné,* les mentionnent avec soin, et, de nos jours, MM. les docteurs Perret (2), Grasset (3) et le médecin Alexis Espanet (4) en ont fait une appréciation des plus

---

(1) *Eau gazeuse naturelle de Condillac* (Reine des eaux de table). — Valence, J. Céas, s. d., 3 pp. in-8°.

(2) *Notice médicale sur l'action thérapeutique des eaux minérales de Bondonneau,* par le doct. Michel PERRET, ancien interne des hôpitaux de Lyon. — Lyon, Vingtrinier, s. d., 16 pp. in-8°.

(3) *Observations médicales sur les eaux minérales naturelles gazeuses, alcalines, sulfureuses, ferrugineuses et iodurées de Bondonneau près Montélimar* (Drôme), par le doct. GRASSET. — Avril 1858.

Extrait des *Annales de la Société d'hydrologie médicale de Paris,* t. IV, 10° livr., in-8°, 10 pp.

(4) *Notice médicale sur l'action thérapeutique des eaux minérales de Bondonneau, près de Montélimar* (Drôme), par le Fre Alexis ESPANET. — Lyon, Rajat, 1859, in-8°, 49 pp.

Le *Touriste aux eaux de Bondonneau* et la *Légende des Saintes-Fontaines,* par le même.

Précis historique des eaux de Bondonneau, suivi des statuts de la Société (fondée pour leur exploitation). — 1860, Lyon, Rey et Sezanne, in-4°, 32 pp.

Etablissement thermal de Bondonneau à 3 kil. de Montélimar (Drôme) *et de la station du chemin de fer de la Méditerranée.* — Circulaire in-8°, Avignon, Bonnet, s. d., 4 pp.

élogieuses. L'exploitation en a été autorisée en 1852 et en 1855. Aussi un établissement fort bien tenu y reçoit-il les baigneurs. Il ne reste plus à citer dans la plaine que l'eau alcaline de Montségur peu en vogue et celle de St-Restitut, jadis renommée pour les maux d'yeux, mais couverte de terre depuis quelques années.

Dans la partie montagneuse, au contraire, les sources minérales abondent. La plus septentrionale est celle que Guettard place à Bouvante, sur la rive gauche du ruisseau de Chaillard, à un quart d'heure de l'ancienne Chartreuse en ruines. Elle est sulfureuse et peu fréquentée.

De Beaufort, en descendant, on peut se rendre à Col de Veraud sur Eygluy où une eau gazeuse a été découverte et ensuite au Cheylard et dans la vallée de Quint où M. le chanoine Perrossier a reconnu des eaux sulfureuses et ferrugineuses qui attendent une exploitation. Malgré le charme de la vallée pittoresque de Quint, l'éloignement de tout centre un peu considérable rendra ce résultat longtemps problématique, témoin le peu de succès de celles d'Aouste, près de Crest. Guettard avait déjà signalé la fontaine sulfureuse qui émerge « au-dessous de l'Ermitage de St-Auban, à un quart d'heure du bourg », et depuis lors, la source gazeuse de la Pyrole, dans le domaine de la Gaye, naguères découverte du côté de Cobone, n'a pas excité un grand enthousiasme.

Du reste, un peu plus loin, en remontant la Drôme, la Bourdoire d'Aurel, en face de Vercheny, exclut toute concurrence. Elle était déjà connue au temps de David Rigaud, poète marchand de Crest, décédé vers 1650, de Guettard (1779) et de Chorier (1672) qui attribue son nom au bruit qu'elle fait en sortant de terre. Cette étymologie, il est vrai, a été contestée par Guettard, partisan des racines celtiques ou prétendues telles : *bar* ou *bor*, fontaine, et *doire*, buisson. Quoi qu'il en soit de ce dissentiment, l'analyse, donnée par M. Ossian (Henry), en a fait autoriser l'emploi par l'Académie de médecine le 5 février 1856, et une médaille d'or lui a été décernée à l'Exposition universelle de 1900. Elle figure au premier rang des eaux de table comme apéritive, digestive, tonique, bicarbonatée, iodurée et ferrugineuse. Bien que les buveurs trouvent tout près un café-restaurant, elle s'expédie beaucoup au loin et supporte le voyage sans altération.

M. Scipion Gras, en 1835, réclamait pour cette source un établissement destiné aux malades et un pont sur la Drôme pour en faciliter l'accès. Son double vœu s'est accompli et la vogue espérée se réalise.

En 1610, le médecin Samuel Benoît découvrait à Pennes, près de l'ancienne capitale des Voconces, « un nouvel antidote qui n'avait jamais vu son pareil (1), et malgré ce livre, les vertus de la nouvelle fontaine diminuèrent si vite qu'en 1672, deux autres médecins diois, reprirent la thèse de leur devancier avec le même lyrisme et la même emphase. Toutefois, comme l'un attribuait ses vertus curatives au plomb et l'autre au mercure, « ils se lancèrent mutuellement à la tête plusieurs libelles où ils donnaient libre carrière à leur fiel et à leur jalousie » (2).

---

(1) *Discours véritable d'une fontaine ornée de merveilleuses propriétés et vertus, nouvellement trouvée près de Die en Dauphiné,* par S. BENOICT, d. m. — Die, Gauthier, 1810, in-4°.

(2) *Traité de la nature, qualitez et vertus de la fontaine depuis peu découverte au terroir de la ville de Die, au lieu de Pennes,* composé par Théophile TERRISSE, docteur en médecine et professeur de philosophie en l'Académie de la ville de Die, l'an 1672. — Die, Fequel, 1672, in-8°, 40 pp.

Description et relation fidèle de la nature, propriétez et usage de la fontaine minérale nouvellement découverte au terroir de la ville de Die, par TERRASSON, docteur en médecine. — Grenoble, Edouard Dumon, 1672, in-8°, 70 pp.

Jules Olivier, avec sa verve sarcastique, a fort habilement tracé l'histoire de cette querelle (1). Il est superflu d'ajouter que l'eau de Pennes est tombée dans l'oubli avec ses panégyristes, d'autant que d'après M. Denis Long, le savant archéologue, elle contenait seulement un peu de carbonate de chaux.

M. Scipion Gras affirme que la source sulfureuse de Romeyer a quelque réputation et attire en été les habitants des communes voisines, et la *Statistique de la Drôme* la proclame efficace contre les maladies de la peau. De son côté, Guettard, d'après le médecin Nicolas, place à la Baume au-dessous et à une demi-heure de Châtillon, près de St-Roman, une source pareille et l'*Annuaire officiel de la Drôme*, une saline et magnésienne à Menglon.

Entre Luc et Poyols, sur la rive gauche de la Drôme, M. le docteur Chevandier signala, en 1862, dans une brochure intitulée *Notice sur les eaux salines iodo-chlorurées du Miral,* une nouvelle station curative ; mais le faible débit de la source a grandement nui au succès de l'établissement.

Grâce au chemin de fer, nous venons directement à Crest, où l'eau de *Sâbouri vaut du petit vi* et, après avoir cherché, à la Répara, une fontaine que l'*Annuaire officiel* appelle alcaline avec sulfate de magnésie et Guettard une eau salée, nous arrivons à Pont-de-Barret. Là, sur la rive droite du Roubion, jaillit une fontaine acidule que Guettard dit assez analogue aux eaux de Vals, bien qu'inférieure en activité. En 1835, M. Scipion Gras y constatait l'arrivée, chaque année, dans la belle saison, d'une centaine de personnes qui logeaient au Pont-de-Barret ou dans les fermes voisines. Guy Allard, dans son *Diction-*

---

(1) *Revue du Dauphiné,* 2ᵉ année.

naire historique, remontant à 1684, veut qu'elle guérisse toutes les fièvres. En 1810, Lescure, médecin à l'hôtel-Dieu de Montélimar (1), la qualifiait diurétique, purgative, apéritive et tonique ; mais un docteur en médecine de la faculté de Montpellier, Granet, protesta contre l'ouvrage de son confrère par son « *Coup d'œil sur des abus régnans, suivi de quelques observations sur l'analyse des eaux minérales de Pont-de-Barret aux habitans de Montélimar et des environs* » (2).

M. Ossian (Henry), vers 1850, trancha le différend des deux docteurs montiliens et rendit à la source sa valeur médicale ; aussi l'exploitation de la *souveraine* fut-elle autorisée le 6 octobre 1851.

Elle s'emporte comme médecinale et eau de table. Quant aux malades, s'ils y trouvent des bains, ils doivent loger assez loin de là.

L'*Annuaire officiel* dote Manas, village voisin, d'une source magnésienne et saline, sans autre explication.

Dieulefit a possédé jusqu'à trois sources, célébrées par Possiam, docteur de la faculté d'Avignon, dans une brochure de 57 pages, in-12, imprimée en 1750, sous ce titre : *Dissertation sur la nature, les vertus et l'usage des eaux minérales acidules du bourg de Dieulefit, découvertes en l'année 1749.* L'auteur y avait trouvé « des « particules de fer extrêmement divisées, du sel de vitriol, « du soufre et un esprit acide nitreux volatile » et les médecins d'Avignon et de Valence avaient reconnu avec lui les propriétés curatives de la *Galiène,* de la *Madeleine*

---

(1) *Notice sur les eaux minérales de Pont-de-Barret,* par M. Lescure, docteur en médecine de la faculté de Montpellier, médecin de l'hôtel-Dieu de Montélimar, membre de l'Athénée médical de l'Hérault, etc. — Montélimar, J.-L. Gallet, 1810, 16 pp. in-12.

(2) Montélimar, 1810, J.-L. Gallet, 16 pp. in-12.

et de la *St-Louis.* En 1835, la *Statistique de la Drôme*
en comptait deux seulement, l'une cuivreuse et l'autre
vitriolique. Actuellement ces sources sont tellement devenues faibles que toute idée d'exploitation est, paraît-il,
impossible.

Le même sort attendait l'*eau merveilleuse* de Bourdeaux, découverte en 1672 au quartier de Chodens. Les
consuls, dans l'espoir d'en tirer profit pour la population,
chargèrent M. de Passis, médecin à Crest, Gresse, ministre de Bezaudun et Oudard, apothicaire de Dieulefit, d'en
constater les vertus curatives. Le 7 août, ils adjugeaient
les travaux de captation à Rigot et Faure pour 15 livres
et à Verdier, imprimeur de Valence, la publication du
manuscrit de Passis pour 80. Dès le 7 novembre, les bro-
chures arrivaient et, comme, après les hommages de rigueur, il en restait 1,450 exemplaires, ils furent mis aux
enchères et livrés à Demars du Monard qui avait offert
1 sol 3 deniers de chacun, soit 90 livres 12 sols. Or, sur
15 ou 1,600 exemplaires, M. Gustave Latune, en 1891, a
eu toutes les peines du monde pour en retrouver deux,
dont un incomplet. Horace avait donc raison de dire
habent sua fata libelli. Mais la fatalité n'a pas mieux
épargné la fontaine que son panégyriste, et le pays s'en
console par la possession d'une source ferrugineuse, encore inexploitée.

L'œuvre calme et sincère du médecin de Passis, très
heureusement rééditée par M. Latune, bibliophile et écrivain de mérite, ravi, avant l'heure, à l'affection de tous
ceux qui le connaissaient (1), ne laissa pas d'armer en

---

(1) *L'eau merveilleuse de Bourdeaux en Dauphiné,* par G. DE PASSIS,
docteur-médecin de l'Vniversité de Montpellier, natif et habitant de la
ville de Crest. (Réimpression accompagnée de notes sur la famille de
Passis, par Gustave LATUNE. — Genève, 1891; J.-G. Fick, 82-4 pp. in-12.

guerre Paul Terrasson, médecin de Die, qui publia en 1673 : *Le mercure vangé de M. de Passis, docteur-médecin de la ville de Crest, ou apologie des eaux de Die* (1).

Par suite d'un éboulement, les eaux alcalines et sulfureuses de St-Nazaire-le-Désert ont totalement disparu et la source alcaline de la Motte-Chalancon, même en continuant de guérir les rhumatismes et les eczémas, n'a pas encore d'établissement pour les malades.

En compensation, nous en trouvons un à Condorcet près de Nyons où les mêmes maladies peuvent obtenir un soulagement. On y arrive en suivant le cours de l'Oule et de l'Eygues. Il est également facile d'y accéder de Nyons. M. Lachat, ingénieur en chef des mines, y a rencontré un filon de sulfate de strontiane de cinq mètres d'épaisseur, blanc, pur et abondant, et par là même susceptible de remplacer le sulfate de baryte. M. le docteur Laurens estime que l'eau sortie de ce filon, prise en bains, en douches et en boisson, convient à merveille aux rhumatisants. Il y existe un établissement fort agréablement situé, autorisé le 21 janvier 1879.

Guettard vante l'eau de la *fontaine salutaire* de Nyons, située au pied de la montagne de Vaux, et y fait accourir en été beaucoup de personnes. De son côté, M. Cantu recommande la source ferrugineuse de la même ville, dans le lit de l'Eygues. La *Statistique de la Drôme* l'appelle purgative et l'*Annuaire officiel*, ferrugineuse et magnésienne. Une autre source pareille existe à Venterol. Celle de Mirabel qui est alcaline pâlit à côté des eaux de Propiac, situé non loin de là, si un chemin par Piégon allait rejoindre celui de Puyméras.

---

(1) Die, J. Fiquel, 1673, in-12.

M. Alfred Saurel (1) pense que les Romains avaient à
Mérindol un château fort, mais sans aucun établissement de
bains. C'est le médecin Nicolas, né à Châtillon-en-Diois
en 1738 et décédé à Avignon en 1810, qui signala le premier l'efficacité des eaux de Propiac et inaugura dans les
ruines de l'ancien château la secte des Illuminés du midi.

Vers 1825, un des propriétaires du quartier situé entre
les hameaux ou villages de Mérindol et de Propiac cons-
truisit quelques baignoires au Salin ou Château-Salin.
Plus tard, l'établissement fut agrandi et 800 ou 1,000 personnes vinrent annuellement y chercher la santé. L'hôtel
placé à mi-coteau jouit à la fois du soleil du midi et d'une
brise qui en tempère les ardeurs. Il est tout proche de la
source sortant des masses gypseuses voisines, en telle
abondance qu'elle pourrait faire tourner une roue hydrau-
lique. M. Scipion Gras la met au nombre des eaux alcalines, sans acide carbonique, sans fer, ni soufre, mais
contenant des sulfates de chaux et de magnésie et peut-
être un peu d'acide sulfurique libre.

M. Ossian (Henry) a analysé, en 1835, 1847 et 1854,
les sources Daniel, Dufour, Louis et Frédéric Gamet et
la première a été autorisée en 1843 et 1846.

Au fond du ravin de Propiac existent deux fontaines
salées dont le Parlement de Grenoble défendit l'usage en
1709. Quant aux sources sulfureuses plus rapprochées du
village, elles sont fermées au public

Le voisinage de Mérindol a fait placer dans cette commune la source du Salin, alors qu'elle appartient à Propiac.

Non loin de là, Mollans possède aussi des eaux alcali-

---

(1) *Notice sur la commune et les eaux de Propiac (Drôme),* par Alfred
SAUREL, membre de plusieurs Sociétés savantes. — Avignon, 1862,
Seguin, broch. in-16 de 47 pages.
L'Arrondissement de Nyons, t. II, p. 260.

nes, magnésiennes et sulfureuses, dépourvues d'établissement. Il ne reste plus à mentionner que celui de Montbrun
pour achever cette étude. Guettard et la *Statistique de la
Drôme* placent l'une des sources à Pré-Long et l'autre aux
Vieilles-Platrières et les déclarent toutes les deux purga-
tives et imprégnées de particules gypseuses, sulfureuses
et ferrugineuses.

Le *Guide aux eaux minérales* de Constantin James fait
sortir la source des Platrières d'une immense grotte vol-
canique et celle des Roches d'un rocher. « Toutes deux
débitent par heure 10,000 litres d'eau. L'exploitation de
la source des Roches a été autorisée le 12 mai 1859 et
celle des Boues qu'elle alimente, le 19 juillet 1889. Un
fort bel établissement y reçoit les baigneurs et aucun rhu-
matisme ne résiste à un traitement bien ordonné et soumis à ces eaux » (1).

En résumé, la Drôme, malgré ses richesses hydro-
minérales nombreuses, possède seulement quatre stations
largement habitables : Bondonneau, Condorcet, Montbrun et Propiac. Toutefois, si d'après les spécialistes, les
propriétés médicinales des sources sanitaires ne suffisent
pas toujours au soulagement des malades et que le climat,
l'air, le logement, la nourriture, les promenades, l'aména-
gement des sources, des douches, des étuves entrent pour
une part dans les chances de guérison, ces quatre stations
n'ont rien à envier à celles des autres départements.

---

(1) Montbrun-les-Bains. — Sources sulfureuses froides (Drôme).
Extrait du *Guide aux eaux minérales* du Dr Constantin JAMES (avec
une vue de l'établissement et du bourg). — Paris, Cantel, 8 p. in-12.
*Des eaux minérales de Montbrun (Drôme) et de leur action au
point de vue physiologique et pathologique*, par le médecin inspecteur
H. BERNARD. — Circulaire in-4e de 1862, Nyons, Jabert, 2 pages.

UN HYDROPHILE.

UN TORRENT

LA DROME

(Suite. — Voir les 127ᵉ à 138ᵉ livr.)

Crest — *la plassa forte et imprenable* de la chronique albigeoise — était une des dix villes du Dauphiné dont les consuls siégeaient à la tête des députés du tiers-état dans les Etats-Généraux de cette province. C'était aussi le chef-lieu d'une subdélégation (1) de l'élection de Montélimar, comprenant 106 paroisses ou communantés, et comme nous l'avons vu, le siège d'une visénéchaussée, depuis la suppression, en 1447, de l'ancienne cour majeure des Comtes de Valentinois et de Diois. C'était, en outre, le siège d'un gouvernement militaire dit de *Crest-Ville et Tour*, avec trois officiers spéciaux : un gouverneur, un commmandant et un major. Chef-lieu d'un district ou arrondissement en 1790, la réorganisation de l'an VIII, pour ne pas trop l'humilier, l'a mis à la tête de deux cantons : Crest-Nord et Crest-Sud à qui trente communes obéissent. Crest-Nord, c'est la cité, sur la rive droite de la Drôme. De l'autre côté de l'eau, c'est le champ de foire, c'est un lent faubourg qui a toute la campagne à soi et ne se gêne nullement pour y prendre ses aises. Dans la verdure environnante, des villas curieuses et blanches regardent au travers de leurs grilles ce qui se passe sur la

---

(1) Division de l'organisation administrative avant la Révolution.

route, tandis qu'à l'écart, quelques demi-châteaux boudent à cette agglomération, et n'ont de politesses que pour la tour installée dans le paysage en maîtresse éternelle.

· Pénétrons sans crainte comme sans hâte dans la ville dont nous venons, en manière d'hommage, d'énumérer les titres et qualités, Ses rues comprimées alignent encore assez de logis séniles, ouvrent assez de perspectives archaïques pour fournir au flâneur l'occasion d'y perdre plusieurs heures. Mais si l'on veut avoir l'idée rapide et complète de la ville, la vision d'un peuple dans son organisme d'autrefois, c'est à la tour qu'il faut tout d'abord songer. Un chemin y monte, par endroits, silencieux et claustral, tout au long pittoresque et roide. On franchit une porte en pierres rousses et qu'on dirait chaudes encore d'un incendie, et tout à coup, au delà d'un jardinet que j'ai vu plein de soucis et d'anémones, le donjon se dresse nu, carré, formidable. Sa beauté, c'est sa puissance, sa couleur, l'attitude grandiose qu'il a imposée pour toujours au groupe qu'il commande. Richelieu démolit en 1632 la citadelle et les remparts, et depuis, les maçons n'ont cessé de tailler à travers les vieux quartiers. N'importe, Crest ne peut changer sa physionomie, et son langage historique persiste comme son parler gavot. Comment ne pas s'intéresser à ces murailles qui étonnaient les anciens eux-mêmes ? Aymar du Rivail, familiarisé pourtant avec ces décors héroïques dans lesquels s'écoulait la vie à son époque, s'écrie devant notre ville : « Ce château l'emporte sur tous ceux que nous ayons jamais vu. » Demeure des Comtes, atelier monétaire, prison du roi qui s'en servait au xviie et au xviiie siècle comme d'une vulgaire Bastille, maison de correction, caserne, géole militaire, prison où furent un instant renfermés en 1851 plus de trois cents hommes pour leur résistance au Coup d'Etat, la tour de Crest a dû peut-être à toutes ces vissitudes de maintenir jusqu'à nous ses masses essentielles. Un immense escalier de bois auquel on donne plusieurs siècles, mène à ses différents étages. Du haut balcon qui couronne le faîte, ayant à ses pieds la plaine de la Drôme, en amont ses détours, en aval ses délires parmi des sables réverbérants, ses villages hauts perchés, semblables à des fauves à l'affût, ici près la ville entière précipitée en casse-cou jusqu'à la Drôme et que la chose a l'air d'amuser, toute une indolence qui s'accoude à la roche et qui se chauffe au soleil, la conque de la vallée emplie jusqu'aux bords, jusqu'aux arabesques mauves des collines, à l'horizon, par une atmosphère heureuse, le voyageur jubile dans ses yeux et dans son cœur, ce pendant que lui monte aux narines, avec l'odeur des cyprès, comme un vague et lointain arome de force et de domination.

La grande rue — la grande route comme toujours — parallèle à la rivière, se ressent du rocher qui l'opprime. Elle en suit de si près la base que la ville haute avec ses ruelles, ses placettes, ses raidillons, ses impasses, littéralement s'y précipite et y tombe. Elle fait voir un escalier plein d'ombre ou plein de soleil suivant les heures, et qui semble l'illustration même de quelque conte de l'Orient halluciné. Aux beaux jours de leur grandeur, les Cordeliers en montaient ou en descendaient les cent trente-quatre marches taillées dans le roc. Cette rampe, qui résonne aujourd'hui des pas plus doux des religieuses trinitaires, accédait il y a quatre ou cinq siècles, sous le nom de *Degrés de Notre-Dame de Consolation,* à une église que M. Brun-Durand considère comme la paroisse primitive.

· La grande rue renferme toute la vie de Crest : hôtels, cafés, boutiques. Elle est assez étroite pour paraître animée, et si des remaniements fâcheux lui ont fait perdre sa physionomie ancienne, il lui reste, outre le fameux escalier, deux ou trois visages de bonnes vieilles maisons pour sourire au passant de toutes leurs rides. La même rue montre aussi l'hôtel de ville et l'église qui, de laideur pareille, ne se font l'un à l'autre aucun tort. Toutefois, on conserve à l'hôtel de ville quelques débris de valeur. Que l'on en découvre encore un certain nombre et l'on aura un de ces petits musées si propres à inspirer aux foules le respect des vieilles pierres. Il y a là le très précieux marbre de la charte des franchises de 1188, des sculptures du xvᵉ et du xvɪᵉ siècle, les armoiries de la ville portant la date de 1530, et détachées d'une ancienne bâtisse, à l'angle de la rue de Rochefort et de la place des Ecoles, et il convient de mentionner surtout une superbe vue cavalière de la citadelle et du château, sculptée sur bois, qui ornait le tympan du portail de l'ancienne église.

La rue des Cuirateries présente une façade sculptée et une porte vermiculée qui ont du style.

J'ai dit le caractère capricant de la haute ville. Elle intéresse par son abandon et parce qu'elle tourne au pathétique d'une nécropole. Elle offre quelques vieilles maisons de grand air, où l'on sent l'aise, où persistent des habitudes abolies. Rustique et familiale est la fontaine de Saboury dont l'eau passe pour valoir du petit vin, mais le mot ne serait-il pas une invention de commères voulant se donner une raison d'être sobres et d'épargner?

Il n'y a pas de halle à Crest et c'est plaisir que de flâner certains jours sur la place où s'entassent dans le plus joli désordre, avec leurs grâces particulières, leurs couleurs or, leurs couleurs sang, leurs couleurs vertes, les beaux légumes de la vallée de la Drôme. Comme dans beaucoup d'endroits du Dauphiné, les Crestois enchantent par leur esprit effervescent, leurs manières rondes, le souci qu'ils mettent à bien traiter l'hôte que le ciel leur envoie. Chez eux, il faut craindre de trop boire et de trop manger. Ils ont leurs mets, leurs pâtisseries : les couves, les fouyasses, la défarde.

Sont-ce tripes à la mode de Die ou à la mode de Crest,
cette défarde, *lo deifardo* que chante Gustave Bermond,
un poète patois ? Grave débat. On en mange d'excellente
à Crest, on en mange d'excellente à Die, mais Aouste
prétend avoir le record. Tant mieux pour la patrie de
Martial-Moulin. Mais n'ai-je pas dit qu'Aouste est un
faubourg de Crest ?

La capitale des Poitiers est fort active. Elle n'est pas
comme Die dans l'ankylose de ses souvenirs. Dans ses
fabriques de coutils crestois (vieille renommée), de couvertures de laine, de draps et molletons, de chaises, de
ciment, de tuiles et de briques, elle occupe un nombre
d'ouvriers relativement considérable. On y trouve aussi
trois moulinages ou filatures de soie, un atelier de constructions mécaniques, une fabrique de conserves de pâtés
de foie, auxquels les truffes excellentes des environs prê-
tent leur arôme. Mais certainement, l'industrie la plus
curieuse est la fabrique de *gobilles*. Avant 1870, Nancy
était la seule ville de France fabricant les mignonnes
boules, si chères à nos jeux d'enfant. Un jour, le comptable
d'un des établissements de ce genre, vint à Crest voir un
ami, trouva le pays charmant et y fit de nombreuses promenades. Il découvrit de la sorte que le calcaire crestois
était éminemment propre à fabriquer des *gobilles*. Ache-
ter une carrière, s'installer là, fut pour le nancéen, à ce
qu'on rapporte, l'affaire de quelques semaines. La carrière
et la fabrique sont à *Cobonne*, village distant de sept kilomètres, sur le torrent de Scie. La *gobille* prospère également sur la rive gauche de la Drôme et dans les environs
de Saou. On l'expédie en fûts, comme le plâtre.

Félix GRÉGOIRE.

(*A continuer*).

BEAUFORT SUR GERVANNE

I. — La seigneurie

A 15 kilom. nord-est de Crest, un bourg assez bien bâti, malgré l'étroitesse de ses plus vieilles rues, domine la verte vallée qu'arrose la Gervanne, affluent de la Drôme : c'est Beaufort. Assis presque au sommet d'une colline, il est entouré des hauteurs boisées de Col de Veraud sur Eygluy et de Lozeron sur Gigors. Son nom peut lui venir d'une solide forteresse, œuvre de ses premiers seigneurs ou d'une tour romaine destinée à maintenir une population robuste et indépendante. Le passage suivant de M. Denis Long semble confirmer la dernière hypothèse : « On a trouvé à Beaufort, dit-il, un amas de fragments de lames d'épées, de lances, de faucilles, de bracelets, une baguette très aiguë de plus de cinq décimètres de long et une statuette d'Hercule en bronze » (1).

La découverte d'une inscription en deux fragments, dont l'un est perdu et l'autre conservé à Montélimar chez M. Vallentin, président de la Société d'Archéologie de la Drôme, corrobore ces renseignements. En voici le texte, la transcription et la traduction (2) :

COLL. VENATOR.   *Collegium Venatorum Deensium*
DEENSIVM ET QVI MI   *et qui ministerio arenario*
NISTERIO ARENARIO   *funguntur (loco) dato ex decreto*
FVNGVNT. D. EXD. S. V. *decurionum solverunt votum.*

---

(1) *Recherches sur les antiquités du pays des Vocontiens*, p. 121-23.
(2) ALLMER, *Bulletin de la Société d'archéologie de la Drôme*, X, 85.

« Le collège des chasseurs Diois et ceux qui sont chargés du service des arènes ont acquitté leur vœu dans un local obtenu par décret des décurions. »

M. Long pense que le vœu avait été fait à Diane ou à Silvain et que l'inscription se lisait sur le support de la statue ; d'autres auteurs indiquent la déesse Andarta, plus spécialement honorée dans le Diois.

Ce collège ou association de chasseurs alimentait l'amphithéâtre de la capitale des Voconces de taureaux, d'ours, de sangliers, de loups et de cerfs, et J. Ollivier affirme que les jeunes patriciens gallo-romains se livraient à ces exercices pour développer leurs forces et montrer leur courage. Bien que l'inscription ait été trouvée dans les ruines du Monastier-Saint-Julien, où, plus tard, l'abbaye de Léoncel posséda un cellier et un prieuré, elle intéresse également Beaufort qui, en 1552, y ensevelissait ses morts près d'une chapelle dédiée à Notre-Dame.

Une autre preuve de l'antiquité du lieu se tire de l'existence d'un chemin pour les muletiers de Lyon à Marseille, mentionné en 1579, et abandonné depuis la chute du pont sur l'Isère à la Sône et la peste de 1586. Cette voie antique, remplacée aujourd'hui par le chemin de St-Jean-en-Royans à Nyons, devait probablement exister déjà au temps des Gaulois établis au sommet du mont Velan et dans les gorges d'Ombleze (1).

Il est impossible, faute de documents, de remonter au delà des premiers âges féodaux ; mais, au XIIe siècle, les évêques de Die et les comtes de Valentinois sont installés à Montclar et à Beaufort formant un seul mandement. Dès 1203, un Dauphin de Viennois devait 11,000 sols à Aimar de Poitiers pour Montclar et, en 1245, ce dernier ou son fils s'engageait à soutenir le Dauphin dans toutes ses guerres. La rivalité constante des comtes de Valentinois et des évêques avait engagé les Poitiers à réclamer la haute protection des comtes d'Albon. Aussi voit-

---

(1) Archives de Beaufort, CC, 15. — Archives de la Drôme, E, 510,

on, en 1332, un autre Aimar se déclarer vassal de Guigues, dauphin, pour Montclar, Beaufort et son territoire, à l'exception du Monastier, appartenant à l'évêque de Valence et Die. Pareille reconnaissance fut renouvelée en 1380 (1).

Le dauphin Humbert II, en 1349, et le comte de Valentinois Louis II, en 1419, ayant donné leurs états à la France, Beaufort dépendit, dès lors, du domaine royal. Aussi Louis XI, encore dauphin, en 1447, récompensa-t-il les services des frères Charles et Jean de Caqueran, originaires d'Asti en Piémont, par le don des châteaux et seigneuries de Beaufort et Plan-de-Baix et de ses droits à Montclar (2). En 1521, Catherine Adhémar, veuve d'Antoine de Clermont-Montoison et Blanche Adhémar, veuve d'Aimar d'Urre, possèdent le fief qui écheoit par héritage à Louis d'Urre, fils de Blanche, et par vente à la famille d'Arbalestier, originaire de Châteaudouble. Celle-ci acquit encore, au xviie siècle, d'Antoine d'Hostun la portion de Nicolas du Peloux et d'Anne d'Urre, et Charles d'Arbalestier, fils ou petit-fils de Jean, devint l'unique possesseur de Beaufort, vers 1650, par acquisition du roi, au prix de 17,250 livres, et Paul en rendit hommage à la Chambre des Comptes en 1680.

Les ventes à réméré des terres domaniales n'étaient jamais définitives et les acquéreurs, d'ordinaire simples engagistes ou fermiers, se succédaient rapidement, car Beaufort passa des d'Arbalestier aux Truchet, venus d'Auvergne. Madeleine, fille de Florimond, l'un d'eux, colonel et inspecteur des troupes royales, épousa, vers 1730, Charles-François-Elzéar de Vogué, capitaine de dragons, qui transmit ses droits aux de Clerc de Ladevèze, originaires du Languedoc, derniers seigneurs du lieu, où leurs armes se voient encore sur les murs de l'horloge

---

(1) Archives de l'Isère, B, 3495. — M. U. CHEVALIER, *Inventaire des Dauphins*, n° 390. — Inventaire de la Chambre des Comptes. — *Inventaire des archives de la Drôme*, E, 510.

(2) *Catalogue des actes du dauphin Louis II*, par M. E. PILOT, Iᵉʳ, 53.

communale : *d'azur au chevron d'or, chargé de trois tourteaux de gueules, accompagné de trois pommes de pin d'or* avec la devise : *Avorum virtute clara* (illustre par la valeur des ancêtres).

II. — **Les vassaux**

La féodalité était une association où le seigneur promettait protection au vassal et celui-ci, dévouement et soumission au seigneur. A Beaufort, la population reconnaissait les comtes de Valentinois, vassaux eux-mêmes des Dauphins, comme on l'a vu. Elle ne devait pas être bien nombreuse, si l'on en juge par un acte de 1447, qui la réduit à 32 chefs de famille, dont 11 extrêmement pauvres et un seul noble, Jean d'Arbalestier. En attribuant 5 personnes à chaque ménage, on arrive à 160 habitants, et 6 à 192. Le cadastre de 1579 en accuse 125 et 60 forains (1); mais un document officiel de 1637 réduit ce nombre à 59 et à 7 forains. Il ajoute que le territoire de la commune est aride, sec et léger et qu'une paire de bœufs et deux mulets suffiraient à le labourer tant il est exigu, ayant « en tout sens la portée d'un mousquet. » Des 1,192 sétérées d'étendue en 1579, il n'en restait plus que 795 de taillables en 1637.

Les guerres du xvie siècle et la peste de 1586 avaient grevé le pays de dettes et anéanti son commerce ; ses meilleurs fonds appartenaient à MM. de Montclar, de Brotin et de Blagnac (d'Arbalestier). En outre, le roi y percevait des censes pour le four et le moulin et une dîme ou vingtain pour l'entretien des murs d'enceinte, à la cote 20e pour les grains et le vin, affermé 40 livres, à raison d'un sétier par 25 sétiers de grains et d'une charge de vin par 20 charges. En 1505, le châtelain, chargé de la recette des droits du roi, accusait 50 sétiers de blé des censes établies, lors de la concession de chaque parcelle du sol, 2 des

---

(1) Archives de Beaufort. — *Bulletin de la Société d'archéologie de la Drôme*, XXXIV, p. 78.

albergements ou baux à long terme, 20 de la dîme ou vingtain,
130 des moulins, 68 poules, 5 livres du notariat, 3 florins du
ban champêtre (amendes de police), autant du pulvérage exigé
pour le passage des bêtes à laine, etc. (1).

A cela se réduisaient les impôts d'alors avant la création des
tailles ou impôt foncier, sous Charles VII et Louis XI, son fils.
La somme annuelle exigée, d'abord assez faible, s'éleva sensiblement peu à peu et l'exemption des terres nobles ne tarda
pas à la rendre très lourde. Un ancien compte consulaire de
1579 accuse, en recettes, 728 écus ou 1,484 livres et, en dépenses, 680 écus ou 2,040 livres, et celui de 1786, 1,395 livres
de recettes et 1,343 de dépenses, comprenant l'impôt foncier et
les charges locales (2).

L'administration communale dut, à l'origine de la commune,
se réduire à des assemblées des chefs de famille, sous la prési-
dence du châtelain ; mais avec les tailles naquirent les cadas-
tres et les receveurs généraux et particuliers. Pour assurer le
service nouveau, on nomma des consuls qui s'adjoignirent des
conseillers et devinrent les exécuteurs des décisions prises dans
les assemblées générales.

Pendant le moyen âge, Beaufort paraît être demeuré un peu
étranger aux guerres des comtes de Valentinois contre les évêques de Valence et de Die ; rien ne prouve même que les troupes de Raymond de Turenne, cantonnées à Eygluy, vers 1394,
soient venues jusque-là (3). Mais, à la fin du xvi° siècle, le
bourg est pris et repris par les catholiques et par les réformés,
à partir de 1569, notamment.

Selon d'Aubais, La Roche et La Bessonnière, capitaines
protestants, surprirent la place en août 1569 et de Gordes,
lieutenant général en Dauphiné y dirigea aussitôt des troupes

(1) Inventaire de la Chambre des Comptes.
(2) Inventaire des archives de Beaufort, CC, 6 et 14.
(3) M. U. CHEVALIER, *Documents inédits relatifs au Dauphiné*, p. 268.

qui les en délogèrent. Les *Mémoires des frères Gay* racontent avec détails une expédition des capitaines Chabanas, Appaix et autres, du 25 juillet 1574 qui rendit Beaufort aux réformés, en chassant les soldats de Sarralus, lieutenant de La Tour de Baumes, qui y fut tué.

. Toutefois, paraît-il, d'après d'Aubais, les catholiques y rentrèrent et en furent expulsés par d'Arces. Celui-ci confia même la garde du lieu au capitaine Maupas avec six hommes. Un état des foules, souffertes pendant les deux ans et demi du séjour de ce gouverneur, accuse 1,436 florins et 494 pour les dépenses de Revol, son successeur, pendant dix mois. Enfin, une requête des habitants au conseil politique de Die nous apprend qu'ils avaient tenu « pour ceulx de la religion réformée depuis 1576 et contribué à iceulx de sommes grandes et insupportables », en payant les défenseurs du château et du bourg depuis la dernière paix. Ils n'obtinrent rien, si ce n'est en 1581, la défense à M. de St-Ferréol de les contraindre à se libérer (1).

L'année suivante, Maugiron chargeait Ozias de garder la place avec 140 hommes, et le 6 décembre, Dansage rasait le château et les murailles (2).

Un comptable municipal de Beaufort a écrit à la première page d'un registre de clôture des comptes consulaires quelques lignes à conserver : « En après de l'année 1586, dit-il, la « guerre s'est continuée au present peys, et y a heu famine « avec grande mortalité générale et notamment en ce lieu de « Beaufort où sont décédées de contagion de peste environ « 350 personnes. » La tradition ajoute que les pestiférés, placés à Claperier, venaient prendre les vivres apportés du bourg sur le monticule de Sarralier.

On sait par l'histoire quels vides créa dans la province cette grande peste, 4,228 personnes à Romans seul ayant alors péri.

---

(1) D'AUBAIS, I⁰⁰, 109, 187. — *Mémoires* des Gay, p. 40. — Àrchives de Beaufort, série EE.

(2) Archives de Beaumont-les-Valence.

Selon notre comptable, « la guerre continua en 1587 au présent peys avec grandes contributions qu'il fallut payer tant à un party que à l'aultre ; (par) grands contributions en argent, magazins de grains, foins et avoynes les uns comme les aultres se sont grandement endeblés et embringués. La famine encore régnante (amène) grande mortalité de contagion de peste en plusieurs endroictz de ce peys. »

« En l'année 1588, la guerre civile continue avec grands contributions, magazins, impositions de pionniers pour fere le remparement d'Oste et aultres lieux circonvoysins, de fasson que les communes se sont fort embringuées. La mortalité a cessé en ce peys. »

En 1589, l'assassinat d'Henri III met de nouveau la France en grand trouble. « La guerre a tousjours régné (avec) grands contributions, magazins et aultres impositions fort grandes (1).

A l'appui de ces notes contemporaines, on peut rappeler la venue à Beaufort de l'armée de La Valette, conduite par Saint-Julien et forte de 1,000 hommes, laquelle pilla grains, vin, denrées et bétail et causa une perte de plus de 2,000 écus, le logement de 200 hommes de M. de Cugie et autant de M. de Vachères (2).

Fort heureusement la paix renaquit sous Henri IV et ne fut plus troublée à Beaufort qu'en 1687, lors de la condamnation à mort de Louise Moulin, dite la *Maréchale*, convaincue d'avoir assisté à une assemblée au désert, et en 1716, lors de l'envoi d'une compagnie du régiment Dauphin. Une lettre du marquis de Maillebois, du 20 septembre 1733, recommande la douceur et le bon exemple pour le maintien de l'harmonie et au besoin la punition des fauteurs d'assemblées des nouveaux convertis.

Cet exposé succinct de l'histoire de Beaufort doit être complété par quelques notes sur le château, les monuments religieux, les curiosités et la statistique.

---

(1) Archives de Beaufort, CC, 7.
(2) Archives de Beaufort, série EE.

Le château fut ruiné en 1582, comme on l'a vu, et un rapport d'experts de 1739 le déclare absolument improductif, la glacière étant hors de service.

Un état des prieurés, cures et chapellenies du diocèse de Die, dressé au xive siècle, ne fait aucune mention de Beaufort ; mais, en 1516, il y avait une cure et en 1552, une église ou chapelle dans le bourg dédiée à Saint-Barthélemy et à Saint-Sébastien et une autre au Monastier sous le vocable de Notre-Dame. En 1620, l'évêque ordonnait de reconstruire le chœur de l'église de St-Julien dont, dès 1604, le curé réclamait la restauration. La succursale remonte au 19 avril 1826. M. E. Arnaud date de 1608 le temple protestant et attribue au ministre de Saillans le service religieux. Au nombre des pasteurs de Beaufort figure J. Desaignes, auteur d'un recueil manuscrit des synodes de la province, de 1600 à 1620, dont une copie se trouve aux archives de la Drôme.

L'hôpital, simple masure aujourd'hui, existait déjà en 1520. Jean-Mathieu Vourey, droguiste à Orthez, lui légua en 1760 une partie de ses biens ; mais un procès en diminua beaucoup le produit. Ce donateur avait tué d'un coup de trident un espion des nouveaux convertis et gagné promptement la Suisse, d'où il passa dans les Pyrénées.

Dès 1625, l'école est dirigée par des instituteurs qui reçoivent de 60 à 150 livres par an.

Population. En 1839 elle est de 414 habitants ; 1860, de 496 ; en 1873, de 597 ; en 1882, de 519 ; en 1900, de 446.

Contenance. En 1835, bois particuliers 410 hectares, terres 324, vignes 36, prés 26, pâturages 112, rivières et chemins 33, etc. ; total : 949. M. Mermoz, en 1839, évaluait à 21,411 fr. le revenu des 915 hectares imposables et à 2,446 celui de ses 120 maisons. L'*Annuaire* de 1900 indique 846 hectares en tout.

Contributions de 1873 : Part de l'Etat 3,848 fr. 86 ; du département 1,505 fr. 47, de la commune 3,249 fr. 72, des non-valeurs 185 fr. 92.

Distances : de Crest, 15 kilom.; de Valence, 43.

Curiosités : Source de Fontagneux qui met en mouvement les artifices et usines de Beaufort, Barthalais, Mirabel et Blacons et fournit d'excellentes truites ; Grottes de la Bourne sous les murs du bourg et Sarzier, un peu plus loin ; Fossiles et empreintes de poissons.

Productions : Soie de qualité supérieure, truffes, fourrages, vin, blé et noix.

Illustrations : Pierre Lombard Lachaux, pasteur à Orléans, maire de cette ville et député du Loiret à la Convention, décédé à Crest en 1807, était né à Beaufort, le 4 juin 1744. C'est là aussi que M. Didier, l'habile artiste en gravure, vient de temps à autre passer quelques jours de vacances.

Mme Jeanne de Flandreysy résume ainsi la carrière artistique et la vie de M. Didier, chez qui « l'accord a été constant entre la beauté de l'œuvre réalisée et l'élévation de l'âme, de la pensée. Il lui arriva de la sorte d'incarner le type de l'artiste tel que nous le concevons aujourd'hui, tel qu'il se rencontrait naguère : une créature d'élection, appelée à dominer son époque et qui volontairement s'en isole, pleine de mépris pour toute compromission, jalouse de ne point se dépenser en vain et de se garder à l'art, fidèlement, avarement.

A. Lacroix.

BIBLIOGRAPHIE

I. — J. Brun-Durand, membre non résidant du Comité des Travaux historiques, *Dauphinois du XVII° siècle, Chaudebonne, le meilleur des amis de Mme de Rambouillet*.Grenoble, Librairie dauphinoise, 1900, brochure in-4°, 32 pages.

Le *Dictionnaire historique et bio-bibliographique* de l'auteur a mérité à juste titre les éloges de la presse et quelques-unes de ses monographies particulières, celle de M. de Chaudebonne, entr'autres, ont eu le même honneur, témoin l'article sympathique de M. Maurice Champavier dans les *Alpes Illustrées*, (n°s 1 et 2 de 1901).

Le biographe, dans un *Dictionnaire* se borne, en général, à des indications spéciales à chacun ; c'est le paysagiste décrivant les vallées et les collines, d'ordinaire, assez semblables, avec leurs rivières, leurs arbres et leurs villages coquets. Mais dans une monographie, il étudie la vie privée et publique de son héros, ses actes, ses talents et ses infortunes ; c'est l'artiste, en face de la montagne, demandant à sa palette les couleurs les plus vives et les plus vraies.

M. Brun-Durand à su nous peindre avec un égal succès les collines et la montagne.

Claude d'Urre, sieur de Chaudebonne, tirait son nom d'un fief du Diois, aussi modeste qu'ignoré, legs d'un oncle maternel. Comment s'éleva-t-il aux honneurs ? M. Champavier déclare qu'il « n'avait aucun vice, aucune petitesse, aucun travers, si bien que non contents de l'aimer, nous nous aimons en lui ». Suivant son historien, « il fit vaillamment la guerre sans être soldat, se mêla de négociations et d'intrigues sans être diplomate ni intrigant et vécut enfin estimé, honoré et aimé au sein d'une société essentiellement aristocratique et littéraire, sans être homme de lettres et grand seigneur, austère parmi des gens qui ne l'étaient pas ».

Ces explications suffisent pour nous réjouir de la photographie de son aimable et noble figure.

Il fait merveilles, en 1621, au siège de St-Jean-d'Angely, devient gentilhomme de la chambre du frère du roi, laisse en 1637 cet emploi difficile et fréquente dès lors la société polie de Mme de Rambouillet.

Une existence si peu dramatique eût découragé tout autre que M. Brun-Durand, car il fallait pour la dépeindre connaître à fond les hommes et les choses, la vie et les mœurs du XVIIe siècle. Or, telle difficulté n'existait pas pour lui et son Chaudebonne nous est apparu sous les couleurs les plus brillantes et les plus exactes.

II. — Jeanne de Flandreysy. *La gravure, les graveurs dauphinois, Treillard, Gilibert, Mécon, Achard, Poncet, Didier, Champollion, Vyboud, Dupont, Debelle, Cassien, Pirodon, Fantin-Latour, Flandrin.* Grenoble, 1901, librairie dauphinoise, H. Falque et Félix Perrin, 1 volume in-4°, 102 pages, 27 illustrations.

Ce travail, fruit de nombreuses recherches, nous initie d'abord à l'histoire de la gravure sur bois, au burin, à l'eau forte, en manière noire et à celle de la lithographie, et nous permet ainsi de juger le rôle de nos artistes dauphinois.

....De ces fréquentations spirituelles, nous dit l'auteur, sont nées des sensations infinies, nous ayant permis d'entrer, avec ces créatures inspirées, dans le merveilleux cycle des réalisations supérieures.... aurons-nous réussi à rendre visibles aux yeux de tous, par des formes tangibles et palpables la nature, le caractère de l'art de nos graveurs ? »

La réponse à cette question sera donnée par la lecture de ce livre, aussi littéraire que judicieux.

III. — *Appendice à l'histoire de Soulavie*, par A. Mazon.

Privas, imprimerie centrale de l'Ardèche, brochure in-8° de
97 pages. — *Voyages autour d'Annonay*, du même auteur.
Annonay, 1901, Hervé frères, 1 vol. in-8, 369 pages.

Familles, villages, curiosités, histoire et biographie de
l'Ardèche, sciences naturelles, sociales et politiques, tout est
familier à l'auteur, et il joint à ces ressources un talent d'exposition des plus heureux. Son œuvre à cette heure forme déjà
une bibliothèque ardéchoise d'un intérêt réellement patriotique.

L'*Appendice* nous révèle de curieux détails sur le savant
ardéchois Soulavie, et l'existence d'une grande partie de la
riche collection d'estampes qu'il avait formée pour écrire
l'histoire de France.

Quant au *Voyage*, il nous décrit les vallées de la Deume,
de la Cance, d'Ay et le rivage du Rhône et esquisse l'histoire
de leurs villages, de leurs curiosités et de leur passé, et pour
alléger la monotonie du voyage y joint des enseignements
utiles à la génération actuelle.

IV. — *Autour du Concordat* (1800-1808). *Lettres inédites
de Mgr d'Aviau du Bois de Sansay*, successivement archevêque de Vienne et de Bordeaux, à M. Jacques Arnaud, *curé
de Monteux, puis d'Aouste (Drôme)*, par M. l'abbé L. Favot.
Grenoble, 1901, imprimerie Vallier, broch. in-8 de 59 pages.
(Extrait des *Annales Dauphinoises*).

Grâce à cette publication, savamment annotée, on apprécie
le caractère d'un prélat « de grand nom et de grand ton, mais
de vertus plus éclatantes encore », et celui « d'un simple prêtre
modeste et bon, homme de fidélité et de droiture ». A une époque difficile, chefs et simples soldats rivalisèrent de zèle pour
faire face à toutes les difficultés.

V. — *Un problème d'hagiographie. Le bienheureux Ayrald*,
évêque de Maurienne (1re moitié du XIIe siècle), par Charles-
Félix Bellet. Paris, 1901, Alph. Picard, broch. in-8 de 52 p.

Comme les auteurs se sont divisés sur la question de l'état

de vic du Bienheureux, avant son épiscopat, cette étude démontre avec une érudition profonde et une dialectique convaincante qu'il fut tiré de la Chartreuse de Portes pour occuper le siège de Saint-Jean-de-Maurienne ; qu'il est distinct d'un autre prélat, son homonyme, d'abord chanoine régulier de S. Augustin et ensuite archiprêtre ou grand vicaire dé S. Hugues, évêque de Grenoble ; enfin que des trois Ayrald, évêques de Maurienne, le premier doit être éliminé pour n'avoir pas été chartreux et que le 3e ayant siégé de 1158 à 1160, paraît réunir en sa faveur toutes les chances désirables.

VI. — *Le Sarcophage de Saint Félix*, par M. Marius Villard, architecte de la ville, membre de la société d'archéologie de la Drôme, officier de l'Instruction publique. Valence J. Céas et Fils, 1901, broch. in-8, 28 pages. — Du même auteur : *Quelques lettres inédites de Désiré Bancel, représentant du peuple*, avec portrait inédit. Valence, 1901, Charles Legrand, broch. in-8, 16 pages.

Les lecteurs du *Bulletin*, connaissent l'excellent travail de M. Villard sur le sarcophage de Saint Félix, et dans les lettres de Bancel ils liront avec intérêt un extrait de celle du 2 janvier 1871, écrite 21 jours avant sa mort à Lamastre.

« Il ne suffit pas de chasser l'ennemi et de remplacer la monarchie par des institutions populaires, il faut que celles-ci soient fondée sur le Droit et sur la Liberté, sans lesquelles la Démocratie est le pire des esclavages. C'est vous dire que nous aurons besoin d'esprits également éloignés de la servitude et de la chimère, résolus à pratiquer tout ce qui est possible dans le véritable intérêt du peuple et à rejeter tout ce qui pourrait porter atteinte à sa souveraineté effective ».

VII. — *Pie VI et le général de Merck*. — Une causerie littéraire de M. Edmond de Biré dans l'*Univers* du 3 septembre 1901, mentionne avec éloges le résumé impartial d'une polémique récente au sujet d'un livre sur le souverain pontife exilé à Valence, où il mourut.

Ce *livre infâme*, ce *factum abominable*, comme il a été qualifié, ne renferme pas, dit M. de Biré, une seule ligne, un seul mot d'outrage à l'adresse de Pie VI, mais il est plein à chaque page de témoignages d'admiration et de sympathie. Le prétendu pamphlet n'est en réalité qu'un ardent panégyrique. Si le roman y tient un peu trop de place, le zèle du moins et l'enthousiasme y vont jusqu'à l'excès ».

M. Victor Colomb à donc rendu service à l'histoire en rétablissant la vérité.

VIII. — Mis de Boisgelin. — *Esquisses généalogiques sur les familles de Provence*. T. I, 1re partie. Draguignan, 1900, Latil, 1 vol. in-4°, 400 pages.

Jusqu'à ce jour on manquait de guide sûr pour étudier l'histoire des Adhémar, des Alleman, des d'Urre et de quelques autres maisons. Cet ouvrage, écrit sur des documents authentiques, permettra aux chercheurs de connaître exactement les seigneurs de Montélimar et de Grignan et quelques autres familles. L'auteur a donc habilement répondu aux désirs de l'érudition locale, et son livre constitue un véritable monument héraldique et généalogique. Espérons que la 2e partie suivra de près la première, et que la reconnaissance des historiens récompensera les immenses recherches de M. le marquis de Boisgelin.

XXX.

Les Archives de l'Evêché de Valence

M. le chanoine Perrossier a bien voulu nous communiquer à leur sujet la copie d'une lettre de Mgr de Léberon au nonce Spada, conservée aux archives du Vatican n° 395, fol. 334-35.

« Depuis que je suis parti de Paris et que je n'ay eu l'honneur de vous voir, j'ay toujours esté en Guyenne et en Laguedoc, esloigné de mon diocèse avec beaucoup de déplaisir de ne pouvoir estre en liberté pour y faire ma charge, comme je suis obligé. Mais feu Monsieur le Connestable continuant ses violences en mon endroit et s'estant logé avec sa femme (de son authorité) dans ma maison épiscopale, où il a permis qu'on ayt faict mille désordres et de si extraordinaires que je n'oserais mettre sur le papier. Le reste du temporel a souffert beaucoup d'incommodités par son armée qui seroient trop longues à déduire. J'espère que le Roy m'en fera raison. Cependant Dieu, par une particulière Providence, a permis que pour punir tant de maulx faicts contre l'Eglise, il soit venu mourir dans la maison de mon official, où il se fit porter trois jours avant de rendre l'esprit, et ainsy Dieu a permis que le jugement du Tout-Puissant aye esté exécuté en présence et dans la maison du juge d'Eglise. Tous ses domestiques, au nombre de soixante et dix, ont esté malades dans ma maison et sa femme du nombre. On a remarqué qu'elle s'estoit logée sur le lieu où estoient jadis les tiltres et documents de l'Evesché, lesquels elle fit enlever par un sacrilège extraordinaire, il y a quatre ans, lesquels elle fit porter à Grenoble, où elle les a tousjours gardés ; ce qui est cause de la perte d'une partie des droicts de mon évesché, parmi ses péréquations temporelles.....»

« De Valence, ce 16 nov. 1626. »

NÉCROLOGIE

M. BERNARD, Jules,

membre correspondant.

Après les vides nombreux que l'année 1901 a déjà faits dans nos rangs, nous avons la douleur d'en signaler encore un nouveau. M. Jules Bernard, conseiller à la Cour d'appel de Grenoble, chevalier de la Légion d'honneur et maire de Malissard, est décédé le 31 juillet dernier, emportant les regrets de sa famille, de ses amis, de ses compatriotes et des pauvres surtout.

Successivement avocat, procureur de la République à Bourgoin, Vienne, Valence et conseiller à la Cour, il se distingua dans ces diverses fonctions non seulement par le savoir et l'amour de l'équité, mais encore par une vie toute de dignité et de bienfaisance. Il suffit pour sa gloire de rappeler l'œuvre du Patronage des vieillards dont il énumérait chaque année les heureux résultats, et celles des apprentis et des jeunes libérés.

Rien d'étonnant dès lors que ses funérailles à Grenoble et à Malissard, aient provoqué une manifestation sympathique ; c'était un hommage rendu à l'homme de bien.

A. Lacroix.

SÉANCE DU 12 AOUT 1901

PRÉSIDENCE DE M. VALLENTIN

Après la lecture de la circulaire ministérielle du 8 juillet sur le 40ᵉ Congrès des Société savante qui s'ouvrira à Paris, le 1ᵉʳ avril 1902. distribution est faite du programme des questions à résoudre.

M. Alphonse Nugues communique ses beaux dessins de divers monuments anciens de Romans et M. Villard, les photographies de tous les objets antiques trouvés à Valence, depuis qu'il est architecte-voyer de la ville. De chaleureuses félicitations sont adressées à l'un et à l'autre.

Sur la présentation de MM. Colomb et Lacroix, M. Charles Latune est proclamé *membre titulaire* de la Société, en remplacement de son père si regretté et M. C. de Payan, capitaine de frégate en retraite à Paris, *membre correspondant*.

La société d'excursions scientifiques se propose d'ériger un monument à M. Gabriel Mortillet et demande notre concours; mais l'état de nos finances ne nous permet pas de nous associer à son œuvre.

MM. les chanoines Perrossier et Jules Chevalier expliquent la disparition des archives de l'évêché par une lettre de Mgr de Leberon en 1626, et par un incendie au xivᵉ siècle.

Nous publions la lettre à titre de renseignement, tout en rappelant l'existence aux archives de la Drôme d'un inventaire dressé par M. Molinier, de la Fabrègue en 1651, où de nombreux documents sont rappelés, comme existants alors.

La lecture de divers extraits d'un article du *Journal des Savants* sur l'administration provinciale, termine la séance.

A. LACROIX.

CHRONIQUE

La presse locale a déjà raconté qu'à l'inauguration de la statue de Louis Gallet, du 29 septembre dernier, M. Victor Colomb, secrétaire-adjoint de notre Société, a reçu les palmes académiques des mains de M. de Saint-Saens. Tous ses confrères et amis se sont réjouis de cette distinction méritée.

— Trois bustes exposés à Valence, ces jours derniers, par M. Chabre-Biny ont, à juste titre, mérité l'attention des connaisseurs. Ils révèlent chez l'élève de M. Falguière des progrès toujours remarquables et lui assurent déjà une excellente place parmi les sculpteurs.

— M. Léon Sollier, reçu docteur en médecine à Montpellier, en juillet 1900, se propose d'établir un *sanatorium* à Aspres-sur-Buesch (Hautes-Alpes), où son dévouement et son affabilité lui assureront bien vite un succès mérité.

— Grâce à l'obligeance de M. l'abbé Magnat, desservant à Châteaudouble, nous avons pu relever sur un manuscrit déjà ancien, un inventaire des archives et un extrait des libertés de Chabeuil. L'inventaire date la construction d'une porte neuve de cette ville de l'année 1401. Reste à savoir s'il s'agit ou non du portail encore existant.

Quant aux libertés, une petite étude en fera prochainement connaître les détails particuliers.

Ouvrages reçus du Ministère de l'Instruction Publique.

— *Comité des travaux historiques et scientifiques. Bulletin historique et philologique.* Année 1900, n°ˢ 3 et 4.

— Section des sciences économiques et sociales. Année 1900.

— Congrès des Sociétés savantes de 1900, tenu à Paris.

— *Bulletin archéologique*. Année 1901, 1ʳᵉ livraison.

— *Romania*, livraison d'avril-juillet 1901.

— *Annales du musée Guimet. Bibliothèque d'études.* T. X. Histoire du Boudhisme dans l'Inde, par H. Kern, traduite du Néerlandais par Gédéon Huet. 1 vol. in-8°, 489 pages.

Institut de France.

Académie des inscriptions et belles-lettres.

Rapport fait au nom de la Commission des antiquités de la France sur les ouvrages envoyés au concours de l'année 1901, par M. Paul Viollet, *lu dans la séance du 12 juillet 1901.* On y apprend qu'une seconde médaille a été attribuée à M. le chanoine Ulysse Chevalier pour deux ouvrages intitulés : *Etude critique sur l'origine du Saint Suaire de Lirey-Chambéry-Turin.* Paris, 1900; *Sacramentaire et Martyrologe de l'abbaye de Saint-Remy.* Paris, 1900.

Suit une appréciation flatteuse de ces deux études qui ne sont elles-mêmes que des fragments de l'une des grandes œuvres de notre savant confrère, sa *Bibliothèque liturgique.*

DONS DES AUTEURS.

— *Haute-Cour, procès du comte de Luc-Saluce.* Plaidoirie de Mᵉ Boyer de Bouillane, avocat à la Cour de Paris, *sur la composition de la Haute-Cour.* Audience du 24 juin 1901.

On y constate le savoir et l'éloquence de notre distingué compatriote et collègue.

— *Ecole libre des Frères de la doctrine chrétienne à Crest (Drôme). Discours prononcé à la distribution des prix aux élèves de cette école,* par M. Brun-Durand, président du Comité. Fort de sa science historique et de ses convictions, l'orateur a donné, dans cette allocution, de sages et utiles conseils. — In-4°, 3 pages.

— *Usages et règlements locaux des cantons Nord et Sud de Crest, constatés, recueillis et revisés par des commissions nommées par arrêtés de M. le Préfet de la Drôme des 12 août 1899 et 12 juin 1900.* Valence, imp. Ducros, in-12, 84 pages. — Nos félicitations à M. Long pour ce travail aussi utile que savant.

— A lire, dans les *Annales dauphinoises* de juillet, août et septembre 1901, un article fort savant sur le *Dictionnaire biographique et biblio-iconographique de la Drôme*, de M. Brun-Durand, et une notice sur Mgr Milon, évêque de Valence, par M. le chanoine Mazet.

— Dans le *Bulletin d'histoire ecclésiastique et d'archéologie religieuse des diocèses de Valence, Gap, Grenoble et Viviers* (livr. d'avril-septembre 1901), le commencement d'une étude fort curieuse due à M. le chanoine Jules Chevalier, directeur du Grand-Séminaire de Romans, sur l'*abbaye de Saint-Tiers-de-Saou, des chanoines réguliers de Saint-Augustin, au diocèse de Valence ou de Die.*

— Dans le *Bulletin de la Société nationale des Antiquaires de France*, 1900, une note de M. Bizot, conservateur des musées de la ville de Vienne, sur la découverte récente d'une mosaïque à Ste-Colombe, représentant une scène bachique, à l'heure où les libations commencent à prendre fin, et une autre note de M. Héron de Villefosse sur une épitaphe romaine, conservée à Carpentras et noyée dans la maçonnerie, laquelle se lit au revers d'un monument antique portant une première épitaphe déjà connue.

Ainsi, grâce au zèle des archéologues, le passé nous révèle peu à peu ses richesses artistiques et historiques.

A. LACROIX.

TABLE ALPHABÉTIQUE DU TOME XXXV

(ANNÉE 1901)

ANCIENNE (L') STATION ROMAINE DE VÉNEJEAN SUR MONT-
  BRUN, par M. l'abbé E. GOURJON. 255
ARCHIVES (LES) DE L'ÉVÊCHÉ DE VALENCE. 381
BEAUFORT-SUR-GERVANNE, par M. A. LACROIX 367
BIBLIOGRAPHIE, par M. l'abbé Louis ROBERT . . 84, 289
BIBLIOGRAPHIE, par M. BRUN-DURAND. 179
BIBLIOGRAPHIE, par M. XXX. 376
CHRONIQUE, par M. LACROIX 95, 189, 294, 384
DICTIONNAIRE BIOGRAPHIQUE ET BIBLIO-ICONOGRAPHIQUE DE
  LA DROME, DE M. BRUN-DURAND, par M. Maurice
  CHAMPAVIER. 281
EAUX (LES) MINÉRALES DE LA DROME, NOTES HISTORIQUES
  ET BIBLIOGRAPHIQUES, par un Hydrophile. 351
ESSAI DE BIBLIOGRAPHIE ROMANAISE, par M. le chanoine
  PERROSSIER 76, 161, 245, 344
GLOSSAIRE D'AMEUBLEMENT (XIVᵉ SIÈCLE), par M. l'abbé
  MOUTIER. 35, 153
HÔPITAL (L') DE LA CROIX A DIE, par M. CAPRAIS-FAVIER. 97
IMPRIMEURS (LES) ET LES JOURNAUX A VALENCE, par
  M. Léon EMBLARD 45, 129, 223, 333
MÉMOIRES POUR SERVIR A L'HISTOIRE DES COMTÉS DE VA-
  LENTINOIS ET DE DIOIS, par M. le chanoine Jules
  CHEVALIER 13, 105, 217, 313
NÉCROLOGIES, par M. BRUN-DURAND 89, 183
NÉCROLOGIE, par M. A. LACROIX 382

NOTAIRES (LES) PIÉMONT, DE ST-ANTOINE, par Dom Germain MAILLET-GUY 65, 142, 259, 304

NOTE HISTORICO-CRITIQUE SUR LES PREMIERS POITIERS DU VALENTINOIS, par M. E. ARNAUD 249

ORIGINE ET TRADUCTION DE L'INSCRIPTION CELTO-GRECQUE DE MALAUCÈNE (VAUCLUSE), par M. A. BÉRETTA. . . 5

SARCOPHAGE (LE) DE SAINT FÉLIX, par M. Marius VILLARD, architecte de la ville. 193

SÉANCES :
{
du 5 novembre 1900 94
du 4 février 1901 188
du 13 mai 1901. 293
du 12 août 1901 383
}

SITUATION FINANCIÈRE DE LA SOCIÉTÉ AU 31 DÉCEMBRE 1900, par M. GALLE, trésorier 93

TABLEAU DES MEMBRES DE LA SOCIÉTÉ 297

TORRENT (UN), LA DRÔME, par M. Félix GRÉGOIRE, 57, 170 . . . . 269, 362

L'ARRONDISSEMENT DE NYONS (pagination spéciale), par M. A. LACROIX (suite et fin). 441, 457, 473, 481

Lightning Source UK Ltd.
Milton Keynes UK
UKHW021430211118
332724UK00011B/795/P